Zu diesem Buch

Gibt es das klassische «Verhältnis» überhaupt noch? Was macht die Rolle der Geliebten in Zeiten weiblicher Emanzipation noch (oder wieder) anziehend? Welche Erfahrungen hält heute das Leben zu dritt bereit? Psychologische, kultursoziologische und juristische Beiträge in diesem Band beschreiben die Situation der Dritten im Bund; Untersuchungen zur Figur der Geliebten in Kunst, Literatur und Presse, in Geschichte und Theologie setzen sich kritisch mit öffentlichen Klischees auseinander und fordern dazu auf, die verschiedenen Wirklichkeiten der Geliebten genauer anzusehen.

Hinweise auf die Autorinnen und Autoren finden sich auf S. 331 f.

Elisabeth Flitner /
Renate Valtin (Hg.)

Dritte im Bund:
die Geliebte

Rowohlt

Neuausgabe
Veröffentlicht im Rowohlt Taschenbuch Verlag GmbH,
Reinbek bei Hamburg, Dezember 1992
Copyright © 1987 by Rowohlt Taschenbuch Verlag GmbH,
Reinbek bei Hamburg, mit Ausnahme des Beitrags
Günther Bittner: Die Geliebte als magische Vervollständigung
© 1977 Adolf Bonz Verlag, Fellbach-Oeffingen
Umschlaggestaltung Barbara Hanke und Nina Rothfos
Gesamtherstellung Clausen & Bosse, Leck
Printed in Germany
1490-ISBN 3 499 19376 0

Inhalt

Vorwort

Wie viele Frauen in der Bundesrepublik als Geliebte eines verheirateten Mannes leben, läßt sich nur schwer schätzen. Jede/r kennt eine oder mehrere solcher Beziehungen im persönlichen Bekanntenkreis, aber genauere und aussagekräftige Statistiken über die Verbreitung dieser Lebensform sind verständlicherweise kaum zu finden. Bei Umfragen geben etwa zwei Drittel der verheirateten Männer und mehr als ein Drittel der verheirateten Frauen an, im Laufe ihrer Ehe mindestens einmal eine außereheliche Liebesbeziehung gehabt zu haben. Die Dauer solcher Beziehungen kann von einem Tag bis zu zwanzig Jahren und mehr reichen. – Wenngleich hier Eheleute und nicht die Geliebten befragt werden, kann man doch schließen: es muß viele Frauen und Männer geben, die über eine kurze oder lange Zeit als «Geliebte» leben.

Trotzdem gibt es noch kein ernst zu nehmendes deutschsprachiges Buch zum Thema «Geliebte». Bekanntlich existiert viel Literatur zu Partnerschafts- und Familienproblemen; darin wird oft auch die «Untreue» eines Partners mituntersucht. Wir kennen aber kein Buch, das sich speziell der Geliebten widmet. Ihr Leben bleibt in der paartherapeutischen Perspektive ebenso im Hintergrund wie in ehe- oder familiensoziologischer Sicht. Hier wollen wir einen Anfang machen. Der vorliegende Band stellt die Geliebte in den Mittelpunkt und richtet sich auch an sie selbst als Leserin – also an Frauen, die Erfahrungen als Geliebte eines verheirateten oder sonst dauernd anderweitig gebundenen Mannes haben. Wir betrachten darin das außereheliche Liebesverhältnis nicht vorwiegend aus der Perspektive des Ehepaares, sondern vor allem aus der Sicht der Geliebten selbst.

Sind auch Männer «Geliebte»? Nein, das bezeichnet die deutsche Sprache anders, aktiver: Wenn ein Mann eine verheiratete Frau liebt, ist er ihr «Liebhaber». Als solcher macht er sicher zum Teil Erfahrungen, die denen seines weiblichen Pendants, der Geliebten, gleichen. Wir glauben aber, daß die Sprache hier zu Recht Unterschiede anzeigt: das Leben als «der andere» oder als «die andere» ist für Männer und Frauen sehr verschieden. Auch wenn wir unseren Band auf das Erleben von Frauen konzentrieren, muß dabei selbstverständlich auch über Männer nachgedacht werden, besonders über den Mann, der mit zwei Frauen lebt. Über ihn denkt die Geliebte nämlich selbst sehr viel nach; also kann unser Band ihn keineswegs beiseite lassen.

Und die Ehefrau? Von der Geliebten vielleicht ignoriert oder gemieden, gesucht oder geliebt, gehaßt, bewundert, bedauert, diese Konkurrentin, Freundin, «Schwester» — selbstverständlich hat sie große Bedeutung. Aber welche? Fest steht jedenfalls: die beiden Rollen dieser Frauen definieren einander. Ohne Ehefrau keine Geliebte. Unsere Überlegungen gelten deshalb auch der Ehefrau.

Seit einiger Zeit macht die Geliebte eine kleine öffentliche Karriere. Zeitschriften vom «Stern» bis zur «Schweizer Illustrierten» haben ihr Fortsetzungsserien gewidmet; nun folgen die Bücher. Solche Moden könnten auch stutzig machen. Beginnt eine uralte Beziehungsform damit, sich von Tabus zu befreien und sich ein neues, flottes Selbstbewußtsein zuzulegen? Oder taucht das altmodische Wort «Geliebte» wieder aus der Versenkung auf, damit auch alleinstehende Frauen im Zeichen der Wende wieder über einen Mann definiert werden können, während andere sich noch daran freuen, daß sie nicht mehr als Jungfer Gretchen oder Witwe Bolte angesprochen werden und sogar im Amtsdeutschen die Unterscheidung von «Frau» und «Fräulein» abgeschafft ist? — Hat es mit einer neuen Gleichwertigkeit von Beziehungsformen zu tun, wenn die «Geliebte» aus dem Schatten tritt und ihre «wahre Geschichte» erzählt? Oder hat die Patriarchatskritik eine neue Gruppe weiblicher Opfer entdeckt — nach den übermüdeten Müttern und den schlecht ausgebildeten Töchtern, nach den glücklosen Ehefrauen von Alkoholikern und den strapazierten Lebensgefährtinnen von Priestern, nach den Magersüchtigen, den Verarmten, den Doppelbelasteten und all den anderen Frauen, «die zu sehr lieben», nun auch die «Geliebten» als Problemgruppe?

Ehebruch, so wie das alte zivile oder kirchliche Recht ihn kannte, war ein Typus von verbotener Handlung, deren Urheber nur als ihre Rechtssubjekte in Betracht kamen. Die Rede von «der Geliebten» dagegen läßt eher an eine besondere Persönlichkeit denken, die über eine Vergangenheit und eine Kindheit verfügt, einen besonderen Charakter und eine eigene Lebensform besitzt. Ist sie anders als andere Frauen? Das ist unwahrscheinlich. Daß sie eine Zeit ihres Lebens als Geliebte eines verheirateten Mannes verbringen wird, ist keiner Frau auf den Leib geschrieben. Es gibt keine Sondernatur, die eine Frau zur Geliebten besonders geeignet macht. Aber es gibt allerdings, vor allem für berufstätige Frauen vor oder nach ihrer ersten Ehe, heute viel mehr Möglichkeiten als früher, mit einem verheirateten Mann eine enge Bindung einzugehen. Die Erfahrungen, die die Frauen dabei mit sich selbst und mit ihrer Umwelt machen können, sind unser Thema. Sie werfen ein Licht auf die Konflikte zwischen den Geschlechtern überhaupt und auf die Widersprüche zwischen den verschiedenen Wünschen, die in jeder/jedem einzelnen von uns versammelt sind.

Unser Buch läßt alles aus, was über «die Geliebte» schon bekannt ist. Vor allem bringt es keine Erfahrungsberichte, keine Interviews mit Geliebten und wenig Statistik. Statt dessen untersucht es die Hintergründe, die sozialen und psychischen Bedingungen außerehelicher Liebesverhältnisse und die Kultur, die sie umgibt: Rechtliches, Theologisches und Historisches, Kunstgeschichte, Film und moderne Literatur.

Der Band ist überwiegend von Frauen geschrieben. Die Autorinnensuche war ein Vergnügen; viel Interesse, Unterstützung und gute Vorschläge sind uns entgegengekommen. Auch die beiden Absagen, die wir von Frauen erhielten, waren mit Ermunterungen für das Projekt verbunden. Für einen Aufsatz über den «Mann in der Mitte» suchten wir aber auch einen Autor, der psychoanalytisch versiert sein sollte, und das stellte sich als schwierig heraus. Zwei, die wir mündlich fragten, wollten mitarbeiten, falls sie es anonym tun könnten. Das wollten wir nicht. Ein Dritter schrieb: «Ich mag mir nicht an allem die Finger verbrennen!» Das fanden wir begreiflich, wunderten uns aber auch darüber, daß Autoren die Hitze des Themas mehr scheuen sollten als Autorinnen. Der Vierte schrieb: «Ich hatte nie eine Geliebte.» Danach hatten wir ihn nicht gefragt. Wir wollten keine Erfahrungsberichte, sondern einen fachlichen Beitrag. Der Fünfte lehnte auf drei Zeilen ab, «...da ich die Themen, an denen ich arbeite, nach Maßgabe eigener Neigungen und Kenntnisse wähle». War das mit unserer Anfrage in Zweifel gezogen worden? Der Sechste dankte in liebevoller Ausführlichkeit für die «ehrenvolle Einladung» und fuhr dann fort: «Leider bin ich nicht in der Lage, Ihrem Wunsch nachzukommen. [...] Ich habe unter meinen Analysandinnen solche Frauen nicht.» Kein Wort darüber, daß wir von ihm etwas über den Mann in der Mitte wissen wollten! – Da wir mittlerweile erfahren hatten, daß es offenbar auch dem psychoanalytischen Fachmann schwerfällt, sich für den Mann, der mit zwei Frauen lebt, zu interessieren, waren wir besonders froh, als wir schließlich doch noch eine Zusage erhielten. Der Kollege schlug als vorläufigen Titel seines Beitrags «Die psychosoziale Funktion der Geliebten für einen verheirateten Mann» vor. Freudig stimmten wir zu. Nach vereinbarter Frist traf ein Artikel bei uns ein; sein Titel: «Die Geliebte und der Mann ihrer Wahl». Wir trauten unseren Augen kaum – er ist hochinteressant, glänzend formuliert und handelt ausschließlich vom Seelenleben der Frau! «Es fiel uns nicht auf», schrieben Autor und Autorin, als wir sie fragten, warum sie das Thema gewechselt hätten...

Über den Mann in der Mitte erfuhren wir dann etwas durch ein Interview, das wir schließlich mit einer Frau, der Psychoanalytikerin Luise Reddemann, «Über den verbreiteten Wunschtraum, mit mehreren Partnern zu leben», führten. Außerdem fanden wir einen schon veröffentlichten Beitrag von Günther Bittner, den wir hier nachdrucken. Die Erfahrungen mit der Autorensuche illustrieren, worum es bei unserem Thema unter anderem geht: die große Schwierigkeit auch der Männer selbst, über das Gefühlsleben des Mannes in der Mitte nachzudenken. Lohnen würde sich das schon! Wir überlassen die dankbare Aufgabe jedoch einem anderen Team.

Fünf Jahre nach Erscheinen der ersten Auflage haben wir das Buch an manchen Stellen überarbeitet und aktualisiert. Den Beitrag von Sara Lennox über die Darstellung der Geliebten in der DDR-Literatur der siebziger und achtziger Jahre haben wir unverändert gelassen. Wir wollten nicht alle Aussagen in die Vergangenheitsform bringen, so als ob sich die Beziehungen zwischen Frauen und Männern, die Sara Lennox schildert, derweil völlig gewandelt hätten. Das haben sie wahrscheinlich nicht. In ihren Geschlechterverhältnissen waren sich nämlich Ost und West auch früher schon verflixt ähnlich...

Paris/Berlin, Juli 1992   Elisabeth H. Flitner, Renate Valtin

Brigitte Wormbs

Das Wort

Beinahe wäre die aufgeschlagene Zeitung über die Tischkante hinuntergerutscht, als der Kellner das Tablett mit dem Kaffee auf die Marmorplatte schob. Schnell hat die Frau ihren linken Arm auf die Blätter gelegt. Während sie mit der rechten Hand nach der Tasse greift, fällt ihr Blick auf das letzte Wort der abgeknickten Schlagzeile: «**Geliebte**» steht da, schwarz auf weiß, mit großem Anfangsbuchstaben, fett gedruckt.

Als hätte sich eine wohlbekannte, wenn auch in allerlei Undurchsichtiges verstrickte Person, die bislang nur in Begleitung einer anderen aufzutreten pflegte, plötzlich allein und ganz auf sich gestellt gezeigt, so irritiert das unversehens separierte Wort die Fortsetzung der beiläufig begonnenen Lektüre.

Die Blicke der Frau heften sich auf das Wort wie auf die Hauptdarstellerin eines Dramas, die der Filmvorspann in Großaufnahme zeigt, bevor die Handlung ihren Lauf nimmt. Da leuchtet sie auf der Leinwand, eine fest umrissene und zugleich changierende Gestalt von unwiderstehlicher Anziehungskraft, der das Wort auf den Leib geschrieben ist, das eine glückliche Wendung des dramatischen Geschehens vorwegnimmt. Bürgt es doch dafür, daß Liebe im Spiel sein wird. Und ist nicht die Liebe das Glück?

Aber wie wird die Geschichte, die sich mit einem Wort als Liebesgeschichte zu erkennen gibt, wohl angefangen haben?

Die Blicke der Frau gleiten über den Rand der Zeitung, streifen die benachbarten Tische, schweifen suchend durch den Raum, als ließe sich dem Bereich unmittelbar gegenwärtiger Möglichkeiten entnehmen, was in der Vorstellung Revue passieren wird.

Vielleicht, wahrscheinlich, ganz sicher – aber wer weiß? – wird da zuerst das Lächeln gewesen sein, das ein goldumrahmter Spiegel wie der, worin sich die Frau jetzt, von der Zeitung aufblickend, sieht, einem Mann wie dem, der dort drüben allein am Tisch sitzt, quer durch einen imaginären Raum zugespielt haben könnte. Der Mann wird den Widerschein dieses Lächelns aufgefangen haben, als wäre es ausschließlich für ihn bestimmt gewesen. Ein Lächeln wird das andere gegeben haben. Blicke werden auf beiden Seiten wie in den Brennpunkten einer Ellipse gebündelt worden sein und als wechselseitig erhellende Strahlen ihr Licht auf das jeweilige Gegenüber geworfen haben; von ihm zu ihr, von ihr zu ihm. Warum sollte sie die Lider senken, bevor das Spiel zu Ende ist?

Es wird angefangen haben. Es wird weitergegangen sein. Irgendwie wird sich eine Gelegenheit gefunden haben, ins Gespräch zu kommen. Der Ring an seinem Finger wird ihr nicht entgangen sein. Aber er wird den Lauf des Schicksals auch nicht aufgehalten haben. Die Liebe, die Liebe ist eine Himmelsmacht. Und ein liebend Herz erreicht, was ein liebend Herz geweiht. Dunkelrote Rosen, Gold und Silber, Edelsteine – bester Schatz, ach, was kann denn schöner sein als heimliche Liebe, worin die zum Hauptwort erhobene Beugung des Partizips die Heftigkeit einer Neigung zum Ausdruck bringt, die bereit ist, sich über alle Schranken geregelter Verhältnisse hinwegzusetzen.

> Und zitternd dir sag ich:
> Das Boot ist bereit.
> O komm jetzt,
> Wo Lunen noch Wolken umziehn.
> O komm jetzt!
> Laß durch die Lagunen, Geliebte, uns fliehn!

Doch das außereheliche Verhältnis wird nicht geheim geblieben sein. Man wird die beiden beobachtet haben. Sie werden ins Gerede gekommen sein. Man wird sich, wie man sagt, das Maul über sie zerrissen haben. In der schicksalhaften Abfolge der Ereignisse wird das Wort von anderen anders ausgesprochen worden sein. Man wird sie, als gelte es, den Liebestatbestand in einer Art Standesbezeichnung ordnungsgemäß zu registrieren, seine «Geliebte» genannt haben. Aber Glück wird bei allen Unbilden des Verhältnisses noch immer im Spiel gewesen sein. Und das Glück ist die Liebe, die Lieb' ist das Glück. Was könnte man also mit dem anders ausgesprochenen Wort schlußendlich andres gemeint haben als eine Frau im Glück? Eine Frau – jung vielleicht, schön vielleicht – aber jedenfalls: geliebt.

Als wäre auf das Stichwort für ihren Einsatz im letzten Augenblick ein Double eingesprungen, so sieht die Frau im goldumrahmten Spiegel jetzt, wie eine andere Frau, eben von draußen hereingekommen, dem Mann, der dort drüben allein am Tisch sitzt, ein Zeichen macht. Der Mann steht auf und geht mit schnellen Schritten quer durch den Raum auf die fremde Frau an der Tür zu. Was deutet in der folgenden Begrüßungsszene auf ein Liebesverhältnis hin, wie es die Zuschauerin unbeirrbar träumend im Auge hat?

Ihre Blicke begleiten das Paar noch bis in die Dunkelheit jenseits des Türrahmens. Dann senkt sie die Lider. Ihre Augen sind jetzt wieder auf das letzte Wort der Schlagzeile gerichtet, von dem die Vorstellung ausgegangen war: «Geliebte» – substantivierte Leideform des Verbs, die sich dem Objekt der Leidenschaft in seiner schmelzenden Hingegebenheit angeschmiegt zu haben scheint. Ein Wort, wie gemacht für zärtliche Gefühle.

Nachdem die Frau mit der rechten Hand die leere Kaffeetasse von sich geschoben und mit der linken die abgerutschte Zeitung auf die Tischplatte heraufgezogen hat, ist die Schlagzeile in vollem Wortlaut sichtbar. Es ist eine kurze Zeile; aber einen Augenblick lang zögert die Frau, die drei aneinandergereihten Wörter als Subjekt, Prädikat und Objekt eines Satzes zur Kenntnis zu nehmen. «**Mann erwürgt Geliebte**» steht da, schwarz auf weiß, fett gedruckt; das letzte Wort Buchstabe für Buchstabe vollständig und unversehrt, aber wie in leidenschaftlicher Gebärde erstarrt neben dem vorhergehenden, dazwischen ein Sprung, als hätte man Phasenbilder aus verschiedenen Einstellungen eines Films falsch montiert.

Langsam rückwärts tastend lösen sich die Blicke der Frau von der Zeile, die den Sog der Bilderfolge mit einem Schlag zum Stillstand gebracht hat. Zerstreut durchfliegen sie die Zeitung, stocken plötzlich bei den Inseraten auf der letzten Seite. Wie mit einem Zoom in den Vordergrund geschnellt, springt das am Ende jener Sequenz arretierte Wort hier vom Anfang einer Annonce in die Augen, setzt sich ruckartig in Bewegung, so, als würde der eben vorgeführte Film noch einmal, aber diesmal rückwärts und überstürzt abgespult, so daß sich die Darstellung zur Groteske verzerrt: «**Geliebte gesucht**» steht da, und zur Bewerbung aufgefordert ist «die attraktive Frau zwischen zwanzig und dreißig mit Niveau und Intellekt».

Von der Zeitung aufblickend, betrachtet die Frau prüfend ihr goldumrahmtes Spiegelbild, als wolle sie sich einer Weiblichkeit vergewissern, der das zum Dingwort verhärtete Partizip Perfekt nicht schon vorab auf den Leib gestempelt ist.

Elisabeth Flitner

Verliebt, verlobt, verheiratet – und dann?

Soziologische Gedanken zum Arrangement der Geschlechter

Wenn man fragt, unter welchen gesellschaftlichen Bedingungen Eheleute und Geliebte sich heute zurechtfinden müssen, kann man an der *zunehmenden Integration der Mittelschichtfrauen in den Arbeitsmarkt*, an der *Randposition der Männer in der modernen Familie* und an der *Zunahme der Scheidungszahlen* nicht vorbeisehen. Sie bilden Bedingungen, mit denen Ehen und andere Liebesbeziehungen konfrontiert sind. Ich überlege hier, was sie insbesondere für die Rolle der Geliebten bedeuten. Offen bleibt dabei, wie die einzelnen Frauen jeweils mit den Tendenzen und gesellschaftlichen Mustern umgehen, die sie vorfinden.

Individualisierung der Frauen

Die heute vorwaltenden Gegensätze zwischen den Geschlechtern sind nicht nur ein traditionaler Rest etwa alter patriarchalischer Ordnungen. Sie sind mit der Industriegesellschaft entstanden und bilden seit 150 Jahren eine ihrer Grundlagen. Im 19. Jahrhundert setzte sich die Trennung der Produktionsbetriebe von den Haushalten durch; damit entstanden außerhäusliche Berufsarbeit einerseits, Familien- und Hausarbeit andererseits. Die Verteilung dieser Arbeiten folgte einem ständischen Prinzip: der Zuweisung über die Geburt. Wer als Mann im Bürgertum geboren wurde, verrichtete die Berufsarbeit, wer als Frau in derselben Schicht geboren wurde, die Arbeit im Haus. Damals wurden die Formen der Kleinfamilie und mit ihnen die Männer- und Frauenrollen ausgeprägt, die heute wieder an Selbstverständlichkeit verlieren (vgl. Beck 1986). Familienarbeit und Berufsarbeit wurden gegensätzlich organisiert. Hier gelten die Regeln des Markts, Kauf und Verkauf, Geld und Verträge, herrschen individuelle Konkurrenz und Mobilität. Dort sollen Gemeinschaftlichkeit, Fürsorge und Liebe die Familien dauerhaft zusammenbinden. Berufsarbeit der Männer und

Familienleben, für das vor allem die Frauen zuständig sind, bilden zwei Bereiche mit verschiedenen Organisationsprinzipien und Wertsystemen, die einander ergänzen, bedingen und oft auch widersprechen. Außer den sozialen Ungleichheiten, die ihre Grundlage in der Produktion haben (Unterschiede der Bezahlung, der Berufe, der Stellung zu den Produktionsmitteln), entstand also auch ein System von Unterschieden von Lebenslagen zwischen den Geschlechtern, das quer dazu liegt. Wer im Beruf steht, muß außer Haus sein, verdient das Geld, muß sich für die Arbeit ausbilden, diszipliniert, verfügbar und mobil sein. Wer die Familienarbeit übernimmt, wirtschaftet mit Geld aus zweiter Hand und bleibt darin und im Alltag auf den Familienernährer angewiesen. Der Alltag der bürgerlichen Hausfrau, wie sie das 19. Jahrhundert wollte, paßte sich dem Arbeitsleben des Familienvorstands und den Bedürfnissen der Kinder an.

Über die Aufteilung der Arbeiten war seit damals bis in die Mitte unseres Jahrhunderts keine individuelle Entscheidung möglich. Daß Männer dem Erwerb nachgehen und Frauen zu Hause bei den Kindern sind, das stand nicht zur Debatte, sondern verstand sich von selbst. Die Verteilung der Arbeiten blieb der Wahl der einzelnen entzogen. Sie wurden durch Geburt und Geschlecht zugewiesen. Nach dem Ersten und vor allem nach dem Zweiten Weltkrieg vollzogen sich entscheidende Veränderungen. Die Anforderungen der Erwerbsarbeit wurden nun in großem Maß auch auf die Frauen der Mittelschicht ausgedehnt. Daraus entstanden keine neuen Prinzipien innerhalb der Lohnarbeit; der Vorgang bedeutet nur, daß die Regeln des Marktes sich über die Geschlechtergrenze hinweg durchsetzen. Damit werden aber ganz neue Lager innerhalb der Familien und der Geschlechterbeziehungen überhaupt geschaffen. Indem sich die Marktgesellschaft nun über ihre geschlechtsspezifischen Grenzen hinweg durchsetzt, wird ihre Familienmoral – die als normal angesehenen Männer- und Frauenrollen, die Tabus von Ehe, Elternschaft und Sexualität und letztlich sogar die Trennung von Hausarbeit und Erwerbsarbeit – wieder in Frage gestellt. Das gilt, wie alle folgenden Überlegungen, vor allem für die Mittelschicht.

Wenn Frauen wie Männer gleichermaßen berufstätig sein müssen und wollen, tauchen in den Beziehungen der Geschlechter in großem Maße neue Probleme auf. Es kommt zu einer «Individualisierung» der Frauenleben: Die Frauen werden nun nicht mehr nur vermittelt über den Mann, sondern für sich selbst abhängig vom Arbeitsmarkt. Sie brauchen eine Ausbildung, müssen mobil und für die Arbeit verfügbar sein, eine Karriere planen, ihre Sozialversicherung, ihren Urlaub und ihre Freizeit für sich regeln – das alles ist jetzt in den Familien doppelt zu bedenken und muß aufeinander abgestimmt werden. Und die Verteilung der Hausarbeit? Und was geschieht mit den Kindern? Das Entscheidende dabei ist: Die geschlechtsspezifische Arbeitsteilung hört auf, selbstverständlich zu sein. Über alles muß individuell und gemeinsam entschieden werden. Und jede Entscheidung enthält die Möglichkeit von Konflikten. Mutterschaft und Beruf, ökonomische Selbständigkeit und Familienexistenz sind im weiblichen Lebenszusammenhang Widersprüche, die gegen die vorwaltenden Bedingungen in Familie und Gesellschaft ausgetragen und ausgehalten werden müssen.

Warum wollen und müssen immer mehr Frauen erwerbstätig sein? Mindestens fünf Gründe spielen dafür eine Rolle:

– Die Verlängerung der Lebenserwartung hat den früher normalen Lebenslauf der Frauen verändert. Die Mutterpflichten, Kinder auf die Welt zu bringen und zu pflegen, enden heute durchschnittlich etwa mit dem 45. Lebensjahr. Dem Dasein für die Kinder folgen dann noch durchschnittlich dreißig Jahre jenseits des traditionalen Lebenszentrums der Frauen. Viele Frauen streben in dieser Zeit zurück in den Beruf.

– Die Hausarbeit hat sich nachhaltig verändert. Zum einen führt die Zerstörung alter Nachbarschaften und die hohe Mobilität der Familien zu ihrer sozialen Isolierung. Zum anderen unterliegt sie technischer Rationalisierung. Konsumangebote, Geräte und Maschinen entlasten und entleeren die Arbeit in der Familie. Sie wird zur Restarbeit zwischen Industrieproduktion und bezahlten Dienstleistungen. Am greifbarsten sind noch die von der Schule bestimmten und um die Schulzeit herum organisierten Tätigkeiten mit den Kindern. Isolierung und Rationalisierung der Hausarbeit verweist die Frauen auf die Suche nach einem «erfüllteren» Leben in der Berufsarbeit.

– Nach wie vor ist Mutterschaft die stärkste Anbindung an die traditionale Frauenrolle. Mit der Möglichkeit der Empfängnisverhütung und des Schwangerschaftsabbruchs muß aber jede Frau heute darüber (mit)entscheiden, ob, wann und wie viele Kinder sie haben will. Gleichzeitig wird die weibliche Sexualität von der früher engen Verknüpfung mit Mutterschaft gelöst und muß für sich, als eigener Erfahrungsbereich, entdeckt, entwickelt und zu anderen Bereichen in Beziehung gesetzt werden. Ein von Mutterschaft und Familienexistenz getrenntes Sexualleben ist leicht möglich und vor allem für junge Frauen vor der Ehe auch die Regel geworden. Frauen können berufstätig sein, ohne darum auf ein Liebesleben verzichten zu müssen.

– Die Angleichung von Bildungschancen von Männern und Frauen, die sich vor allem einer zunehmenden Bildungsbeteiligung der Frauen verdankt, führt mit dazu, daß immer mehr Frauen erwerbstätig sein wollen. In der Zukunftsplanung von Mädchen zwischen 15 und 19 steht heute die Verwirklichung des Berufswunsches an erster Stelle, vor Heirat und Mutterschaft (Seidenspinner/Burger 1982).

— Schließlich zeigen wachsende Scheidungszahlen, daß die lebenslange Versorgung der Frauen über die Ehe brüchig geworden ist. Die Tatsache, daß heute etwa jede dritte Ehe geschieden wird, und der Umstand, daß alleinstehende Mütter und Rentnerinnen die häufigsten Klienten der Sozialhilfe sind, warnen auch viele verheiratete Frauen davor, den Kontakt zur Erwerbsarbeit ganz aufzugeben.

In all dem – Erhöhung der Lebenserwartung, Veränderung der Hausarbeit, Trennung von Sexualität und Mutterschaft, Bildungs- und Berufsbeteiligung und wachsende Scheidungsraten – drückt sich zusammengenommen eine Freisetzung der Frauen aus den herkömmlichen Vorgaben der Frauenrolle aus. Das Zusammenleben der Geschlechter, erst recht wenn Kinder dabei sind, erfordert komplizierte Abstimmungen von auseinanderstrebenden Wünschen und Plänen. Zwar sind bei weitem nicht alle Frauen berufstätig (am wenigsten diejenigen, die kleine Kinder zu versorgen haben). Aber die obengenannten Tendenzen spiegeln sich im Bewußtsein und Verhalten aller wider. Zwar sind Frauen im Beruf, was die Stellung in der Hierarchie, den Verdienst und die Möglichkeit, überhaupt Arbeit zu finden, angeht, den Männern noch bei weitem nicht gleichgestellt. Vor allem in Zeiten der Massenarbeitslosigkeit verstärkt das aber die Widersprüchlichkeit ihrer Lage, statt sie zu vereinfachen: Die anhaltende Eheversorgung ist nicht mehr gesichert, die Möglichkeit, sich selbst zu unterhalten, noch nicht. Die Notwendigkeit, sich für den beruflichen Konkurrenzkampf zu rüsten, wächst ebenso wie die Verlockung, sich – wo die Berufschancen sowieso nicht gut sind – für Kinder und gegen ökonomische Selbständigkeit zu entscheiden. Auf jeden Fall aber muß gewählt werden, und alles wird begründungsbedürftig: die Form des Zusammenlebens, wer wie wo was arbeitet, die Auffassungen von Liebe und Sexualität und ihre Einbindung in Ehe und Familie. «Es ist nicht mehr klar, ob man heiratet, wann man heiratet, ob man zusammenlebt und nicht heiratet, heiratet und nicht zusammenlebt, ob man das Kind innerhalb oder außerhalb der Familie empfängt oder aufzieht, mit dem, mit dem man zusammenlebt, oder mit dem, den man liebt, der aber mit einer anderen zusammenlebt, vor oder nach der Karriere oder mittendrin. Wie dies alles kurzfristig oder langfristig oder vorübergehend mit den Zwängen oder Ambitionen der Versorgungssicherung, der Karriere, des Berufs aller Beteiligten vereinbar ist» (Beck 1986, S. 163 f). Wenn dieses Sittengemälde auch gewiß nicht die Wirklichkeit aller Beziehungen abbildet, so bezeichnet es doch die Fragen, die nun überall beantwortet werden müssen. Der Druck zur Selbständigkeit bleibt auch für diejenigen Frauen psychische Realität, die sich für den Haushalt und gegen Erwerbstätigkeit entschieden haben. Die Forderung an die Männer, sich um Familie und Haushalt mehr zu kümmern, wird auch dort erhoben, wo die Arbeitsteilung äußerlich klar zu sein scheint (wenn auch kaum erfüllt, vgl. Metz-Göckel/Müller 1986). Der Wunsch nach Wiederaufnahme einer Erwerbsarbeit begleitet die meisten Frauen auch während der Familienphase, liefert Zündstoff für Konflikte und ist mit seinen schlechten Verwirklichungschancen Anlaß zur Depression (Pross 1975).

Daß Erwerbsarbeit mit Familienaufgaben für Frauen schwer zu vereinbaren ist, weiß jede/r; in welchem Ausmaß dieser Konflikt Ehen und Familien in Frage stellt, zeigt eine neuere Untersuchung. Auf die Frage, ob sie in den letzten Monaten einmal an Scheidung gedacht hätten, antworteten erwerbstätige Frauen mehr als doppelt so oft wie Hausfrauen mit «ja» (Booth/White 1980). 20 Prozent aller erwerbstätigen verheirateten Frauen in dieser Umfrage sagten, sie hätten in den letzten Monaten an Scheidung gedacht, und zwar unabhängig davon, ob sie sich als gut verheiratet ansehen oder nicht. Hier wird wahrscheinlich ein Druck ins Private gewendet, der seinen Ursprung nicht in der individuellen Beziehung selbst hat. Da die Menschen an den meisten Belastungen, die sie treffen, individuell kaum etwas ändern können – nicht am Arbeitsplatzangebot, nicht am Wohnungsmarkt, nicht an der Verkehrsplanung noch an der öffentlichen Kinderbetreuung usw. –, übersetzt sich der Druck ins Private. Die Frau, die sich belastet fühlt, die sonst aber keine Möglichkeiten zur Veränderung sieht, kann immer noch ihren Mann verlassen und hoffen, ihre Lage dadurch zu bessern. Und das liegt um so näher, je mehr sie Verbindung zur Erwerbsarbeit behalten hat.

Die verstärkte Berufsorientierung, Marktabhängigkeit und ökonomische Selbstversorgung, die hier als «Individualisierung» der Frauen beschrieben wurde, geht mit einer Tendenz zur Aufhebung der traditionellen Kleinfamilie und der zu ihr gehörenden Familienmoral einher. Die Einbindung von Liebe und Sexualität der Frauen in Ehe und Familie hat sich in den letzten zwanzig Jahren sehr gelockert. Uneheliches Zusammenleben von Männern und Frauen, das sich in den sechziger Jahren noch heftige Mißbilligung zuzog, wird heute allgemein geduldet. Über eine Million Paare in der Bundesrepublik leben derzeit ohne Trauschein zusammen. Weit über die Hälfte aller Mädchen zwischen 16 und 19 finden es für Frauen wichtig, sexuelle Erfahrungen zu sammeln. Und immerhin jede zweite wäre damit einverstanden, zwei Freunde gleichzeitig zu haben (Seidenspinner/Burger 1982). Die Forderung, eine Frau solle unberührt in die Ehe gehen, erheben heute nur noch 20 Prozent der Bevölkerung (Wottawa 1979, S. 387). Auch die Anforderungen an Ausschließlichkeit der ehelichen Beziehung ändern sich. Etwa ein Drittel der verheirateten Frauen geben auf Befragen an, sie seien bereit, unter Umständen eine Liebesbeziehung neben ihrer Ehe einzugehen. Je länger sie ausgebildet sind, desto eher berichten sie auch von entsprechenden eigenen Erfahrungen (Wottawa 1979, S. 395 f). Fast jede dritte erklärt sich bereit, eine nebeneheliche Beziehung ihres Mannes zu dulden. Solche Aussagen illustrieren, daß sich die vormals besonders für Frauen ganz verbindliche Verknüpfung von Liebesleben, Eheleben und Familienleben nicht mehr halten kann. Liebe und Sexualität werden aus herkömmlichen Bindungen zunehmend freigesetzt. Sie lösen sich aus der festen Verknüpfung mit anderen Aspekten der weiblichen Biographie und werden zu einem eigenen Erfahrungsbereich, freier, isolierter und ungeschützter als zuvor.

Mit dem bezeichneten Wandel verändert sich auch das Bild der Geliebten, also der Frau, die mit einem verheirateten oder anderweitig dauernd gebundenen Mann eine enge Beziehung unterhält. Das 19. Jahrhundert konnte den sozialen Status und das persönliche Ansehen einer Frau umfassend aus ihrem Verhältnis zum anderen Geschlecht ableiten. Da die Frauen des Bürgertums nicht erwerbstätig waren, konnte ihre soziale Stellung nur vermittelt über die Beziehung zu einem Mann bestimmt werden. Mit der Form dieser Beziehung, nämlich mit der Frage, ob sie eine eheliche war oder nicht, entschied sich alles andere. Die gesellschaftliche Stellung des Mannes übertrug sich auf die Frau, mit der er die Ehe einging; um so strikter wurde das Ansehen der anderen Frauen, mit denen er auch umging, die er aber nicht heiratete, entzogen, den «Hetären» und «Konkubinen», den «Mätressen», «Prostituierten» und anderen «gefallenen Frauen». Die Frau war Geschlechtswesen, das seinen Weg in die familiale Bestimmung fand oder nicht; der Mann war darüber hinaus auch noch anderes: Als Berufsmensch und politisches Subjekt hatte er neben dem Privatleben noch ein öffentliches.

Diesem Verhältnis entsprach eine Psychologie über die geschlechtsspezifische Natur der Sexualität. Man nahm an, daß sie bei der Frau vollständiger mit ihrer ganzen Person, ihrem Ich, ihren Gefühlen verschmolzen sei als beim Mann. Die Überzeugung herrschte, daß die Frau mit der sexuellen Hingabe ihre gesamte Person vollständiger und vorbehaltloser hingegeben habe als der Mann bei gleicher Gelegenheit, daß daher auch Charakter und menschlicher «Wert» einer Frau mit ihrem Sexualverhalten stehe und falle. «Die Bedeutung und die Folgen, welche die Gesellschaft an die sinnliche Beziehung zwischen Mann und Weib knüpft, stehen [...] unter der Voraussetzung, daß die Frau ihr ganzes Ich, mit der Gesamtheit seiner Werte, jener dagegen nur einen Teil seiner Persönlichkeit in den Tausch gegeben habe. Sie spricht deshalb einem Mädchen, das sich einmal vergangen hat, die ‹Ehre› schlechthin ab, sie verurteilt den Ehebruch der Frau viel härter als den des Mannes, von dem man annimmt, daß eine gelegentliche, rein sinnliche Extravaganz sich mit der Treue gegen seine Frau in allem Innerlichen und Wesentlichen wenigstens vertragen *könne*, sie deklassiert die Prostituierte ganz unrettbar, während der schlimmste Wüstling sich noch immer gleichsam an den übrigen Seiten seiner Persönlichkeit aus dem Sumpf herausziehen und jegliche soziale Stellung wiedergewinnen kann», notierte Georg Simmel 1898 (S. 148f). Auch in der Ehe galten Frauen als ungleich umfassender engagiert als Männer: «Indem die Frau sich verheiratet, gibt sie allermeistens in dieses Verhältnis die Gesamtheit ihrer Interessen und Energien hin, sie setzt ihre Persönlichkeit, Zentrum und Peripherie, restlos ein; während nicht nur die Sitte auch dem verheirateten Mann eine viel größere Bewegungsfreiheit einräumt, sondern er den wesentlichen Teil seiner Persönlichkeit, den der Beruf okkupiert, von vornherein nicht in die eheliche Beziehung hineingibt» (Simmel 1898, S. 153).

Zwischen ehrbarer Liebe und anderer unterschied die Ehe; die Frauen teilten jedoch ihr Ständeschicksal des 19. Jahrhunderts, die Abhängigkeit vom männlichen Erwerb. Ob in der Ehe oder außerhalb, die Beziehung zum Mann war die Quelle der ökonomischen Versorgung der Frau. Ihre soziale Stellung variierte mit der Sicherheit dieser Versorgung: geachtet die Ehefrau, deren Auskommen als lebenslang garantiert galt, in einer weitgefächerten Licht- und Grauzone dann die Mätresse auf Dauer, die ebenfalls von ihrem Liebhaber unterhalten wurde, aber wie eine Angestellte gewissermaßen kündbar blieb, und ganz am Ende die Prostituierte, die von ihren wechselnden Partnern sozusagen Stücklohn erhielt, darin der Arbeiterin vergleichbar. Einen oder mehrere Haushalte neben der eigenen Familie zu finanzieren, war damals wie heute nur einer kleinen Gruppe sehr vermögender Männer möglich. Die Frau des britischen Gesandten am Hofe Kaiser Franz Josephs I. stellte kurz vor dem Ersten Weltkrieg mit Erstaunen fest, daß die bei Hofe verkehrenden Adligen, die meist zwei oder drei Mätressen und zahlreiche Beziehungen zu Schauspielerinnen und Tänzerinnen unterhielten, häufig formale Verträge abschlossen, in denen sie den Frauen regelmäßige Zahlungen zusicherten (quasi Unterhalt) und ihre Zufriedenheit mit dem Verhältnis zu Protokoll gaben (Mitchell 1985, S. 485). Verbreiteter waren jedoch die Verhältnisse, die Stefan Zweig in seinen Erinnerungen an seine Jugend im Wien des späten 19. Jahrhunderts schildert. «Suche ich mich redlich zu erinnern, so weiß ich kaum einen Kameraden meiner Jugendjahre, der nicht einmal blaß und verstörten Blicks gekommen wäre, der eine, weil er erkrankt war oder eine Erkrankung befürchtete, der zweite, weil er unter einer Erpressung wegen einer Abtreibung stand, der dritte, weil ihm das Geld fehlte, ohne Wissen seiner Familie eine Kur durchzumachen, der vierte, weil er nicht wußte, wie die Alimente für ein von einer Kellnerin ihm zugeschobenes Kind zu bezahlen, der fünfte, weil ihm in einem Bordell die Brieftasche gestohlen worden war und er nicht wagte, die Anzeige zu machen» (Zweig 1962, S. 89 f).

Eine entscheidende Differenz zwischen der Geltung der Ehe und der aller anderen Liebesverhältnisse drückt sich in der ökonomischen Beziehung der Partner aus. Aufgabe der Ehefrau ist es, die Konsumtion des männlichen Verdienstes im Haushalt zu bewirken, mit ihm zu wirtschaften. Der Idee nach besteht eine gemeinsame und gleichberechtigte Verfügung über den Verdienst des Mannes, der zum «Familieneinkommen» wird. Mann und Frau teilen die Einkünfte und die Verantwortung für ihren zweckdienlichen Gebrauch. Das wird nicht als Entlohnung der Hausfrau für ihre Arbeit angesehen; Haushaltsgeld ist das Gegenteil einer Abfindung. Unter der Voraussetzung, daß Ehen auf gegenseitiger Zuneigung beruhen sollen, erscheinen auch Geldheiraten oder die Aufrechterhaltung einer Ehe aus nur ökonomischen Gründen als Herabsetzung der Beteiligten. Von emotionalen und ökonomischen Motiven wird angenommen, daß sie einander ausschließen. In nichtehelichen Beziehungen wird Geld, das der Mann der Frau gibt, als Abfindung angesehen. Wechselseitige Ansprüche, die aus der Beziehung entstehen könnten, erscheinen als abgegolten, wenn der Mann bezahlt hat. Georg Simmel drückte es drastisch so aus: «Indem man mit Geld bezahlt hat, ist man mit jeder Sache am gründlichsten fertig, so gründlich wie mit der Prostituierten nach erlangter Befriedigung» (1898, S. 146). Bezahlung diene dem Mann dazu, sich möglichst vollständig und schnell aus der eingegangenen Beziehung wieder zu lösen. Das ist wohl ein Mißverständnis; eher ist es so, daß die Sicherheit, für seine Wünsche bezahlen zu können, es dem Mann erst ermöglicht, die Beziehung überhaupt einzugehen, unter dem Schutz klarer Abmachungen etwas zu suchen, was er sich unter der Verpflichtung zur dauernden liebenden Fürsorge zu Hause nicht erlauben würde. Das gesellschaftlich wirksame Mißverständnis betont jedoch, der Mann kaufe sich frei. Das gilt als entwürdigend nicht für ihn, sondern für seine Partnerin, weil angenommen wird, daß hier Unvergleichbares zum Tausch komme. Die Frau gebe etwas Persönliches von sich, während der Mann einen Scheck hinterlassen könne, um sich dem Anspruch auf Wechselseitigkeit des Engagements zu entziehen.

Für Beziehungen neben der Ehe gilt, daß der Mann über Geld, das er für sie ausgibt, die soziale Distanz zur Partnerin unterstreichen kann. Im 19. Jahrhundert errichtete diese Distanz zusammen mit der üblichen Vielfalt der nebenehelichen Beziehungen – für die Reichen zu mehreren Mätressen, für die durchschnittlich vermögenden Bürger zu wechselnden Prostituierten – eine Schranke gegen die Entstehung einer zweiten, eheähnlichen Beziehung zu einer Geliebten neben der Ehe. Dazu kam damals die prinzipielle Deklassierung der Frau, die eine außereheliche Liebschaft einging: Wenn sie einmal ihre Unschuld eingebüßt hatte, sanken ihre Heiratschancen stark. In den Stand der Ehefrauen konnte sie nicht mehr leicht überwechseln. Sexuelle Erfahrungen außerhalb der Ehe stempelten sie im ganzen zur ehrlosen Person. Stellvertretend dafür sei Sigmund Freuds Urteil aus dem Jahr 1907 zitiert. Eine Hetäre, befand er eine Frau, die in der Sexualität «nicht verlässlich» sei, sei «ein Haderlump» (Protokolle Nr. 24, 15.5.1907).

Alle diese Bedingungen – ökonomische Unselbständigkeit der Frau gegenüber ihrem Partner, Abhängigkeit ihres Status von seiner Zahlungskraft, Distanz zwischen der Frau und ihrem Liebhaber durch die Vielzahl seiner Verhältnisse und eine fast unüberwindliche Kluft zwischen dem Leben als illegitime Partnerin und dem als legitime – haben sich heute verändert. Die «Mätresse» gibt es nur als Ausnahmeerscheinung. Etwa zwei Prozent der Frauen, die einen verheirateten Mann zum Liebhaber haben, leben von seinen Einkünften; die große Mehrheit unterhält sich selbst (Sands 1981). Ihr sozialer Status und ihr Einkommen bemessen sich nicht mehr nach dem des Freundes, sondern nach ihrer eigenen Beteiligung am Arbeitsmarkt. Die Geliebte heute befindet sich in Ausbildung, oder sie ist berufstätig. Damit entfällt auch ihre Gesamtdefinition über die Beziehung zum Mann; sie ist nicht mehr «Mätresse» von Beruf, sondern Sekretärin, Ärztin oder Lehrerin und kann in dieser Eigenschaft angesprochen werden. Die Kluft zwischen heiratsfähigen und anderen Frauen hat sich weitgehend geschlossen, sie hat einem im Umbruch befindlichen, nach Phasen aufgeteilten Lebenslauf Platz gemacht. Eine Frau kann nacheinander mit einem ledigen Freund, mit einem verheirateten Geliebten, als Ehefrau, als Geschiedene, allein, wieder mit einem ledigen oder verheirateten Freund, dann eventuell zum zweitenmal verheiratet, dann als Witwe im Konkubinat mit einem Witwer usw. leben. In dieser oder anderer Reihenfolge sind die Rollen der Freundin, der Verlobten, der Ehefrau und der Geliebten auswechselbar und in derselben Person vereinbar geworden. Die Mehrzahl der Geliebten wird einmal Ehefrau werden oder war es schon. Damit hat sich die soziale Distanz zwischen der Geliebten und ihrem verheirateten Freund weitgehend aufgelöst. Ihre Beziehungen sind nicht mehr durch ökonomische Abhängigkeit vermittelt und unterliegen nur noch dem Anspruch wechselseitiger individueller Anerkennung wie andere Freundschaften auch. Leichter als unter Bedingungen des 19. Jahrhunderts kann nun eine zweite, wichtige Beziehung neben der Ehe als «andersartig, aber gleichwertig» erlebt werden. Zugleich mit dieser neuen Nähe zwischen der Geliebten und ihrem Freund taucht aber auch die Möglichkeit auf, daß der Mann sich von seiner Ehefrau trennt, um sich mit der Geliebten zu verheiraten. Wie oft das wirklich vorkommt, ist für die Sozialforschung schwierig herauszufinden; gesicherte Ergebnisse gibt es dazu nicht. Aber die Möglichkeit allein genügt, um Hoffnungen, Unsicherheiten, Entscheidungszwänge und Konflikte für die Beteiligten zu schaffen, die für den Ehemann, die Mätresse und die Ehefrau des vorigen Jahrhunderts so nicht denkbar waren. Auch für den Mann in der Mitte hat sich dadurch Wesentliches verändert.

Die Randposition der Männer in den Familien

Während die Frauen heute auch aus Gründen der ökonomischen Existenzsicherung die alten Zuweisungen zum Dasein für andere lockern und eine neue soziale Identität suchen müssen, fallen bei den Männern ökonomische Selbständigkeit und herkömmliche Rollenidentität zusammen. Im männlichen Stereotyp des «Berufsmenschen» sind Erwerbsarbeit und Familienexistenz wie selbstverständlich verbunden. Die dazugehörige Hausarbeit fällt der Ehefrau zu. Das Erlebnis der Freuden und Pflichten der Vaterschaft bleibt auf die arbeitsfreie Zeit beschränkt. In der Vaterschaft liegt kein Hindernis der Berufsausübung, im Gegenteil der Zwang zu ihr. Die Vereinbarkeit von Vaterschaft und Beruf, ökonomische Individualisierung und Familienexistenz ist in der überkommenen Männerrolle vorgegeben. Das heißt zunächst, diejenigen Widersprüche, die die Frauen heute aus ihrer traditionalen Rolle herauslösen, können für Männer nicht in gleicher Weise entstehen.

Andere Widersprüche sind dafür in der Männerrolle eingebaut (vgl. Beck 1986). Zum einen kann die Berufsfixierung angesichts der herrschenden Arbeitsbedingungen nur ein sehr widersprüchlicher Segen sein: Zu nennen sind Aufopferung im Beruf für ein Familienleben, zu dessen Genuß dann die Zeit, die Kräfte und die Fähigkeiten fehlen; der Zwang zur Selbstbehauptung für eine Karriere, die sich schließlich doch nicht so gestaltet wie erhofft; die Verausgabung für betriebliche Ziele, mit denen man sich nicht identifizieren kann, die einem aber auch nicht gleichgültig bleiben können; und allem zu Grunde liegend die mangelnde Wahlfreiheit, der Zwang zur Übernahme einer Ernährerrolle für die Familie, der sich Männer noch kaum entziehen können. Zum anderen ergeben sich aus der Festlegung auf die Erwerbsarbeit typische Einschränkungen der Beziehungsfähigkeit: nicht mehr als bei Frauen, aber andere. Die Verausgabung der Arbeitskraft bleibt auf eine harmonische Familie angewiesen, für die die Frau steht. Orientierung an Leistung, Erfolg, an Präzision, verallgemeinerndem Denken und gefühlsneutralem Verhalten, die der Beruf verlangt, entwickelt sich auf Kosten komplementärer Fähigkeiten zur fraglosen Anerkennung anderer, zum an Menschen, nicht an Sachen orientierten Urteilen usw. Wenn aber die Herstellung privater Harmonie fast vollständig den Frauen obliegt, werden Männer in demselben Maß emotional unselbständig und neigen dazu, wesentliche Seiten ihrer Fähigkeit zum Umgang mit sich selbst an die Frau zu delegieren; das fängt bei der Einteilung des Haushaltsgelds, beim Essen und bei der Kleidung an und ist bei der Organisation der Freizeit noch nicht zu Ende. Parallel zur Ungeschicklichkeit im Persönlichen und Emotionalen wächst der Zwang zur Harmonisierung in allen Angelegenheiten der Geschlechterbeziehung. Je mehr der Mann für seine elementarste Versorgung und für den emotionalen Umgang mit sich selbst auf die Frau angewiesen ist, desto leichter muß er sich durch Konflikte in der Partnerschaft gefährdet sehen.

Typische Unterschiede in der Beziehungsfähigkeit von Männern und Frauen sind in der Sozialpsychologie vielfach empirisch belegt worden. Männer neigen zu Beginn einer Beziehung stärker als Frauen zum «romantischen Verliebtsein», zu einem Schwärmen, das nicht nach den bestimmten Eigenschaften der Partnerin, nach Interessen, Ausbildungsstand oder familiärem Hintergrund etc. fragt, sondern sich statt dessen auf die Wahrnehmung eigenen Verliebtseins verläßt (Kephart

1967; Rubin 1973; Fengler 1974; Murstein 1980; Nordstrom 1986). Das findet seine soziologische Erklärung wohl darin, daß der soziale Status des Mannes sich durch eine Ehe normalerweise nicht ändert, so daß der Mann sich romantischen Impulsen eher überlassen kann, während die Frau mit der Ehe auch über ihren künftigen Status entscheidet und deshalb mehr Anlaß hat, «durch Nebenerwägungen zu kontrollieren, mit wem sie den Ausflug ins Land der Romantik unternimmt» (Luhmann 1982, S. 191). Männer, heißt das, können weniger genau als Frauen begründen, warum sie für diesen oder jenen Partner Liebe fühlen. Wenn verheiratete Männer gebeten werden, im Rückblick die Wahl ihrer Ehefrau zu erklären, nennen sie am häufigsten das Aussehen der Frau und die Erinnerung daran, wie verliebt sie selbst waren. Beides läßt offen, ob die Persönlichkeit der Frau zur Kenntnis genommen wurde. Für die Entscheidung zur Ehe scheint sie nicht wichtig gewesen zu sein (Nordstrom 1986). Je stärker er dem traditionellen Bild der Hausfrauenehe anhängt, desto weniger hat der Mann sich bewußt gemacht, welche besonderen Eigenschaften seiner Partnerin diese interessant für ihn werden ließen (Nordstrom 1986). Damit geht einher, daß Männer mit traditionaler Eheauffassung ihre Ehe nicht als Abstimmung von zwei unterschiedlichen Leben wahrnehmen und keine Vorstellung davon formulieren können, welche Interessen oder Fähigkeiten der Partnerin in der Ehe bewahrt und entwickelt werden sollen. Der Gedanke, daß die Frau eine eigene Persönlichkeit mit in die Beziehung bringt und auch in der Ehe ein Eigenleben haben könnte, bleibt verdeckt. Im Vordergrund steht für diese Männer ihr Bild von einer guten Ehefrau und Mutter. Da sich aber schwer vorhersehen läßt, ob gerade diese Frau dem gehegten Bild entsprechen wird, muß «romantisches Verliebtsein» die Funktion übernehmen, subjektive Gewißheit zu produzieren. Je unbekannter die Frau, so kann man vermuten, desto höher der Bedarf an Gefühlen, die dem Mann beweisen, daß es sich hier um die Richtige für ihn handelt. Falls die zitierten Untersuchungen stichhaltig sind, wäre die Kombination von Unkenntnis und Verliebtsein, «blinde Verliebtheit» also, als Entscheidungskriterium der Partnerwahl für Männer typischer als für Frauen. – In der Untersuchung von Nordstrom erinnern Männer mit traditionaler Eheauffassung auch, sie seien damals stärker am Heiraten interessiert gewesen als ihre Frauen. Darin mag sich ausdrücken, daß die Männer Geschlechtsunterschiede im Hinblick auf «romantisches Verliebtsein» ahnen; ihre Erinnerung an blinde Verliebtheit entspricht dem Gefühl «Ich war damals stärker engagiert als meine Frau». Das mag ein fruchtbarer Boden für Abhängigkeitsgefühle sein. Wer sagt, er habe seine Frau bei der Heirat eigentlich nicht gekannt, spricht wohl auch von den Überraschungen, die er später erlebt hat; wer sich als den Interessierteren von beiden bezeichnet, weist auch auf seine größere Verletzlichkeit hin.

Daß Männer seltener einen «besten Freund» haben als Frauen eine «beste Freundin», ist bekannt. In der Studie von Nordstrom berichtete die Mehrheit der Männer, ihre Frau sei der einzige Mensch, mit dem sie Gefühle und Sorgen teilen könnten. Nur ihrer Frau könnten sie wirklich vertrauen, nur bei ihr sich akzeptiert fühlen. Eine neuere Untersuchung über «Einsamkeit» zeigte Geschlechtsunterschiede in derselben Richtung. Aufs Ganze gesehen und nicht überraschend bekunden Menschen, die mit einem Partner zusammenleben, weniger Einsamkeitsgefühle als Alleinstehende. Unter den Verheirateten besteht jedoch ein klarer Unterschied in dem, was Männer und Frauen als Einsamkeit erleben. Für Männer hängen Einsamkeitsgefühle davon ab, ob sie sich mit ihrer Frau gut verstehen oder nicht. Das Gefühl, einsam zu sein, entsteht, wenn die Qualität dieser einen Beziehung als ungenügend empfunden wird. Frauen dagegen erleben sich als einsam, wenn es ihnen an Kontakten zu Nachbarn, Freunden oder Verwandten fehlt. Sie erleben sich dann nicht als einsam, wenn sie mit ihrem sozialen Netzwerk im Ganzen zufrieden sind (De Jong-Gierveld 1986). Um sich nicht einsam zu fühlen, sehen sich Männer also stärker auf eine (ihre) Frau angewiesen als umgekehrt Frauen auf einen (ihren) Mann.

Solche Unterschiede im emotionalen Angewiesensein aufeinander bestätigen sich noch einmal sehr deutlich in der geschlechterspezifischen Reaktion auf Trennungen. Männer leiden nach Trennungen von ihrer Partnerin mehr an Einsamkeit als Frauen nach der Trennung von ihrem Mann (De Jong-Gierveld). Männer reagieren auf Trennungen mit stärkeren Depressionen als Frauen, unabhängig davon, wer die Trennung gewollt hat (Rubin 1973). Alleinerziehende Väter klagen häufiger über einen Mangel an sozialen Kontakten als alleinerziehende Mütter und sehen sich weniger als diese in der Lage, den Verlust des Partners durch andere vertrauensvolle Beziehungen auszugleichen (Hipgrave 1981). Nach Scheidungen verheiraten sich Männer in erheblich kürzerer Frist wieder als Frauen; Männer bleiben überhaupt seltener als Frauen nach einer Scheidung unverheiratet (Held/Levy 1983, S. 122–130). Bei frisch verwitweten Männern sind plötzliche Erkrankungen, plötzlicher Tod und Suizid häufiger als bei frisch verwitweten Frauen (Bernard 1972).

Diese Befunde weisen alle in dieselbe Richtung. Männer erleben ein größeres emotionales Angewiesensein auf ihre Frau als umgekehrt. Die Fähigkeit der Männer, Beziehungskonflikten ins Auge zu sehen, muß dadurch geschmälert werden. Sie wird, vor allem bei Männern mit traditioneller Eheauffassung, schon deshalb behindert sein, weil sie sich der besonderen Eigenschaften ihrer Frau bei der Verheiratung kaum bewußt waren und weil sie keine Vorstellung von einem Eigenleben ihrer Frau außerhalb der Gattinnen- und Mutterrolle entwickeln. Je stärker sie sich zugleich auf die Frau als einzige Vertrauensperson und einzigen Schutz vor Einsamkeit beziehen und je weniger sie sich in einem Konfliktfall auch auf ein soziales Netz oder mindestens eine gute Freundschaft stützen können, desto stärker müssen sie sich gefährdet sehen, wenn die Frau den erwarteten Austausch zu verweigern droht. Der Wunsch, Schwierigkeiten so lange als möglich aus dem Weg zu gehen, sowie Überraschung, Hilflosigkeit und Unverständnis, wenn der Konflikt einmal da ist, verstehen sich daraus von selbst. Auch für den Fall, daß offene Konflikte lange Zeit vermieden werden können, sind dauernde Glücksgefühle unwahrscheinlich; wahrscheinlicher ist, daß sich die erlebte Abhängigkeit mit der Zeit in emotionalen Mangel verwandelt, der seinerseits nach Abhilfe ruft. Unter dem Zwang zur Konfliktvermeidung muß solche Abhilfe vorzugsweise heimlich gesucht werden.

Das Angewiesensein auf die Ehefrau verstärkt sich innerhalb der Familie noch durch den Mangel an Verbindung mit den Kindern. Die Fürsorglichkeit der Männer wird auf die ökonomische Fürsorge für die Familie beschränkt, deren Erfordernisse die Entwicklung anderer Formen weitgehend ausschließen. Erwerbstätige Männer in unserer Gesellschaft sind durchschnittlich gut neun Stunden täglich außer Haus. In der verbleibenden Zeit wenden sie im Durchschnitt zwölf Minuten pro Werktag für die Pflege und Versorgung ihrer Kinder auf; sonntags sind es zwanzig Minuten; zum Spielen an allen Tagen der Woche etwa eine Stunde (Fthenakis 1985, S. 157f). Von der Erfahrung dauernder, auch körperlicher Nähe, wie sie zwischen Müttern und Kindern besteht, sind sie ausgeschlossen. Sie beschäftigen sich auch dann nicht vermehrt mit den Kindern, wenn die Ehefrau erwerbstätig ist. Das ist nicht erstaunlich, solange sich ihre eigenen Arbeitszeiten nicht ändern. Offenbar wird Vätern heute ihre Randposition in den Familien als Mangel bewußt; einer baden-württembergischen Studie zufolge wünscht sich die Hälfte von ihnen mehr Zeit für den Umgang mit den Kindern (Fthenakis 1985, S. 218). Bisher gelingt es aber den meisten Vätern kaum, in einer direkten, für sie selbst befriedigenden Weise Verantwortung für die Kinder zu übernehmen (Metz-Göckel/Müller 1986, S. 87ff). Die Vaterrolle bleibt abstrakte Verpflichtung. Das bedeutet unter anderem, daß Männer sich kaum durch den Umgang mit den Kindern innerhalb der Familie emotionalen Ausgleich schaffen können, falls ihnen die Zuwendung ihrer Frau nicht (mehr) genügt.

Zugleich entgehen ihnen Möglichkeiten zum spielerischen Regredieren mit den Kindern, zur Wiederbelebung der eigenen Kindheit, die zum Erwachsenwerden beitragen. Falls ihre Kindlichkeit «kindisch» bleibt, muß sie sich als infantile Anspruchshaltung und Tyrannei gegenüber der Ehefrau und als Eifersucht auf die eigenen Kinder zur Geltung bringen. Das ist wiederum geeignet, die Familie in Distanz zu halten und in der Folge den Eindruck des Mannes zu verstärken, er werde zu Hause nicht genügend ernst genommen, nicht geliebt und akzeptiert, nicht genug umsorgt, nicht verstanden.

Deutlich sind auch die Einschränkungen der männlichen Sexualität, die mit dadurch festgeschrieben werden, daß es Männern am Umgang mit Kindern fehlt. Für den Mann, dem die vielfältigen, strapaziösen und lustvollen Körpererfahrungen der Kinderpflege entgehen, wird es schwer, sich unter körperlicher Nähe auch anderes als den Liebesakt der Erwachsenen vorzustellen und zu wünschen. Während Frauen in schwierigen Zeiten der Ehe noch die Möglichkeit haben, ihre Beziehung zu den Kindern auszubauen, ist es für die Männer dazu oft schon zu spät. Ihre Bedürfnisse kennen nur eine Form, in der sie mit Kindern nicht zu befriedigen sind. Es stehen ihnen dann keine angemessenen Formen zur Verfügung, die ihnen erlaubten, die Zärtlichkeit, die ihnen fehlen mag, im Umgang mit den Kindern zu erfahren. Die Einfalt der männlichen Sexualität schränkt andererseits auch wieder die mögliche Vielfalt von Beziehungen außerhalb der Familie ein. Für fast zwei Drittel der Männer ist eine nähere Freundschaft mit einer Frau ohne eine sexuelle Beziehung nicht denkbar (Metz-Göckel/Müller 1986, S. 148). Die Männerrolle ist hier rigide. Sie erschwert es Männern, anders als unter der Form eines «Verhältnisses» mit Frauen befreundet zu sein. Dies als Teil einer Rolle, also einer gesellschaftlichen Festlegung zu erkennen, heißt auch erkennen, daß die Entwicklung einer Bekanntschaft zu einem «Verhältnis» mit dieser besonderen Frau und diesem besonderen Mann nur zufällig etwas zu tun hat. Denn daß eine Bekanntschaft zwischen Mann und Frau entweder versanden oder sich zu einer sexuellen Beziehung entwickeln muß, steht schon fest, bevor sich die Beteiligten überhaupt begegnet sind.

Die im «Berufsmenschentum» angelegte emotionale Unselbständigkeit und Abhängigkeit des Mannes gegenüber der (Ehe-)Frau, die Angst vor Einsamkeit, falls die Ehe auseinanderbricht, die schwer veränderliche Randposition in der Familie und die Schwierigkeit, Zuwendung, Zärtlichkeit und Freundschaft anders als in sexuellen Kontakten zu finden, bilden einige der konflikthaften Bedingungen, unter denen nebeneheliche Beziehungen verheirateter Männer entstehen. Eine Psychologie, die die Ursachen solcher Beziehungen nur in einer individuellen «Ehe-Unreife» oder anderen Charaktermängeln der Beteiligten sieht, greift zu kurz (z. B. Strean 1980). Die beschriebenen Konflikte und die möglichen Reaktionen darauf sind in der herkömmlichen Männerrolle vorgezeichnet und existieren zunächst einmal unabhängig davon, wie gut oder schlecht der einzelne mit ihnen zu Rande kommt. Ebenso fraglich erscheint mir die Auffassung, nach der verheiratete Männer, die sich eine Freundin suchen, einfach die Vorrechte auskosten würden, die eine patriarchalische Doppelmoral ihnen zugesteht – fraglich, wenn damit gesagt sein soll, daß Männer über ihre Beziehungen freier verfügen könnten als Frauen. In unserer Kultur wird erwartet, daß Eheleute in ihrer Ehe emotionale Zufriedenheit finden und daß sie sich monogam verhalten. Wer sich diesen Ansprüchen nicht gewachsen sieht, gerät in Widerspruch zu allgemein anerkannten Normen und Hoffnungen – seinen eigenen, denen der Ehefrau, der Freundin, der Kinder usw. Die Erfahrungen, wie sie auch in diesem Band versammelt sind, lehren, daß Männer in aller Regel mit den daraus entstehenden Konflikten nicht freier oder souveräner umgehen können als Frauen.

Begegnungen zwischen einem verheirateten Mann und einer anderen als seiner Ehefrau stehen unter widersprüchlichen Anforderungen. Die Erwartung an einen richtigen Mann, es müsse eine sexuelle Beziehung entstehen, widerspricht der Erwartung an einen richtigen Ehemann, er solle sich monogam verhalten. Der Konflikt läßt sich mit Hilfe von Geheimhaltung regeln. Heimlichkeit wird hier zu einem sozialen Mechanismus, der es ermöglicht, die beiden einander widersprechenden Anforderungen gleichzeitig anzuerkennen: Er zeigt sich als Mann, indem er die Beziehung aufnimmt, und als guter Ehemann, indem er sie verbirgt. Geheimhaltung, die Trennung verschiedener Leben, liegt um so näher, als sie im «Berufsmenschentum» schon vorbereitet ist: Ohne besonderen Aufwand zur Geheimhaltung sind Berufsleben und Familienleben immer schon teilweise voneinander getrennt und voreinander verborgen. Wer einen Teil seines Lebenslaufs geheimhalten will, braucht nur das vorliegende Muster aktiv anzuwenden. Je gründlicher die Trennung vollzogen wird, desto weniger können die verschiedenen Lebensbereiche Rückwirkungen aufeinander entfalten, und desto eher kann jeder Bereich sich, scheinbar losgelöst von den anderen, nach seinen eigenen Gesetzlichkeiten entwickeln: hier die Arbeit, dort die Familie und dazwischen das Liebesverhältnis zu einer anderen Frau. Das schafft relative Freiräume; ob sich darin unterschiedliche Bedürfnisse frei entfalten oder ob die Heimlichkeit vor allem dazu dient, Unvernunft zu zementieren, läßt sich nicht vorab entscheiden.

Heimlichkeit ermöglicht vieles, was bei vollständiger Öffentlichkeit nicht existieren könnte, legt aber auch manches fest. Ohne Öffentlichkeit kann sich schwer Privatheit herstellen, denn Privatheit erfordert Chancen, die dem sorgsam ausgegrenzten Verhältnis kaum gegönnt sind, nämlich Zeit, Stille, gemeinsame Alltäglichkeit, gegenseitige Gewöhnung. Sie sind auch durch gelegentliche gemeinsame Restaurant- und Galeriebesuche nicht zu ersetzen; das Verhältnis bleibt in dem Maß, in dem es sich versteckt, auch ein Stück weit abstrakt. Darin liegt ein Reiz. Seltenheit und Gefährlichkeit der Begegnungen verhindern wirkliche Intimität; der/die Geliebte ist eigentlich ständig abwesend. Die Liebe bleibt in einem chronischen Zustand der Sehnsucht und damit wiederum in Spannung. Diese Spannung kann auch durch das rasch in den Terminkalender gepreßte Rendezvous nicht wirklich gelöst werden, da diese Situation wieder mit der Spannung der Heimlichkeit, den Vorkehrungen gegen das Entdecktwerden, der Sorge des Liebhabers um pünktliches Nachhausekommen etc. verbunden ist. Kurz: Das Paar hat kein gemeinsames Privatleben. Um so eher ist es dazu verleitet, die Heimlichkeit seiner Freuden in ein Geheimnis wechselseitiger Verbundenheit umzumünzen: Die Liebe, die nur in Andeutungen gelebt wird, erscheint um so strahlender in der Phantasie (dazu Anders 1986, S. 36 ff).

Die soziale Isolation des Verhältnisses hilft, bei den Beteiligten den Eindruck zu erzeugen, daß es sich zwischen ihnen um eine einzigartige Begegnung handele. Und gemeinsam durchlebte Gefahren veranlassen das Paar dazu, sich als Verschwörergemeinschaft zu sehen, als Ausnahme und Abweichung gegen den Rest der Welt. Soziologisch gesehen sind heimliche Liebesverhältnisse neben der Ehe allerdings keine abweichende Erscheinung, sondern im Gegenteil verbreitet und «normal». Als Ausnahme muß demgegenüber bezeichnet werden, was den üblichen Bedingungen und geltenden Normen der Geschlechterverhältnisse so zuwiderläuft, daß es nur einer Minderheit in den Sinn kommt – Ausnahme wäre eine Bekanntschaft zwischen einem verheirateten Mann und einer anderen Frau, die nicht in ein Liebesverhältnis mündet, sondern in eine Freundschaft.

Scheidungen

Wenn die Einstellungen gegenüber außerehelicher Sexualität toleranter geworden, wenn Partnervielfalt, Partnerwechsel und Ehescheidungen üblich geworden sind, scheint es auf den ersten Blick erstaunlich, daß der Ehebruch von solcher Liberalisierung ausgenommen sein soll. Kann er nicht wie andere Veränderungen der Sitten toleriert werden? Sind vielleicht Zeitungsberichte über die Geliebte und Bücher wie das vorliegende ein Zeichen dafür, daß sich im Hinblick auf die Monogamie die Normen lockern, Tabus schwächer werden und Heimlichkeit bald nicht mehr nötig ist?

Manches spricht gegen diese Erwartung. Was als Liberalisierung der Sitten erscheinen kann, bedeutet, genauer besehen, nicht eine Schwächung, sondern eine Stärkung für das Ideal der Monogamie. Die verbreitete Toleranz gegenüber außerehelicher Liebe bezieht sich weniger auf die Liebe zusätzlich zur Ehe, mehr auf voreheliche Verhältnisse, also auf das, was früher «Verlobungszeit» gewesen wäre. Und die Zustimmung zur «Ehe auf Probe» folgt nicht der Idee, daß es gut sei, daß ein Mensch verschiedene Partner habe, sondern steht unter der Annahme, daß die darauf folgende Ehe stabiler sein werde, wenn die Partner einander vor der Heirat schon erproben und gegebenenfalls verwerfen können. Desgleichen die Scheidung. Die Möglichkeit zur Scheidung bedeutet nicht, daß es mit der Monogamie zu Ende ginge, sondern im Gegenteil, daß das Ideal der lebenslänglichen Verbindung weichen muß, damit das der Monogamie sich halten kann. Niemand vertritt striktere Monogamie als der Filmstar, der sich siebenmal scheiden läßt, um siebenmal wieder zu heiraten – mit jedem Anflug von Zuneigung zu einem anderen als dem jeweiligen Ehemann gilt die bestehende Ehe als beendet, und eine neue muß eingegangen werden. Das herkömmliche Modell lebenslanger Monogamie wird nicht durch dauernde Treue zu mehreren Partnern, sondern durch serielle Monogamie abgelöst.

Die Möglichkeit der Scheidung ist mit der Idee verbunden, daß man in der Ehe emotionale Zufriedenheit finden müsse und daß dafür jeder einzelne selbst verantwortlich sei. In der Selbstverantwortlichkeit ist die individuelle Entscheidungsfreiheit – «Wer nicht mehr zufrieden ist, kann ja gehen» – stärker betont als die gegenseitige Verpflichtung. Die Zunahme der Scheidungsraten bringt also zum Ausdruck, daß sich Normen von Zufriedenheit, Selbstverantwortlichkeit und Entscheidungsfreiheit in der Ehe auf Kosten von Verpflichtung und Dauer durchsetzen. Sie bedeutet ferner, daß sich das Ideal der Monogamie

gegenüber Alternativen behauptet. Daß mehrere Partnerschaften auf-
einanderfolgen, gilt als normal; daß mehrere Partnerschaften gleichzeitig bestehen könnten, als ausgeschlossen. Wo Mehrfachbeziehungen
dennoch bestehen, schließen sie sich dementsprechend selbst aus der
Gesellschaft aus und bleiben heimlich.

Scheidung als sozial anerkannte Form, eine Ehe zu beenden, verändert das gesamte Feld der Ehe- und Familienbeziehungen. Es gibt eine
Scheidungsfolge, die alle betrifft – Paare, die sich scheiden lassen,
ebenso wie die, die zusammenbleiben –, die Folge nämlich, daß die
Konfliktbearbeitung in Ehen sich durch die naheliegende Möglichkeit,
eine Ehe durch Scheidung zu beenden, grundlegend verändert (vgl.
Bittner 1986).

1. Konkrete Scheidung bedeutet, daß die Partner ihre Auseinandersetzungen weitgehend abbrechen und in der Regel neue Partner suchen. Daß Kinder meist bei den Müttern bleiben, bringt einen Zug
von Matrilinearität in die patrilineare Gesellschaft; Scheidungen gehen mit Legitimitationsverlust der Väter und einer Positionsstärkung
und Aufwertung der Mütter einher (Oggenfuss 1984). Der «matri-
lineare Umschwung» versetzt die Männer weiter an den Rand der Familien; im Extremfall gliedern sie sich nur noch als Liebhaber der
Frauen variabel in bestehende Haushalte ein. Die Chance, etwa Groß-
vater zu werden, nimmt ab. Die Kinder von Söhnen werden oft nach
einiger Zeit nicht mehr zugänglich sein, die Töchter, mit denen er es
zu tun hat, sind mit einiger Wahrscheinlichkeit nicht die eigenen. Die
Kinder ihrerseits lernen eventuell, mehrere Väter oder Mütter anzuerkennen, mit mehr als vier Großeltern sowie anderen beweglichen,
wechselnden Verwandtschaftsbeziehungen zu rechnen. Welche Tan-
ten kommen zu Weihnachten? Welcher Vater bezahlt die Ausbildung?
Familie und Verwandtschaft verlieren den Anschein natürlicher Ein-
heiten; mehr als je zuvor werden sie von den Individuen selbst konstruiert (Furstenberg 1987).

2. Auch Paaren, die sich nicht scheiden lassen, ist die Möglichkeit
von Scheidung als soziale Tatsache präsent. Mit dem Bewußtsein, daß
Ehen auf die ständig zu erneuernde Entscheidung zum Zusammenbleiben angewiesen sind, verschwindet zwar die Möglichkeit, mit bloßem
traditionalistischem Schlendrian ein Eheleben zu bestreiten, verschwindet aber auch eine bestimmte Art von Sicherheit. In einer prinzipiell labilen Familie können wahrscheinlich viele Konflikte nicht mit
genügender Intensität durchlebt werden. «Welcher Ehepartner kann
sich Emanzipationsschritte bis hin zum außerehelichen Seitensprung
erlauben, wenn er fürchten muß, daß unterdessen daheim alles zusam-

menbricht? Und welcher Junge kann es sich leisten, den Vater zum Teufel zu wünschen, wenn er jederzeit gewärtig sein muß, daß dieser wirklich auf und davon geht?» (Bittner 1986, S. 36) Das Bewußtsein, daß die Beziehung labil ist, kann das Niveau der Konfliktaustragung senken, könnte andererseits aber auch Aufmerksamkeit und Verhandlungsbereitschaft aller Beteiligten erhöhen. Es kann einerseits jenen Kontrollbedarf steigern, der sich in pausenlosen Beziehungsdiskussionen äußert; er kann aber auch den Anspruch und die Bereitschaft steigern, Gefühle wahrzunehmen und mitzuteilen, kann Emotionalität und Authentizität in den Beziehungen fördern. Auf alle Fälle ist in Verhältnissen, die sich ihres voluntaristischen Charakters bewußt bleiben, höheres emotionales Engagement erforderlich als in solchem, deren Bestand außer Frage steht.

3. Wo jemand die Scheidung für sich ausschließt, verschwindet sie darum nicht als soziale Tatsache. Die Möglichkeit von Scheidungen kann nicht aus der Welt geschafft, sie kann nur für ein bestimmtes Paar aus der Diskussion gezogen werden. In ihrer vorkritischen Variante verweist diese Haltung die Möglichkeit von Scheidung überhaupt in den Bereich der Phantasie, wo sie dann allerdings gute Chancen hat, ihre eigene Dynamik zu entwickeln. Eine beeindruckende Scheidungsfolge, die alle Beziehungen betrifft, besteht darin, daß der Satz «So etwas kann uns nicht passieren» heute unrealistisch geworden ist. Was einem Drittel der Ehen widerfährt, kann auch von den übrigen nicht mehr von vornherein ausgeschlossen, sondern muß in den Ehen mitberücksichtigt werden. Die Möglichkeit, sich zu trennen und mit einem anderen Partner weiterzuleben, ist allgegenwärtig; wo sie in der Ehe nicht bearbeitet werden kann, wird es wahrscheinlich, daß die soziale Realität als Trennungsphantasie oder «Phantasie eines anderen Lebens» die Beziehung stumm begleitet.

Freud hat die Phantasien, in denen Kinder imaginär die Bande mit ihren Eltern modifizieren, als «Familienroman» bezeichnet – das Kind stellt sich zum Beispiel vor, es sei ein Findelkind oder adoptiert, es stamme nicht von seinen realen Eltern ab, sondern von vornehmeren Eltern, seine Geschwister seien nicht seine wirklichen Geschwister. Der Familienroman entsteht unter dem Druck von Konflikten, denen das Kind so in der Phantasie entkommt, real aber nicht ausweichen kann: Von seiner Familie kann es sich nicht trennen. Analog dazu scheinen Beziehungen, in denen die Möglichkeit von Trennung nicht zum Thema werden kann, ein fruchtbarer Boden für die Entwicklung eines «Familienromans des Erwachsenen» zu sein, mit dem Unterschied, daß Erwachsene eher die Möglichkeit haben, solche Phantasien in die Realität hinein zu verlängern und mit wirklichen Personen zu bevölkern. Der Satz «Ich bin zwar verheiratet, aber eigentlich und innerlich lebe ich nur mit dir» zur Geliebten gesprochen, bringt ein Stück «Familienroman» zum Vorschein, die imaginierte Trennung von der Ehefrau, die vor ihr möglichst verborgen bleiben soll. – Der springende Punkt dabei ist, daß Verläßlichkeit der Ehen heute nicht mehr vorausgesetzt werden kann, sondern hergestellt werden muß. Da die Möglichkeit von Trennung so naheliegt, kann sie nicht mehr einfach ausgeschlossen, sondern nur noch entweder bearbeitet oder verdrängt werden. Ob eine Liebe neben der Ehe es in diesem Sinn mit den Realitäten aufnimmt oder als «Familienroman» und Ausflucht organisiert ist, ist nicht von außen zu erkennen; es wird sehr unterschiedlich sein und sich auch im Verlauf der Beziehungen ändern können.

Voluntarismus («Unsere Beziehung beruht auf unserer Entscheidung»), Labilität («Sie kann auch wieder zu Ende gehen»), eine Tendenz zur Senkung der Konflikttoleranz («Lieber nicht daran rühren, das hält die Beziehung nicht aus») und zur Steigerung des Gefühlsbedarfs («Unser Zusammensein ist nur gerechtfertigt, wenn wir uns lieben») fallen an dem Verhältnis neben der Ehe deutlich ins Auge und sind – auch in diesem Band – verschiedentlich beschrieben worden. Es stimmt: Für das Verhältnis sind diese Merkmale besonders typisch. Aber es ist kaum bemerkt worden, daß Ehen und Nicht-Ehen sich in dieser Hinsicht immer ähnlicher werden. Wo eine veränderte Frauenrolle die Frauen in zunehmendem Maße auf sich selbst stellt, eine herkömmliche Männerrolle die Männer weiterhin an den Rändern ihrer Familien ansiedelt und Trennungen zu einer alltäglichen Erscheinung geworden sind, können sich ehemals prinzipielle Unterschiede zwischen Ehen und anderen Verhältnissen nicht mehr halten. Sicher nicht nur zum Nachteil der Ehen – warum sollte es ihnen nicht guttun, sich angesichts ihrer Trennungsanfälligkeit als Liebesbeziehungen wie andere auch zu verstehen, wenn damit mehr Aufmerksamkeit füreinander und höheres emotionales Engagement einhergeht?

Allerdings auch mehr Risiko. Das heimliche Verhältnis als verbreitete Einrichtung unserer Gesellschaft zeugt davon, daß die Wirklichkeit der Ehen in ihr Selbstverständnis und in ihre Außendarstellung nur partiell Eingang findet, zeigt, wie schwierig es ist, sich dem Konflikt mit den Normen der Monogamie zu stellen. Das kulturelle Ideal entfaltet dabei auch seine destruktive Seite, wenn es dazu führt, Beziehungen, die ihm nicht zu entsprechen scheinen, als schon gescheitert oder zum Scheitern verurteilt anzusehen. Die Schwierigkeit, den Konflikt überhaupt zuzulassen, drückt sich in einem falschen Vergleich aus, der unter denen, die in Mehrfachbeziehungen leben, vielleicht nicht weniger verbreitet ist als unter Psychologen, Eheberatern und anderen Spezialisten, die sie kommentieren: Unglückliche Mehrfachbeziehungen werden nicht, wie es angemessen wäre, mit unglücklichen Ehen, sondern in aller Regel mit dem Bild der harmonischen, lebendigen, dauerhaften und ausschließlichen Ehe verglichen, besser gesagt: daran gemessen. Parteinahme für die Norm und Verurteilung der Abweichung gehen dann dem genaueren Hinsehen voraus; der professionelle Kommentar trägt dazu bei, eine Vorstellung zu unterhalten, der, wenn man den Statistiken glauben darf, die Mehrheit aller Paarbeziehungen heute nicht entspricht.

Natürlich könnte eine schlechte Wirklichkeit nie dazu taugen, ein gutes Ideal zu widerlegen; das Ideal erweist aber umgekehrt seine Qualitäten erst an dem, was es dazu beiträgt, daß Frauen und Männer einander gerecht werden können.

Literatur

Anders, G.: Lieben gestern. Notizen zur Geschichte des Fühlens, München 1986

Beck, U.: Risikogesellschaft. Auf dem Weg in eine andere Moderne, Frankfurt am Main 1986

Bernard, J.: The Future of Marriage, New York 1972

Bittner, G.: Müssen Scheidungen sein?, in: Kind und Umwelt 52/1986, S. 24–39

Booth, A., White, L.: Thinking about Divorce, in: Journal of Marriage and the Family 8/1980, S. 605–616

De Jong-Gierveld, J.: Husbands, Lovers und Loneliness, in: R. A. Lewis, R. F. Salt (Eds.): Men in Families, Beverly Hills 1986, S. 115–126

Fengler, A. P.: Romantic Love in Courtship: Divergent Paths of Male und Female Students, in: Journal of Comparative Family Studies 5/1974, S. 134–139

Freud, S.: Protokolle der Wiener Psychoanalytischen Vereinigung, Protokoll vom 15.5.1907

Fthenakis, W. F.: Väter. Bd. 1: Zur Psychologie der Vater-Kind-Beziehung; Bd. 2: Zur Vater-Kind-Beziehung in verschiedenen Familienstrukturen, München 1985

Furstenberg, F. F.: Fortsetzungsehen. Ein neues Lebensmuster und seine Folgen, in: Soziale Welt 38/1987, S. 29–39

Held, T., Levy, R.: Die Stellung der Frau in Familie und Gesellschaft. Eine soziologische Analyse am Beispiel der Schweiz, Diessenhofen ²1983

Hipgrave, T.: Child-Rearing by Lone Fathers, in: R. Chester, P. Diggory, M. P. Sutherland (Eds.): Changing Patterns of Child Bearing and Child Rearing, London 1981, S. 149–166

Kephart, W. M.: Some Correlates of Romantic Love, in: Journal of Marriage and the Family 29/1967, S. 470–479

Luhmann, N.: Liebe als Passion. Zur Codierung von Intimität, Frankfurt am Main 1982

Metz-Göckel, S., Müller, U.: Der Mann. Die Brigitte-Studie, Weinheim 1986

Mitchell, J.: Psychoanalyse und Feminismus. Freud, Reich, Laing und die Frauenbewegung, Frankfurt am Main 1985

Murstein, B. I.: Mate Selection in the 1970s, in: Journal of Marriage and the Family 42/1980, S. 777–792

Nordstrom, B.: Why Men get Married. More and Less Traditional Men Compared, in: R. A. Lewis, R. E. Salt (Eds.): Men in Families, Beverly Hills 1986, S. 31–53

Oggenfuss, F.: Jugendliche aus Scheidungsfamilien, in: Familiendynamik 9/1984, S. 71–83

Pross, H.: Die Wirklichkeit der Hausfrau. Die erste repräsentative Untersuchung über nichterwerbstätige Ehefrauen: Wie leben sie? Wie denken sie? Wie sehen sie sich selbst?, Reinbek 1975

Rubin, Z.: Liking and Loving. An Invitation to Social Psychology, New York 1973

Sands, M.: The Making of the American Mistress, Berkeley 1981

Simmel, G.: Schriften zur Philosophie und Soziologie der Geschlechter, Frankfurt am Main 1985 (zit. als Simmel 1898)

Seidenspinner, G., Burger, A.: Mädchen '82, hg. von der Redaktion Brigitte, München 1982

Strean, H. S.: The Extramarital Affair, New York 1980

Wottawa, W.: Das sexuelle Verhalten der Deutschen, Rastatt 1979

Zweig, S.: Die Welt von Gestern, Berlin 1962

Renate Valtin

Das Thema «Geliebte» in Zeitschriften und Illustrierten

Ein Lehrstück aus dem Patriarchat

Will man Statistiken Glauben schenken – und da ist bekanntlich eher Zurückhaltung anzuraten –, so ist jede dritte Frau schon einmal in ihrem Leben die Geliebte eines verheirateten Mannes gewesen, bis zu 80 % der Ehefrauen wurden schon einmal betrogen, und jede fünfte Ehefrau muß mit einer Dauerrivalin rechnen. Das Thema Geliebte geht also (fast) jede Frau etwas an. Trotzdem gibt es kaum ernsthafte sozialwissenschaftliche Untersuchungen zu diesem Thema. Die zahlreichen vorliegenden Sexualreports von Kinsey (1963) bis zu Habermehl (1985) bringen zwar detaillierte Angaben über Häufigkeit und Art des «außerehelichen Koitus», über die Einstellung zu Sexualität und Seitensprung, aber wir finden dort nichts zur Person der Geliebten. In soziologischen Zeitschriften erfahren wir vieles über Familienprobleme und Scheidungsgründe, wobei eheliche Untreue häufig eine Rolle spielt, doch auch hier fehlen Überlegungen oder Angaben zur Geliebten. Ähnlich sieht es in psychologischen Zeitschriften aus. Erst «Psychologie heute» hat 1986 das Thema mit einem Beitrag von Anke Hüper behandelt. Wenn auch die deutschsprachige wissenschaftliche Literatur diese Thematik bislang ausgespart hat, so gibt es doch an anderer Stelle eine wahre Fundgrube für unser Thema: Zeitschriften und Illustrierte. Nicht nur Probleme wie Eifersucht, Seitensprung und (Un-)Treue erfreuen sich größter Beliebtheit, neuerdings tauchen immer häufiger Serien mit Porträtstudien und Reportagen zum Thema Geliebte auf. In einigen dieser Beiträge beziehen sich die Autoren auf Erhebungen und Befragungen von Psychologen und Sexualforschern, so daß sogar einige statistisch fundierte Aussagen vorliegen. Auch in den Ratgeberspalten der Illustrierten finden sich Briefe von hilfesuchenden Personen, die in einer Dreieckssituation leben und denen aufschlußreiche Ratschläge von Experten erteilt werden.

Da Zeitschriften und Illustrierte die einzigen Informationsquellen zu unserem Thema bilden, soll im folgenden eine Analyse der dort vorliegenden Beiträge vorgenommen werden. Es mag gefragt werden, ob sich eine derartige Arbeit überhaupt lohnt, zumal das vorliegende Material häufiger Ärger, Empörung und Wut hervorruft, als zu Aufklärung und Erhellung beiträgt. Ich bin jedoch der Meinung, daß eine Auseinandersetzung damit, wie die Thematik in dieser Art von Massenmedien abgehandelt wird, sinnvoll und notwendig ist. Denn diese Medien wirken nicht nur meinungsbildend, sie repräsentieren auch Alltagswissen, gesellschaftliche Leitvorstellungen und Klischees, die die an unserer Thematik beteiligten Personen nicht ignorieren können. Falls sie sich nicht selbst mit diesen Stereotypen identifizieren, müssen sie doch damit rechnen, daß die Personen ihrer Umgebung sie zur Grundlage ihrer (vielleicht auch unbewußten) Wahrnehmung und Bewertung machen.

In diesem Beitrag werde ich also der Frage nachgehen, wie unser Thema in den Massenmedien behandelt wird, was und in welcher Form wir etwas über die beteiligten Personen erfahren, welche Bilder und Stereotype dabei gezeichnet werden und welche Funktion diese Art der Berichterstattung hat. Dabei soll gezeigt werden, daß diese Art der Behandlung des Themas eine produktive Auseinandersetzung mit der Problematik verhindert, da die gesellschaftlichen Probleme der Institutionen Kleinfamilie und monogame Ehe völlig ausgeklammert werden. Die Problematik wird in das Innere der drei beteiligten Personen gelegt und als psychischer Konflikt aufgrund von charakterlichen Schwächen betrachtet. Die zusätzliche Reduzierung der Beziehung zwischen Ehemann und Geliebter auf pure Sexualität tut ein übriges, um das Gesamtproblem zu verschleiern. Die dabei verwendeten Stereotype und Klischees entschuldigen und begünstigen den Mann, während sie die Frauen in ihren Handlungsmöglichkeiten einschränken. Insofern ist diese Art der Behandlung dieses Themas ein lehrreiches Exempel, mit welchen Mitteln in unserer Gesellschaft patriarchalische Strukturen immer wieder neu etabliert und verfestigt werden.

Zur Materialgewinnung unserer Analyse wurden zwei vollständige Jahrgänge (1984/1985) aller gängigen (Frauen-)Zeitschriften und Illustrierten durchgesehen und die zu unserem Themenkreis relevanten Beiträge (Stichwort: Geliebte, Dreiecksverhältnis, Seitensprung, eheliche Untreue) sowie Briefe in den Ratgeberspalten gesammelt. Für die Überarbeitung dieses Artikels wurden nur noch Stichproben von Zeitschriften von 1991 und Anfang 1992 herangezogen.

Die Analyse erfolgte unter folgenden Gesichtspunkten:
– Welches statistische Material liegt über Geliebte und Dreiecksver-
  hältnisse vor?
– Was erfahren wir über die Lebensumstände und Motive der beteiligten Personen?
– Welches Frauen- und welches Männerbild wird vermittelt, und welche gesellschaftlichen Normen und Stereotype liegen diesen Berichten zugrunde?
– Welche Lebenshilfen oder «Tips» werden den Beteiligten gegeben?
– Auf welcher moralischen Ebene wird diese Thematik abgehandelt?
– Welche Funktion hat diese Art der Darstellung des Themas? Inwie-
  weit trägt sie zur Aufklärung der Beteiligten bei? Welche Handlungsmöglichkeiten werden Frauen und Männern eröffnet?

Statistische Angaben zur außerehelichen Beziehung

Die in den Illustrierten genannten Zahlen zur Häufigkeit von Seiten-
sprüngen und außerehelichen Beziehungen stammen in der Regel aus
groß angelegten «wissenschaftlichen» Untersuchungen von Sozialwis-
senschaftlern (z. B. Habermehl, der 1985 den «Playboy-Report» herausgegeben hat) oder von sozialwissenschaftlichen Instituten (wie die
Gesellschaft für Rationelle Psychologie oder das GEWIS-Institut Hamburg), die Erhebungen an vielen Tausenden von Befragten vorgenommen haben (so wurden z. B. von «Neue Revue» über 40 000 Personen
in Ost und West befragt).
Im folgenden werden einige dieser Angaben zusammengestellt, wobei die älteren um die neuen Daten ergänzt sind, so daß Trends deutlich
werden. 1985 erfahren wir:

– Von den Verheirateten gehen zwei Drittel der Männer und ein Drittel
  der Frauen fremd.
– Über 1,5 Millionen Frauen in der Bundesrepublik sind Geliebte eines
  verheirateten Mannes. (Bei etwa 15 Millionen bestehender Ehen
  hätte also jeder 10. Ehemann eine Geliebte. Über den Familienstand
  der Geliebten, ob selbst verheiratet, geschieden, ledig, erfahren wir
  nichts.)
– Fast 8 Millionen Menschen in der Bundesrepublik sind gegenwärtig
  in Dreiecksbeziehungen verstrickt. (Die Anzahl der Ehefrauen mit
  einem Geliebten wird also etwas niedriger veranschlagt.)
– Etwa jede dritte Frau war schon einmal die Geliebte eines verheirate-

ten Mannes, wobei die Beziehung in 8 von 10 Fällen nicht länger als 4 Monate gedauert hat und häufig von der Geliebten beendet wurde (weil der Mann sich nicht von der Ehefrau trennen wollte, weil sie nicht länger nur heimliche Geliebte sein wollte bzw. weil sie einen unverheirateten Mann kennengelernt hat).

1991/92 hat sich die Lage noch verschärft:

– 83 % der Männer wünschen sich eine Geliebte.
– Fast jede 2. Frau und jeder 2. Mann in Ost und West sind schon einmal fremdgegangen, wobei jede untreue Frau ihren Mann statistisch gesehen schon 7mal, jeder untreue Mann seine Frau schon 11mal betrogen hat.
– In Gesamtdeutschland hat jede 6. Ehefrau (17 %) einen festen Geliebten und jeder 5. Ehemann eine Geliebte.

Auch die Einstellung zum Seitensprung wurde untersucht (s. Habermehl, «Playboy-Report»). Dabei ist festzustellen, daß der Seitensprung häufiger praktiziert als akzeptiert wird. Männer beurteilen das Fremdgehen insgesamt etwas milder als Frauen und gestehen vor allem sich selber einen Seitensprung zu. Während 26 % der Frauen es jeweils normal finden, wenn ein Mann bzw. eine Frau eine außereheliche Beziehung hat, finden 40 % der Männer den männlichen Seitensprung, aber nur 32 % von ihnen den Seitensprung der Frau normal. Doppelte Moral ist also nach wie vor wirksam. Männer beurteilen nicht nur den Seitensprung der eigenen Geschlechtsgenossen milder, sie praktizieren ihn offenbar auch häufiger ohne Wissen ihrer Partnerin. Auf die Frage: «Wie treu sind Sie und Ihr Partner?» antworteten nämlich 39 % der Männer und 52 % der Frauen: «Wir sind beide treu.» Frauen haben also häufiger das Gefühl, der Partner sei treu, während er es tatsächlich nicht ist.

Eine unterschiedliche Einstellung von Mann und Frau zur Treue hatte sich auch im «RALF-Report» (Eichner/Habermehl 1980) ergeben: jeder zweite Mann, aber nur jede dritte Frau gab an, auf partnerschaftliche Treue verzichten zu können. Eine geänderte Einstellung zur Treue, die den Seitensprung begünstigt, wird auch in «Petra» (1984) registriert: «Vor 10 Jahren noch stand Treue als Nummer 1 auf der Wunschliste für den Partner – heute nimmt Treue bei den Männern den 6. Platz ein, bei Frauen den 7. Platz.»

Im «Playboy-Report» (Habermehl 1985) taucht die Treue bei den Eigenschaften, die man bei einem festen Partner als wichtigste ansieht, gar nicht auf. Allerdings nennen ein Drittel der befragten Männer und

Frauen als erstes die Vertrauenswürdigkeit des Partners, wozu sicherlich auch die Treue gehören dürfte. Für Frauen spielen Einfühlungsvermögen und Zärtlichkeit eine größere Rolle als für Männer, Männer finden gutes Aussehen und erotische Ausstrahlung der Partnerin relativ wichtiger. Intelligenz wird übrigens von etwa jeder 10. Frau und jedem 10. Mann (bei diesen gleichrangig mit gutem Aussehen) für die wichtigste Eigenschaft des Partners gehalten.

Auch die Gründe, aus denen Ehemänner und Ehefrauen eine außereheliche Beziehung eingehen, sind statistisch erhellt worden, zumindest, was zwei Bereiche angeht: die sexuelle Unzufriedenheit mit dem Ehepartner (die «Langeweile des Ehe-Eintopfs» laut «Praline») sowie die Bestätigung des Selbstwertgefühls bzw. der Wunsch nach Anerkennung der eigenen Attraktivität.

Wenden wir uns zunächst der ehelichen (Un-)Zufriedenheit zu. Denn: «Männer, die in Liebe und Sex glücklich sind, brauchen keinen Seitensprung, um sich gut zu fühlen» («Praline», 1985). (Ganz sicher scheint sich «Praline» mit dieser Aussage jedoch nicht zu sein, denn ein paar Ausgaben später lesen wir: «Das Vorurteil, die meisten Männer gingen erst fremd, wenn ihre Ehe im Eimer ist, stimmt überhaupt nicht. In Wahrheit will fast jeder Ehemann auch bei einer anderen Frau ganz groß siegen.»)

Statistische Angaben zur ehelichen Zufriedenheit in puncto Sexualleben sind schwer zu finden, da in vielen Umfragen nicht zwischen Verheirateten und Ledigen unterschieden wird. Im «Playboy-Report» (Habermehl 1985) gaben nur 67 % der Männer und 75 % der Frauen an, ihr gegenwärtiges Sexualleben sei befriedigend. Der einige Jahre früher erschienene «RALF-Report» (Eichner/Habermehl 1980) hatte noch ungünstigere Zahlen erbracht. In jener Befragung bezeichnete sich fast jeder zweite Mann als nicht zufrieden; 46 % wollten häufiger Geschlechtsverkehr haben. (Bei den Frauen lauteten die Zahlen: 60 % waren zufrieden, 33 % wollten häufiger und 7 % seltener Geschlechtsverkehr haben.) Auf die Frage: «Was würden Sie an Ihrem Sexualleben ändern, wenn Sie es könnten?» gaben Männer vor allem folgende Antworten: ihre Partnerin müßte öfter die Initiative ergreifen, sie möchten stärker ihre sexuellen Phantasien ausleben können und mehr Oralsex haben, ihre Partnerin solle häufiger auf ihre sexuellen Bedürfnisse eingehen. (Die Frauen wünschten sich, daß sie ihre sexuellen Phantasien stärker ausleben können, daß sie ein längeres Vorspiel haben, daß ihr Partner stärker auf ihre sexuellen Bedürfnisse eingeht und daß seine Erregung länger anhalten möge.) Nur 13 % der Männer und 26 % der Frauen wünschten sich keine Änderungen in ihrem Sexualleben.

Die statistischen Angaben in den Zeitschriften, die durch die Ergebnisse diverser Sexualreports erhärtet werden, deuten also – zumindest in den Jahren 1984/85 – auf die größere sexuelle Unzufriedenheit des (Ehe-)Mannes. Der «Playboy-Report» folgert: «Bei den Männern scheint ein großes, unausgelebtes Lustpotential vorhanden zu sein» (Habermehl 1985, S. 41). Kein Wunder, wenn vor allem Männer die Lust in einer außerehelichen Beziehung suchen. Welcher Art diese Lust ist, erfahren wir ebenfalls.

Bei der Frage: «Was war bei Ihrer außerehelichen Beziehung sexuell alles besser als in Ihrer Ehe?» entfallen im «Playboy-Report» auf die verschiedenen Antwortkategorien folgende Zahlen, die aus den tabellarischen Angaben (Habermehl 1985, S. 146) von mir errechnet wurden:

- die Abwechslung mit einem neuen Partner: Männer ca. 75%, Frauen 50%;
- es war lustvoller, machte mehr Spaß: Männer 35%, Frauen 45%;
- die Bestätigung, sexuell noch attraktiv zu sein: Männer 30%, Frauen 50%;
- der Sex war keine Routine: Männer 20%, Frauen 30%.

Bei der Größe der zugrundeliegenden Stichprobe ist davon auszugehen, daß diese Unterschiede signifikant sind. Männer haben offenbar eine andere Motivation bei außerehelichen Beziehungen. Die Abwechslung und der Reiz des Neuen spielen bei ihnen eine größere Rolle als bei den Frauen, für die wiederum die Bestätigung, sexuell noch attraktiv zu sein, sowie das gegenseitige Verständnis wichtiger ist.

Das auch heute noch gültige Stereotyp der Frau ist auf die beiden Dimensionen Fürsorglichkeit (Häuslichkeit) und Attraktivität zentriert. Die Tatsache, daß für die Hälfte der Frauen die Bestätigung, begehrenswert zu sein, eine wichtige Rolle bei außerehelichen Beziehungen spielt, verweist auf die Wirksamkeit dieses Stereotyps, das für Frauen den Zwang zur Attraktivität beinhaltet. Ferner weisen die häufigeren Antworten der Frauen in bezug auf die Kategorie Verliebtsein und Verständnis darauf hin, daß die Partnerbezogenheit bei ihnen eine größere Rolle spielt als bei den Männern.

In diesem Zusammenhang wird auch immer hervorgehoben, daß bei Frauen «oft auch das Herz dabei ist», während es für Männer häufig beim rein sexuellen Abenteuer bleibt. Diese Auffassung wird auch empirisch belegt, so durch den «Playboy»- und den «RALF-Report». Laut «Neue Revue» gab 1991 jeder zweite Mann in Ost und

West an, für ihn sei Sex auch ohne Liebe möglich, während nur jede vierte Frau in Gesamtdeutschland diesen Standpunkt vertrat. Gleichgültig, ob diese «Fähigkeit», Liebe und Sex zu trennen, nun geschlechtsspezifisch verteilt ist oder nicht – diese Auffassung verhilft Männern, wie noch zu zeigen sein wird, zu einer größeren Handlungsfreiheit als Frauen.

Die eben getroffenen Ausführungen beziehen sich im wesentlichen auf die erste Auswertung. 1991/92 sind in der Regenbogenpresse zwei neue Trends zu verzeichnen: Einerseits artikulieren mehr Frauen als früher eine Unzufriedenheit mit ihrem Sexualleben. In der «größten Sexumfrage aller Zeiten», die von der «Neuen Revue» veranlaßt wurde, geben 69% der Männer in Ost und West, 68% der Frauen in Ostdeutschland, aber nur 57% der Frauen in Westdeutschland an, sie seien mit ihrem Sexualleben glücklich. Andererseits werden Frauen als sexuell immer unersättlicher dargestellt. («Neue Revue» fragt: Haben Frauen nur noch das EINE im Kopf?) Für Frauen scheint ein neues Zeitalter der Zügellosigkeit und Schamlosigkeit anzubrechen. Vor allem «Quick», die für 1991 noch die «Hochkonjunktur der romantischen Liebe» und das Ende des «One-night-Stand» festgestellt hatte, operiert 1992 mit Schlagworten wie «Frauen auf dem Lusttrip» und verweist auf einen neuen Typ der selbstbewußten Frau, die nach dem Prinzip «Männer Sex und hopp!» einen Mann nur für eigene Vorteile und Interessen ausbeutet und dabei Gefühle von Freiheit und Unabhängigkeit sowie Macht und Überlegenheit auslebt. Laut einer repräsentativen Langzeitstudie der Gesellschaft für Rationelle Psychologie machen diese Frauen zwar nur 17% der Gesamtheit aus, doch «Quick» sieht hier eine neue soziale Bewegung aufziehen, in der Männer zum Lustobjekt werden. Auch die «Neue Revue» kann Daten beisteuern. Laut Habermehl (GEWIS-Institut Hamburg) ist bei Frauen 1992 trotz AIDS die neue Gier nach wildem Sex ausgebrochen («Wir gehen lustvollen Zeiten entgegen!»), und Nancy Friday soll in ihrem neuen Report die «Befreiung der Frau zur Lust» festgestellt haben: Früher wollten Frauen beim Sex Opfer sein, heute wollen sie beherrschen! Bei der Motivation der «Seitenspringerinnen» wird der neue Lustaspekt besonders betont: 70% wollen den «scharfen, einfallsreichen Liebhaber, bei dem Sex nicht Hausmannskost ist, sondern eine explosive Mischung aus Phantasie und Geilheit» («Quick»). – Folgt man diesen in den Illustrierten dargestellten Meinungsumfragen, so nähern Männer und Frauen sich in ihren sexuellen Wünschen und Verhaltensweisen an. Soweit die statistisch abgesicherten Daten. Aus den diversen Reportagen und Berichten zum Thema Geliebte erfahren wir in den Illustrierten aber noch mehr über Lebensumstände, Motive und Einstellungen der drei Personen, die an unserem Thema beteiligt sind.

Was wir über den Ehemann erfahren

In der «Quick»-Serie «Ich liebe einen verheirateten Mann» (1985) werden aufgrund der Untersuchungen von Habermehl die Ehemänner, die eine Geliebte haben, wie folgt beschrieben: «Sie sind meist zwischen Ende 30 und Mitte 50, verdienen gut, haben Kinder und sind mehr als 10 Jahre verheiratet. In den langen Ehejahren hat die Sexualität mit der eigenen Frau für diese Männer ein wenig an Reiz verloren – und nun suchen sie aufregende sexuelle Erlebnisse bei der Geliebten.» Offensichtlich finden sie diese auch, denn bei der «Quick»-Umfrage gaben neun von zehn Männern an: «Meine Geliebte fasziniert mich vor allem im Bett.» Habermehl weiter: «Es ist meist nicht Liebe, die solche Männer von der Geliebten wollen, sondern wirklich nur Sex. Denn weit mehr als die Hälfte aller fremdgehenden Männer gaben bei unserer Umfrage an: ‹Ich verstehe mich mit meiner Frau gut und möchte sie nie verlassen.›» Eine Ausgabe vorher konnte man jedoch ein anderes Zitat von Habermehl lesen: «Für viele Männer ist die Geliebte bedeutend mehr als nur ein schönes Spielzeug. Sie brechen aus einer Ehe aus, die ihren Reiz verloren hat. Männer mit einer Geliebten suchen Sex – aber sie suchen auch Liebe und Selbstbestätigung.»

Lassen wir es dahingestellt sein, ob Ehemänner bei der Geliebten nur Sex oder auch Sex suchen, für «Quick» ist ausgemacht, daß sich die Beziehung im wesentlichen im Bett abspielt: «Männer halten sich eine Geliebte fürs Bett – ihre Ehe darf dadurch aber nicht gefährdet werden.» Laut «Quick» möchten 7 von 10 Männern die Beziehung lieber beenden, doch sie kommen von dem Sex mit ihrer Geliebten nicht los. Andererseits sind sie aber auch nicht bereit, sich von der Ehefrau zu trennen: nur jeder 10. Ehemann – so Habermehl – verläßt seine Frau, um die Geliebte zu heiraten.

Auch «Praline» weist darauf hin, daß der Weg zum Scheidungsrichter weit ist: «Die meisten Männer gehen ihn nicht. Sie fürchten den Streit um die Versorgung der zurückgelassenen Familie, um die Kinder, um Haus oder Wohnung, um den Besitz.» Hierzu ein längeres Zitat eines Ehemannes: «Warum soll ich eine Kuh kaufen, wenn ich nur ab und zu ein Glas Milch trinken will», sagt ein 45jähriger, im Seitensprung geübter Werbefachmann zu «Praline», «meine 18jährige Ehe ist nicht besser und nicht schlechter als andere auch. Mit dem Gedanken, meine immer noch attraktive Frau zu verlassen, habe ich noch nie gespielt. Das Familienleben ist harmonisch, uns geht es finanziell gut. Soll ich alles aufs Spiel setzen und mit einer jungen Frau neu anfangen? Nein! Wer garantiert mir denn, daß die zweite Ehe besser wird? Am Anfang spielt die Leidenschaft eine große Rolle, aber bekanntermaßen kühlt sie ab. Freundschaft, Kameradschaft und Vertrauen lösen sie im Laufe der Jahre ab.»

In der «Stern»-Serie «Geliebte. Die Frau im Schatten» (1986) wird ebenfalls auf die Scheidungsunwilligkeit des Ehemannes eingegangen, dem es im wesentlichen darum gehe, sein «Image als unbefleckter Ehemann» zu wahren: «Der Durchschnittsmann verliert heute außer einem Teil seines Einkommens nichts mehr, wenn er zu seiner Geliebten zieht. Trotzdem hat das seine Entschlußkraft nicht nennenswert erhöht. Wir haben heute ein halbgares Softietum selbst unter hartgesottenen Schürzenjägern, die ihre Frauen nach Strich und Faden betrügen – aber ‹das› können sie Frau und Kindern nicht antun. Selbst dann nicht, wenn sie die Familie eher als Dienstleistungsunternehmen betrachten, in deren bergende Behaglichkeit man sich nach echten oder falschen Dienstreisen müde plumpsen lassen kann mit der Bitte um ein bißchen Ruhe und Frieden.»

Das Bild, das der Ehemann, der eine Geliebte hat, in den Illustrierten abgibt, ist insgesamt kein rühmliches, denn es ist geprägt durch Schwachheit: Sexbesessenheit, Eitelkeit, Bequemlichkeit (er läßt es sich zwischen zwei Honigtöpfen gutgehen, wie es im «Stern» heißt) und Konfliktscheu (da er die Auseinandersetzung mit der Ehefrau scheut, belügt er sie und hält die Geliebte hin).

Daß der Mann unter diesen Verhältnissen auch leiden kann, wurde nicht thematisiert. Erst in der «Stern»-Serie zur Geliebten tritt uns ein leidender Ehemann gegenüber, der allerdings vor Selbstmitleid überfließt («Ich [!] habe mich total verschlissen») und dem nach einiger Zeit sowohl Ehefrau und Geliebte das verständnisvolle Mitempfinden und die erwarteten Krankenschwesterdienste verweigern. Eine andere Reaktion von Männern – ablesbar in den Leserbriefen zur «Stern»-Serie – besteht darin, daß sie sich gegen das Klischee des Übeltäters wehren: «Für mich ist bzw. war meine Geliebte die größte Liebe meines Lebens. Die äußeren Zwänge können in Form von Pflichtbewußtsein den Kindern gegenüber, Angst und Skrupel vor einem Zusammenbrechen der netten und unschuldigen Ehefrau, finanziellem Ruin durch eine Scheidung, finanzieller Abhängigkeit von der Ehefrau in Erscheinung treten.

Ein pflichtbewußter Mann ist in solchen Fällen kein übler Täter, sondern ein Opfer der äußeren Zwänge.»

Die Opferrolle wird in unseren Medien allerdings eher der Geliebten vorbehalten.

Was wir über die Geliebte erfahren

Als Ergebnis der von Habermehl durchgeführten Umfrage können wir in «Quick» (1985) lesen:
— «Sexualität ist die stärkste Fessel, die eine Geliebte an den verheirateten Mann bindet. Drei von vier Geliebten gestanden bei unserer Umfrage: ‹Ich habe die körperliche Liebe noch nie so schön erlebt wie mit meinem verheirateten Freund.›
— Doch auch andere Aspekte machen einen erfahrenen Mann für eine junge Frau faszinierend. Geliebte sagen immer wieder: ‹Mich beeindruckt seine Selbstsicherheit. Er ist weltmännisch. Es imponiert mir, daß er im Beruf etwas erreicht hat.›
— Deshalb sind besonders häufig Frauen von Anfang 20 Geliebte. Dann folgen Frauen ab Mitte 30. Sie stecken meist in einer Lebenskrise und suchen Liebe.
— Für beide Gruppen gilt: Eine Frau, die Geliebte ist, kommt nur sehr schwer wieder von dem verheirateten Liebhaber los.»

Die aufregende Sexualität, die Geliebte und Ehemann verbindet, wird in dieser Serie immer wieder genüßlich dargestellt. «Quick» hat auch herausgefunden: «Viele Frauen erlagen schon in der ersten Nacht den Verführungskünsten des Mannes, dessen Geliebte sie wurden [...] jede zweite Geliebte kannte den Mann vor dem ersten sexuellen Kontakt erst kurz, oft nur ein paar Stunden.»

Außer der sexuellen Bindung betonen die Geliebten in der «Quick»-Serie aber auch andere Aspekte ihrer Beziehung: «Er ist ein ungeheuer zärtlicher Liebhaber. Er behandelt mich mit Achtung, ist aufmerksam und sensibel. Ich fühle mich richtig geborgen.» – «Er behandelt eine Frau liebevoll, hat viel Einfühlungsvermögen. Man kann sich an seiner Schulter ausweinen.» – «Er kann gut zuhören.»

Neben diesem Hinweis auf die «schönen gestohlenen Stunden» werden aber auch Klagen der Geliebten laut, die in der «Quick»-Serie und auch in den Berichten anderer Illustrierten deutlich werden. Die Klagen beziehen sich auf folgende neuralgische Punkte:
— Das (vergebliche) Warten auf die Scheidung. Laut «Quick» sagt jede

zweite Geliebte aus, ihr Freund hätte ihr die Scheidung versprochen. Doch in Wirklichkeit trenne sich nur einer von zehn Männern von seiner Ehefrau und heirate die Geliebte: «Mit Scheidungsversprechen halten viele Männer ihre Geliebte jahrelang hin. Diese unfaire Lüge wird nur zu gern geglaubt» («Quick»).

- Ihre Skrupel wegen des Ehebruchs, die vom Ehemann jedoch häufig beschwichtigt werden: «Du nimmst meiner Frau nichts weg, wir lieben uns nicht mehr. Ich bin doch nur noch wegen der Kinder zu Hause» («Quick»).
- Die Eifersucht auf die Ehefrau. «Praline» weiß zu diesem Thema: «Der verheiratete Liebhaber ist nicht treu, aber er erwartet Treue von seiner Geliebten. Den zitierten Satz ‹mit meiner Frau läuft nichts mehr› sollte die Geliebte vergessen. Psychologen wissen, daß da (fast) immer noch was läuft.»
- Die erforderliche Anpassung an den Zeitplan des Ehemannes. Dazu ein Zitat einer Geliebten: «Das Schlimmste ist dieses Sich-anpassen-Müssen an fremde Tagesabläufe, Urlaubsplanungen und was sonst noch so unter ‹familiären Notwendigkeiten› läuft. Die Krankheiten der Kinder zum Beispiel» («Freundin»).
- Das Gefühl, ausgenutzt zu werden. In «Quick» klagt eine Geliebte: «Manchmal habe ich schon das Gefühl, Männer mit einer Geliebten machten es sich verdammt einfach, sie haben ja beides – ihr Heim mit Familienleben und die Frau fürs Bett.» Und in «Praline» heißt es: «Als Geliebte wird man bald zur ständigen Einrichtung – wie ein Kegelabend. Wenn ich noch an den Zirkus denke, den ich donnerstags immer veranstaltet habe: Wohnung aufräumen, baden, neues Make-up, schick anziehen, Essen vorbereiten. Dann: strahlendes Lächeln aufsetzen, nett und charmant sein, bereit für Sex… Für was? Um meine Probleme hat er sich nie gekümmert, die gab's ja zu Hause reichlich. Ich muß einfach verrückt gewesen sein!»

Die «Stern»-Serie hat noch beträchtlich zur Erweiterung des Klagenkatalogs von Geliebten beigetragen. Als neuralgische Punkte werden hier genannt:

- Die fast immer vom Ehemann geforderte Heimlichkeit der Beziehung: «Die Geliebte findet das Versteckspiel immer nur am Anfang lustig – später kommt sie sich vor wie eine Aussätzige, die man unter Verschluß hält. Besonders, wenn mit der Zeit die nagenden Zweifel kommen, daß die ganze Heimlichkeit nur ein Vorwand sein könnte für das männliche Prinzip ‹Teile und herrsche›. Die meisten langjährigen Geliebten sind insgeheim davon überzeugt, daß seine Frau es weiß oder wissen müßte, wenn sie nicht ihre Gründe hat, es nicht wissen zu wollen.»

– Die allmählich dämmernde Erkenntnis, daß sie die Betrogene ist: «Sie hat es ganz banal mit einem Mann zu tun, der sich zwischen zwei Honigtöpfen nicht entscheiden kann. Das Bitterste ist letztlich die Erkenntnis, jahrelang einen fremden Moral-Kodex (seine Ehe) akzeptiert zu haben, um irgendwann dahinterzukommen, daß die Magenbeschwerden, die verheulten Weihnachtsfeiertage, die Lügen, die Kräche mit den Eltern, die schon bezahlte, dann sausengelassene Pauschalreise (weil er vielleicht doch kommen kann) für die Katz waren.»

– Das Zurückstecken eigener Bedürfnisse und Verschweigen eigener Schwierigkeiten: «Wichtig ist immer, was langfristig seinen Seelenfrieden stören könnte. Und die Geliebte gewöhnt sich an ihre Rolle als Frühwarnsystem und merkt erst viel später, daß sie gegen ihre eigenen vitalen Interessen sein Image als unbefleckter Ehemann polieren half.»

In unseren Medien scheint Übereinstimmung darüber zu herrschen, daß mit der Dauer der Beziehung das Elend der Geliebten größer wird. Dazu Habermehl: «Je länger solch eine Beziehung dauert, desto schwerer kommt eine Frau von dem Mann los. Das Leben als Geliebte wird für sie zur Selbstverständlichkeit. Sie ist bereit, immer mehr aufzugeben – zuletzt auch die eigenen Wünsche, die eigene Persönlichkeit» («Quick»).

Angesichts dieser vitalen Fragen drängt sich die Frage auf, warum sich die Geliebte denn ausgerechnet mit einem verheirateten Mann einlassen muß. Auch darauf erfahren wir aus den Illustrierten einige Antworten, die sich allerdings auf eher oberflächliche psychische und soziale Sachverhalte beziehen. Da das Verhältnis fast ausschließlich unter sexuellem Aspekt gesehen wird, muß zunächst einmal die Liebhaberqualität des Mannes bemüht werden. «Praline» (1985) weiß: «Ein verheirateter Mann ist auch viel besser im Bett, weil er bei seiner Ehepartnerin gelernt hat, auf die geheimen Wünsche einer Frau einzugehen.» Ähnlich stellt Habermehl in «Quick» (1985) fest: «Es ist wohl nicht zuletzt die sexuelle Erfahrung, die den verheirateten Mann so reizvoll macht.» Sehr überzeugend klingen die Argumente nicht, denn die Erfahrungsbasis dürfte bei unverheirateten Männern kaum geringer sein. Als weiterer Grund wird genannt, daß diese Beziehung besonders reizvoll sei, denn: Die Geliebte sieht nur sein Sonntagsgesicht und braucht die Alltagsprobleme nicht mit ihm zu teilen. Dazu eine Geliebte in «Praline»: «Ich habe die Sahne vom Kuchen, seine schmutzige Wäsche bleibt der Ehefrau.»

Ferner wird darauf verwiesen, daß der Geliebten genügend Zeit für Beruf und Karriere bleibt. «Bei emanzipierten Frauen fügt sich ein verheirateter Mann als Liebespartner oft besser in ihr geplantes Leben ein», so Prof. Richardson laut «Praline» (1985). (Diese Aussage bezieht sich auf eine Analyse von Interviews, die Laurel Richardson in ihrem Buch «The New Other Woman» darlegt, wobei sie allerdings das Thema Geliebte mit spitzen Fingern anfaßt und nach dem Schema «böser Mann – arme Frau» abhandelt. Ihrer Meinung nach verlieren Männer heutzutage ihre Vorherrschaft fast in allen gesellschaftlichen, sozialen und kulturellen Bereichen, denn die Frauen kommen «langsam, aber gewaltig». Deshalb seien Männer daran interessiert, wenigstens im privaten Bereich – und das Verhältnis eines verheirateten Mannes mit einer Geliebten eigne sich hervorragend dazu – ihre ansonsten gefährdete Machtposititition zu erhalten.)

Neben diesen eher qualitativen Begründungen für Geliebtenverhältnisse wird jedoch auch eine quantitative genannt, die sich auf das unzureichende Angebot an guten Männern bezieht: «Die Guten sind alle verheiratet.» («All the good ones are married.») So lautet der Titel eines Buches von Marion Zola (1982), das sich auf Interviews mit Geliebten, den verheirateten Männern und Ehefrauen in den USA bezieht und ein sehr einfühlsames Bild von den Wünschen, Freuden, Nöten und Schwierigkeiten aller drei Gruppen vermittelt. «Praline» (1985) zitiert in diesem Zusammenhang einen Professor Wille: «Berufstätige Frauen, die Karriere machen wollen, sehen sich meist erst zu einem Zeitpunkt nach einem Partner um, in dem die besten Männer längst von jüngeren Rivalinnen weggeschnappt worden sind. Wenn sie dann einen Supermann finden, ist er schon meist verheiratet.» Dieses Argument der Knappheit an geeigneten Männern, die heiratswillig, beruflich gut situiert und nicht neurotisch sind, spielt in amerikanischen Veröffentlichungen zu unserem Thema eine große Rolle, wobei darauf verwiesen wird, daß das ohnehin knappe Angebot an potentiellen Ehekandidaten noch durch etwa 14% Homosexuelle geschmälert wird (Richardson 1985).

Die von den Illustrierten gelieferten Begründungen, warum Frauen Geliebte eines verheirateten Mannes werden, sind also eher pragmatischer Natur. Es fällt auf, daß psychoanalytisch orientierte Erklärungsmuster wie Bindungsunfähigkeit oder Masochismus der Frau keine Rolle mehr spielen.

Im Vergleich zum Ehemann, der uns nur in einer, und zwar einer eher kläglichen Gestalt (triebhaft, egoistisch, konfliktscheu) entgegentritt, präsentieren uns die Illustrierten mehrere Typen von Geliebten, die zwar alle zunächst einmal durch ihre Sexualität charakterisiert sind, sich aber wesentlich darin unterscheiden, ob sie sich selbst als Aktive oder Passive, als Opfer oder Nutznießerinnen des Verhältnisses ansehen.

In den Boulevard-Zeitschriften tritt uns die Geliebte als immer bereite *Sex-Gespielin* gegenüber, und fast ausnahmslos sind Berichte über sie geschmückt mit nackten Paaren oder Frauen im Negligé, erwartungsvoll in Animierpose auf einem Möbel hingestreckt oder damit beschäftigt, sich für ihn zu verschönern. Diese Bilder werden häufig durch Kommentare der folgenden Art vervollständigt: «Einmal in der Woche ist ‹ihr Abend›. Sie bereitet alles auf die paar schönen Stunden mit ihm vor. Sie badet lange, cremt ihren Körper ein, nimmt ein paar Tropfen mehr aus dem Parfümfläschchen. Dann zieht sie ein verführerisches Kleid an. Nichts darunter. Sexy, wie er es liebt. Wenn er kommt, ist der Tisch schön gedeckt, der Sekt kaltgestellt. Leise Musik, Kerzenlicht.»

Der Leser bekommt direkt Appetit. Wem würde dieses Arrangement nicht gefallen? Hinzu kommt noch ein weiterer Aspekt, der das Ganze noch aufregender, noch pikanter macht: die Geliebte ist nicht nur die *Verführerin*, sie ist gleichzeitig das Opfer *männlicher Verführungskünste*. Meist schon nach einer Begegnung ist sie dem Mann hörig geworden, wie «Quick» weiß.

Dieses Sex-Objekt tritt auch in einer aktiven Spielart – in der *Raubtiervariante* – auf, die «Bild und Funk» (1985) präsentiert. Früher mußte die Familie vor Raubtieren geschützt werden – so lesen wir in einem mehrteiligen Bericht, der auf Shirley Escapas Buch «Ehefrau contra Geliebte» basiert –, heute vor gefährlichen weiblichen Eindringlingen, die den Kampf mit der Ehefrau aufnehmen, wobei der Ehemann die Siegestrophäe bildet. Die «andere» ist zu den zahlreichen Risiken des heutigen Lebens zu zählen, wie Überfälle oder Arbeitslosigkeit. Es handelt sich um Frauen, die dem Mann ungehemmt nachstellen, und zwar «viel dreister, als Männer es je zu sein wagten». Da die armen Männer noch keine angemessene Form der Verweigerung entwickelt haben – «Bild und Funk» im Titel: «Die Männer müssen lernen, nein zu sagen» –, und da sie mit einer Verweigerung «Gefahr» laufen, «daß ihre Männlichkeit angezweifelt wird», lassen sie sich in ihrer Verwirrung von der «anderen» verführen und kommen wohl auch nicht mehr von ihr los. Laut Escapa gab eine überraschend große Zahl der Ehemänner an, daß sie nicht die Initiative ergriffen hatten: «Sie hat mich überrumpelt – Sie hat gesagt, sie steht auf mich – Sie hat mich verführt.» Hier wird das klassische Verführer-Opfer-Schema einfach umgekehrt. Und wir sollen wohl Mitleid haben mit den wehrlosen Männern, die nicht nein sagen können, weil sie ihre Männlichkeit unter Beweis stellen müssen.

Die frivole Variante der Geliebten ist schon aus der Populärliteratur bekannt, aus Dicksons «Vergnügen macht's mit Ehemännern», einem Leitfaden für statusbewußte, beruflich erfolgreiche, finanziell unabhängige Junggesellinnen darüber, wie sie sich den V. G. (die saloppe Abkürzung für den verheirateten Geliebten) angeln und zur Bereicherung ihres emanzipierten Daseins verwenden können: «Mit einem V. G. können Sie die schönste Rolle spielen, die es für eine intelligente Frau gibt: Die vollkommene Frau für einen Mann, der Sie vergöttert» (Dickson 1971, S. 10). Nach dem Motto «Kein Mann währt ewig!» wird sich die kluge Frau jedoch nicht nur einen Mann, den Liebhaber, halten, sondern sechs, damit sie für alle Lebenslagen gerüstet ist. (Am Sonntag kann sie sich dann von allen erholen.)

In den modernen Frauenzeitschriften und in der «Stern»-Serie wird jedoch mehr auf den Frust als auf die Lust in der Beziehung zu einem verheirateten Mann hingewiesen. Die Geliebte wird gesehen als das *beklagenswerte Opfer ihres Verhältnisses*, des Egoismus und der Bequemlichkeit des Ehemannes, dem es nur darum geht, die Ehefassade aufrechtzuerhalten und der seiner Geliebten deshalb einen Zustand beschert, der durch Abrufbereitschaft, Heimlichkeit und Rechtlosigkeit gekennzeichnet ist.

In der ersten Auswertungsphase (1984/1985) war dieser Opfertypus der beklagenswerten und gebeutelten Geliebten in den Medien vorherrschend, was mehrere Gründe haben mag. Einerseits darf die Lebensform der Geliebten nicht zu rosig gezeichnet und gar als zur Nachahmung empfohlen werden, denn bei aller Progressivität in der Darstellung sexueller Sachverhalte sind die Medien doch eher konservativ und dem gültigen Ehe- und Familienideal verpflichtet. Andererseits mag das Vorherrschen der klagenden Geliebten auch durch einen Auslese-Effekt bedingt sein: Die Leidenden haben ein stärkeres Mitteilungsbedürfnis. Als Protest gegen die Darstellung der Geliebten als eines leidenden Opfers meldeten sich sowohl in «Psychologie Heute» als auch im «Stern» viele Frauen in Leserbriefen zu Wort, die sich dem Typ der selbstbewußten und zufriedenen Geliebten zurechnen, die in freier Entscheidung einen verheirateten Mann gewählt haben und diesen Zustand («nur die Schönheit der Liebe, ohne den Klumpfuß der Alltagsprobleme») zu genießen scheinen: «Wie jeder Mensch möchte ja auch die ‹Neue Frau› Liebe, Zärtlichkeit, Sexualität. Aber sie möchte nicht mehr bezahlen müssen mit seelischen und praktischen Dienstleistungen für einen Mann», meint eine Geliebte im «Stern». Dieser Typ ist auch vorherrschend in den Jahren 1991/1992. Vor allem «Quick» beschreibt diese selbständigen unabhängigen Geliebten, die nicht mit

der Ehefrau tauschen möchten («Ich habe weder Bock, einem Mann die Wäsche zu waschen, noch seine Marotten hinzunehmen. Kaum lebt man wirklich mit ihnen zusammen, lassen sie sich gehen. Lümmeln im labbrigen Jogginganzug vor dem Fernseher, kippen Bier und wundern sich, daß man nicht scharf auf sie ist»). Für diese Frauen steht die «Lust auf puren Sex im Vordergrund». – «43 % wollen einen Mann nur fürs Bett.» Daneben taucht neuerdings ein weiterer Geliebtentyp auf, der noch etwas mehr vom Mann will: die bequem lebende, ungenierte Geliebte, die einen «finanzkräftigen Lover» braucht. «Quick» weiß zu berichten, daß jede fünfte Geliebte finanzielle Vorteile genießt, und «Bunte» präsentiert als Titelgeschichte «Wie teuer ist eine Geliebte? In Mark, in Zeit, in Seelenpein» einen Nutzen-Kosten-Report («Sie schenkt ihm Image und Potenz. Lesen Sie, was er ihr alles schenkt!»).

Die Bilder, die in den Illustrierten von der Geliebten gezeichnet werden, reichen also von der fügsamen Sex-Gespielin und dem gierigen Raubtier über den Opfertypus bis hin zur selbstbewußten glücklichen Geliebten, die den Mann nicht nur sexuell, sondern auch finanziell ausbeutet.

Was wir über die Ehefrau erfahren

Während wir in den Illustrierten relativ viel lesen können über die Motive des Ehemannes, der eine außereheliche Beziehung beginnt, und neuerdings auch einiges über die Geliebten, erfahren wir kaum etwas über die betrogene Ehefrau. Nur Habermehl in «Quick» (1985) äußert sich dazu: «Fast jede betrogene Ehefrau weiß, daß ihr Mann eine Geliebte hat. Doch nur sieben von zehn Frauen stellen den Mann zur Rede. Drei von zehn sagen kein Wort. Sie warten darauf, daß die Geschichte zu Ende geht. Und da sind sie in der stärkeren Position, denn nur in einem von zehn Fällen entscheidet sich der Mann gegen die Ehefrau, für die Geliebte.»

«Bild und Funk» (1985) nennt frühe Warnzeichen, an denen eine Ehefrau einen fremdgehenden Mann erkennen kann: Er liest das Horoskop eines neuen Tierkreiszeichens – Er verwendet mehr Zeit für die Körperpflege (Zehennägel schneiden) und für seine Verschönerung (Brusthaare färben, Höhensonnenbäder) – Er, der Lesemuffel, entwickelt Interesse für bestimmte Romanautoren – Er versteht plötzlich etwas von Empfängnisverhütung. «Neue Revue» bereichert 1991 diese Indizienkette um neue Beweismittel: Boxer-Shorts, Fitness-Fimmel und Geschäftsreisen.

In ihrer Reportage über eheliche Untreue, die auch in einigen Illustrierten erwähnt wird, rügt Leigh (1986), daß Ehefrauen diese frühen Warnzeichen ignorieren. Die Autorin hat die Reaktionen der betrogenen Frauen untersucht und kommt zu dem Ergebnis, «daß Frauen, die von ihrem Partner betrogen werden, dazu neigen, so lange wie möglich zu vermeiden, sich mit der Situation auseinanderzusetzen und vor offenkundigen Beweisen die Augen verschließen» (Leigh 1986, S. 164). Das Vermögen oder auch der Entschluß mancher Frauen, vor eindeutigen Beweisen der Untreue ihres Mannes die Augen zu verschließen, veranlaßt Leigh zu einem Vergleich mit dem Uraltwitz, in dem eine Ehefrau ihren Mann mit einer anderen in flagranti erwischt. Als sie zu schreien beginnt, sagt der Mann: «Es ist nichts vorgefallen, alles in Ordnung. Wem glaubst du mehr: Mir oder deinen Augen?»

Indem viele Frauen den Kopf in den Sand stecken und stillschweigend die Rolle einer alles verzeihenden Mutter übernehmen, so Leigh, erleichtern sie dem Mann, einen Seitensprung ohne größere Gewissensbisse zu machen, denn eine Mutter verzeiht alles. Viele Frauen nehmen das Untreueverhalten ihres Ehemannes auch deshalb hin, weil sie in wirtschaftlicher Abhängigkeit von ihrem Mann leben und weil ihnen das gesellschaftliche Klischee, die Untreue der Männer sei (fast) unvermeidlich, da sie unter stärkeren sexuellen Trieben «leiden», ein passives Verhalten nahelegt. So versuchten sie die Untreue des Mannes als sexuelles Abenteuer abzutun und die Bedeutung der anderen Frau herunterzuspielen. Leigh weiß aber auch: «Männer andererseits lassen sich eher auf eine Auseinandersetzung mit der Situation ein, sind total am Boden zerstört von der Untreue und drohen dem anderen Mann manchmal mit Gewalt. Ich fand auch heraus, daß die Reaktion der Männer auf den Seitensprung der Frau häufig das außereheliche Verhältnis beendet, hingegen die Reaktion der Frau es umgekehrt stets begünstigt» (Leigh 1986, S. 165).

In den Illustrierten wird häufig der Ehefrau die Verantwortung nicht nur für das Weiterbestehen einer außerehelichen Beziehung des Mannes aufgebürdet, sondern auch für deren Zustandekommen. So suggeriert «Praline» der Ehefrau, daß sie es an sexueller Attraktivität und Bewunderung fehlen lasse. Als Fehler der Ehefrau werden genannt:

– *Sie ist sexuell nicht willig genug.* Zitat eines Ehemannes: «Ich möchte gestreichelt und intim geküßt werden. Meine Frau macht das nie – bei meiner Geliebten ist das anders.»

– *Sie ist nachlässig geworden.* «Häufig bin ich total abgespannt nach Hause gekommen. Aus Zeitmangel habe ich mein Aussehen vernachlässigt», bekennt eine betrogene Ehefrau.

— *Sie bewundert ihn nicht genug.* Dazu «Praline»: «Erwiesen ist, daß die Geliebten durchaus nicht immer jünger, attraktiver und leidenschaftlicher sind. Aber eines haben sie gemeinsam: Sie kümmern sich um die geliebten Männer, sie sind besorgt um sie, sie hören unermüdlich zu, und sie bewundern sie.» Diese Aussage wird dann noch untermauert durch ein Zitat der «amerikanischen Wissenschaftlerin» Dr. Sachs: «Ehefrauen kennen die Geschichten, die Übertreibungen und die Schwächen ihrer Männer. Bei der Freundin erweckt der Mann dagegen Interesse. Und er fühlt sich zu dieser Frau, die es ihm ermöglicht, interessant zu sein, hingezogen.»

— *Sie ist nicht bereit, auf seine geheimen Wünsche einzugehen:* «Robert mag rote Nägel und zarte Spitzenunterwäsche. Obwohl ich das wußte, trug ich praktische Baumwolle» («Praline»).

Für «Praline» scheint die außereheliche Beziehung die Konsequenz davon zu sein, daß die Ehefrau den Pascha nicht genügend hofiert und ihm erotisch und im Haushalt nicht dienstbar ist. Dies gipfelt in der Äußerung einer Ehefrau: «Eines weiß ich gewiß: Wenn eine Frau eine gute Ehe führen will, sollte sie sich überlegen, was sie mehr will: Karriere oder die Liebe des Mannes» («Praline» 1984). Die neue Springer-Zeitschrift «JA» bringt es auf den Punkt: Ehemänner nehmen sich eine Geliebte, wenn ihre Ehefrau «nicht mehr das gefügige Kuscheltier» ist («JA», 7. 4. 1987). Befremdlich ist hier vor allem, daß nur von der Ehefrau die Anpassungsleistungen gefordert werden, nicht vom Ehemann. (Balzac hat immerhin den Anteil des Mannes daran erkannt, schiebt ihm nun allerdings die gesamte Schuld zu: Es sei «ein gewaltiger Beweis der Minderwertigkeit eines Mannes [...], wenn er es nicht versteht, aus seiner Frau seine Geliebte zu machen». Zit. n. Pohrt 1982, S. 13.)

Den Frauen wird heute in den Zeitschriften suggeriert, daß Liebe durch Wohlverhalten, List und Klugheit im Kampf um den Mann (wieder)gewonnen werden kann. Dies Muster sichert jedenfalls das alte hierarchische Gefüge in Ehe und Familie.

Nachdem die mehr oder weniger unrühmlichen Bilder aufgezeigt worden sind, welche die an unserer Thematik beteiligten Personen in den Illustrierten und Zeitschriften abgeben, soll in einem nächsten Schritt danach gefragt werden, welche Ratschläge und Lebenshilfen ihnen gegeben werden.

Eine Auswertung von Ratgeberspalten

In den Jahren 1984 und 85 fanden sich in den Ratgeberspalten annähernd 100 Zuschriften von Lesern, die eine Hilfe in puncto Dreiecks-(oder auch Vierecks-)Beziehungen suchten. Zunächst ist auffallend, daß sich kaum Männer unter den Ratsuchenden befinden: Auf etwa 20 Anfragen von Frauen kommt ein Brief eines Mannes. In unserem Material waren nur zwei Zuschriften von Männern, die Probleme mit ihrer Geliebten hatten. Einer davon klagt, daß seine Geliebte häufig «zusammenzucke», wenn er irgend etwas über seine Frau erzähle, und erwartet vom «Playboy»-Ratgeber Tips für Gesprächsthemen. «Playboy» geht verständnisvoll darauf ein und erklärt: «Zweitfrauen reagieren schnell hypersensibel, weil sie sowieso hinter der Ehegattin zurückstehen müssen.» Der Ratsuchende erhält eine «Giftliste» von Sätzen, die er gegenüber seiner «Gespielin» niemals in den Mund nehmen sollte: «Meine Frau versteht mich nicht. Wenn ich mit ihr zusammen bin, sehne ich mich nach dir. Ich kann es einfach nicht mehr ertragen, mit ihr zu schlafen. Wir sind nur noch wegen der Kinder zusammen. Wir fahren zwar zusammen in Urlaub, aber ich werde jede Minute an dich denken. Hätte ich dich doch nur vor ihr kennengelernt.» Bezeichnend ist an diesem Leserbrief, daß die Geliebte nicht nur schnell zur «Gespielin» degradiert wird, sondern daß die Antwort auch mit dem Bild einer nackten Frau versehen wird. Die Gestaltung der Beziehung wird – typisch männlich? – wie ein technisches Problem gesehen: Bei Einhaltung gewisser Spielregeln läuft alles reibungslos.

Die Frauen, deren Brief in den Ratgeberspalten abgedruckt sind, lassen sich in drei Gruppen einteilen, die etwa zu gleich großen Teilen vertreten sind:
– Geliebte, die Probleme mit ihrem verheirateten bzw. gebundenen Freund haben;
– Frauen, zumeist verheiratet, die sich nicht zwischen zwei Männern entscheiden können;
– Ehefrauen, deren Mann eine Geliebte hat.

Die Ratschläge, die allen drei Gruppen von Frauen gegeben werden, laufen letztlich auf ein Motto hinaus: Schaffen Sie klare (Zweier-)Verhältnisse, was implizit bedeutet, daß die bestehende Ehe zu respektieren ist.

Ratschläge für die Geliebten

Der ratsuchenden Geliebten wird entweder direkt der Verzicht auf den Ehemann empfohlen, oder eine solche Entscheidung wird dringend nahegelegt. Die Ratschläge lassen sich dabei auf drei (meist unausgesprochene) Voraussetzungen zurückführen: 1. Dreiecksbeziehungen können nicht gutgehen. 2. Der Ehemann sucht nur Sex und liebt seine Bequemlichkeit. 3. Die Ehefrau sitzt am längeren Hebel. Im einzelnen werden unterschiedliche Begründungsmuster und Argumentationsfiguren geliefert. Dabei handelt es sich um

- *Hinweis auf Enttäuschungen und Frustrationen, die mit der Rolle der Nebenfrau verbunden sind.* Die Argumentationen lauten hier: Sie werden nur belogen. «Verheiratete Freunde behaupten oft, daß es in ihrer Ehe nicht stimmt. Sie wollen sich damit rechtfertigen (wer mag schon einen leichtfertigen treulosen Mann?) und Hoffnungen wecken, um die Liebschaft zu erhalten.» – Er sucht nur das sexuelle Abenteuer. «Es gibt eine Reihe von Männern, die aus dem sicheren Hafen der Ehe auslaufen, um sexuelle Abenteuer zu erleben. Sie brauchen den Reiz des Verbotenen, um sexuell alles erleben zu können. Die Frauen, die sich mit einem solchen Mann einlassen, werden aber fast immer enttäuscht, wenn sie mehr als sexuelle Abenteuer erwarten.» – Er wird sich aus Bequemlichkeit nicht entscheiden. «Ihrem Freund geht's doch eigentlich ganz gut: Zu Hause vermeidet er den Ärger um die Scheidung, und seinen Schatz hat er – in einem gemeinsamen Liebesnest – so oft er will. Nur Sie können entscheiden, ob das auf Dauer Ihr Leben bleiben soll.» – Sie haben doch keine Chance. «Wieder einmal bestätigt sich, daß solche Beziehungskonflikte letztlich fast immer zugunsten der Ehefrau ausgehen.»
- *Appell an die Selbstachtung der Geliebten.* Hier lautet die Argumentationsfigur: Für so etwas – die Rolle der Nachtschicht-Geliebten oder der Nebenfrau – sollten Sie sich zu schade sein. Als Test, um herauszufinden, ob der verheiratete Mann es ernst meint, empfiehlt «Praline» mit Susanne Kubelka der Geliebten: «Fragen Sie ihn einfach: ‹Und wie stellst du dir meine Zukunft vor?› Sie werden auf Schweigen stoßen.»
- *Appell an das Schuldbewußtsein.* «Das Leben steht vor Ihnen, indem Sie eine andere Bindung finden, in der Sie glücklich sind, ohne einem Kind den Vater und einer Frau den Mann zu nehmen.»
- *Appell an die Berücksichtigung der eigenen Lebenschancen und des gesunden Egoismus.* Hierfür finden sich zwei Argumentationsmu-

ster: Einerseits werden die Geliebten darauf hingewiesen, daß sie sich Kontakte zu anderen Partnern verbauen, dadurch, daß sie vielleicht jahrelang an einer aussichtslosen Beziehung festhalten: «Indem Sie das Verhältnis beenden, gewinnen Sie die Freiheit für eine neue Bindung, in der Sie nicht das fünfte Rad am Wagen sind.» Andererseits werden sie aufgefordert, mehr an sich selbst zu denken. «Freundin»-Ratgeber stellt fest: Man wirft den Geliebten häufig Egoismus vor — doch daran mangelt es vielen von ihnen. Die Frau sollte sich «ganz kühl überlegen, worauf sie sich da einläßt. Einen Anspruch auf Treue kann sie schon mal von vornherein nicht erheben. Das ständige Versteckspiel mag einem in der ersten Zeit der Verliebtheit noch nicht viel ausmachen, doch über Jahre hin verleugnet man einen Teil seiner Persönlichkeit, seines Privatlebens, deshalb ist es im Grunde müßig, sich zu fragen, ob er es wert ist, daß man auf ihn wartet, bis er sich vielleicht doch mal scheiden läßt. Man sollte sich vielmehr ganz egoistisch fragen: Was ist mir mein Leben wert? Geht diese Beziehung eindeutig zu ihren Lasten, sollte eine Frau die Konsequenzen ziehen und sich von diesem Mann trennen.»

Es fällt auf, daß die Ratschläge an die Geliebten, die ihr den Verzicht auf den geliebten Mann empfehlen oder nahelegen, überwiegend nicht mit moralischen Prinzipien oder Normen (Du sollst keine Ehe zerstören) begründet werden. Vielmehr herrschen zwei andere Argumentationsmuster vor: 1. der Hinweis auf Realitäten, die für die Geliebte ungünstig sind, denn erfahrungsgemäß verläßt der Ehemann seine Ehefrau nicht, und 2. der Appell an die Berücksichtigung eigener Bedürfnisse, eigener seelischer Belastbarkeit und eigener Lebenschancen.

Ratschläge für Ehefrauen mit einem Geliebten

Nun zu den Ratschlägen, die den Ehefrauen erteilt werden, die sich in einen anderen, zumeist verheirateten, Mann verliebt haben und darüber nachdenken, die eigene Ehe aufzugeben. Nur ein einziges Mal bei den etwa 30 Zuschriften wird auf die Möglichkeit einer Scheidung verwiesen, und zwar, weil es sich um sehr junge und kinderlose Eheleute handelt. In allen anderen Fällen wird den ratsuchenden Ehefrauen dringend eine Entscheidung zugunsten der Aufrechterhaltung ihrer Ehe nahegelegt. Dabei lauten die Argumentationen wie folgt:

– *Dreiecksverhältnisse können nicht gutgehen, es kommt zu einer Katastrophe.* «Es kommt oft vor, daß sich die Beteiligten eines Dreiecksverhältnisses selbst was vormachen, so daß sich – wegen dieser Unehrlichkeit gegen sich selbst – etwas innerlich aufstaut, was eines Tages jäh und oft zerstörerisch ausbricht.» («Praline») – «Sie fürchten selbst – und ich fürchte das mit Ihnen –, daß das so nicht lange gutgeht. Sie riskieren Ihre Ehe! Ihre Familie! Haus und Garten! Bitte überlegen Sie, ob Sie nicht sofort konsequent Schluß machen sollen, ehe eine echte Lebens-Katastrophe für Sie daraus wird» («Praline»).

In «Praline» erfährt man dann auch gleich, wohin so etwas führen kann. In einer Serie: «Rasende Eifersucht! Wenn die Liebe sich verirrt: dramatische, aktuelle Fälle!» lesen wir von blutigen Tragödien und Mordfällen, in die Ehepartner oder die Rivalen verwickelt sind («Unter Palmen erstach er sein Liebstes»).

Ähnlich wie die Androhung von Katastrophen soll die Prophezeiung von späterer Reue abschreckend wirken: «Ein Traum verblaßt oft, wenn er zum Alltag geworden ist. Traummänner halten selten das, was man sich von ihnen verspricht. Also bleiben Sie bei dem, der sich als Ehemann bewährt hat. Es könnte nämlich sein, daß Sie mit ihm [gemeint ist wohl der Traummann; R. V.] nichts anderes gewinnen als eine kurze Zeit des Glücks und diese später bereuen müssen.»

Auf einer anderen Ebene liegen zwei weitere Begründungen für den Verzicht auf den Geliebten:

– *Appell an die Verantwortung Mann und Kindern gegenüber.* «Wollen Sie nicht – wenn Sie Ihre Verantwortung gegenüber Ihrem Mann und Ihrem Kind ernst meinen und nehmen – lieber auf Ihren Liebhaber verzichten?»

– *Hinweis auf Werte, die in der Ehe verwirklicht werden.* «Sichert nicht Treue allein jene feste zweisame Beziehung, in der wir uns im Leben geborgen fühlen können?» – «Und bedenken Sie auch ganz in Ihrem eigenen Interesse, wieviel Geborgenheit Ihnen doch Ihre Ehe und Familie gegeben haben – ist es nicht für Sie selbst geradezu lebenswichtig, daß Sie sich das erhalten?»

Den ratsuchenden Ehefrauen, die eine außereheliche Beziehung unterhalten, wird also mit einer vergleichsweise breiten Palette von Begründungsmustern das Festhalten an ihrer Ehe empfohlen: von der Androhung von Katastrophen und Reuegefühlen über Appelle an die Verantwortung Mann und Kindern gegenüber bis zu dem Verweis auf die mit der Ehe verbundenen Werte. Interessanterweise wird nur zweimal auf den juristischen Sachverhalt des ehewidrigen Verhaltens hingewiesen.

Ratschläge für die betrogene Ehefrau

Bei den Ratschlägen für die Ehefrau, deren Mann eine außereheliche Beziehung unterhält, gehen die Expertinnen und Experten für Lebenshilfe ebenfalls davon aus, daß Dreiecksverhältnisse keine Chance haben. Nur ein einziges Mal erhält eine Frau den Ratschlag: «Vielleicht kommen Sie alle drei zu dem Ergebnis, daß Sie so weiter leben wollen und können – gut, dann ist das die Lösung. Vielleicht werden Sie sich aber auch eingestehen, daß jeder von Ihnen schon zu lange und zuviel gelitten hat – dann müssen Sie eine Änderung herbeiführen» («Frau im Spiegel»). Ansonsten wird vor Dreiecksverhältnissen ausdrücklich gewarnt. «Die Kränkung, vom eigenen Mann als austauschbare Sexualpartnerin behandelt zu werden und die eigene Rolle und vor allem die eigenen Wünsche nicht mehr selbst bestimmen zu können, verträgt eine Frau kaum auf die Dauer, und schließlich könnten, auf dem ‹Umweg› über die gedemütigte Seele, auch körperliche Krankheiten die Folge sein» («Praline»). Den betrogenen Ehefrauen wird geraten, sich nicht mit diesen Verhältnissen abzufinden. Die Ratschläge lauten zusammengefaßt: Machen Sie ihm Ihren eigenen Standpunkt unmißverständlich klar, drängen Sie auf eine Entscheidung, und nehmen Sie auch eine Trennung auf sich: Aller Erfahrung nach wird er sowieso bei Ihnen bleiben. Hier im einzelnen die Empfehlungen:

– *Melden Sie Ihre Ansprüche an, und lassen Sie sich nicht alles bieten,* nach dem Motto: «Sie sind selbst schuld, wenn Sie allzu tolerant sind.» – «Indem Sie alles verstehen, alles verzeihen, tragen Sie dazu bei, daß Ihr Mann fremdgeht. Mehr als offene Vorwürfe können mütterliche Fürsorge und immerwährende ‹Güte› einen Mann aus dem Haus treiben. Sie dürfen die außereheliche Beziehung Ihres Mannes nicht in falscher Großzügigkeit länger tolerieren» («Quick»).

– *Er muß sich entscheiden. Setzen Sie ihm die Pistole auf die Brust.* «Er hat sich zu entscheiden, jetzt und gleich, Sie dürfen sich nicht auf die Zukunft vertrösten lassen. Sie lieben ihn, sind an Ihre Kinder gebunden, und er fühlt sich Ihrer sicher. Den Glauben müssen Sie ihm nehmen. Sie sind seine Frau und können das nur bleiben, wenn er von der anderen läßt» («Neue Revue»).

In diesem Punkt sind sich allerdings die Experten nicht einig. Andere Zeitschriften empfehlen: «Nichts tun, sich wie gewohnt verhalten, abwarten! Szenen, Beschuldigungen, Scheidungsdrohungen und unkontrollierte Äußerungen verstärken die Krise. Es ist schwer, einen kühlen

Kopf zu bewahren, aber es ist das beste. Diskutieren sollte man mit dem Partner erst, wenn sich die innerlichen Wogen geglättet haben» («Praline»).

Auch «Bild und Funk» empfiehlt die Abwartetechnik: Der verliebte Ehemann befinde sich im Zustand der Ekstase, in dem er weder an Verantwortung noch an Pflichten denkt. Diese Ekstase sei praktisch unvermeidbar, aber doch vorübergehender Natur. Deshalb sollte die Ehefrau zunächst einmal Ruhe bewahren.

Ein weiterer Ratschlag an die Ehefrau lautet:

— *Drohen Sie ihm mit Trennung – er wird höchstwahrscheinlich doch zu Ihnen zurückkehren.* Die Ratschläge lauten hier, dem Ehemann die Tragweite seines Handelns bewußt zu machen und ihm klarzumachen, daß er seine Ehe aufs Spiel setzt. Die Lebenshilfe-Experten gehen davon aus, daß der Ehemann das in der Regel nicht riskieren will. Einige empfehlen auch die Trennung oder zumindest eine Drohung damit, wobei zwei Überlegungen eine Rolle spielen. Erstens wird darauf vertraut, daß die Länge der Beziehung zwischen den Eheleuten eine starke gemeinsame Bindung schafft, die einer solchen Belastungsprobe standhält. Zweitens wird auf die Erfahrung hingewiesen, daß die Ehemänner nach ihren Eskapaden sehr häufig wieder ins traute Heim zurückkehren.

Anderen ratsuchenden Ehefrauen wird empfohlen, Schwung in ihre Ehe zu bringen bzw. darüber nachzudenken, welchen Anteil sie selbst an seiner Untreue haben. In Artikeln und Serien zum Seitensprung und zur außerehelichen Beziehung des Ehemannes werden diese Aspekte noch sehr viel stärker betont. «Bild und Funk» sowie «Praline» berichten von erfolgreichen Kampagnen der Ehefrau gegen die Rivalin. Folgende Tricks aus dem Arsenal der betrogenen Ehefrauen werden zur Nachahmung empfohlen: Ich empfing ihn in verführerischen Spitzendessous, nachdem ich in einem indischen Lehrbuch der Erotik studiert habe. – Ich gewann meinen Mann zurück... mit scharfem Sex! – Ich habe ihn eifersüchtig gemacht. – Ich habe ein Nacktfoto der anderen vergrößert und überall mit einer entsprechenden Warnung aufgehängt. (Kommentar von «Praline»: Sie kam zwar vor Gericht, aber es brachte ihr die Versöhnung des Mannes!) – Ich stellte der Rivalin seine schmutzige Wäsche vor die Tür. – Ich ließ ihn mit Kindern, Hund und allen Haushaltslasten allein.

Im Kampf um den Mann werden also zwei Strategien empfohlen: Schlagen Sie die Rivalin mit ihren eigenen Waffen (Sex), und erinnern Sie ihn an die Realitäten des Lebens, indem Sie ihn ernüchtern. Nicht durch verbale Appelle an seine Vernunft und Einsicht soll er zur erneuten Übernahme seiner familiären und väterlichen Pflichten gebracht werden, sondern dadurch, daß ihm die Notwendigkeiten praktisch und drastisch vor Augen geführt werden.

Wo bleibt die Moral?

In den durchgesehenen Zeitschriften der Jahre 1991/92 finden sich nur noch selten Zuschriften zu diesem Thema, doch die Ratschläge bleiben insgesamt dieselben, wenngleich zwei neue Lösungsmuster angeboten werden: therapeutische Hilfe zu suchen bzw. die Scheidung einzureichen. Betrachten wir die Ratschläge insgesamt, so ist auffällig, daß die Problematik der außerehelichen Beziehung nicht unter religiös-ethischen Verpflichtungen (6. Gebot) oder unter juristischen Gesichtspunkten (ehewidriges Verhalten) betrachtet wird. Auch die Aufdringlichkeit des moralischen Zeigefingers bleibt den Ratsuchenden in der Regel erspart. Die Begründungen, warum außereheliche Beziehungen aufzugeben sind, greifen auf vor-moralische Erwägungen zurück. Sie sind einerseits orientiert an den sichtbaren Folgen einer Handlung und warnen vor Schaden: «Sie riskieren Ihre Ehe! Ihre Familie! Haus und Garten!» – «Solche künstlichen Arrangements des Zusammenlebens gehen in den meisten Fällen nicht lange gut, und leider enden sie nicht selten in einer unvorhergesehenen Explosion. Dann ist der Schaden erst richtig groß.» Andererseits orientieren sie sich an Bedürfnissen des einzelnen, wobei das natürliche Interesse am eigenen Wohlergehen in den Mittelpunkt gestellt wird. Auch Mahnungen wie: «Sie werden es später bereuen! Sie werden dafür bezahlen müssen!» sind versteckte Spielarten von Selbstinteresse, indem sie die Angst vor Strafe zur Motivation von Handlungen machen. Nur selten beziehen sich die Argumente auf eine Ebene, auf der es um gegenseitige Erwartungen im zwischenmenschlichen Bereich geht, um Beziehungen und Konformität mit anderen oder gar um allgemeingültige Werte (Treue, Verantwortung). Diese eher moralischen Argumente, die insgesamt sehr selten auftauchen, werden häufig noch «versüßt», indem ein Lohn für die Mühe versprochen wird: «Aber bei diesem Verzicht muß es nun bleiben. Nicht zuletzt auch um Ihres treuen Mannes und Ihrer Kinder wegen. Zum Lebensglück gehört auch verantwortliches Handeln, niemand darf nur an sich denken. Und wenn Sie sich den anderen erst ganz aus dem Kopf geschlagen haben, dann wird sich auch wieder mehr Lust am Sex mit Ihrem Mann einstellen.»

Die Lebenshilfe-Experten appellieren im wesentlichen also an das

Selbstinteresse der Ratsuchenden und scheinen von der Wirksamkeit moralischer Appelle oder von Überich-Forderungen wenig überzeugt zu sein. Da die Situation der Geliebten von vornherein als unwürdig definiert und das Bild des verachtenswerten Ehemannes konstruiert wird (er ist sexbesessen, egoistisch, bequem und benutzt seine Geliebte), bleibt der Geliebten konsequenterweise nur der Verzicht und der Rückzug. Läßt sie sich auf ein Verhältnis ein, kann etwas mit ihr nicht stimmen. So diagnostiziert «Praline» bei einer Geliebten: «Sie leidet an einer Krankheit mit dem Namen: ‹Ich liebe einen verheirateten Mann.›» Völlig unberücksichtigt bleibt, daß Geliebte und Ehemann vielleicht eine «höhere» Motivation zu dieser Beziehung haben könnten, so daß eine gleichrangige Verbindung entstehen kann, in der die Frau als Person auch Forderungen zu stellen vermag.

Die Umgehensweise der Regenbogenpresse mit dem Thema «Geliebte» macht auch eine Alternative unmöglich, die immerhin in christlich gefärbten Anstandsbüchern für die ledige Frau aufgezeigt wird. Außer dem geraden Weg des Verzichts (und dem gesetzlosen Weg des «Verhältnisses») steht der ledigen Frau, die sich in einen verheirateten Mann verliebt hat, noch ein dritter Weg offen: «der Höhenweg der Freundschaft». Denn – so lesen wir in dem Buch «Licht in jedes Frauenleben» –: «Lieben darfst du ihn, einen Freund. Es steht nirgends geschrieben: du sollst nicht lieben. Die Liebe ist frei, aber nur im hohen geistigen Sinne» (Meister 1961, S. 73).

Interessant ist dabei die Begründung, die sich auf zwei Argumente stützt: Erstens brauche die ledige Frau den Umgang mit Männern, um durch Austausch ihrer weiblich-seelischen mit den männlich-seelischen Kräften innerlich reicher zu werden, und zweitens: «Gerade die Frau wird durch die [geistige; R. V.] Freundschaft mit einem Manne […] zu schöpferischen Werken oder zu sonst großen Taten angeregt, die ohne die geistige Liebe unterblieben wären. Aber auch alle wahrhaft großen Männer haben aus den Freundschaften mit edlen Frauen die Anregung und diese Kraft zu großem Tun geschöpft» (Meister 1961, S. 73 f). Die Frau scheint die Sublimation also nötiger zu haben als der Mann! Wie auch immer – der Autor tritt engagiert für die Freundschaft zwischen (verheiratetem) Mann und (lediger) Frau ein, eine Alternative, die in unseren Medien gar nicht in Betracht gezogen wird.

Dem Ehemann und der Geliebten wird auch eine andere Legitimation ihrer Gefühle und Handlungen entzogen, nämlich das in einer bestimmten Tradition jahrhundertelang gültige «Recht des Herzens» bzw. das «Recht der Liebe», auf das sich zum Beispiel Blaise in Iris Murdochs klassischem Dreiecks-Roman «Uhrwerk der Liebe» bezieht: «Die leidenschaftliche erotische Beziehung zweier Menschen, die Liebe, die nicht nur den Körper, sondern auch den Geist als sublimierteste sexuelle Kraft einbezieht oder sogar erst ex nihilo entstehen läßt, eine Liebe dieser Art ist verhältnismäßig selten in unserer für sie nicht geschaffenen Welt. Sie wird als ein so schwindelerregend hoher Wert erfahren, daß allein in diesem Zusammenhang von ‹Genießen› zu sprechen ein Sakrileg wäre. Sie ist etwas, wovor man niederknien sollte. Und wo eine solche Liebe auftritt, wirft sie ein blendendes Licht auf alles, was vorgeht, sie rechtfertigt alles und läßt den Rest der Welt im Dunkel versinken» (Murdoch 1980, S. 310).

Zum Umgang mit dem Thema «Geliebte»

Wenn wir uns noch einmal die Behandlung des Themas «Geliebte» in den Zeitschriften und Illustrierten vor Augen führen, so fällt zunächst folgender Aspekt auf: Die Beziehung wird fast ausschließlich auf die Sexualität bezogen und sexuell motiviert. Nach allem, was wir aus Interviewanalysen aus dem amerikanischen Raum (Zola 1982; Richardson 1985), aus den Porträtschilderungen der «Stern»-Serie und aus literarischen Darstellungen wissen, spielt aber die Sexualität hier gar nicht die ihr zugeschriebene fundamentale Rolle. Warum also diese Überbetonung? Wem nützt sie? Daß die genüßliche Darstellung sexueller Themen die Schaulust und Phantasie eines voyeuristischen Publikums befriedigt, ist sicherlich eine Erklärungsmöglichkeit, aber sie greift zu kurz. Die Reduktion der Thematik auf Sexualität liegt durchaus auch im Interesse der Männer, denn sie liefert ihnen mindestens in dreifacher Hinsicht eine Entlastung:

1. Ihr Hang zur Untreue wird biologisch begründet, und ihr entsprechendes Verhalten kann als quasi unvermeidlich hingestellt werden.

Da der Mann angeblich so starke sexuelle Bedürfnisse hat und die Ehefrau ihn auf Dauer nicht befriedigt, sucht er eben sein Vergnügen in außerehelichen Beziehungen. Wohin soll er sonst mit seinen Trieben? Äußerungen wie: «Von der Sexualität her gesehen ist der Mann polygam veranlagt» oder «Martin gehört eben zu den Männern, die nicht treu sein können», «Ihre Männer gehören zu denen, die stets zwei (oder mehr) Frauen auf einmal brauchen» suggerieren, daß es sich hierbei um einen nicht zu ändernden Sachverhalt handelt, der den Männern nicht anzulasten, sondern zu tolerieren ist. Kinsey hatte vor fast 40 Jahren die Ursprünge des außerehelichen Koitus auf Verhaltensweisen der

Säugetiere zurückgeführt: «Viele Arten ermüden psychisch, wenn Beziehungen mit einem einzelnen Partner über längere Zeit aufrechterhalten werden. Das Erscheinen eines neuen Partners wird dann das sexuelle Interesse wieder aufleben lassen. [...] Die psychische Erschöpfung muß einer der wichtigsten Gründe für die Schwierigkeit sein, verheiratete Männer streng monogam zu halten» (Kinsey 1963, S. 315; Originalausgabe 1948). Diese biologische Deutung, die sich auf die fragwürdige Analogie von tierischem und menschlichem Verhalten stützt, hat sich in den Illustrierten bis heute gehalten. Auch 1992 lesen wir in «Petra»: «Männer sind genetisch darauf programmiert, Jäger und Sexsucher zu sein», und erfahren dazu eine soziobiologische Begründung: Alle Gattungswesen sind an einer erfolgreichen Fortpflanzung interessiert. Der Mann brauche viele Partnerinnen zur Weitergabe seines Erbguts, die Frau suche sich einen starken Partner, damit gute Gene weitergegeben werden, und sei daran interessiert, ihren Partner möglichst lange (Soziobiologen rechnen hier mit einem Zeitraum von vier Jahren) bei sich zu halten, damit er sie bei der Aufzucht und Pflege des Nachwuchses unterstützt.

Es ist zumindest zu fragen, ob die den Männern unterstellte Sex-Besessenheit nicht auch zu einem Teil ein erlerntes kulturelles Muster widerspiegelt, das Männern in unserer heutigen Gesellschaft als Ausdrucksmittel für ihre Gefühle von Zärtlichkeit, Wärme und Geborgenheit nur die Sexualität bereitstellt. Erst der Softie als eine Variante des «neuen Mannes» hat den «Kuschelsex» entdeckt (bzw. muß sich mit ihm zufriedengeben). Zudem eignet sich in unserer leistungs- und wettbewerbsorientierten Gesellschaft die Sexualität dazu, als weiteres Machtmittel im Konkurrenzkampf der Männer eingesetzt zu werden, indem die Anzahl der «eroberten» Frauen der Selbstbestätigung dient (vgl. die Ergebnisse des Projekts «Arbeitsplatz und Sexualität» 1986/ 87). Zwar wird 1992 auch den Frauen die pure Sexgier zugeschrieben, doch darf dabei nicht übersehen werden, daß dies eher der Durchsetzung männlicher Sexualnormen dient: «Softies haben schlechte Karten. Im Bett ist männliche Härte gefragt. Jede zweite Frau genießt es, von ihrem Lover richtig genommen zu werden», stellt «Neue Revue» als Ergebnis einer repräsentativen Umfrage zum Thema Liebe 92 fest.

2. Die sexuelle Untreue der Männer wird als normal und alltäglich definiert. Diese Art der öffentlichen Meinung bekommt auch Monique in Simone de Beauvoirs Roman «Eine gebrochene Frau» (1982) zu spüren, die nach 22 Ehejahren feststellen muß, daß ihr Mann sie seit acht Jahren gelegentlich und seit zwei Jahren dauerhaft mit einer Geliebten

betrügt. Der Arbeitskollege und Freund des Ehemannes beschwichtigt: «Männer brauchen nun einmal Abwechslung, während bei Frauen dieses Bedürfnis nicht so stark ist. Vierzehn Jahre Treue – das will schon etwas heißen. Es ist durchaus normal zu lügen, denn man will dem anderen ja nicht weh tun» (S. 145 f). Auch nach Meinung der Freundin «ist es natürlich und entschuldbar, daß er ein Abenteuer gesucht hat. [...] Isabelle hat ja recht: Es ist durchaus normal, daß ein Mann nach 22 Ehejahren ein Abenteuer sucht. Anormal – besser gesagt, infantil – wäre es, wenn ich das leugnen wollte» (S. 99). Ebenso wird sie von der eigenen Tochter getröstet: «Aber Mama, nach 15 Ehejahren ist es durchaus normal, daß die Liebe aufhört. Verwunderlich wäre es, wenn sie nicht aufhörte.» Monique wehrt sich vergebens gegen diese Art von Tröstungen: «Hör zu, mein Kind, mit allgemeinen Redensarten ist mir nicht geholfen, denn die bekomme ich auch von den anderen zu hören. Das ist normal, das ist natürlich – damit kann ich nichts anfangen. Ich habe doch sicherlich Fehler gemacht. Welche?» – Und die Tochter antwortet: «Du hast den Fehler gemacht, an die ewige Liebe zu glauben. Mir kann das nicht passieren. [...] Wer auf die eheliche Liebe setzt, der läuft Gefahr, als Vierzigjährige mit leeren Händen dazustehen» (S. 98). Die Tochter bezieht Beauvoirs Position, die auf jeden Fall für eine ökonomische Unabhängigkeit und persönliche Autonomie der Frau durch eine befriedigende Berufstätigkeit plädiert.

3. Da der Mann Liebe und Sex trennen kann, sollte und kann die Ehefrau ihm seine Abenteuer nachsehen. Als weitere Entlastung für den untreuen Ehemann dient die Behauptung, die Beziehung zur Geliebten beruhe nur auf Sex, Abenteuerlust und dem Reiz des Neuen, mit dessen Nachlassen bald zu rechnen sei. In Simone de Beauvoirs Roman «Eine gebrochene Frau» (1982) tröstet die Freundin Isabelle die betrogene Monique: «Er werde bald wieder zur Vernunft kommen, denn das, was derartige Affären die Würze geben, sei der Reiz des Neuen, die Zeit arbeite gegen Noëllie, die Anziehungskraft, die sie auf Maurice ausübt, werde zusehends nachlassen» (S. 99). Dieser Mythos, der Mann könne Sex und Liebe trennen, nicht aber die Frau, bedeutet auch eine Fesselung für die Frau, der Seitensprünge nicht so leicht nachgesehen werden, weil bei ihr ja immer «das Herz dabei» sei. Béjin (1986) hat herausgearbeitet, daß mit dieser Konzeption eine duale Moral geschaffen wird, die auf den Dualismus von Körper und Geist zurückgeht und in ihrer Funktion der alten «doppelten Moral» nicht unähnlich ist. «Demnach gäbe es auf der einen Seite eine rein ‹körperliche› Sexualität, für die ausschließlich die Befriedigung eines physischen Bedürfnisses

zählt, ohne daß dabei der Wunsch bestünde, die Beziehung zu dem Gelegenheitspartner fortzuführen, und auf der anderen Seite eine Liebe, in der Körperliches und Geistiges unlösbar miteinander verbunden sind. Von den Frauen glaubt man (doch das kann sich ändern), ihnen falle es weit schwerer, diese Trennung von Körper und Geist vorzunehmen. Die vollständige Liebe gilt nun als die ‹echte›, mit der Folge, daß die Untreue der Frau den Zusammenhalt sehr viel unmittelbarer bedroht als die des Mannes. So führt diese Argumentation zu einer neuen Zweiteilung, wenn nicht direkt der Rechte und Pflichten beider Geschlechter, so doch zumindest ihrer jeweiligen Verhaltensweisen – im Zeichen der ‹körperlichen› Sexualität zeitigten ‹Affären› also nur geringfügige Konsequenzen, während unter dem Anspruch der Liebe, jenes Gemischs aus Sexualität und Gefühl, Verfehlungen sehr viel schwerer wögen» (Béjin 1986, S. 202).

Für die Geliebte bedeutet diese Sichtweise, daß sie nur als Sexgespielin des Mannes gesehen wird und, weil sie sich für so etwas hergibt, keinen Anspruch auf Achtung verdient, wie es drastisch in einer Leserzuschrift zur «Stern»-Serie (von einem Mann) formuliert wird: «Die Geliebte hat kein Recht auf Liebe, da sie eine Prostituierte ist, die anstelle von Bargeld Geschenke entgegennimmt. Die Männer lachen, denn sie steigen auf alles rauf, vielfach lieber auf eine Hure als auf die eigene Frau.»

Neben der Sexualität wird als Motivation für die Beziehung zwischen dem verheirateten Mann und der Geliebten die wechselseitige Bewunderung und das Schmeicheln ihrer Eigenliebe angesehen. Andere Aspekte, die in dieser Beziehung eine Rolle spielen könnten, geraten gar nicht in den Blick, wie Freundschaft, Gemeinsamkeiten der Hobbies, Interessen und Weltbezüge, Übereinstimmung in Arbeitszusammenhängen, gegenseitiges Verständnis, Seelenverwandtschaft oder Harmonie der Charaktere (denn die beiden werden ja als charakterlos dargestellt). Diese Fixierung auf das Sexuelle bewirkt wiederum eine Einschränkung der Handlungsmöglichkeiten von Frauen, da einer Frau – zumal, wenn sie als attraktiv gilt – eine intensive und ausschließlich freundschaftliche Beziehung zu einem Mann nicht zugetraut wird.

Die hier aufgezeigten Entlastungsstrategien begünstigen das männliche Verhalten und engen die Handlungsspielräume und Möglichkeiten der Frauen ein: Während das männliche Untreueverhalten als unvermeidlich, alltäglich und entschuldbar dargestellt wird, haben die Ehefrauen die Anpassungs- und die Geliebten die Rückzugsleistungen zu erbringen. Die Ehefrau wird dazu angehalten, einerseits sein Verhalten zu tolerieren und andererseits ihre Anstrengungsbereitschaft ihm gegenüber in erotischer und hausfraulicher Hinsicht zu verdoppeln.

Das kann letztlich dazu führen, daß ihre Abhängigkeit von ihm ausgenutzt wird und sie sich die Chance für eine eigene, vom Ehemann unabhängige Entwicklung verbaut. Die Übernahme der bereitgestellten Stereotype (dienstbare Ehefrau, gefügige Geliebte) durch die Frauen selbst trägt zu ihrer Fesselung und Machtlosigkeit bei und kann es dem Mann ermöglichen, nach dem Prinzip von «Teile und herrsche» geschickt die eine gegen die andere auszuspielen. Da die öffentliche Schuldzuweisung häufig den Frauen aufgebürdet wird (die Ehefrau ist für ihn unattraktiv geworden, die Geliebte gibt sich für «so etwas her»), besteht die Gefahr, daß Frauen zu hilflosen Opfern der ihnen eingeflößten Schuldgefühle werden, was vom Mann wiederum ausgebeutet werden kann. Zur Verdeutlichung dieser Punkte sollen weitere Zitate aus Romanen zeitgenössischer Autorinnen, welche die eheliche Untreue des Mannes thematisieren, herangezogen werden. Diese Autorinnen haben einfühlsam die Schwierigkeiten von Frauen dargestellt und die Vielschichtigkeit unserer Problematik aufgezeigt. In einigen Romanen werden die öffentlichen Klischees und Stereotype, die auch in Zeitschriften und Illustrierten vermittelt werden, direkt aufgegriffen und ihre den Frauen zum Nachteil gereichenden Auswirkungen beschrieben.

«Die Macht der Männer ist die Geduld der Frauen»

Angesichts der Normalität und Natürlichkeit des untreuen Verhaltens des Ehemannes wird der Ehefrau oft zu Geduld und Freundlichkeit geraten. Beauvoirs Heldin Monique sinniert: «Sei verständnisvoll, sei heiter. Und vor allem freunschaftlich –, empfahl sie mir. Auf diese Weise hat sie [die Freundin Isabelle] damals Charles zurückgewonnen... Im ‹Briefkasten des Herzens› gewisser Frauenzeitschriften liest man die gleichen Ratschläge, die Isabelle mir gegeben hat: ‹Wenn Sie Ihren Mann zurückerobern wollen, seien Sie heiter, kleiden Sie sich modisch, arrangieren Sie einen netten Abend zu zweit›» (Beauvoir 1982, S. 99). Wenn sich die Ehefrau diese Einstellung zu eigen macht, bedeutet es eine doppelte Fesselung für sie: einerseits muß sie das Verhalten des Mannes tolerieren, und andererseits wird sie noch stärker als bisher auf die traditionelle Rolle der Gattin festgelegt. Sie wird also in ihrer Abhängigkeit vom Ehemann bekräftigt. Die emanzipierte und zynische Tochter hat denn auch einen anderen Ratschlag für ihre Mutter parat: «Lach dir einen netten Mann an oder such dir einen Job» (Beauvoir 1982, S. 182).

Die Geduld der Ehefrau wird auch noch aus einem anderen taktischen Grund gefordert, der nicht eben schmeichelhaft für die Ehemänner ist, denn er setzt auf ihre Bequemlichkeit und Konfliktscheu: «Isabelle rät mir, die ganze Geschichte zu vergessen. Ich sei im Vorteil, behauptet sie: ‹Die Männer wählen immer den bequemsten Weg, das ist nun einmal leichter und bequemer, bei der Ehefrau zu bleiben, als das Risiko eines neuen Lebens einzugehen›» (Beauvoir 1982, S. 139).

Die von den Ehefrauen geforderte Geduld verbaut aber letztlich ihre Chancen für eine eigene Entwicklung. Das erkennt auch Monique: «Warum hat er erst jetzt mit mir gesprochen? Warum nicht schon früher? Ich hätte dann ebenfalls Affären haben können. Und ich hätte gearbeitet; vor acht Jahren wäre ich noch mutig genug gewesen, mir irgendeine Tätigkeit zu suchen, so daß ich jetzt nicht diese Leere um mich hätte. Darüber war Marie Lambert besonders empört: daß mir Maurice durch sein Schweigen die Möglichkeit genommen hat, gewappnet einer Trennung ins Auge zu sehen. In dem Moment, da er sich seiner Gefühle nicht mehr sicher war, hätte er mich drängen müssen, mir eine unabhängige Existenz zu schaffen. Marie Lambert vermutet (ich übrigens auch), daß Maurice geschwiegen hat, um seinen Töchtern ein harmonisches Familienleben zu sichern. [...] Ist das nicht ungeheuerlich: Um mich zu verlassen, hat er gewartet, bis ich meine Töchter nicht mehr bei mir hatte» (Beauvoir 1982, S. 145).

Auch in Eva Zellers Roman «Die Hauptfrau» (1985) muß Nele schließlich einsehen, daß Geduld, Langmut und Großmütigkeit, die sie sich angesichts der Affäre ihres Mannes abfordert, als stillschweigende Komplizenschaft gegen sie verwendet wird: «Je mehr Verständnis Nele für die Liebe der beiden aufbrachte, desto häuslicher richtete Herbert sich bei Denise ein» (S. 79). «Herbert baute auf ihre Geduld. Was er darauf baute, war sein Lustpavillon» (S. 75).

Die Selbstfesselung der Frauen

Die Übernahme der vorhandenen Stereotype durch die Frauen kann zu deren Selbstfesselung beitragen. Dazu ein längeres Zitat aus Anja Meulenbelts «Die Scham ist vorbei» (1978): Die Ich-Erzählerin, Feministin, sucht auf einem Kongreß die Arbeitsgruppe «Teile und herrsche» über Dreiecksbeziehungen auf, die von Ehefrauen und Geliebten besucht wird.

«Der Tradition gemäß sind wir Rivalinnen, aber wenn wir hier so sitzen, fühlen wir das nicht. Wie komisch das doch ist, sagen wir, daß es so oft vorkommt, ein Mann in der Mitte, eine Frau an jeder Seite. Und die beiden Frauen unglücklich. Wie kommt das? Warum schlucken wir das? Wir sind nun mal gefügiger, sagt jemand. Wir nehmen das hin, was die Männer keine Woche aushalten würden. Die stereotypen Urteile, die wir voneinander haben. Du hast es leicht, sagt die Ehefrau zur Freundin. Du hast seine schönen romantischen Stunden, dinieren bei Kerzenlicht, während ich zu Hause auf die Kinder aufpasse. Ja, aber du hast ihn am Wochenende, sagt die Freundin, du hast wenigstens Zeit, um dich einfach mit ihm zu unterhalten, du teilst mit ihm eine Vergangenheit, die Kinder und das Frühstück. Prima Aufteilung, sagen die Ehefrauen, das Frühstück und den Abwasch, die Kinder und seine schmutzigen Socken und seine schlechte Laune. Wir lassen uns ständig ausspielen, stellen wir fest. Das hat nichts zu tun mit all der schönen Progressivität, von sich gegenseitig Freiheit lassen. Denn wir sind nicht frei. Wenn ich sauer werde, weil er vergessen hat, daß seine Eltern zu Besuch kommen, dann läuft er brummend zu ihr, wo er sich streicheln lassen kann und sich beklagen, daß seine Frau in letzter Zeit so nörgelig ist. Und die Freundin sagt, wenn ich sauer werde, weil er versprochen hat, den ganzen Abend zu bleiben, und er nach einer Stunde wieder abhaut, weil seine Eltern zu Besuch kommen, dann läuft er zurück zu seiner Frau, denn ich habe kein Recht, was zu sagen. Ich wußte doch, daß er verheiratet war, als wir begannen. Wir werden gegeneinander ausgespielt, miteinander im Gleichgewicht gehalten. Wir werden so stereotyp, wie es uns zugeschrieben wird. Die Freundinnen die duften, anziehenden, unproblematischen Mädchen. Die Ehefrauen die fürsorgliche, verständnisvolle Brust, auf der das müde Haupt ausruhen kann. Und keine von beiden darf Forderungen stellen» (S. 203 f).

An anderer Stelle erkennt die Ich-Erzählerin aber auch ihren eigenen Beitrag dazu: «Daß ich doch zuviel erwartet habe, doch den ganzen Sinn meiner Existenz auf einen anderen Menschen projiziert habe... Ich sehe, wie ich ihn betrogen habe, indem ich mich an Situationen angepaßt, die fröhliche freie Frau gespielt habe, die das alles gut aushalten konnte. Und mich selbst betrogen habe» (S. 142).

Frauen als Expertinnen in Schuldgefühlen

Die Art der Behandlung des Themas bürdet die Schuldgefühle der Frau auf, was wiederum zu ihrer Unterdrückung beiträgt. Anja Meulenbelt (1978) hat auch diesen Mechanismus beschrieben:
«Und doch möchte ich nicht in der Haut der Männer stecken, sagte

eine andere, und dem stimmen wir alle zu. Wenn du einmal weißt, was es heißt, unterdrückt zu werden, macht es keinen Spaß mehr, es jemand anderem anzutun. Ich würde mich schuldig fühlen. Schuldgefühl. Wir schnellen plötzlich hoch, setzen uns richtig hin. Schuldgefühl, wir wissen alles darüber. Experten in Schuldgefühl. Schuldgefühl, wenn wir die Hausfrau sind und denken, daß es unsere Schuld ist, wenn wir ihn nicht mehr fesseln können. Schuldgefühl, wenn wir die Freundin sind und mitschuldig an dem Elend seiner Frau. Schuldgefühl wegen seiner Kinder.

Das ist es, sagen wir, darum passen wir uns so ausgezeichnet an, darum sind wir so flexibel, nehmen das Elend der Welt auf unsere Schultern. Wir verstehen jeden, wir sterben vor Verständnis für unsere Mitmenschen. Wir verleugnen uns selber. Und wenn wir das einmal nicht tun, werden wir gegen andere Frauen ausgespielt. Und dann fühlen wir uns schuldig» (S. 222).

Die Botschaft zeitgenössischer Schriftstellerinnen

Viele der Romanautorinnen zeigen den Anteil auf, den Frauen selbst an der Aufrechterhaltung der sie unterdrückenden Strukturen zu verantworten haben, indem sie sich nicht genügend zur Wehr setzen gegen Denk- und Verhaltensweisen, auf die Frauen in ihrer frühkindlichen Sozialisation geprägt und durch soziale und kulturelle Normen festgelegt werden. Dabei handelt es sich vor allem um den «Arche-Noah-Faktor» (Russianoff 1987) – die Vorstellung, unsere Welt sei ausschließlich von Paaren bevölkert und nur durch eine Partnerschaft (als «bessere» Hälfte) könne eine Frau sich liebenswert, selbstbewußt, wertvoll und selbstsicher fühlen – sowie den «Cinderella-Komplex» (Dowling 1982), den tiefverwurzelten Wunsch, sich an die Schultern eines starken und überlegenen Mannes zu lehnen und von ihm versorgt und unterstützt zu werden. Die Botschaft zeitgenössischer Romane von Frauen für Frauen lautet: Sich unabhängig machen vom Mann, eine autonome Identität entwickeln durch eine befriedigende Berufstätigkeit, Besinnung auf die eigene Stärke, In-sich-selbst-Ruhen, aber auch Beziehungen aufbauen zu anderen Frauen und Kindern. Die Weiblichkeitsideologie der Zeitschriften und Illustrierten verpflichtet die Frau nach wie vor auf den Mann als Dreh- und Angelpunkt ihres Lebens. Und findet frau nicht den einen, da die guten so rar sind, dann genügt auch ein halber: so lautet das unmoralische Fazit, das sich aus den Leserzuschriften zur «Stern»-Serie «Die Geliebte» ziehen läßt:

«Die Zahl der wirklich attraktiven Männer ist äußerst klein. Lieber 50% von einem interessanten als 100% von einem langweiligen Mann.»

Fazit

In den Medien wird das Thema Geliebte voyeuristisch reduziert auf Sex, Leidenschaft, mitunter auch Tragik. Dahinter aber verbergen sich: Leiden an Konventionen, Angst und Konflikte, religiöse Skrupel, vielleicht auch ein Aufbegehren gegen gesellschaftliche Institutionen und Normen. Unser Thema ist aber verkürzt dargestellt, wenn man es – wie die Medien suggerieren – als individuelles Drama von drei charakterschwachen Personen auf einer leeren, geschichtslosen Bühne ansiedelt und die gesellschaftlichen und sozialen Hintergründe mit ihren geschlechtsspezifischen Sozialisationsbedingungen und Rollenanforderungen vernachlässigt.

Betrachten wir Illustrierte und Zeitschriften als Echo des Zeitgeists, so ist festzustellen, daß Dreiecksverhältnissen und Geliebten – aus rein pragmatischen und psychologischen Gründen – keine Chancen eingeräumt werden, da die Realisierbarkeit dieser Beziehungen als zu gering und die psychischen Kosten für die Beteiligten als zu hoch angesehen werden. Moralische Erwägungen spielen, zumindest vordergründig, keine Rolle. Die moralischen Probleme des Zusammenlebens in und mit der Ehegemeinschaft scheinen sich auf rein psychologische Fragen reduziert zu haben. Man könnte zunächst den Eindruck gewinnen, als sei es besonders fortschrittlich, wenn in den Ratgeberspalten der Geliebten geraten wird: «Berücksichtige deine seelische Belastbarkeit und denke an deine Selbstverwirklichung», anstatt «Du sollst nicht in eine Ehe einbrechen». Aber betrachten wir die Ratschläge an die Beteiligten genauer: Der Appell zum Verzicht an die Geliebte und der Aufruf an die Ehefrau, den Mann zu einer klaren Entscheidung zu drängen, bedeuten, daß die Institution Ehe und der damit verbundene moralische Anspruch, sie aufrechtzuerhalten, zwar nicht ausdrücklich, aber doch implizit bekräftigt werden. Dies ist 1991/92 nur scheinbar anders. Zwar ist Scheidung zum Thema geworden, doch lautet die Botschaft: Die erste Ehe wird häufig geschieden, aber die zweite ist glücklicher und haltbar («Quick»). Und «Neue Revue» kommt bei der Bilanzierung «Trauschein oder wilde Ehe – was macht glücklicher?» zu dem Ergebnis, daß die Ehe die Gewinnerin nach Punkten ist.

Eine offene rationale Auseinandersetzung mit den Normen der Ehe wird durch diese Art der Behandlung des Themas verhindert, ebenso wie eine öffentliche Diskussion der Frage, ob die heutige Form des Ehemodells, die monogame und unauflösliche Ehe mit dem gegenseitigen Anspruch auf leidenschaftliche und stark erotisierte Liebe, überhaupt auf Dauer möglich ist.

So tragen die Medien dazu bei, ein gesellschaftliches Problem (die vielleicht unerfüllbare Verpflichtung zur lebenslänglichen, monogamen und auf wechselseitiger erotischer Liebe beruhenden Ehe) zu einem individuellen Konflikt zu machen. Gemessen an der Menschheitsgeschichte ist das heutige Eheideal jüngeren Datums (vgl. Ariès 1986). Erst im 19. Jahrhundert hat sich allmählich durchgesetzt, daß die früher außerhalb der Ehe angesiedelte Erotik Eingang in die Ehe gefunden hat. Die Geistesgeschichte gibt viele Beispiele dafür, daß jahrhundertelang Liebe und Ehe für unvereinbar gehalten wurden. Die große Verbreitung von Geliebten-Verhältnissen heute ist vielleicht ein Ausdruck dafür, daß viele Ehemänner und Ehefrauen die alte Zweiteilung – auf Dauer angelegte, eher kameradschaftliche Liebe in der Ehe und leidenschaftliche, sehnsuchtsvolle, maßlose Liebe außerhalb der Ehe – in aller Heimlichkeit für sich wiederherstellen.

Literatur

Arbeitsplatz und Sexualität. Information zur Projektstudie. Institut für Interdisziplinäre Sexualforschung e. V., Hamburg 1986/87

Ariès, Philipp: Liebe in der Ehe, in: Ph. Ariès, A. Béjin (Hg.): Die Masken des Begehrens und die Metamorphosen der Sinnlichkeit, Frankfurt 1986, S. 165–175

Beauvoir, Simone de: Eine gebrochene Frau, Reinbek 1982

Béjin, André: Ehen ohne Trauschein heute, in: Ph. Ariès, A. Béjin (Hg.): Die Masken des Begehrens und die Metamorphosen der Sinnlichkeit, Frankfurt 1986, S. 197–208

Dickson, Ruth: Vergnügen macht's mit Ehemännern, Frankfurt 1971

Dowling, Colette: Der Cinderella-Komplex. Die heimliche Angst der Frauen vor der Unabhängigkeit, Frankfurt 1982

Eichner, Klaus; Habermehl, Werner: Der RALF-Report. Das Sexualverhalten der Deutschen, München 1980

Habermehl, Werner: So treiben's die Deutschen. Der Playboy-Report, Frankfurt 1985

Kinsey, Alfred C.: Das sexuelle Verhalten des Mannes, Frankfurt 1963

Leigh, Wendy: Ich geh fremd – gehst Du mit? Untreue in der Partnerschaft, München 1986

Meister, Johannes: Licht in jedes Frauenleben, Luzern 1961

Meulenbelt, Anja: Die Scham ist vorbei, München 1978

Murdoch, Iris: Uhrwerk der Liebe, Düsseldorf 1980

Pohrt, Wolfgang: Liebe und Geld bei Balzac, in: Endstation, Berlin 1982, S. 7–17

Richardson, Laurel: The New Other Woman. Contemporary Single Women in Affairs with Married Men, New York 1985

Russianoff, Penelope: Bin ich ohne Mann nichts wert?, München 1987

Zeller, Eva: Die Hauptfrau, München 1985

Zola, Marion: All The Good Ones Are Married. The Single Woman's Dilemma, New York 1982.

Anke Hüper

Alltag der Geliebten

Meistens ist es eine sonderbare Mischung aus Neid und Mitleid, die in der öffentlichen Meinung der Geliebten eines verheirateten Mannes entgegengebracht wird; Neid, weil die Geliebte einer anderen Frau die Alltagsdreckarbeiten überlassen kann; Mitleid, weil ihr Sicherheit und Vertrautheit gerade dieses Alltags fehlen. Alltag und Geliebte schließen sich aus, heißt es. Meine eigenen Untersuchungen der Liebesgeschichten von ungefähr 150 Frauen zeigen, daß die Situation der Geliebten weder Neid noch Mitleid verdient. Zu beneiden ist keine: gleichgültig, ob die Geliebte an ihrer Liebesbeziehung – wie die meisten der von mir befragten Frauen – unerhört leidet bzw. gelitten hat oder ob sie voller Überzeugung, oft auch glaubhaft, ihre Art von Beziehung gegen alle anderen Formen verteidigt, was in meiner Stichprobe für ein Viertel der Geliebten zutraf.

Um Beziehungen zu anderen Menschen auch auf Dauer lebendig und lebenswert zu gestalten, ist Zeit und Kraft erforderlich. Mindestens soviel Zeit und Kraft kann man oder frau allerdings auch darauf verwenden, an einer Verbindung auf Jahre hinweg festzuhalten, ohne daß sich die geringsten Anzeichen von Lebendigkeit oder gemeinsamer Entwicklung erkennen lassen. Dies gilt für zwischenmenschliche Beziehungen ganz allgemein, also für die legitimen ebenso wie für die illegitimen. Frauen scheinen allerdings eine Liebesbeziehung wesentlich häufiger als Männer zum Hauptinhalt und Hauptproblem ihres Lebens zu stilisieren.

Frauen leben immer noch in weitaus höherem Maße als Männer in abhängigen äußeren Verhältnissen, und diese äußeren Abhängigkeiten, zum Beispiel materieller Art, setzen sich im Privaten fort, also auch in emotionalen Beziehungen. So ist es nicht verwunderlich, daß Frauen häufiger über ihr Leiden an Liebesbeziehungen sprechen und schreiben als Männer, denn einesteils leiden sie tatsächlich mehr, anderenteils beschäftigen sie sich auch intensiver damit. Daher läßt sich beantworten, was so viele Frauen bewogen haben mag, mir auf Suchanzeigen in verschiedenen überregionalen Zeitschriften und Zeitungen Ende 1985 und Anfang 1986 zu antworten: Leidensdruck und Mitteilungsbedürfnis. Über diese Motive hinaus verbindet mich mit den meisten Frauen, die geschrieben haben, neben einer vielleicht in manchen Aspekten ähnlichen Geschichte die Sehnsucht nach Veränderung und der Wille zu neuen Einsichten, die Veränderungen ermöglichen oder beschleunigen.

Fragestellung der Untersuchung

Da ich nach der Trennung von meinem verheirateten Freund mehr als noch während der Beziehung das Bedürfnis hatte, die Erfahrungen der gemeinsamen Zeit zu sortieren und zu analysieren, andererseits aber mein Bekanntenkreis immer weniger bereit war, dieselben Geschichten wieder und wieder anzuhören und zu kommentieren, hatte ich die Idee, über Annoncen Frauen mit ähnlichen Erfahrungen zu suchen. Ich hatte damit gerechnet, daß sich vielleicht die eine oder andere Frau melden würde. Statt dessen wurde ich völlig überrascht und überwältigt von einer Briefflut, die teilweise gleich seitenlange Lebensberichte enthielt. Angesichts der Materialfülle und der vielen Parallelen entstand der Plan für eine Untersuchung.

Die Frage, die sich von Anfang an aufdrängte, wurde zur Leitfrage: Warum diese oft jahrelange Anhänglichkeit an eine quälende, aussichtslose Beziehung? Im einzelnen fragte ich: 1. Welche Faktoren der persönlichen Lebensgeschichte, der weiblichen Sozialisation und der öffentlichen Einstellung zu Ehe und außerehelicher Beziehung mögen ihren Beitrag dazu leisten? 2. Welches sind die spezifischen Determinanten einer geheimgehaltenen Liebesbeziehung, und wie wirken sie?

Als Leitfaden, also als Strukturierungshilfe für Überlegungen und Niederschrift, erhielten alle Frauen eine Liste mit Fragen. Die Fragen bezogen sich auf allgemeine Daten (Alter der beteiligten Personen, Berufe, Dauer der Beziehung und der Ehe des Mannes, Entfernung der Wohnorte voneinander und so weiter), die Einstellung zu Liebesbeziehungen im allgemeinen (Idealbild, Institution Ehe, «große Liebe», Treue, Trennung von Liebe und Sexualität usw.) und die persönliche Situation (Beziehung zum Partner, psychische Situation, Erwartungen an die Zukunft der Beziehung usw.).

Manche Frauen hatten geäußert, sie wüßten gar nicht, wo sie anfangen sollten. Für sie dienten die Fragen als roter Faden. Andere beachteten die Liste nicht sehr detailliert, sondern setzten eigene Akzente. Die Informationen für diese Untersuchung basieren auf Briefen, einer sehr großen Zahl sehr ausführlicher Telefongespräche sowie auf vielen persönlichen Gesprächen.

Allgemeine Daten

Ungefähr 100 Frauen haben auf dem Anzeigenweg Kontakt zu mir hergestellt. Ein Zehntel etwa hat auf meine erste Antwort nicht mehr reagiert. Bei der knappen Hälfte aller Frauen war die Beziehung entweder seit kurzem oder schon länger beendet, oder die Fortdauer war zumindest zu der Zeit in Frage gestellt. Einige Frauen gaben an, bereits häufiger mit verheirateten Männern befreundet gewesen zu sein, wobei die Beziehungen dann oft nur wenige Monate bestanden hatten, aber die meisten sind oder waren zum erstenmal, dafür aber durchschnittlich sechs Jahre lang mit einem verheirateten Mann liiert. In einem Fall besteht die Beziehung bereits seit 30 Jahren. Die Altersspanne bei den Frauen reicht von 18 bis 57 Jahren, ein sehr hoher Prozentsatz ist zwischen 30 und 40 Jahren alt. Auffällig ist der mittlere Altersunterschied zwischen den Geliebten und den verheirateten Männern. Im Durchschnitt sind die Männer ungefähr 13 Jahre älter. Der größte Unterschied beträgt 34 Jahre, umgekehrt ist auch ein acht Jahre jüngerer Mann dabei.

Die Art der Briefe unterscheidet sich je nachdem, ob die Beziehung noch besteht, ob die Frau sich in einer Trennungsphase befindet oder ob das Ende der Beziehung schon länger zurückliegt. So wird bei der ersten Gruppe weniger direkt Leiden ausgedrückt, sondern die Schwierigkeiten und Konflikte äußern sich eher indirekt durch die oft widersprüchliche Erzählweise oder durch starke Stimmungsschwankungen und Meinungsänderungen von Brief zu Brief. Frauen in der Trennungsphase unterscheiden sich danach, ob sie die Trennung von sich aus herbeiführen oder ob sie ihnen vom Mann oder durch äußere Umstände aufgedrängt wird. Im ersten Fall dominieren das Bemühen um Abstand vom Mann, oft Wut und Haß, vor allem aber immer ein starker Wille, alles aufzuarbeiten und das seelische Gleichgewicht in der Unabhängigkeit vom Mann wiederzufinden. Im zweiten Fall herrscht vielfach die irrationale Hoffnung vor, daß er doch wieder zurückkommt. Diese Frauen neigen sehr lange dazu, vor allem an den schönen Erinnerungen festzuhalten und Vergangenes nur in glanzvollem Licht zu sehen.

Wenn das Ende der Beziehung schon lange zurückliegt, sind die Motive zum Schreiben entweder Solidarität und die Bereitschaft, Betroffenen mit den eigenen Erfahrungen weiterzuhelfen oder – weniger häufig

– noch immer starke Ausbrüche unverdauten Hasses und Vorwürfe gegen den Mann, der das Leben der Frau zerstört und den Glauben an die Liebe genommen habe.

Nach der Veröffentlichung meiner ersten Ergebnisse (Hüper 1986), die auf diesen weitgehend negativen Berichten fußten, gingen mir wieder mehr als 50 Briefe zu. Diese Gruppe Frauen unterschied sich teilweise deutlich von der, die auf die Anzeigen reagiert hatte. Bei etwa 20 war das Schreibmotiv Empörung gegen meine überwiegend kritische Darstellung der Geliebten-Situation. Diese Frauen versuchten energisch, meine These vom «traurigen Frauenkapitel» mit ihren eigenen positiven Erfahrungen und Erlebnissen aus Dreiecksbeziehungen zu widerlegen. Über diese «glücklichen» Geliebten handelt der letzte Teil meines Beitrags.

Die Geliebten meiner Stichprobe sind sicherlich nicht repräsentativ, so daß ich auch auf eine statistische Analyse der Daten verzichtet habe. Jedoch deckt diese Befragung so verblüffend viele Parallelen in den Einzelerfahrungen und Gedanken der Frauen auf, daß die Ergebnisse vermutlich auch über den Rahmen der untersuchten Gruppe hinaus verallgemeinerbar sind. Die genannten Parallelen beziehen sich jedoch nur auf Einzelaspekte in der Erfahrungsweise. Es gibt keine Hinweise darauf, daß nur ein bestimmter Typ Frau zur Geliebten wird. Es lassen sich auch nicht bestimmte Typen von Geliebten ausmachen, etwa nach der Art der ehemordenden Sexbombe oder der bindungsunwilligen Emanzipierten. Verheiratete Männer kann frau in jedem Alter und in jeder Lebenslage kennenlernen, heute eher denn je. Ob überhaupt und was für ein Liebesverhältnis entsteht, ist von einer Vielzahl von Faktoren abhängig und nicht etwa – wie gängige Erklärungsmuster unterstellen – von einer besonders masochistischen oder sonstwie neurotischen Veranlagung der Frau. Es gibt auch nicht den Ehefrauentypus als Gegenpol zum Geliebtentypus; dagegen spricht zum Beispiel, daß sehr viele Frauen, bevor sie eine Beziehung zu einem verheirateten Mann aufnahmen, lange Zeit selbst verheiratet waren. Häufig haben sie die Ehe wegen einer fortgesetzten außerehelichen Beziehung ihres Mannes aufgelöst. Für andere Frauen ist der verheiratete Mann der erste überhaupt, für sehr viele aber der erste nach einer Trennung oder Scheidung. Oftmals beginnt ein Verhältnis aber auch schon während ihrer Ehe; immer wieder tritt der Fall ein, daß sich die Frau scheiden läßt, der verheiratete Liebhaber jedoch nicht. Manche Verhältnisse werden trotz Fortbestands beider Ehen über Jahre hinweg aufrechterhalten. Eine Frau schrieb, daß sie ihre Beziehung zu einem verheirateten Mann beendet hatte, dann selbst heiratete, nach dem Zerbrechen ihrer Ehe jedoch die alte Beziehung wieder anknüpfte. Es sind unendlich viele Spielarten denkbar. Auffällig ist, daß sehr viele Frauen den Mann kennengelernt haben, als sie sich in einer persönlichen Umbruchsituation befanden, also zum Beispiel während der Lösung aus Elternhaus oder Ehe, aber auch zu Beginn einer Neuorientierung in Ausbildung und Beruf oder während eines seelischen Tiefs, in mehreren Fällen in der Zeit nach einem Selbstmordversuch oder während einer Therapie.

In über der Hälfte der Fälle sind die Männer mehr als zehn Jahre älter. Häufig arbeiten die Männer in Berufsfeldern, die es ihnen erlauben, viel unterwegs zu sein oder ihre Arbeitszeit selbst festzulegen, zum Beispiel in Unternehmensberatung, Journalismus, Außendiensttätigkeiten, wissenschaftlichen Aufgaben, Politik usw. Fast immer haben sie eine höhere berufliche Stellung als die Geliebte. In vielen Fällen versichern die Frauen, durch die geistige Auseinandersetzung mit dem Mann beruflich oder persönlich profitiert zu haben.

Ein Zusammenhang zwischen Alter, Altersunterschied, Ausbildung und Beruf, Dauer der Beziehung einerseits und der Beziehungsform andererseits läßt sich aus meinen Daten jedoch nicht feststellen.

Motive für die außereheliche Beziehung

Worin sehen die Frauen selbst die Ursachen für die Entstehung außerehelicher Beziehungen? Seltsamerweise hat mir keine der Frauen sofort geantwortet: Ich war sehr verliebt oder ich liebe ihn sehr. Entweder sie antworten aus der Sicht des Mannes bzw. aus der vom Mann vertretenen Sicht der Dinge: «Seine Ehe besteht nur noch auf dem Papier», «er hat nur geheiratet, weil ein Kind unterwegs war», «weil man zu der Zeit noch zu jung war und nicht wußte, was man wirklich wollte oder was wahre Liebe ist» und ähnliches mehr. Oder die Frauen haben sich selbst für ihre Situation eine Theorie zurechtgelegt, die erklärt, warum gerade sie dafür prädestiniert zu sein scheinen, einen verheirateten Mann zu lieben. Renaissance des Schicksalsglaubens?

Keinesfalls hänge ich der Theorie an, nach der eine Frau grundsätzlich ein Trauma – zum Beispiel einen schweren Verlust – in ihrer Kindheit erlitten haben muß, um Geliebte zu werden, wie es manche Zeitschriften darstellen. Das wäre zu banal und aufgrund der vielfältigen historischen, demographischen und sozialen Ursachen nicht schlüssig. Aber die meisten Frauen haben über die Frage «Warum mußte gerade mir so etwas passieren?» viele Überlegungen angestellt, und einige gelangen für sich zu Erklärungsmustern wie Wiederholung von Verlust-

ängsten aus der Kindheit, masochistische Neigungen und Bindungsangst. Eine Frau schrieb mir, sie habe in ihrer Kindheit immer wieder
erlebt, daß ihr Vater aus dem Hause ging, ohne ihrer Mutter zu sagen,
wohin und wie lange. Diese Frau konnte beobachten, daß ihre Mutter
gelernt hatte, mit Verlustängsten zu leben, daß sich bestimmte Situationen immer wiederholten und auch die Reaktionen der Mutter darauf immer die gleichen blieben.

Auch wenn der geliebte Mensch immer wieder weggeht, vielleicht
sogar häufig im Streit, so kann man trotz aller Angst und Verzweiflung
wenigstens irgendwann lernen, dieses eine Vertrauen zu haben, nämlich das Vertrauen, daß sich dieselbe Angst und Verzweiflung immer
wiederholen werden. Dieser Wiederholungszwang könnte dazu führen, daß manche Frauen sich immer wieder unbewußt und trotzdem
zielsicher Männer suchen, mit denen sie zugegebenermaßen fürchter-
liche, aber eben doch regelmäßig vorhersehbare und dann vorüberge-
hende Situationen erleben. Für solche Zwecke werden nicht nur verheiratete Männer eingespannt. Ähnliche Erfahrungen kann frau auch mit
Männern machen, deren Berufe sie regelmäßig für längere Zeit zur Abwesenheit zwingen. Mit einem verheirateten Mann befreundet zu sein,
heißt in der bildhaften Formulierung einer Frau: «Du stehst halt immer
am Hafen von Piräus.»

«Es gehört dazu eben eine gehörige Portion Masochismus», sagte
eine andere Frau. Der weibliche Masochismus ist mindestens seit Freud
ein Untersuchungsgegenstand und vor allem ein geflügeltes Wort geworden. Auch wenn wir es allmählich nicht mehr hören können, daß
sich unsere Mütter für uns geopfert haben, eine Frau, die nicht bereit
ist, sich für andere aufzuopfern, zumindest für einen kranken Mann
oder ein krankes Kind, ist immer noch ein bißchen verhaltensauffällig.
Es ist eine weibliche Haltung: Gib mehr als du zurückbekommen
kannst, und dann leide im stillen daran. «Ich schaffe es immer gerade,
bis er zur Tür raus ist, ohne zu heulen, und dann schließe ich mich erst
mal ein.» Wenn es stimmt, was die Illustrierten schreiben, daß Geliebte
immer gekühlten Champagner parat haben, dann trinken sie die Reste
sicher auch allein aus.

Ebenfalls wenig ermutigend ist ein anderer Erklärungsansatz: Bindungsangst, Bindungsunfähigkeit, Scheu vor Verantwortung. Viele
Frauen habe ich gefragt: «Denken Sie, Sie könnten in einer sogenannten normalen Beziehung mit Ihrem Freund leben?» Hier fielen die Antworten sehr unterschiedlich aus. Einige gaben an, daß sie auf lange
Sicht unbedingt eine sogenannte normale Zweierbeziehung oder eine
Ehe anstrebten. Andere waren der sicheren Überzeugung, daß es dann

sehr bald vorüber wäre (nach dem Motto: «Das, was ich nicht bekommen kann, reizt mich am meisten; wenn ich es habe, will ich es nicht mehr»). Warum sind sich manche Frauen so sicher, daß sie nicht mit «ihm» zusammenleben könnten oder wollen? Eine Frau begründete das so: «Wenn ich denke, ich müßte als Ehefrau funktionieren? Das kann ich mir nicht vorstellen, und ich hoffe, es kommt nie dazu. Ich glaube, ich würde es gar nicht verkraften, ihn öfter zu sehen. Er geht mir so schon oft genug auf die Nerven.» Später schrieb dieselbe Frau: «Ich würde es nie fertigbringen, ihm zu sagen, daß ich dieses und jenes auf sexuellem Gebiet gar nicht so gerne mag, wie ich immer tue.» Es ist für manche Frauen herrlich, nie «Nein» sagen zu müssen, wenn sie nicht zu oft zum «Ja» gedrängt werden. Sie können jeden beliebigen Unsinn mitmachen – die Ehefrau tut es nicht –, und dann können sie sich dafür noch bewundern lassen. Daß sie es als Ehefrau auch nicht mehr täten, interessiert nicht. «Du siehst immer nur mein Sonntagsgesicht», singt Milva. Es gibt vielleicht wirklich viele Frauen, die in dem Zustand der Verfügbarkeit und der Abrufbarkeit, in einer Art Bereitschaftsdienst, verharren wollen. Doch erst als Geliebte eines verheirateten Mannes haben sie dafür auch eine Rechtfertigung. Oder sie lernen erst dadurch, so zu leben. Auf jeden Fall würde es auch dann in einer vielleicht nachfolgenden Beziehung zu einem Nicht-Verheirateten schwerfallen, (wieder) eigene Entscheidungen zu treffen, Aktivität zu zeigen, zu planen, die Initiative zu ergreifen, und – wenn es nötig ist – eben Nein sagen zu können. Bindungsangst heißt nicht nur Scheu vor Verantwortung, vor Schwierigkeiten, heißt nicht nur Konfliktunfähigkeit – sei sie anerzogen oder erst in der Beziehung gelernt –, Bindungsangst entsteht auch durch Mangel an Selbstbewußtsein, durch die Schwerfälligkeit, eigene Bedürfnisse zu erkennen und eigene Interessen zu vertreten.

Zur Selbsteinschätzung der Geliebten

Es scheint, wie bereits beschrieben, aufgrund meiner Daten schwierig zu sein, typische Gruppen von Geliebten zu bestimmen. Die Kontroverse, die meine erste Veröffentlichung verursacht hat, bietet allerdings ein grundsätzliches Unterscheidungsprinzip an: Wie beurteilen die Frauen ihre Beziehung selbst? Sehen sie sich als vom bösen Schicksal betroffen, oder werten sie ihre Situation als selbst verantwortet? Können sie den gegenwärtigen Zustand genießen, oder warten sie seit Jahren auf bessere Zeiten? Die Äußerungen lesen sich sehr verschieden.

Einerseits sind es nur Klagen: «Mein Selbstwertgefühl ist gleich Null! Ich, die früher so selbstbewußt war, habe Schwierigkeiten, morgens aus dem Bett zu kommen, weil ich glaube, den Tag nicht zu schaffen, weil ich aus dieser Beziehung keine Kraft schöpfe, weil sie mich nicht stark macht, sondern verzagt. (Ich bin ja nur die Geliebte.)» – «Ich fühlte mich wie tot nach unseren Begegnungen, stürzte in solch tiefe, schwarze Löcher von Verzweiflung und Depression, daß mich lediglich meine Feigheit davon abhielt, mit dem Auto gegen einen Baum zu fahren.» – «Warum kommt er überhaupt noch? Ich weiß es nicht. Warum ertrage ich ihn noch? Vom Kopf her ist alles klar. Irgendwo tief drinnen habe ich die Hoffnung, daß es noch mal anders wird.» Auf der anderen Seite loben Frauen diese Beziehungsform und preisen ihre Unabhängigkeit: «Ich wehre mich dagegen, als sozial isoliert, als Bereitschaftsdienst bezeichnet zu werden. Warum um alles in der Welt soll denn unsere Beziehung unbedingt in eine Ehe münden? Was ist denn so Tolles an dieser Einrichtung? Ich genieße es wahnsinnig, nach einem anstrengenden Tag herrlich allein zu sein – darf ich das nicht, ohne daß mir suggeriert wird, doch sicherlich einen ganz großen Knacks zu haben?» – «Wir reden über alles und lassen keinen Alltag draußen vor. Obwohl wir in verschiedenen Städten leben und uns höchstens einmal im Monat da oder dort sehen, sehen wir uns halt in der Situation, in der wir gerade stecken, und wir stimmen unsere Zeitpläne aufeinander ab. Wir spielen niemandem etwas vor, auch nicht uns selbst. Ich fühle mich wohl so, weil ich meine Ungebundenheit und Freiheit brauche.»

Es ist erstaunlich, daß alle «Betroffenen» sich entweder der einen oder der anderen Gruppe zuordnen lassen, wenn auch für die meisten Frauen von vornherein kein Zweifel daran bestanden hat, daß eine Liebesgeschichte mit einem verheirateten Mann nur eine Leidensgeschichte sein kann. So habe ich diesen Satz in Abwandlungen oft zu lesen bekommen: «Ich kenne auch noch andere Frauen, die sicher gerne bereit sind, Ihnen von ihrem Leiden zu erzählen.» Aber jene Frauen, die ihre Beziehung als glücklich bezeichnen, lassen die Verknüpfung Liebe und Leid, Beziehung und Abhängigkeit überhaupt nicht gelten: «Ich bin doch für mich verantwortlich!» und «Wenn mir etwas nicht gefällt, tue ich es eben nicht!» Ob sich die Frauen, die ihre Beziehung für glücklich halten, etwas vormachen, wie oft geargwöhnt wird, läßt sich an dieser Stelle nicht beurteilen. Erst wenn frau die Mechanismen durchschaut, die in den scheinbar ausweglosen Teufelskreis ihrer Abhängigkeit führen, ist ein Maßstab zu Hand. Diese Abhängigkeit scheint mir das Hauptproblem zu sein, doch sie gibt es auch in legitimen und nicht nur in illegitimen Beziehungen.

Der Zwang zur Geheimhaltung

Immer wieder heißt es, eine Geliebte sei heutzutage sogar ein Statussymbol für einen verheirateten Mann. Die Erfahrung der meisten Frauen steht dem jedoch entgegen: Das Verhältnis ist wie ehedem außerordentlich tabuisiert. Es mag schwierig genug sein, diese Beziehung zum Beispiel vor den eigenen Eltern zu vertreten, aber oft reagiert sogar die beste Freundin entsetzt und feindselig: «Ist dir klar, daß du in eine Ehe einbrichst?» und: «Willst du aus den Kindern Scheidungswaisen machen?» Oder es gibt die wenig nützlichen und wenig tröstlichen Ratschläge wie: «Das kann doch auf Dauer nicht gutgehen, du machst dich unglücklich»; «Hör auf, bevor du zu tief drin steckst!» Jedenfalls ist ein verheirateter Freund kein Statussymbol, und in den meisten Fällen empfiehlt es sich, überhaupt nicht über ihn zu sprechen. Tatsächlich erklären die meisten Frauen, daß sie während des ersten Jahres und manchmal auch viel länger die Beziehung völlig geheimgehalten haben. «Wenn Freunde zu Besuch kommen wollten, habe ich erst einmal die Wohnung nach allem Verdächtigen abgegrast. Die haben alle gedacht, daß ich noch so sehr an meinem Ex-Mann hänge, daß ich keinen andern angucke.» Die Beziehung ist in der ersten Zeit vielleicht auch so selbstgenügsam, daß gar kein Bedürfnis nach Einweihung Dritter besteht. Nicht zuletzt können Geheimnis, Versteckspiel, Täuschungsmanöver rasend aufregend sein. Aber Angst vor gesellschaftlicher Ablehnung, verliebte Fixierung, Lust am Vabanquespiel, das reicht noch nicht aus, jahrelange Geheimhaltung zu motivieren. Wenn fast jeder Brief an mich als Zusatz zum obligatorischen «Ich hoffe, ich brauche mich Ihrer Diskretion nicht eigens zu versichern» die Andeutung enthält, daß es nicht etwa um der Schreiberin willen sei, sondern es darum gehe, die Anonymität des Freundes zu wahren, und ein Großteil der Männer zumindest zunächst nicht weiß, daß die Frau zu mir Kontakt aufgenommen hat, zeigt all das, wie sehr gerade den Männern an Geheimhaltung liegen muß. Die Lehrerin, die irgendwann eine Kollegin einweihte, fühlte sich danach, als hätte sie die ganze Liebe und ihn dazu verraten. Eine Frau schreibt: «In den ganzen sieben Jahren hat M. mir nicht ein einziges Mal geschrieben. Ich habe auch kein Bild von ihm.» So groß ist die Angst dieses Mannes davor, von seiner Geliebten erpreßt zu werden! Ein extremer Einzelfall, aber bei vielen wird immerhin der Bekanntenkreis der Frau in Gefährliche und Ungefährliche eingeteilt. Ist unerwartet ein Gefährlicher zu Besuch, muß der Rolladen zur Straßenseite etwas herabgelassen werden. Die Zwanzigjährige, die noch bei ihren Eltern wohnt, hat Tagebuchverbot. Ich kenne nicht einmal ihren richtigen Namen, ich schreibe ihr postlagernd. Je mehr berufliche und gesellschaftliche Berührungspunkte, desto abgefeimter kann die Schauspielerei werden, zu der beide sich verpflichtet fühlen. Die verbissensten Wortgefechte müssen sie sich liefern, damit es keiner merkt, gerade daran hätten es, sagte mir eine Designerin ironisch, alle gemerkt. Was ist auffälliger, sich völlig aus dem Weg zu gehen oder oft zusammen gesehen zu werden, einander hinten herum schlechtzumachen oder erfolgreich zu kooperieren? Aus dem Geheimnis ist vielleicht schon lange ein offenes Geheimnis geworden, nur die beiden Betroffenen glauben immer noch, keiner wüßte etwas.

Ein erstaunliches Phänomen ist, daß einige Frauen den Eindruck haben, sie sorgten sich um die Geheimhaltung viel mehr als der Mann. Warum ruft er immer gerade dann an, wenn seine Frau jeden Moment ins Zimmer kommen kann? Warum muß er seine Geliebte unbedingt auf dem häuslichen Wohnzimmerteppich verführen, obwohl sein Sohn jeden Moment schlaftrunken aus dem Kinderzimmer anwackeln könnte? Räuber und Gendarm für Erwachsene, ein Gesellschaftsspiel, das einigen Männern mehr Freude zu bereiten scheint als ihren Geliebten.

Geheimhaltung ist obligatorisch, auch in den meisten als glücklich eingestuften Beziehungen. Doch es gibt viele Grade der Geheimhaltung. Gilt sie nur für den Lebenszusammenhang des Mannes oder auch für den der Frau? Ist die einzige Einschränkung, daß die Frau den Mann nicht zu Hause anrufen darf und daß gemeinsame Spaziergänge in seinem Heimatort ein wenig unangebracht sind, oder heißt Geheimhaltung, daß er sein Auto stets in einer anderen Seitenstraße verstecken muß oder gar, daß Verabredungen grundsätzlich an drittem, geheimem Ort getroffen werden müssen? Darf sie bei ihm im Auto aufrecht sitzen oder muß sie sich ducken? Darf sie zwei Steaks auf einmal kaufen oder muß sie dazu verschiedene Metzgereien aufsuchen? Menschlicher, in unserem Falle meistens weiblicher, Erfindungsgeist scheint grenzenlos. Geheimhaltung ist etwas Verständliches, beide Partner haben ihre Gründe. Je nach Konstellation der äußeren Umstände ist der Zwang zur Geheimhaltung strenger oder weniger streng, ihre Durchführung einfacher oder komplizierter. Aber viele Frauen haben sich ganz offensichtlich die Gründe des Mannes zusätzlich zu eigen gemacht. Die Angst vor Aufdeckung ist bei ihnen erheblich größer als beim Mann. Warum können sich die Männer so blind auf die Frauen verlassen? Was würde passieren, wenn es herauskäme? Dann droht die Ehefrau «ihm mit Entzug der Kinder bei Scheidung, und aus dem Haus geht sie sowieso nicht, da hat er zu zahlen; was man halt so an Trümpfen als Ehefrau und Mutter in der Hand hat». Prima, könnte da die Geliebte denken, genau das will ich ja!

Die Entscheidung würde ihr ganz einfach von der Gattin abgenommen. Der Mann wäre frei? Weit gefehlt! Denn auf die Frage, was ihrer Meinung nach ihre Beziehung am meisten gefährde, antworteten sehr viele, «wenn es seine Frau herausbekommt», «wenn seine Frau nicht mehr mitmacht» und ähnliches. Die Angst vor Entdeckung ist also gleichzeitig die Angst vor Trennung, was auch folgende Beispiele beweisen: Zwei Frauen, die scheinbar fahrlässig verursacht hatten, daß die Ehefrau aufgeklärt wurde, räumten ein, daß sie möglicherweise so die Trennung vom Liebhaber indirekt hätten betreiben wollen. In beiden Fällen war der Mann tatsächlich deutlich auf Distanz zur Geliebten gegangen.

Trennungsangst und Geheimhaltung

Die Geheimhaltung muß der Geliebten so lange am Herzen liegen, wie sie an der Beziehung festhalten will. Obwohl häufig von Veränderung und Trennung die Rede ist und die meisten Frauen indirekt, viele auch direkt äußern, daß auf lange Sicht nur eine Lösung des Konfliktes durch Trennung möglich zu sein scheint («So geht es nicht mehr weiter, ich halte das nicht mehr aus», «Nächstes Jahr werde ich 30. Ich habe mir ganz fest vorgenommen, daß es bis dahin vorbei sein muß»), leiden sie gleichzeitig unter geradezu panischer Trennungsangst. Trennungsangst scheint der Antriebsmotor für alle denkbaren, lückenlosen Geheimhaltungsstrategien zu sein. Die Geliebte hat die Verantwortung für organisatorische Beziehungsfragen aufgetragen bekommen oder nur zu gern freiwillig übernommen. Freiwillig? Angstgetriebene Verhaltensweisen als «freiwillig» zu bezeichnen ist zynisch. Wo sind die Ursachen für diese verbreitete krankhafte, krankmachende Angst vor Trennung? Die Psychoanalyse kann erklären, warum manche Menschen mehr als andere zu Verlustängsten neigen, zum Beispiel wenn das Mädchen in der Kindheit überbehütet war, oder traumatische Verlusterlebnisse oder fortwährende Bedrohung durch Verlassenwerden erfahren hat. Meinem Material lassen sich keine eindeutigen Hinweise auf typische Kindheitsmuster entnehmen. Ein Gedanke erscheint jedoch wichtig: Trennungsangst kann sich auch als Begleit- und Folgeerscheinung der Geheimhaltung ergeben. Ein Teufelskreis also: Geheimhaltung gebiert Trennungsangst, Trennungsangst stützt Geheimhaltung – oder stabiles Ausgleichsgewicht: Männliches Risiko findet Pendant in weiblicher Trennungsangst. Im folgenden sollen einige Auswirkungen des Zwangs zur Geheimhaltung beschrieben werden.

Idealisierung und Illusion

Heimliche Liebe ist etwas ganz Außergewöhnliches. Wer so viel auf sich nimmt, muß unendlich lieben. Von kleinkarierter Moral geächtet, muß heimliche Liebe im verborgenen blühen, dafür aber um so wild-wüchsiger. Die Begegnungen der Liebenden sind selten und geplant und durch äußere Umstände derart begrenzt, daß der zur Verfügung stehende Zeitraum von vornherein bekannt ist. Es gibt Zeiten, da ereignen sich nur erhabene Dinge: Ob die Liebenden der Sinneslust, den Gaumenfreuden oder der Lyrik verfallen sind, alledem haftet für Augenblicke das Unendliche, Einzigartige, Unwiederbringliche an. Durch dieses Arrangement erhalten die Treffen eine unwirkliche, idealisierte, illusionistische Qualität. Begegnungen haben künstlerischen und grenzüberschreitenden Charakter. Es sind dies die vielbesungenen Minuten, für die sich Jahre im Jammertal lohnen, für die frau ihre Seele verkaufen würde. Diese Gefühle kenne ich von mir selbst aus meiner Erinnerung. Aber im Rückblick und auch bei anderen wirken diese Gefühle manchmal eher künstlich als künstlerisch, mehr einfältig als grenzüberschreitend. Überhaupt ist es oft schwer, aus dem vermeintlich Erhabenen mehr als Kitsch herauszufiltern. «Wenn ER da ist, bin ich im Himmel. Wenn ER fort ist, fall ich hinab in die Hölle. Wo ist ER dann?» Was sagt uns die biblische Großschreibung des männlichen Personalpronomens? Diese fand ich in mehreren Briefen. Eine Frau schrieb zu der Geschichte, die sie mir geschickt hat, den Kommentar: «Ganz schön kitschig, nicht?» Den meisten Frauen ist dies allerdings nicht bewußt. Auf meine Frage, ob sie Gemeinsamkeiten zwischen dem Klischee der Geliebten und sich selbst sehen, reagieren sie mit Unverständnis. Dabei lesen sich manche Briefe, als sei der gesamte Wortschatz der Regenbogenpresse entnommen. Die Begegnung ist schicksalhaft – auch wegen der häufigen Retterfunktion des Mannes –, die Liebe ist einzigartig, Trennung wäre tödlich. Ist alles wirklich so extraordinär oder ist es nur illusionär? – Vielleicht war es ja auch einmal wirklich etwas Außergewöhnliches, und die Frau will nicht wahrhaben, daß es das nicht mehr ist, oder sie hofft und hofft, daß es wieder so sein wird – jedenfalls darf es ihrer Meinung nach nie, nie mehr losgelassen werden. Denn wer sonst schafft es schon, sich so dicht an das Ideal der großen Liebe heranzuträumen? Der spezifische Besuchsmodus einer außerehelichen Beziehung fordert in massiver Weise Illusion und Idealisierung, was wiederum die Angst vor einer Trennung vergrößert.

Dauernde Verfügbarkeit der Geliebten

Ein anderer Aspekt des Besuchsmodus spielt eine wichtige Rolle. Verabredungen gehen meistens vom Mann aus; er bestimmt, wann man sich wo, wie lange und wie oft trifft. Die durchschnittliche Häufigkeit und Dauer der Treffen variieren von einer halben Stunde täglich, in der Mittagspause oder zwischen offiziellem und vorgegebenem Dienstschluß, über einmal die Woche für zwei bis vier Stunden, was der Normalfall zu sein scheint, bis hin zu mehrtägigen Treffen in zwei- bis achtwöchigem Abstand. Es gilt die Regel: je häufiger, desto kürzer. Die täglichen Begegnungen bieten dabei die größte Vertrautheit. Die Partner tauschen Alltägliches aus, erzählen, was sie gerade erlebt haben, was sie gleich tun werden, was dieser oder jener gesagt hat und so weiter. Für die Frau entsteht der Eindruck, sie verbrächte das Leben mit ihm gemeinsam. Wenn er zu vereinbarten Zeiten regelmäßig und zuverlässig kommt, empfindet sie sogar ein hohes Maß an Sicherheit. Wenn er aber, was öfter der Fall ist, zu unberechenbaren Zeiten einfach auftaucht, wenn er gar einen Schlüssel zu ihrer Wohnung hat und ein und aus gehen kann, wann er will, wenn er immer dann kommen darf, «wenn er es einrichten kann», wenn er so oft hereinschaut, «wie es eben geht», tritt das Gegenteil ein, ein Höchstmaß an Unsicherheit und auch Kontrolle. Das kann derart extreme Formen annehmen, daß eine Ärztin nur auf solche Zeiten Termine legt, zu denen er bestimmt nicht kommen kann, oder daß sich viele Frauen jede Verabredung, jeden Plan, etwas zu unternehmen, durchkreuzen lassen, wenn er auftaucht, oder daß manch eine die Tageszeiten, zu denen er möglicherweise kommen könnte, stets zu Haus verbringt. Damit er nicht vergebens kommt, kennt er ihren Stundenplan, ihre wöchentlichen Termine, ihre Arbeitszeiten ganz genau. Wenn sie etwas vorhat, muß er rechtzeitig informiert werden. Daß er sich im Gegenzug genauso tief in die Karten schauen läßt, ist zum reibungslosen Ablauf der Treffen nicht notwendig. Wenn schließlich aus der Geliebten ein Anrufbeantworter, gesprächsbereit rund um die Uhr, und aus ihrer Wohnung wie im absurden Theater das Wartezimmer für immer wieder dieselbe eine Patientin geworden ist, spätestens dann dürfen wir wohl von totaler Verfügbarkeit sprechen. Diese Art Abhängigkeit ist bei einigen Frauen schwächer ausgeprägt, bei anderen stärker, oft auch nur zeitweilig, phasenweise – denn dieser neurotische Zustand ist nicht besonders beflügelnd.

Soziale Isolation

Die Funktion einer Geheimnisträgerin allein ist schon kontaktfeindlich genug – denn «der Besitz von Geheimnis trennt von der Gemeinschaft der Menschen» (Jung 1985, S. 47). Findet sich Geheimhaltung dazu noch gepaart mit der Verfügbarkeit der Frau, wird die Isolation perfekt. Verabredungen mit anderen Menschen werden im äußersten Falle immer nur unter Vorbehalt getroffen, die absolute Zuverlässigkeit für den einen Menschen wird mit der Unzuverlässigkeit im Umgang mit allen anderen Menschen bezahlt. Was bleibt übrig, wenn sie nur auf ihn bezogen lebt, nur noch an ihn denkt, nur noch ihn hat? Sie idealisiert ihn und die Beziehung so sehr, daß sie völlig unangreifbar werden, für sie und für andere. Er und seine Besuche sind Droge, Rauschmittel, Lebenselixier; wenn er nicht da ist, ist Saure-Gurken-Zeit, Durststrecke, Entzug. Frauen, die diesen Zustand erleben – und unter den Geliebten sind es erschreckend viele –, müssen sich vorkommen wie unter einer Lichtorgel, für die keine Ersatzbirnen zur Verfügung stehen. Sie nehmen die Welt immer nur für die Bruchteile von Sekunden wahr, in denen das grelle Licht aufblitzt, statische Momentaufnahmen ohne Bewegung und Veränderung. Der Rest ist Dunkel. Die Angst, daß die Birne für immer ausfällt, macht die Abhängigkeit vom Blitzlicht noch quälender.

Leben in zwei Welten

Bei vielen Frauen ist eine krasse Spaltung zu konstatieren: Es gibt «zwei Welten». In der einen spielt sie die Rolle der selbständigen, aktiven, entscheidungsfreudigen Frau, in der anderen die der abhängigen, geduldig wartenden, passiven Geliebten. Die zwei Welten sind jeweils unmittelbar verknüpft mit seelischen Zuständen, die sich mit der Formel «Zwischen Euphorie und Depression» charakterisieren lassen. Wie kann es ein Mensch aushalten, sich unter Umständen jahrelang derartigen Wechselbädern auszusetzen? Die Geliebte empfindet ihre Lebensform als Schicksal, sie verliert das Gefühl dafür, was sie ihm zumuten kann, was sie ihm «antun» darf, weil sie nicht mehr sieht, was sie sich selbst fortwährend antun läßt. Sie kann sich von ihm nicht trennen, sie kann auch nicht denjenigen Teil des Lebens, der ohne ihn stattfindet, sinnvoll leben, weil das für sie einem Verrat an der Liebe gleichkäme. Unter einem anderen Blickwinkel bezeichnen die zwei Welten auch die Diskrepanz zwischen rationaler und emotionaler Wirklichkeitswahrnehmung. «Wenn er weg ist, bin ich Kopf. Ich analysiere alles ganz klar und unsentimental. Ich weiß, ich muß was ändern, und wenn sich nichts ändern läßt, muß ich mich von ihm trennen. Wenn er da ist, bin ich Bauch. Plötzlich sehe ich wieder einen Sinn in allem, eine Bestimmung. Es ist verteufelt, und ich kann absolut nichts ändern.» Mit dem Kopf sind wir unabhängig, mit dem Bauch noch nicht?

Soziale Isolation, totale Verfügbarkeit, Illusion des Besonderen und die künstlichen Umstände der Begegnungen, das sind mögliche Folgen der Geheimhaltung, und sie verleiten einzeln und zusammen zu Idealisierung, Trennungsangst und Abhängigkeit, was dann wiederum verstärkte Geheimhaltung fördert.

Verdrängung von Konflikten

Eine weitere Erscheinung taucht oft im Zusammenhang mit den beschriebenen Merkmalen einer heimlichen Liebe auf: Konfliktverdrängung. Konflikte in Beziehungen sind normal. Mit ihrer Fähigkeit, Konflikte zu erkennen und zu lösen, beweisen Partner Bindungsbereitschaft und Beziehungsfähigkeit. In vielen außerehelichen Bindungen gibt es aber scheinbar keine Konflikte. Wenn man sich selten sieht, will man die Zeit nicht mit Streit verschwenden, daher die Schlagwörter «Schokoladenseite», «Sonntagsgesicht». Jede Gefahr einer Unstimmigkeit wird gebannt, es entwickeln sich Tabuthemen. Dazu gehören seine Ehe, ihre gemeinsame Zukunft, ihr Kinderwunsch, ihr Leiden an der Beziehung, die Kürze und Seltenheit seiner Besuche sowie mögliche Veränderungen. Tabuthemen gibt es natürlich in jeder Beziehung, zum Beispiel im Bereich der Intimität. Aber wie alles in außerehelichen Beziehungen sind auch Tabuthemen hier etwas Besonderes: Es wird oft alles ausgespart, was nicht mit dieser gemeinsamen Intimität zusammenhängt. Viele Frauen haben ihren Freund als den ersten Mann kennengelernt, mit dem sie «unheimlich offen und ehrlich über sexuelle Bedürfnisse sprechen» konnten, mit dem sie zum erstenmal «eine befriedigende Sexualität erlebt» haben. Um sich diesen Zustand zu erhalten, sind sie bereit, alle Konflikte mit ihm zu verdrängen und das Banale der Alltagswelt zu ignorieren. Tabu ist die Analyse des Verhältnisses zueinander und im größeren gesellschaftlichen Zusammenhang, im Kontrast oder in der Beziehung zu seiner Ehe, zu ihrem Freundeskreis; tabu ist alles, was über den Augenblick der Begegnung hinausgeht, Trauer, Zukunft, Wunsch nach Entwicklung. Manche Frauen erkennen diese Konfliktverdrängung auch selbst sehr genau: «Über meine

Probleme wird natürlich nie geredet», «Seine Ehe ist tabu», «Über seine Frau spricht er nie». Immer wenn ich «kritisch» oder «hysterisch» wurde, fiel meinem Freund ein, daß er auf dem Weg von mir nach Hause noch dieses oder jenes erledigen müsse, also ging er dann früher weg. Das hatte ich dann davon. Verlustangst kann einen Menschen wunderbar darauf abrichten, sich pflegeleicht zu geben. Natürlich habe ich mir danach immer Vorwürfe gemacht, «alles verdorben zu haben». So geht es vielen Frauen, denn sie erkennen darin nicht Methode, sondern schätzen sich selbst als unzumutbar depressiv oder launisch ein, verachten sich sogar dafür, daß es ihnen einfach nicht gelingen will, die wenigen kostbaren Stunden vollständig zu genießen und davon dann den Rest der Zeit zu zehren. «Er ist immer so lieb zu mir, und ich zerstöre so oft alles mit meinen Ausbrüchen.» (Ich ergänze: «Kein Wunder, daß er zur Zeit immer seltener anruft!») Liebesentzug als Bestrafungsakt – hier wird ein Eltern-Kind-Muster deutlich. Zu erinnern ist daran, daß der Altersunterschied zwischen den Ehemännern und ihren Geliebten in der untersuchten Gruppe im Durchschnitt über zehn Jahre beträgt und er häufig eine höhere berufliche Position einnimmt. Grund genug jedenfalls, auf Auseinandersetzungen zu verzichten! Ist der Mann aber nicht strafender Vater, sondern eher sensibel und von Gewissensbissen gepeinigt, dann ist ein Konflikt genauso wenig möglich. Selbstquälerische Niedergeschlagenheit führt auch nicht weiter, außerdem gerät die Geheimhaltung in Gefahr, denn er wird in solch einem Zustand seine Rolle zu Hause nicht überzeugend genug spielen können.

Einige wenige Frauen beschreiben ihre Beziehung dagegen als völlig konfliktfrei. «Ich habe mich noch nie mit jemand so gut verstanden. Wir können über alles sprechen. Ich kann mich nicht erinnern, daß wir uns in den letzten Jahren nur ein einziges Mal ernsthaft gestritten hätten. Zu Hause hat er eine furchtbar streitsüchtige Frau! Das kommt wahrscheinlich auch von den Wechseljahren. Er hat schon oft, auch vor unserer Beziehung, versucht, sich zu trennen, aber er schafft es irgendwie nicht. Es sind wohl auch finanzielle Dinge im Spiel.» Eine Situation wie im Bilderbuch: Sein Zuhause ist die Hölle, bei der Geliebten gibt es Urlaub vom Alltagsleben. Diese Formulierung kenne ich auch sehr gut: «Zu Hause habe ich Ärger genug, jetzt fang du nicht auch noch an!» Vogel friß oder stirb! «Wenn du so sehr darunter leidest, dann geht es eben nicht mehr. Ich werde dich um deinetwillen in Ruhe lassen.» – Sage eine noch, verheiratete Liebhaber seien nicht zu Opfern fähig!

Wie auch immer, ob es wirklich keine Angriffsflächen gibt, weil konfliktträchtige Alltagssituationen nicht vorkommen, oder ob sich die

Geliebte mit Tabletten, Alkohol, Krankheiten reibungslos macht, oder ob sie statt ihrem Freund anderen Menschen jahrelang die Ohren vollklagt – mindestens für die Zeit des Zusammenseins heißt die Devise «Kein Streit!» – und damit wird noch ein weiteres Stück Alltag ausgeklammert. Umgekehrt kann der Mann sogar bewußt Streit einsetzen, um die Trennungsangst der Frau zu vergrößern. Mein Freund hat regelmäßig irgendeinen sinnlosen Krach inszeniert, bevor er nach Hause fahren mußte. Lange habe ich gedacht, er wolle damit nur sein schlechtes Gewissen vor seiner Familie beruhigen, oder es gelänge ihm auf diese Art besser, von mir Abschied zu nehmen. Aber meine Angst davor, daß er nie mehr anrufen würde und meine Demut beim nächsten Anruf müssen so deutlich gewesen sein, daß ich heute durchaus unterstelle, er habe das einkalkuliert.

Viele Ehemänner scheinen ein übergroßes Bedürfnis nach eigener Erhöhung auf Kosten anderer zu besitzen. Die Bewunderung, die sie von ihren Frauen nach einigen Jahren Ehe höchstwahrscheinlich nicht mehr bekommen, holen sie sich woanders – manchmal zu Lasten des Selbstwertgefühls einer anderen Frau.

Opferbereitschaft und Selbstverleugnung

Idealisierung des Mannes und Opferbereitschaft der Geliebten treiben seltsame Blüten. Da wird der eigene Beruf von der Frau vernachlässigt oder sogar aufgegeben, um für ihn dazusein, da ist ein Wohnortwechsel selbstverständlich, um ihm näher zu sein, natürlich unter Preisgabe der alten leitenden Position. Jetzt arbeitet die Frau in einer neuen Firma drei Etagen tiefer. Für ihn hätte sie «auch ein Verbrechen begangen», schreibt eine Frau im Rückblick. Wäre er wegen seiner schrägen Geschäfte ins Kittchen gekommen, sie wäre die einzige geblieben, die zu ihm gehalten hätte. Wäre er wegen eines Autounfalls im Rollstuhl gelandet, sie hätte ihn bis an sein Lebensende geschoben. Solche Phantasien sprechen Bände. Heimliche Braut eines gesuchten Räubers, aufopfernde Liebende bis zum letzten Atemzug, das sind doch Themen der Jungmädchenromane, die unsere Mütter schon lasen und die sie, als wir alt genug dafür waren, für uns vom Dachboden holten. Frauen, die ihren Anspruch auf ein eigenes Selbst verdrängen und es durch das scheinbar ideale Selbst des Partners ersetzen, stabilisieren damit auch die Geheimhaltung. Absolute Geheimhaltung wäre nämlich dann erreicht, wenn die Frau unsichtbar würde oder wohlverwahrt in der Jackettasche nur auf Knopfdruck aus der Tabakdose des Mannes springen könnte.

Was ist das für ein Zustand, eigentlich gar nicht zu existieren? Der Mann verleugnet sie überall, sie verleugnet einen großen Teil von sich selbst, im Extremfall leugnet der Mann irgendwann sogar vor seiner Geliebten und vor sich selbst, daß es eine Beziehung gegeben hat. «Da war nie etwas, hörst du, wir haben uns privat nie gesehen!» hat mein Freund mich einmal beschworen, als wir fast «erwischt» worden wären. Wir haben dann gemeinsam eine Geschichte erfunden, und es war uns von da an nicht einmal mehr unter vier Augen möglich, über die realen Ereignisse jener Zeit zu sprechen. Auch dieses Phänomen ist verbreitet. Eine Frau war fünf Jahre mit dem Mann befreundet, die Beziehung endete jäh, als sie einen aufsehenerregenden Selbstmordversuch in seiner Nähe unternahm. Von da an hat er sie in allen Situationen konsequent nur noch als die bemitleidenswerte arme Kollegin behandelt; selbst wenn sie zu zweit und ganz unbeobachtet sind, gibt er bis heute mit keinem Augenzwinkern zu erkennen, daß er sich an die fünf Jahre lange Beziehung überhaupt noch erinnert.

Kinderwunsch der Geliebten

Bei meinen Recherchen habe ich verschiedene Frauen kennengelernt, die sich um der Beziehung willen gegen Kinder entschieden haben. Einige Frauen sagten, sie hätten nie Kinder haben wollen, einige sagten, der Kinderwunsch sei eben nie realisierbar gewesen, und sie hätten sich damit abgefunden, manche auch deshalb, weil sie irgendwann zu alt geworden seien. Besonders kraß sind die Auswirkungen der Selbstaufgabe, wenn nach dem Selbst auch noch ein Kind abgetrieben werden muß. In beiden Fällen, von denen ich weiß, geschah dies gegen den Willen der Frau und auf Druck des Mannes. Vier Frauen haben vom verheirateten Liebhaber ein Kind bekommen. Dies hat in allen Fällen die Beziehung beendet.

Lösungen – Trennungen

Nach den vorangegangenen Überlegungen drängt sich die Frage auf: Wie kommt die Frau aus dem Teufelskreis wieder heraus? Über Lösungsmöglichkeiten gibt mein Material einigen Aufschluß. Es ist wenig hilfreich, einer Geliebten zu raten, sie solle sich eben trennen, oder sie solle ihn zu einer Entscheidung zwingen, oder sie solle ihre Hobbies ausbauen. Hilfe im Extremfall, das heißt, wenn die Reduzierung der eigenen Persönlichkeit so weit fortgeschritten ist, daß Selbsthilfe versagen muß, bietet nur eine gute Therapie. Über zwei Drittel der Frauen, die mit mir Kontakt aufgenommen haben, sind inzwischen therapieerfahren. Die, die sich dadurch erfolgreich aus einer Abhängigkeit haben befreien können, sagen, sie hätten es ohne Therapie nicht geschafft. Meistens heißt Therapie Psychoanalyse, aber es werden auch verhaltenstherapeutische Verfahren, Bioenergetik und andere genannt. Ob die Bemühungen letztlich auf Abbau der Abhängigkeit innerhalb der Beziehung oder auf die Trennung vom Mann hinauslaufen, ist unterschiedlich. Wer allerdings glaubt, die meisten Geliebten arbeiteten nur auf die Scheidung des Mannes hin, sitzt einem weit verbreiteten Vorurteil auf. In vielen Fällen ist der Frau nur zu genau bewußt, daß sie gerade das Verheiratetsein des Mannes vor noch größerer Abhängigkeit von ihm schützt. «Ich habe immer gewußt, daß ich nie mit ihm zusammenleben könnte. Er ist viel zu egozentrisch und selbstherrlich. Trotzdem habe ich ihn vor die Entscheidung gestellt, sie oder ich. Aber ich weiß nicht, was ich gemacht hätte, wenn er sich für mich entschieden hätte…»

Hat das Verhältnis zu Beginn vielleicht ganz harmlos und unverbindlich ausgesehen und hat die Frau ihre Verliebtheit zunächst gar nicht so richtig ernst genommen, weil er ja verheiratet war, so hilft möglicherweise eines Tages die Einsicht, daß er sich nie scheiden lassen wird, dabei, sich von ihm zu lösen, obwohl die eigentliche Ursache ihrer Unzufriedenheit nicht sein Gebundensein, sondern die unerträglichen Umstände der Beziehung selbst sind. Trennung vom Mann ist wahrscheinlich immer dann einzige Lösung, wenn die beschriebenen Mechanismen (Abhängigkeit, Selbstverleugnung, Isolation) zutreffen. Die Änderung einer Beziehung mit dem Ziel, einseitige Abhängigkeit aufzuheben und aus Fremdbestimmung wieder Selbstbestimmung zu machen, geht vermutlich über die Kräfte der Frau, zumal zu erwarten ist, daß der Mann solch einer Entwicklung starken Widerstand entgegensetzt. Eine weitere Möglichkeit besteht darin, daß sich der Mann tatsächlich, und nicht nur in einer unbestimmten Zukunft, scheiden läßt und das außereheliche Verhältnis legitimiert. Dies kommt in meiner Studie zweimal vor. Dann besteht jedoch die Gefahr, daß sich die Abhängigkeit der Frau noch weiter vertieft, denn nun muß sie auch noch dankbar sein, daß er sich für sie entschieden hat. «Er gibt mir täglich aufs neue das Gefühl, daß ich ständig dankbar sein muß, weil er ja so viel auf sich genommen hat für mich. Außerdem werde ich ständig mit seiner Frau verglichen. Und wenn mir etwas nicht paßt, heißt es gleich: Du kannst ja gehen, meine Frau wäre froh, wenn sie an deiner Stelle sein dürfte. Aufgrund seiner Schuldgefühle und seiner finanziellen Misere hat er schon Versuche unternommen, wieder mit seiner Frau zusammenzukommen. Nein, das ist nicht der Mann, den ich kennengelernt habe, der mich auf Händen getragen und mir jeden Wunsch von den Augen abgelesen hat. Um diesen Mann wollte ich kämpfen. Was habe ich jetzt davon? Wir leben nebeneinander her, wie nach 20 Ehejahren; Verständnis, Zuneigung, Respekt und Zärtlichkeit muß ich immer mehr missen. Ich hätte nie gedacht, daß sich jemand so verändern kann. Da ging es mir als Geliebte wesentlich besser, obwohl ich in dieser Zeit auch sehr gelitten habe. Heute muß ich nun zusätzlich mit meinen Schuldgefühlen fertig werden, eine Ehe zerstört zu haben.»

Es mag genügend Beispiele geben, daß Geliebte und verheirateter Mann heute glücklich zusammenleben, wenngleich diese Frauen mir nicht geschrieben haben. In meiner Untersuchung ist bei etwa einem Drittel der Frauen die Beziehung inzwischen beendet, wobei die Trennung zumeist von der Frau ausging. In fünf Fällen waren äußere Umstände verantwortlich, der Mann erhielt zum Beispiel eine Berufung ins außereuropäische Ausland, oder er starb. Hatte sich der Mann von der Geliebten getrennt, was nur äußerst selten der Fall war, so erfolgte diese Entscheidung entweder auf Druck der Ehefrau oder weil die Geliebte selbst nachdrücklich Veränderungen gefordert hatte. In allen diesen Fällen mußte die Geliebte nach dem Ende der Beziehung harte Trauerarbeit leisten, begleitet von der wahnsinnigen, klitzekleinen Hoffnung, daß er es sich doch noch einmal anders überlegen könnte. Frauen, denen es irgendwann selbst gelingt, sich endgültig zu trennen, leisten einen Großteil der Trauerarbeit schon während der Beziehung. Es geht ihnen nach der Trennung häufig besser als vorher. Die Trennungsstrategien lassen sich in das Modell vom Teufelskreis einordnen. An irgendeiner Stelle haben die Frauen begonnen, aus dem Kreis auszuscheren. Eine Frau schrieb mir: «Ich denke, die einzige Möglichkeit, diese Situation aufzulösen, liegt in der offenen Konfrontation mit allen Beteiligten. Dazu hatte ich allerdings erst nach einer Therapie Mut gefunden, und ich bin heute sehr glücklich über diesen Schritt, der bei mir zur Trennung führte.» – Also kann zum Beispiel die Geheimhaltung aufgehoben werden. Aber ich bin im Zweifel, ob es in jedem Fall richtig ist, die Ehefrau über die außereheliche Beziehung ihres Mannes aufzuklären. Was für die eben zitierte Frau als einziger Ausweg erschienen war, mag in anderen Fällen unverantwortlich, überflüssig oder schlicht sinnlos sein. Die Erfahrungen anderer Frauen zeigen, daß es verschiedene Wege gibt, die Situation zu ändern. Ich selbst habe den Kreis an anderer Stelle aufgebrochen. Nach Jahren absoluter Geheimhaltung und totaler Isolation habe ich zu Ende meines Studiums allmählich immer mehr Studienkolleginnen von meiner Beziehung erzählt. Nach und nach hat sich ein Freundeskreis gebildet, der dazu beitrug, daß ich aus der engen, rein ichbezogenen Betrachtung meiner Situation herauswuchs. Stück für Stück baute ich mir auch eine zweite Welt auf, aber eine Welt, die mir eine selbstbewußte, eigenständige Rolle zugestand. Daraus resultierte, daß ich in der Beziehung zu meinem Freund mehr auf Auseinandersetzung drängte und ihn weniger idealisierte. Die alten Mechanismen funktionierten nicht mehr – die Beziehung zerbrach. Eine andere Frau hat angefangen, Konflikte bewußt nicht mehr zu vermeiden. Sie hat mit Hilfe einer Freundin in ähnlicher Situation mühsam versucht herauszufinden, was sie eigentlich krank macht. Sie bezieht inzwischen den Partner mit ein, und es sieht aus, als ließe sich in dieser Beziehung die Struktur ändern, ohne daß eine Trennung notwendig wird. Es scheint sehr schwierig zu sein, sich ganz abrupt und ohne innere Vorbereitung zu trennen.

Für den Mann ist der Trennungswunsch oft überhaupt nicht einsichtig. Mehrere Frauen berichten, daß er, sobald er ihre innere Entfernung wahrgenommen habe, unerwartete Anstrengungen unternommen habe, die Beziehung aufrechtzuerhalten. «Plötzlich konnte er zweimal die Woche bei mir aufkreuzen. Plötzlich konnte er über Nacht bleiben. Plötzlich hat er von Scheidung gesprochen», schreibt eine Frau und faßt, bezeichnenderweise im Drogenvokabular, zusammen: «und so bin ich eben bisher immer wieder rückfällig geworden.» Ein Mann beteuert, er habe sich über Nacht geändert, ein anderer bucht sofort eine Kurzflugreise, ein dritter zieht überstürzt von zu Hause aus – der einsamste Wolf bringt plötzlich wieder das Wort «Liebe» über die Lippen, obwohl er eigentlich schon lange nicht mehr wußte, was das eigentlich ist. Panische Reaktionen, wenn bequeme Gewohnheiten auf dem Spiel stehen! Aber wenn sich immer nur dann etwas bewegt, wenn frau den Holzhammer schwingt, ist der Tag abzusehen, da frau sich mit ihrer eigenen Fortentwicklung beschäftigen wird und nicht mehr damit, den Mann ab und zu mit aller Kraft wachzurütteln.

Schließlich und endlich: Die glücklichen Geliebten

Wie steht es mit den Frauen, die behaupten, seit Jahren in einer glücklichen Beziehung mit einem verheirateten Mann zu leben? «Natürlich sind wir auch abhängig voneinander», sagt die Mitarbeiterin einer Eheberatungsstelle, 36, seit fünf Jahren mit einem Journalisten befreundet, der sich selbst als glücklich verheiratet betrachtet. «Aber diese Abhängigkeit ist nicht einseitig. Ich lasse mich in dieser Beziehung überhaupt nicht in die passive Rolle drängen. Ich warte nicht, und ich leide auch nicht. Er wohnt 400 Kilometer weit weg. Wir sind immer für einen bestimmten Tag fest verabredet. Wenn er mal anruft und ich nicht da bin, probiert er es eben ein anderes Mal.» Also nicht verfügbar, nicht isoliert, nicht fixiert auf den Mann als den einzigen Lebensinhalt! Wenn er kommt, bleibt er meistens zwei oder drei Tage, das ist vorher genau abgesprochen, er kennt alle ihre Freunde und Kollegen; wenn er da ist, wird er überall mit eingeladen. Als ich erzähle, daß manche Frauen Tag und Nacht abrufbereit sind, kann Frau S. nur lachen. «Einmal hat er mich nachts um 2.00 Uhr angerufen. Ohne besonderen Grund. Einfach so. Da hat er aber etwas zu hören bekommen! Wenn jemand in Not ist, o. k. Aber mich einfach so aus dem Schlaf reißen, weil er mal meine Stimme hören will…?»

Was haben diese Frauen gemeinsam? Sie sind frauenbewegt, beruflich sehr engagiert und ausgefüllt und aufgrund ihrer beruflichen Position und finanziellen Lage ebenso wie der Mann sehr mobil. Eine wichtige Beobachtung scheint mir, daß in diesen Beziehungen die Wohnorte der Partner alle weiter als 200 Kilometer auseinander liegen. Also nichts mit dem «Vielleicht komme ich nachher noch mal kurz vorbei!» Das bestätigt auch eine Frau, die einen Umzug über 350 Kilometer in Kauf genommen hat, um ihrem verheirateten Freund näher zu sein. «Als ich noch in B. wohnte, haben wir viel mehr voneinander gehabt. Jetzt kommt er oft auf einen Sprung vorbei, als ob ich ein Kiosk an der Ecke sei.» Sie überlegt oft, ob sie nicht nach B. zurückkehren soll. Zuviel räumliche Nähe, nein danke. Die meisten dieser Frauen wollen gar keinen Mann im Haus. «Worauf ich hinaus will: Wie jeder Mensch möchte auch die ‹neue Frau› Liebe, Zärtlichkeit, Sexualität und so weiter. Aber sie möchte nicht mehr dafür bezahlen müssen mit seelischen und praktischen Dienstleistungen für einen Mann. Sie möchte selbstbestimmt leben, und dazu gehört, daß sie nicht mehr täglich jemand anderem ein Frühstück machen möchte, diesem die seelische Entlastung bei beruflicher Bedrängnis bringt, also rund um die Uhr ‹zur Verfügung steht›. (Wer macht der berufstätigen Frau das Frühstück, wer hört ihr wirklich zu?) Da sie ihren Lebensunterhalt selbst verdienen kann, kann sie frei, selbstbestimmt und alleine leben. Und: Wie schützt sie sich davor, mit einem Mann wieder in den alten Strudel des Dienens und der Abhängigkeit zu geraten? Indem sie sich in einen verliebt, der für diese Funktion bereits jemanden hat – eine Ehefrau! Das mag zynisch klingen, aber: das ist ein ungeheurer Schutz! Denn ein solcher Mann ist bereits versorgt und fordert dies nicht von seiner Geliebten. So erst sind die beiden – der Ehemann und seine Geliebte – in der Lage, Liebe als etwas Freies, etwas Freiwilliges zu begreifen, zu empfinden und zu genießen!» Eine andere Frau fragt: «Warum soll eine Frau nicht den Mut haben können und dürfen, sich frei von allen gängigen Normen für eine bestimmte Lebensform zu entscheiden und dafür, sich den Partner zu wählen, der ihr entspricht, auch wenn er noch andere Verpflichtungen hat? Vor allem aber: ist denn eine Partnerschaft nur dann in Ordnung, wenn jede Minute gemeinsam verbracht wird? Ist es nicht im Gegenteil genau dieser Umstand, der die Monotonie der Ehe fördert, die Frustration der Ehepartner und die Lustlosigkeit im gegenseitigen Umgang? Führt also nicht jede Art von öffentlich sanktionierter Partnerschaft wesentlich mehr in die Einengung, oft auch Isolation, als ein freilich mit wachem Verstand und kritischem Bewußtsein gewähltes und gelebtes Leben als ‹Geliebte›, natürlich unter der Voraussetzung, daß diese Beziehung auch vom Partner ernst genommen wird?»

Das einzige Zugeständnis, das auch diese Frauen meistens machen, ist die Geheimhaltung in der Umgebung ihres Freundes. Natürlich halten sie sich daran, ihn nicht heulend um Mitternacht anzurufen! Natürlich fahren sie nicht sonntags um sein Haus herum, um ihn selbstquälerisch beim Familienglück zu ertappen! «Wenn es mir wirklich mal schlecht geht, kann ich ihn auch im Büro anrufen oder ihm schreiben. Aber ich habe hier in K. genug Freundinnen und Freunde, die dann auch da sind.» Seine Geheimhaltungsstrategien sind sein Problem. Er trägt die Vorteile und auch die Nachteile dieser Lebensform, nicht sie. Und sie denkt gar nicht daran, die Klingel abzustellen, das Telefon schlafen zu legen, wenn er da ist. Wenn Freunde vorbeikommen, gut; wenn beide allein sein wollen, sagen sie das schon.

Letztlich unterscheiden sich die Frauen beider Gruppen genau durch ihren Alltag. Nicht die Zeit mit dem Mann zählt, sondern die Zeit ohne ihn. Am Alltag und nicht an den Sternstunden erweist sich, ob die Beziehung gelebt werden kann oder nicht.

Der Schluß liegt nahe, daß manche Frauen einfach stärker dazu neigen, sich abhängig zu machen als andere. Das läßt sich mit den Ergebnissen dieser Untersuchung allerdings weder bestätigen noch widerlegen. Aber die Formulierung «mit wachem Verstand und kritischem Bewußtsein» beweist, daß eine unkomplizierte, harmonische Beziehung keiner Frau in den Schoß fällt. Eine Beziehung, die verläßlich und erfüllt, aber nicht symbiotisch oder ausbeuterisch sein soll, erfordert Mut und Mühe, und sie muß von beiden Partnern gleichermaßen ernst genommen werden.

Viele der Frauen, die es heute schaffen, selbstbestimmt zu leben und aus ihrer Beziehung Kraft zu schöpfen, haben durchaus auch Abhängigkeit von einem Mann erlebt, sei es in der vorangegangenen Ehe oder Partnerschaft, sei es während längerer Perioden ihrer derzeitigen Beziehung. Aber es kann gelingen, Umstände so zu ändern, Vereinbarungen so zu treffen, daß die Freiheit dieser Beziehungsform gelebt werden kann und nicht sofort nach altem Muster ängstlich durch Abhängigkeit ersetzt werden muß.

Literatur

Hüper, A.: Die andere Frau, in: Psychologie heute 5/1986, S. 20-27
Jung, C.G.: Heros und Mutterarchetyp, in: Grundwerk C.G. Jung, Band 8, Olten, Freiburg 1985, S. 47

Brigitte Weidenhammer, Siegfried Zepf

«Grenzenlose Erfüllung» durch Unerfüllbarkeit?

Die Geliebte und der Mann ihrer Wahl

Das Schicksal der Dritten im ehelichen Bund, der Geliebten des Ehemannes, ist häufig als ein bedauernswertes geschildert worden. Da ist die manchmal über viele Jahre immer wieder neu enttäuschte Hoffnung, einmal öffentlich und sichtbar für alle die Erste an seiner Seite werden zu können. Da ist der meist vergebliche Wunsch, ungestörte Wochenenden und Feiertage mit ihm planen und verleben zu können. Ungestillt bleibt das Verlangen, sich mit dem attraktiven Mann auf Festen und bei Theatervorstellungen zu zeigen. Der Wunsch nach gemeinsamen Kindern hat wenig Aussicht auf Erfüllung. Und auf Entlastung im Alltagsleben kann die außereheliche Gefährtin nicht rechnen. Wird die Beziehung über lange Zeit aufrechterhalten, schwindet die Aussicht auf neue Partnerschaft, droht einsames Alter.

Diese Nachteile einer Geliebten-Rolle sind so offensichtlich, daß es naheliegt zu fragen, warum viele Frauen dennoch in einer so unerfreulichen, so dauerhaft Versagung bietenden Liebesbeziehung ausharren. Wir wollen uns aus psychoanalytischer Perspektive mit dieser Frage beschäftigen und überlegen, welche – vermutlich zum größeren Teil unbewußten – Vorteile für den psychischen Haushalt diese interpersonelle Konstellation für eine Frau als Dritte im Bund haben mag.

Wir haben es mit einer Variante der klassischen Dreiecksbeziehungen zu tun, einer Variante übrigens, die auch von Freud im «Bruchstück einer Hysterie-Analyse» (1905) im Zusammenhang mit dem psychischen Schicksal der Patientin Dora thematisiert wird und woran wir bei Gelegenheit anknüpfen werden.

Da wir von Dreiecksbeziehungen sprechen, ließe sich vermuten, daß wir bei deren psychoanalytischer Durchdringung vor allem Charakteristika typischer ödipaler Konflikte vorfinden werden. Das heißt
a) Variante des positiven Ödipus-Komplexes: das Rivalisieren der Geliebten mit der Ehefrau, die sie unbewußt als ihre eigene Mutter der Kindheit erlebt, um den Mann, der für sie unbewußt den Vater re-

präsentiert, in den sie als kleines Mädchen, vier- oder fünfjährig, verliebt war, oder

b) Variante des negativen Ödipus-Komplexes: das Erreichen-Wollen der geliebten Mutter aus der Kindheit – welche die Ehefrau unbewußt für die Geliebte repräsentiert – unter Ausschluß, unter Ausschaltung des Vaters, den der Ehemann für sie darstellt.

Ohne Zweifel sind diese beiden Ausprägungen ödipaler Konflikte im Hintergrund einer Geliebten-Situation häufig bedeutsam. Aber es sollte doch nicht übersehen werden, daß auch ungelöste innere Beziehungskonflikte auf präödipaler Entwicklungsebene eine wesentliche Rolle spielen können.

Wenn wir versuchen, im folgenden eine Typologie bestimmter psychodynamischer Zusammenhänge und Kompromißbildungen zu entwerfen, die unseres Erachtens die Aufrechterhaltung und Stabilisierung einer Geliebten-Situation aus inneren Gründen fördern, sollen nicht nur ödipale, sondern auch präödipale Entwicklungsaspekte zur Sprache kommen, die angesichts triangulärer Konstellationen allzu leicht ausgeblendet bleiben. Daß diese Erkundungsfahrt nur fragmentarischen und impressionistischen Charakter haben kann und sich mit idealtypischen Skizzen begnügen muß, ist klar. Wie vorausgeschickt wurde, geht es uns darum, unterschiedliche psychodynamische Hintergründe für die Aufrechterhaltung einer Beziehungssituation zu beleuchten, in der die Frau außereheliche Gefährtin des verheirateten Mannes ist.

Wir wollen diese Spur verfolgen, indem wir jeweils an bestimmte argumentative Wendungen anknüpfen, derer sich betroffene Frauen im Gespräch über ihre problematische Liebesbeziehung häufig bedienen und die zum Teil fast im Sinn formelhafter Wendungen allgemein bekannt sein mögen.

Stellen wir uns jeweils zwei Freundinnen im persönlichen Gespräch vor. Es geht um die Beziehung der einen zu ihrem verheirateten Freund, eine Beziehung, über welche die andere sich soeben bedenklich geäußert, ja der Freundin nahegelegt hat, sich zu trennen. Darauf erwidere die andere:

«Aber für mich ist er der einzige, der einzig mögliche Partner. Andere kommen für mich leider einfach nicht in Frage. Sie können neben ihm nicht bestehen!»

Beginnen wir also unsere assoziative Musterung bei dieser fiktiven, vermutlich aber «lebensnahen» Bemerkung.

Nehmen wir an, dieses Argument habe für die Liebende in der Tat ausschlaggebende, zentrale Bedeutung. Es sei der nicht zu verschmerzende Verlust eben jenes unvergleichlichen, kostbaren männlichen Partners, neben dem alle anderen Beziehungen notwendig verblassen müßten. Das subjektive Gefühl einzigartiger Bedeutung des geliebten Objekts gehört natürlich zu jeder Verliebtheit. In unserem Falle sieht es aber zum Teil anders aus. Während die von Freud so genannte «auffällige Sexualüberschätzung» (1914, S. 154) Teil der Entwicklung einer heterosexuellen Beziehungsgeschichte ist, bleibt die «Überschätzung», mit der wir es hier zu tun haben, als konstituierendes Moment der Beziehungskonstellation starr erhalten und weist u. a. damit auf ihre kindlichen Quellen hin. Es ist die ödipale Liebe des kleinen Mädchens zum einmalig wunderbaren Vater, die nicht überwunden wurde und im Erwachsenenleben eine oder viele Neuauflagen durch die Wahl eines meist älteren, an seine Familie gebundenen Mannes erfährt. Dieser Mann verlöre seine Einzigartigkeit sofort, wenn er sich von seiner Familie trennte und beabsichtigte, sich mit der Geliebten zu verbinden. Denn Bedingung für ihr Liebesleben und ihre Liebesbindung ist ja die Wiederherstellung des familiären Dreiecks der Kinderzeit. Gewählt wird nicht der Mann, sondern der Mann-in-seiner-Familie: der Mann als glänzendes Oberhaupt seiner Familie, der allerdings in seiner Einzigartigkeit nur von der Tochter verstanden und entzückt anerkannt wird!

Diese Beziehungskonstellation dürfte nur allzu bekannt und hinlänglich diskutiert sein. Wir wollen den Akzent ein wenig verschieben und uns mit folgender argumentativer Wendung befassen:

«Ich weiß einfach, daß wir gut zueinander passen würden. So wie er jetzt mit seiner Frau lebt, das ist wirklich unbefriedigend. Ich verstehe ihn in vielem einfach besser und passe besser zu ihm.»

Gewiß, die Aussage mag vielen von uns naiv vorkommen. Die unbewußte innere Beziehungskonstellation, der diese Anschauung entspringt, dürfte freilich noch nicht ausgestorben sein. Auch hier ist es der Mann-in-seiner-Familie, der als Wiederherstellung einer kindlichen ödipalen Beziehungskonstellation unbewußt gewählt wird. Aber der Blick fällt nicht allein auf den herrlichen Mittelpunkt des Familienkreises, sondern heftet sich auch auf die mütterliche Figur. Auch wenn es oberflächlich so aussieht, als richte sich das ganze Sinnen und Trachten der Liebenden darauf, den Mann endlich für sich allein zu gewinnen, ist erfahrungsgemäß doch auffällig, wie intensiv sich die Dritte im Bund mit der Ehefrau – die sie gelegentlich tatsächlich kennt – in ihrer Vorstellung auseinandersetzt. Dabei richtet sich ihr bewußter Eifer darauf, die Qualitäten der Gattin zu mindern, sie herabzusetzen, ihr Liebesfähigkeit und Vorzüge als Partnerin des Mannes abzusprechen. – Unbewußt handelt es sich oft aber darum, die Liebe dieser Frau, das heißt die

Liebe zur Mutter der Kinderzeit wiederzugewinnen. Warum aber sollte heimliche Liebe sich in so feindlichem Gewand verbergen?

Wir wollen zur Erläuterung mit einer kleinen Illustration beginnen. Sie entstammt dem schon erwähnten «Bruchstück einer Hysterie-Analyse» und betrifft hauptsächlich die Beziehung mehrerer Frauen zueinander. Dora ist das 18jährige Mädchen, das auf Wunsch des eigenen Vaters bei Freud eine analytische Behandlung begonnen hat. Frau K., die vermutliche Geliebte des Vaters der Dora, ist die Gattin eines Mannes, der sich Dora nähern wird. Zunächst die Textpassage: «Es hatte eine Person im Hause gegeben, welche ihr [= gemeint ist Dora, d. Verf.] frühzeitig die Augen über die Beziehungen des Vaters zu Frau K. öffnen und sie zur Parteinahme gegen diese Frau anreizen wollte. Dies war ihre letzte Gouvernante, ein etwas älteres, sehr belesenes Mädchen von freien Ansichten. Lehrerin und Schülerin standen eine Weile recht gut miteinander, bis Dora sich plötzlich mit ihr verfeindete und auf ihrer Entlassung bestand. So lange das Fräulein Einfluß besaß, benutzte sie ihn dazu, gegen Frau K. zu hetzen. Sie setzte der Mama auseinander, daß es mit ihrer Würde unvereinbar sei, solche Intimität ihres Mannes mit einer Fremden zu dulden; sie machte auch Dora auf alles aufmerksam, was an diesem Verkehr auffällig war. Ihre Bemühungen waren aber vergebens, Dora blieb Frau K. zärtlich zugetan und wollte von keinem Anlaß wissen, den Verkehr des Vaters mit ihr anstößig zu finden. Sie gab sich andererseits sehr wohl Rechenschaft über die Motive, die ihre Gouvernante bewegten. Blind nach der einen Seite, war sie scharfsichtig genug nach der anderen. Sie bemerkte, daß das Fräulein in den Papa verliebt sei. Wenn der Papa anwesend war, schien sie eine ganz andere Person, dann konnte sie amüsant und dienstfertig sein. Zur Zeit, als die Familie in der Fabrikstadt weilte und Frau K. außer dem Horizonte war, hetzte sie gegen die Mama als die jetzt in Betracht kommende Nebenbuhlerin. Das alles nahm ihr Dora noch nicht übel. Erbost wurde sie erst, als sie merkte, daß sie selbst der Gouvernante ganz gleichgültig sei, und daß die ihr erwiesene Liebe tatsächlich dem Papa gelte» (Freud 1914, S. 195 f).

Es sind keineswegs die vielfältig verflochtenen Beziehungen selbst, die an diesem Beispiel interessieren sollen. Es geht nur um Doras Beziehung zur Mutter und deren Ersatzfiguren.

Dora ist Frau K. zärtlich zugetan, sie fühlt sich zunächst ihrer Gouvernante verbunden. Die Textpassage selbst sagt nichts über ihre Gefühle der Mutter gegenüber aus, die in der gesamten Krankengeschichte eher im Hintergrund bleibt. Freud bemerkt jedoch einmal: «Die Mutter habe ich nicht kennengelernt. Nach den Mitteilungen des Vaters und des Mädchens mußte ich mir die Vorstellung machen, sie sei eine wenig gebildete, vor allem aber unkluge Frau, die besonders seit der Erkrankung und der ihr folgenden Entfremdung ihres Mannes alle ihre Interessen auf die Hauswirtschaft konzentriere und so das Bild dessen biete, was man die ‹Hausfrauenpsychose› nennen kann» (1905, S. 178).

Und weiter: «Das Verhältnis zwischen Mutter und Tochter war seit Jahren ein sehr unfreundliches. Die Tochter übersah die Mutter, kritisierte sie hart und hatte sich ihrem Einfluß völlig entzogen» (1905, S. 178).

Feindselige, womöglich vergeltungssüchtige Geringschätzung herrscht in der Beziehung zur Mutter vor – und das bei einem gleichzeitig sehr regen Interesse, geradezu einer Sehnsucht nach liebevoller Verbundenheit mit jungen erwachsenen Frauen. Das bewußt dem Vater zärtlich ergebene Mädchen hatte mit Frau K. «Jahre hindurch in der größten Vertraulichkeit gelebt. [...] Wenn Dora bei den K. wohnte, teilte sie das Schlafzimmer mit der Frau; der Mann wurde ausquartiert. Sie war die Vertraute und Beraterin der Frau in allen Schwierigkeiten ihres ehelichen Lebens gewesen; es gab nichts, worüber sie nicht gesprochen hatten. [...] Wenn Dora von Frau K. erzählte, so lobte sie deren ‹entzückend weißen Körper› in einem Ton, der eher der Verliebten als der besiegten Rivalin entsprach. Mehr wehmütig als bitter teilte sie mir ein andermal mit, sie sei überzeugt, daß die Geschenke, die der Papa ihr gebracht, von Frau K. besorgt worden seien; sie erkenne deren Geschmack» (1905, S. 222).

Betrachten wir – was Freud zur Zeit der Niederschrift dieser Krankengeschichte noch nicht getan hat – die Gouvernante und Frau K. sowie Doras Beziehung zu ihnen als Neuauflage ihrer eigenen frühkindlichen Beziehung zur Mutter, so erscheint diese wie auch die Rolle des Vaters und seiner «Neuauflage», des Herrn K., in deutlicherem Licht: So wie Dora innig verbunden mit Frau K. Jahre intimer Vertrautheit verbrachte, erlebte sie vermutlich als kleines Mädchen die präödipale, dritte Personen ausschließende vertraute Gemeinschaft mit der Mutter. Der Eintritt in die ödipale Entwicklung, der bereits ein erhebliches Maß an Trennung und Abgrenzung vom primären Liebesobjekt voraussetzt (vgl. z. B. Kernberg 1978; Mahler 1978), ließ das vier- oder fünfjährige Mädchen nun als um Liebe und gemeinsame Sexualität Werbende zur jetzt begehrten und bewunderten Mutter zurückkehren. Diese aber zog der Liebesgemeinschaft mit der kleinen Tochter die mit dem Vater vor und ließ das Kind enttäuscht und vorwurfsvoll zurück – wie später Frau K. und die Gouvernante Dora zugunsten des Vaters hintanstellten oder gar fallenließen.

Dora verbirgt vor ihrem Bewußtsein, «daß sie dem Papa die Liebe dieser Frau nicht gönnen konnte und der geliebten Frau die Enttäuschung über ihren Verrat nicht vergeben hatte» (1905, S. 223).

Kehren wir zum Ausgangspunkt, zum formelhaften Argument von der Geliebten als der besseren Ehefrau, zurück: Hinter der kritischen, geringschätzigen Haltung der Geliebten gegenüber der Ehefrau des auserwählten Mannes steht vermutlich oft die hinter Feindseligkeit verborgene Sehnsucht nach der unerreichbaren, auf immer verloren geglaubten Mutter der frühen Kindheit. Das bewußte Bemühen, deren Ersatzfigur, der Ehefrau, den Mann zu entreißen, hätte somit nicht nur den Sinn, diesen für sich selbst zu gewinnen, sondern auch, den störenden Nebenbuhler aus dem Weg zu schaffen. Begreiflicherweise ist in einer unbewußt durch die ödipale Liebe der Frau zur Mutter determinierten Dreieckskonstellation nicht der Mann-in-seiner-Familie als deren strahlendes Oberhaupt Gegenstand des Verlangens und der Bewunderung, sondern die Mutter-in-ihrer-Familie, die von einem anhänglichen Mann beansprucht wird und zu seinen Gunsten das Mädchen vernachlässigt. Das Mädchen aber widmet sich der undankbaren Aufgabe, diesen von ihr loszueisen! Bezeichnenderweise scheint in einer so konstellierten Beziehung gerade der schwache, anhängliche, gelegentlich rührend wirkende Mann das Entzücken der Geliebten zu wecken, nicht der überlegene, attraktive Heros der positiv-ödipalen Variante, die wir weiter oben zu skizzieren suchten.

Eine Dreieckskonstellation, die sich vorwiegend aus ödipalen Quellen speist, gehört zu dem, was man von analytischer Sicht aus erwartet. Wir haben aber bereits angedeutet, daß diese Beschreibungskategorien nicht hinreichen. Wenden wir uns wieder den beiden fiktiven Gesprächspartnerinnen zu, so könnte die Dritte im Bund ihrer Freundin, die zur Trennung rät, auch entgegnen:

«Aber ich habe noch nie zuvor so geliebt – ich bin so ganz voller Liebe.»

Es scheint sich zunächst um eine bloße Variante des ersten Arguments von der Einzigartigkeit des geliebten Wesens zu handeln, und in einem bestimmten Kontext mag dies auch zu Recht so verstanden werden. Unser Interesse gilt aber dem Umstand, daß in der von uns gewählten Formulierung vom Gegenstand der Liebe nicht die Rede ist. Die Liebesregung richtet sich nicht auf ein Objekt, sondern scheint ganz im Selbstgenuß der Verliebtheit aufzugehen. Dieses Phänomen gehört zur Alltagserfahrung und begleitet als narzißtisches Verliebtheitsentzükken eine Zeitlang gewiß viele zärtliche Bindungen. Aber wiederum liegt uns daran zu betonen, daß, was dort in die Geschichte einer lebendigen Beziehung, zwischen zwei Individuen eingebunden bleibt, hier außergeschichtlich an die Stelle der Beziehung tritt. Das Erfülltsein von Liebe, die Wahrnehmung des Gegebenen in erregender Intensität wird um seiner selbst willen gesucht oder wird durch die stimulierende Verwendung eines Objekts erreicht, das günstigerweise nicht kontinuierliche Bezogenheit gestattet, sondern sich auf erregende Weise entzieht. Unser Beschreibungsversuch mag es bereits verdeutlicht haben: Es geht hier vor allem um Erlebnis- und Befriedigungsqualitäten der Oralität. Die Beziehungskonstellation gestaltet sich hier für die Dritte im Bund als Spannungsfeld von appetitlicher Verlockung und Verzehrlust. Wir wollen das Bild ein wenig ausschmücken. Die Geliebte nimmt sich selbst sowohl als lebendig wie als attraktiv für den Partner wahr, wenn sie den Eindruck der Begeisterten, der Empfindungsfähigen und Erregbaren macht (das heißt derjenigen, die Appetit, Verzehrlust besitzt). Der Partner erscheint ihr als begehrenswert, wenn er unausgesetzt von ihr begehrt werden kann, wenn er ihren Appetit unausgesetzt anregt. Der Appetit ist sexualisiert, das heißt vor allem bezogen auf den Koitus: das sexuelle Zusammensein wird von der Geliebten mit Angstlust vorwiegend im Modus des Eindringens, Durchdringens, Füllens, Ausfüllens, Saugens, Aussaugens etc. erlebt. Alles ist zu vermeiden, was den Appetit, der hier ja Lebendigkeit, intensive Teilnahme sichern soll, stillen und damit zum Verschwinden bringen könnte. Zur vollen Sättigung darf es daher nie kommen. Der Geliebte darf konsequenterweise nie voll erreichbar, voll verfügbar sein, muß aber gleichzeitig signalisieren, daß er nicht abhanden kommt, daß er nicht verlorengeht. Diese besondere Nähe-Distanz-Regulierung wird über die Ehefrau des Mannes erreicht: Sie hält ihn in der Vorstellung der Geliebten fest und in ausreichender Distanz, er aber bleibt ihr, der Geliebten, zugewendet, bietet seine oralen Schätze ihr, nicht der Ehefrau an.

Wir haben nun einiges vom Aspekt der Triebbefriedigung und einer Lebendigkeit wie Intensität verheißenden Dauererregung gesprochen, aber noch wenig von den Besonderheiten der Objektbeziehung.

Jedoch hatten wir bereits erwähnt, daß hier die Qualität oralen Erlebens nicht die Ausrichtung auf ein geliebtes Objekt kennzeichnet, sondern einer narzißtischen Selbstvergewisserung dient. Es geht um die Möglichkeit, sich selbst als erfüllt, als liebe-voll bezogen zu bestätigen und sich dabei als lebens-voll zu spüren. Diese Rückversicherung, diese Dauerbestätigung ist zur Vermeidung des gefürchteten Gegenteils notwendig: Leblosigkeit, Beziehungslosigkeit, Leere. Das Phänomen selbst dürfte im gegenwärtigen gesellschaftlichen Leben ziemlich verbreitet sein: die Aufladung eines Zustandes der Beziehungslosigkeit, der Leere, ungelebten Lebens mit enthusiastischer Bewegtheit, mit Passioniertheit in Permanenz. Den Ursachen dieser Erscheinungen können wir an dieser Stelle nicht nachgehen. Wenden wir uns der Psychodynamik der frühen Kindheitsgeschichte, jener idealtypischen Geliebten zu, die am Ehemann einer anderen Frau vor allem um der narzißtischen Selbsterfüllung willen festhält. Zu vermuten ist eine für das Kind sehr problematisch verlaufende Beziehung zur präödipalen Mutter, eine Beziehung, in der das Kind sich als lästiges Anhängsel einer anderweitig engagierten Mutter sah, einer Mutter, die aufatmen und sich sofort abwenden mochte, wenn das Kind sich verselbständigte und sie nicht in Anspruch nahm, die aber gereizt reagierte, wenn das Kind zwischenzeitlich immer wieder zu ihr zurückkehren wollte. Man darf sich vorstellen, wie eine Mutter, sich widerwillig festgehalten und in Anspruch genommen sehend, ihrer kleinen Tochter ungeduldig vorwirft: «Du kannst aber auch nichts mit dir anfangen!» Die Wendung zum väterlichen Liebesobjekt läßt in einer derartigen Situation brüchigen Selbstgefühls und partiell frustrierter Oralität die Hoffnung auf eine kompensatorische mütterliche Beziehung keimen. Doch auch diese Beziehung gestaltet sich problematisch. Wendet der Vater sich dem Kind fürsorglich-zärtlich zu, kann dieses die Zuwendung nicht eindeutig genießen, nicht voll nutzen und sich allmählich davon lösen; denn es hat seine orale Bedürftigkeit in der Beziehung zur Mutter nicht regulieren gelernt und verfügt noch nicht über genügend Sicherheit und Selbstvertrauen in der Herstellung von Nähe und Distanz. Immerhin erlebt es bei einem ihm bereitwillig zugewandten Vater, daß es sich selbst als Wesen empfinden und bestätigen darf, das Zuneigung erlebt und äußert. Es geht um die Rückversicherung durch ein väterliches Selbst-Objekt (das durch eine kontrollierende mütterliche Figur auf Distanz gehalten wird), daß man selbst erfüllt und innerlich reich und so ausgestattet zuversichtlich aktiv werden kann.

Mit stark masochistischen Zügen eingefärbt und das Moment der Sexualisierung verdeutlichend mag Karoline von Günderrodes Brief aus ihrem Todesjahr 1806 (sie war damals 26 Jahre alt) an ihren verheirateten Freund Friedrich Creuzer die Atmosphäre einer narzißtisch bestimmten Liebesweihe – die hier stärker der Passion als dem erregten Hochgefühl gleicht – zeigen:

«Ich sende Dir ein Schnupftuch, das für Dich von nicht geringerer Bedeutung sein soll als das, welches Othello der Desdemona schenkte. Ich habe es lange, um es zu weihen, auf meinem Herzen getragen. Dann habe ich mir die linke Brust gerade über dem Herzen aufgeritzt und die hervorgehenden Blutstropfen auf dem Tuch gesammelt. Siehe, so konnte ich das Zarteste für Dich verletzen. Drücke es an Deine Lippen:

es ist meines Herzens Blut! So geweiht, hat dieses Schnupftuch die seltene Tugend, daß es vor allem Unmut und Zweifel verwahrt. Ferner wird es Dir ein zärtliches Pfand sein» (zit. n. Wolf 1979, S. 244).

An Karoline von Günderrode freilich, die junge Dichterin des beginnenden 19. Jahrhunderts, die mit zwei Liebesbeziehungen zu älteren verheirateten Männern scheiterte, darf man wohl auch bei folgendem Argument denken:

«Bei ihm habe ich das Gefühl, daß er mich wirklich liebt. Und das ist mir eine sehr wichtige Bestätigung.»

Karoline von Günderrode schreibt 1805 an ihren vertrauten Bekannten Savigny über Creuzer, den verheirateten Mann, den sie liebt:

«[...] da wurde mir plötzlich durch ein einziges Wort alles klar, in diesem Augenblick schwand aller Trübsinn, der Friede hat mich seitdem nicht wieder verlassen; ich habe jede andere Hoffnung aufgegeben, nur die nicht, daß mich Creuzer immer lieben wird, mit solcher Ruhe habe ich ihm auch geschrieben [...]» (zit. n. Wolf 1979, S. 178).

Hatten wir soeben beim kleinen Mädchen, das sich in der präödipalen Beziehung zur Mutter als lästiges Anhängsel und zum Teil als in verfrühte Eigenständigkeit abgeschoben erlebt hatte, einen zärtlich und interessiert zugewandten Vater vorausgesetzt, so gehen wir nunmehr von ganz ähnlichen Voraussetzungen mütterlicherseits aus, vermuten aber jetzt ein väterliches Bezugsobjekt, das dem Kind schwer erreichbar, schwer zu gewinnen, schwer der mütterlichen Inanspruchnahme entziehbar schien. Hier geht es in der weiteren Entwicklung um die Suche nach kompensatorischer Selbstvergewisserung, um eine Art friedliche Erlösung durch das Gefühl, für jemanden wichtig zu sein, womöglich wichtigstes Liebesobjekt zu sein. Dieses Geliebt-Werden muß als dauerhafte narzißtische Zufuhr aufrechterhalten, es darf nicht durch gelebte Beziehung der Veränderung unterworfen werden. Hier wie im zuvor erwähnten Fall muß das Objekt, das die narzißtische Zufuhr spendet, ausreichend auf Distanz gehalten werden, um die Permanenz dieser Zufuhr zu sichern. Das «Unwirklich-Bleiben» der Liebesbeziehung bietet gerade für Frauen mit einer vorwiegend auf der präödipalen Ebene gestörten Entwicklungsgeschichte die wesentliche Vergünstigung, daß die narzißtische Bestätigung durch ein «gutes Objekt» aufrechterhalten werden kann und nicht durch eigene Regungen des Hasses und der Wut auf dieses Objekt in Frage gestellt und bedroht wird.

Creuzer schreibt zweifelnd der ihm schwärmerisch ergebenen jungen Karoline:

«Lerne es einsehen, daß nicht blos Gleichartigkeit der inneren Wünsche dazu gehöret einander anzugehören und miteinander im Gemüthe vermählt zu werden, sondern auch eine Gleichartigkeit des äußeren Schicksals, des Standes, des Güterbesitzes, kurz der ganzen Lage. [...]

Hat der Freund [gemeint ist Karoline, d. Verf.] wohl je etwas empfunden von der stillen Macht der Gewohnheit? Kennt er die Sitte des häuslichen Lebens? und versteht er die Abhängigkeit des häuslichen Lebens von zufälligen Beschränkungen: Namentlich von dem Raum und der Einrichtung der Wohnung? Bedenkt er den Zwang örtlicher Nähe? Berechnet er die geforderten und freiwillig dargebotenen Dienste, die der Leib herbeiführet – der oft kränkelnde Leib dessen der ihn nicht achtet noch schonet?» (zit. n. Wolf 1979, S. 226 f.).

Ist der wichtigste Wert für die Geliebte innerhalb einer Dreieckskonstellation die narzißtische Bestätigung durch ein zugewandtes, aber nicht erreichbares Objekt, so müssen ihr die Erfordernisse einer räumlich-körperlichen Gemeinschaft mit dem Partner blaß, uninteressant, unverständlich bleiben. Was die Konkretisierung der Liebesgemeinschaft im irdischen Leben betrifft, so bleibt die Geliebte anspruchslos:

«In solcher Ergebung in so anspruchsloser Liebe werde ich immer Dir angehören, Dir leben und Dir sterben. Liebe mich auch immer Geliebter. [...] Den Verlust Deiner Liebe könnte ich nicht ertragen. Versprich mir mich nimmer zu verlassen. O Du Leben meines Lebens verlasse meine Seele nicht. Sieh es ist mir freier und reiner geworden, seit ich allem irdischen Hoffen entsagte» (zit. n. Wolf 1979, S. 234).

Unerträglich bleibt allein die innere Abwendung des Geliebten. Um bei unserer literarischen Vorlage zu bleiben:

Als Creuzer – die Absicht, sich von der Ehefrau zu trennen, ist mit Wissen Karolines längst aufgegeben – seiner außerehelichen Gefährtin, eigentlich Briefpartnerin, den Abschied gibt, erdolcht sie sich auf dem Friedhof in Winkel am Rhein.

Wohlgemerkt, unser Anspruch geht keinesfalls dahin, der historischen Person dieser jungen Frau gerecht zu werden oder mit unseren Zitaten und Erläuterungen ihrer psychischen Verfassung Kontur zu geben. Wir illustrieren mit Hilfe solcher Zeugnisse allein eine bestimmte Weise, sich durch die Aufrechterhaltung einer Dreieckskonstellation narzißtisch zu stabilisieren und das für narzißtische Zufuhr wichtige Objekt vor aggressiven und destruktiven Regungen zu schützen. Den Part des bösen, des ungenügenden, unbefriedigenden, aggressiven, destruktiven Objekts hat die entfernte Ehefrau per Projektion zu übernehmen.

Mit Rohde-Dachser (1987) können wir davon sprechen, daß das «duale Beziehungsmuster» (S. 8) zwischen der Geliebten und dem Ehemann hier «narzißtische Reparationsfunktion» (S. 9) hat, daß dieses aber geschützt werden muß durch ein kontrollierendes, Distanz herstellendes, sich als Projektionsfigur für externalisierte Vorstellungen eignendes drittes Objekt, das sowohl «vor dem Versinken in dieser Dual-Union (Gefahr des Ich-Verlustes)» (S. 8) wie auch vor ihrer Zerstörung durch jene kaum steuerbaren intensiven Haß-, Zerstörungs- und Schädigungsregungen bewahren soll, die der präödipalen Frustration entstammen.

Wir kommen nun im Gespräch zwischen unseren beiden fiktiven Freundinnen zu einem Argument, das zunächst als resignierte Variante des soeben reflektierten erscheint:

«Mit ihm zusammenzubleiben ist doch immerhin besser als gar niemanden zu haben.»

Verstehen wir aber wohl, daß hier doch auch ein bisher weniger beachteter Aspekt hervortritt. Die Liebende traut sich – bewußt – nicht zu, aus eigener Initiative ein Liebesobjekt für sich zu gewinnen – eine geringe Einschätzung der eigenen Attraktivität und der eigenen Erfolgsaussichten, die unter noch oder wieder alleinstehenden Frauen recht verbreitet sein dürfte. Wir wollen diese Haltung indessen wiederum nur in bezug auf die Stabilisierungsfunktion hin prüfen, die sie im Rahmen der Dreieckskonstellation haben kann, die unser Thema ist. Hier, so darf man zunächst konstatieren, hat die Frau sich gerade in eine Lage gebracht, in der es für sie in der Tat besonders schwer, besonders aussichtslos ist, sich mit dem begehrten Mann zu verbinden. Sie zieht ihr skeptisch-resigniertes Resümee also nicht nach vergeblichen Bemühungen auf dem «freien Markt», sondern sozusagen vor den Toren eines gut bewachten und gesicherten Gebäudes, zu dem sie keinen Zutritt hat, vor dem sie aber sitzen bleibt.

Der «freie Markt» mag für sie etwas Ängstigendes, Erschreckendes, Einschüchterndes haben, so daß ihr das «wohlgesicherte Gebäude» als eine Art Zufluchtsort erscheint. In der Tat scheint es sich so zu verhalten, daß von der Familiengemeinschaft, von der der Ehemann einen Teil repräsentiert, auf ein Wesen, das sich allein und ohne Heimatbasis fühlt, eine gewaltige Anziehungskraft ausgeht. Dieses sich schutzlos und heimatlos fühlende Wesen hat große Sehnsucht nach Zugehörigkeit, nach Aufgenommen-Sein in einen Familienkreis, der ihr die Wunschphantasie von Stetigkeit, Festigkeit, Dauer und Zusammenhalt vermittelt. Es handelt sich um eine Wunschphantasie, nicht um die realistische Vorstellung eines begehrenswerten Gutes, das in der Menschengemeinschaft erreicht und erkämpft werden kann:

Die eherne Festigkeit und unverbrüchliche Gemeinschaft, die eine solche in eine Dreieckskonstellation verstrickte Frau unbewußt ersehnt, entspringt der infantilen Angst vor Verselbständigung, vor Ablösung, vor Allein-auf-sich-gestellt-Sein, vor Alleinsein. Bewußt geäußerte Zweifel an der eigenen Attraktivität und am Erfolg von Eigeninitiative verdecken die verleugnete, weil allzu ängstigende Weigerung, sich als Individuum zu sehen und zu akzeptieren, das getrennt von Bindungen existiert. Genauer muß es heißen: getrennt von Gebundenheit, denn diesem «Typus der Geliebten» geht es darum, nicht neue Beziehungen einzugehen, sondern die Kontinuität der frühen Bezogenheit aufrechtzuerhalten. Sprachen wir bei der Erläuterung der ödipalen Dreieckskonstellation von der Attraktivität des Mannes-in-seiner-Familie für die außereheliche Gefährtin, so sollten wir hier von der Attraktivität der Familie (die als ihre Ingredienzien Vater, Mutter und Kinder einschließt) sprechen. Das Verlangen nach dem Mann bedeutet hier in erster Linie, ihn als Eintrittspforte in den idealen Familienkreis zu betrachten. Der Umstand, daß die Geliebte in diesen Kreis real nicht einbezogen wird, steht im Dienste der Wunschphantasie. Bewußt mag die Geliebte die Familie des Mannes als Bollwerk gegen ihre Verbindung mit dem Liebhaber verstehen; aber es handelt sich in ihrer Vorstellung eben um ein Bollwerk, um ein ideal gesichertes Haus, das als Ganzes die unverbrüchliche Kraft hat, den Mann, selbst wenn er seine Zeit gelegentlich mit der Geliebten verbringt, fest an dieses gebunden zu halten.

Die letzten Formulierungen dürften bereits das Bild nahegelegt haben, daß es sich bei dieser unbewußten Vorstellung vom «Familienkreis» als festgefügtes Haus um die Phantasie von der omnipotenten archaischen Mutter der frühen Kindheit handelt. An *ihr* partizipiert die Geliebte; der Mann erscheint als Verbindungsglied zwischen «Kind» und «Großer Mutter».

Die Mittlerposition des Mannes hat eine sehr wichtige stabilisierende, schützende, sichernde Aufgabe: die Tatsache, daß das kleine Mädchen sich gewissermaßen vor dem großen Haus gehalten und nicht zum Eintreten aufgefordert sieht, gibt dem positiven Anteil jener archaischen Mutterfigur neues Leben und gestattet die Abspaltung der archaisch-zerstörerischen Aspekte.

Aber so erlösend-wunderbar die Wunschphantasie eines mütterlich-allmächtigen Wesens sein mag, von dem erfaßt und geborgen man nie die Kälte der Freiheit und die undurchsichtige Rauheit des «freien Marktes» zu ertragen hat, so lähmend, so niederdrückend legt sich doch andererseits das Gewicht dieser Gewaltigen auf das eigene Selbstgefühl. Argumentiert daher unsere fiktive Freundin nunmehr mit matter Stimme:

«*Ich gerate immer in solche Verwicklungen. Ich habe da offensichtlich besonderes Pech und nicht die Kraft, das zu ändern*», so verweist
dieser klagende Ton – kurz gesagt – auf einen sehr mißliebigen Aspekt
der Sehnsucht nach Eingebunden-Bleiben in den mütterlich-matriar-
chalen Familienkreis: Man bleibt ein Spielball dieser (mütterlichen) Verhältnisse, man bleibt ihnen willkürlich ausgeliefert, man kann sich nicht
zum Verursacher des eigenen Handelns erheben.

Anders klingt da schon eine forsche Entgegnung wie diese:

«*Mehr als eine Wochenendbeziehung will ich gar nicht investieren.
Mir ist soviel Abstand gerade recht. Ein dauerndes Zusammensein wäre
mir sowieso zuviel.*»

Diese Forschheit bringt indessen nicht immer Kühnheit oder innere
Unabhängigkeit zum Ausdruck. Ebensogut könnte es sich um eine ideo-
logisch gefällig untermauerte Haltung handeln, deren Nutzen vor allem
darin besteht, daß eigene Abhängigkeitsbedürfnisse verleugnet und mit
einem mehr oder weniger bewußt erlebten Gefühl des Triumphes pro-
jektiv ans Liebesobjekt abgetreten und dort verhöhnt werden. Diese auf
Dauer ohnehin allzu anstrengende und an Glaubwürdigkeit einbüßende
Haltung kann nicht darüber hinwegtäuschen, daß auch hier *aktive Wahl*
des Liebesobjekts, die sich immer erst im Gefolge von Trennung, von
Ablösung, von Bewältigung des Alleinseins und der damit verbundenen
Trauerarbeit ermöglicht, vermieden wird. Diese Ideologie scheinbarer
Unabhängigkeit, scheinbarer Wahlfreiheit in bezug auf beliebige und
beliebig neue Objekte, wie sie deutlicher etwa noch in den vor kurzem
noch modischen libertinären «offenen Ehebeziehungen» zum Ausdruck
kommen mochte, steht tatsächlich im Dienst einer ungelösten Bindung
an eine allmächtige archaische Mutter, die als immer spendend, immer
gewährend, immer konsumierbar phantasiert wird, deren archaische
Destruktivität jedoch verleugnet werden muß. Auf diesem Hintergrund
sind Liebesbeziehungen, die sich im Sinn dieser Haltung deklarieren,
zum Scheitern verurteilt. Sie mögen andauern, solange ungestört orale
und oral sexualisierte Sättigung und narzißtische Zufuhr gewährt werden; sie lösen sich beim Anzeichen von Spannungen auf, die aus der
Notwendigkeit vorübergehenden Triebverzichts wie des Verzichts auf
narzißtische Zufuhr entstehen, die den Austausch aggressiven Erlebens
und den Umgang mit Nähe und Distanz betreffen.

Blicken wir zurück.

Die Dritte im Bund mag aus vielerlei Gründen an einer triangulären
Beziehung festhalten, in der sie kaum Aussichten hat, die Erste zu werden.

Wir haben eine Reihe von Gründen angeführt, die ein solches Verhältnis für die Geliebte unbewußt durchaus vorteilhaft und anziehend sein lassen. Ob sie durch die Liebe zum verheirateten Partner die kindlich-verliebte Beziehung zum väterlichen Familienoberhaupt der Kinderzeit reinszeniert, ob sie sich unbewußt als verführerisches kleines Mädchen unter Beseitigungswünschen gegen den Vater der begehrten Mutter nähert oder ob sie in der Aufnahme einer heterosexuellen Liebesbeziehung Distanz braucht, genügend Abstand zum Mann, weil eine ungelöste präödipale Mutterbindung sie im Umgang mit eigenen aggressiven Regungen, Abgrenzungs- und Autonomiewünschen hilflos und ängstlich bleiben ließ – in jedem Fall verharrt die Geliebte in einer psychosozialen Konstellation, die ein innerliches Gebundensein an die *Primärfamilie* voraussetzt. Bei Objektbeziehungen auf ödipaler Ebene ist es entweder verherrlichte Maskulinität in ihrer Verflochtenheit mit weiblichen Besitz- und Geltungsansprüchen oder wirkungskräftige, verführerische Weiblichkeit in der Spannung zwischen Mutter und Tochter, bei Verdrängung des lästigen Vater-Mannes, und zwar innerhalb eines im Erwachsenenleben reinszenierten Familiendramas. Geht es um die präödipale Sehnsucht nach Rückkehr in die machtvolle Geborgenheit früher Mutter-Kind-Beziehung, so ist der Status eines Tochter-Seins im Sinne eines Teil-der-Mutter-Seins in noch grundsätzlicherem Sinn gegeben.

Die Geliebte als Tochter-Frau, Teil des mächtigen Familienpols der Mutter, strebt von dort zum väterlichen Pol hin und sucht sie doch wieder über die Distanz des väterlichen Pols zu erreichen. Dieser ist hochbedeutsam, dieser Distanz schaffende Rettungsanker vor erdrückender mütterlicher Macht und Fülle (vgl. das Konzept der «frühen Triangulierung» bei Abelin 1971, Rotmann 1978). Sein Schicksal als Rettungsanker aber ist, daß er psychische Stabilität zu sichern, vor narzißtischem Zusammenbruch zu bewahren vermag – als individuelles Subjekt, als «bedeutsamer Anderer» kann er jedoch von der Tochter-Frau nicht erlebt werden.

Es darf nicht mehr überraschen, daß die heterosexuelle Bindungsform in der Dreiecksbeziehung nicht zwanglos die Deutung einer ödipalen Konfliktdynamik nahelegt.

Ein anderes Bild drängt sich auf: Die seit wenigen Jahrzehnten häufig diskutierte Lebensmöglichkeit, in heterosexuellen Partnerschaften sich in Konstellationen einzurichten, in denen die Liebenden gleichzeitig weiteren intimen Kontakten gegenüber offenbleiben oder an ihnen festhalten, kann in gewisser Weise durchaus als «Befreiung» angesehen werden, insofern nämlich, als es Abstand, Entfernung von einem Eingebundensein in eine mächtige, umhüllende, bergende und damit auch erdrückende und enge mütterliche Primärbeziehung schafft.

Unter den Bedingungen, die wir ausgeführt haben, bleibt dieser Befreiungsversuch jedoch zwangsläufig auf einer Ebene wechselseitiger Benutzung des jeweiligen Partners zu narzißtischer Stabilisierung und zur oralen bzw. sexualisiert-oralen Befriedigung.

Als qualvoll und äußerst ängstigend erlebte Bedürftigkeit bedrängt das Individuum, bedrängt die Geliebte, wenn kein bedürfnisbefriedigendes, kein bestätigendes Objekt zur Verfügung steht. Die präödipale Beziehung zum verheirateten Mann erscheint zwar im Gewand ödipaler Triangularität, aber es geht nicht um phallisches Rivalisieren, nicht um kindliche Phantasien, an der Phallizität des Vaters teilzuhaben und ein herrliches Kind als sein Geschenk zu erhalten, es geht nicht um die Vorstellung des kleinen Mädchens, durch den Vater zu weiblicher Vollkommenheit zu gelangen etc. (was sich bei der psychoanalytischen Durchdringung ödipaler Pathologien häufig findet). Wollten wir beim präödipalen Dreieck auf der Bühne Regie führen, so dürfen wir uns vielleicht von einem Bild anregen lassen, das der Szenerie des Kafkaschen «Schlosses» entstammen könnte und das wir – im Sinne einer Abschlußvignette – spielerisch aus der Perspektive des Mädchens, der Geliebten, anleuchten wollen.

«Die Mutter»: ein entferntes, bisweilen kaum sichtbares, sowohl verheißungsvoll schimmerndes wie bedrohlich unheimliches Gebäude von – wie man vom Hörensagen weiß – nicht recht faßbaren Ausmaßen, von höchster Bedeutung, sich den Sehnsüchten der auf das Schloß Orientierten (die ihm gegenüber so klein, so schwach, gering, so abhängig sind) entziehend und sich dann wieder bedrückend aufdrängend.

«Der Vater»: ein Abgesandter des Schlosses, ohne klare Kontur, nicht recht faßbar, bedeutungsvoll als Gesandter des Schlosses, als Individuum vielleicht geheimnisvoll, jedoch undeutlich bleibend. Dieser männliche Gesandte ist launisch und unstet, verhält sich oft unnahbar, Begünstigten, Erkorenen gegenüber jedoch entgegenkommend, beschenkend. Seine Zuwendung bedeutet höchste Gunst, größtes Glück, auch wenn er selbst seine Gegenwart selten zur Verfügung stellt. Es scheint dann der Begünstigten, der Geliebten so, als entstehe eine fühlbare Verbindung zum Schloß – eine Verbindung auf Abstand, denn wer könnte die Nähe, die direkte Konfrontation mit diesem Allerbedeutendsten ertragen?

Literatur

Abelin, E.L.: The Role of the Father in the Separation-Individuation Process, in: McDevitt, P., Settlage C.F. (Eds.): Separation-Individuation, New York 1971

Freud, S.: Bruchstück einer Hysterie-Analyse (1905), in: Gesammelte Werke V

Freud, S.: Zur Einführung des Narzißmus (1914), in: Gesammelte Werke X

Kernberg, O.F.: Borderline-Störungen und pathologischer Narzißmus, Frankfurt/Main 1978

Mahler M.S., Pine F., Bergman A.: Die psychische Geburt des Menschen, Frankfurt/Main 1978

Rohde-Dachser, C.: Ausformungen der ödipalen Dreieckskonstellation bei narzißtischen und bei Borderline-Störungen, ausgearb. Vortragsmanuskript 1987

Rotmann, M.: Über die Bedeutung des Vaters in der «Wiederannäherungsphase», in: Psyche 32/1978, S. 1105-1147

Wolf, C. (Hg.): Karoline von Günderrode. Der Schatten eines Traumes, Neuwied 1979

Luise Reddemann

«Ein kleines Paradies zu dritt…»

Über den verbreiteten Wunschtraum,
mit mehreren Partnern zu leben

Frage: In Ihrer psychoanalytischen Praxis haben Sie häufiger mit Männern gearbeitet, die mit einer Ehefrau und einer Geliebten leben. Das
Schicksal dieser Patienten ist auch über den Einzelfall hinaus interessant. Worin besteht das Allgemeinere, dem Ihr Interesse ja auch gilt?

Antwort: Als Frau möchte ich wissen, wie Männer sich verstehen, und
was es mit uns beiden, Frauen und Männern, auf sich hat. Daß einer
sich eine Freundin sucht, ist doch keineswegs ein Problem besonderer
Männer, sondern eines, das sehr, sehr vielen Männern unserer Gesellschaft und damit auch Frauen begegnet.

Frage: Glauben Sie, daß die Vorstellung, mit zwei oder mehr Frauen zu
leben, jeden Mann beschäftigt?

Antwort: Jeden nicht, aber wohl die meisten. Ich nehme an, daß Monogamie eine Kulturleistung ist und nicht biologisch begründbar ist.
Darum werden die Bedürfnisse dem, was unsere Kultur vorschreibt,
immer wieder entgegenstehen und ein ganzes Leben lang auch zu Konflikten führen. Und zwar nicht nur für Männer, sondern ebenso für
Frauen. Wenn man mit Frauen länger spricht, wie das zum Beispiel in
Therapien geschieht, oder auch in offenen Gesprächen unter Freundinnen, wird deutlich, daß auch Frauen solche Wünsche haben. Frauen
haben durchaus auch das Bedürfnis, mehrere Sexualpartner zu haben,
und es gibt auch Kulturen, in denen vorgesehen ist, daß eine Frau mit
mehreren Männern lebt.

Frage: Können Sie dafür ein Beispiel nennen?

Antwort: In Ladakh, zum Beispiel, schreibt die tibetanische Religion
heute noch Vielmännerei vor. Und die Männer, so scheint es, sind dieser

einen Frau, die sie teilen, treu. Das zeigt, daß auch die Umkehrung unserer Verhältnisse denkbar ist, daß es Lebensformen gibt, wo Männer sich damit einrichten können, monogam zu leben und sich eine Frau zu «teilen». Sie leisten Triebverzicht aus religiösen Überzeugungen heraus. Ihr Verhalten ist in eine sehr hoch entwickelte Ethik und Moral eingebunden. Bei den Eskimos gibt es ebenfalls Vielmännerei. Dort existiert übrigens kein Wort für «Eifersucht».

Frage: «Triebverzicht» hört sich für mich so an, als ob die Männer bei uns sich zwei oder mehrere Frauen wünschen würden, weil sie so triebhaft sind. Ist das der Grund?

Antwort: «Triebhaft» klingt für uns sehr negativ. Wir müßten uns über den Triebbegriff verständigen. Ich halte ihn für nützlich, weil er etwas deutlich macht. Wenn wir bei dem ursprünglichen Freudschen Triebbegriff bleiben, können wir uns leicht darauf verständigen, daß es immer und überall um die Triebnatur und um die Sublimierung von Trieben geht. Aber wenn wir fragen, was genau die Motive für einen Mann sind, mit zwei Frauen leben zu wollen, denke ich, daß das etwas sehr Vielschichtiges ist. Ich bin mir nicht sicher, ob man das überhaupt auf einen allgemeinen Nenner bringen kann. Es kann sein, daß ein Mann mit mehreren Frauen zusammen sein will, weil er hauptsächlich sexuelle Befriedigung sucht.

Es sind aber auch andere Gründe denkbar. Vielleicht fehlt ihm in einer Beziehung die Zärtlichkeit, oder er hat das Gefühl, nicht genügend akzeptiert zu sein, und das sucht er dann woanders. Ich denke, daß häufig auch Bedürfnisse, die sexuell erscheinen, gar nicht unbedingt sexuell gemeint sind. Männer sind doch in unserer Gesellschaft oft so sozialisiert, daß ihre einzige Möglichkeit, Gefühle auszudrükken, in der Sexualität besteht. Zärtlich zu sein fällt ihnen schwer; manche sind dazu kaum fähig. Deshalb ist mein Eindruck, daß viele Männer eigentlich nicht eine sexuelle Beziehung suchen – manchmal sind sie in ihrer psychischen Reife noch gar nicht soweit –, sondern daß sie eine zärtliche Freundin suchen, sich das aber nicht eingestehen können. Das würde ihrer Vorstellung von Männlichkeit nicht entsprechen. Deshalb lassen sie sich dann eben auch auf eine sexuelle Beziehung ein. So fürchterlich überzeugt sind sie oft gar nicht davon, sondern es wäre auch genug, wenn man gut befreundet wäre. – Aber es kann beides sein. Natürlich geht es häufig auch darum, bei der Geliebten eine sexuelle Befriedigung zu finden, die man in der Ehe nicht findet.

Frage: Also steht am Anfang immer ein Konflikt in der Ehe?

Antwort: Ja. Ich gehe immer davon aus, daß es auch etwas mit Ehekonflikten zu tun hat, wenn ein Ehemann sich eine zweite Partnerin sucht. Aber man sollte Konflikte nicht gleichsetzen mit «krankhaft». Es ist, glaube ich, wichtig, sich klarzumachen, daß Konflikte auf jeden Fall zum Leben gehören. – Männer, mit denen ich in der Praxis zu tun hatte, nennen häufig zunächst als Grund dafür, daß sie eine Geliebte haben, sie fühlten sich von ihrer Ehefrau nicht voll verstanden. Das Schöne an der neuen Beziehung sei, daß sie sich von der Geliebten angenommen und verstanden fühlten. Das ist der Teil, der den Männern zunächst einmal bewußt ist. Insofern ist die Hinwendung zu einer anderen Frau eine Konfliktlösungsstrategie. Der Konflikt mit der Ehefrau ist der: Ich möchte von dir ganz und gar angenommen werden, aber ich bin enttäuscht von dir oder wütend auf dich, daß du das nicht machst. In diesem Spannungsfeld befindet sich der Mann. Er könnte sich auch mit der Frau auseinandersetzen und versuchen, zu bekommen, was er will. Oder er könnte vielleicht akzeptieren, daß die Frau das nicht geben kann. Das wären andere Strategien. Er greift aber jetzt auf die Strategie zurück: «Ich lasse die Frau wie sie ist, und ich gehe heraus aus dem Ganzen und suche mir jemand anderen.» Das kann etwas Neurotisches an sich haben, muß es aber nicht. Es kann auch in einer Beziehung die beste mögliche Lösung sein, also eine relativ reife Lösung für diese Beziehung.

Zum Beispiel kann es seine bewußte Vorstellung sein, daß er der Ehefrau nicht mehr zumuten kann. Und vielleicht hat er sogar recht damit. Das muß man dann im Einzelfall untersuchen und klären.

Frage: Und was sucht er dann in der Geliebten?

Antwort: Vieles Verschiedenes. Sicher zunächst die Person, von der er sich ganz und gar angenommen fühlt. Eine Person, die auf ihn eingeht, die, wenn er es will, für ihn da ist. Sicher ganz wichtig ist der Wunsch, jemanden zu haben, zu dem man kommen kann, wann immer man will, von dem man aber auch wieder weggehen kann, wann man will. Man kann das selbst bestimmen, und der andere ist verfügbar. Dadurch wiederholt man eine bestimmte Situation in der frühen Kindheit, in der das Kind es nötig hat, sich von der Mutter zu entfernen, aber dabei zugleich sicher sein will, daß es auch jederzeit wieder zurückkommen kann.

Ich denke, der Wunsch, sich entfernen zu können, kann ein wichtiges unbewußtes Motiv bilden, sich eine Geliebte zu wählen. Die Ehefrau wird vielleicht eher als die Person erlebt, die einen ganz und gar haben will, und das löst Angst aus.

Auch hier könnte der Betreffende wieder versuchen, seinen Wunsch in der Beziehung mit der Ehefrau zu verwirklichen. Aber eine andere Möglichkeit ist eben, es erst einmal mit jemand anderem zu probieren. Das führt meiner Erfahrung nach nicht selten dazu, daß nachher auch in der ehelichen Beziehung mehr Freiheit möglich ist, daß man einander mehr läßt. Häufig lernt die Ehefrau aus der Geschichte des Mannes, der eine Geliebte hat, daß sie ihm mehr Freiheit lassen muß. Die Ehefrau gerät letzten Endes auch in die Position der Geliebten – der Mann kommt und geht bei ihr wie bei der Freundin. Sie lernt möglicherweise, daß sie nicht mehr wie früher über ihn verfügen kann.

Frage: Offenbar sehen Sie in dem Wunsch nach Bewegungsfreiheit, nach Kommen-und-Gehen-Können ein zentrales Motiv im Leben zu dritt. Ist es nicht seltsam, daß erwachsene Leute noch so um ihre Unabhängigkeit kämpfen müssen?

Antwort: Dazu kann ich nur eine Vermutung äußern. Es scheint so, daß die Entwicklung persönlicher Unabhängigkeit schon in der frühen Kindheit häufig mißglückt. Eine Mutter-Kind-Konstellation, in der das Kind sich entfernen darf, die Mutter aber verfügbar bleibt, wenn es zurückkommt, und zwar liebevoll verfügbar, ohne zu schimpfen, das scheint ein schwieriger Moment in der Entwicklung zu sein und eher selten zu gelingen. Von daher bleibt es uns allen ein großes Bedürfnis, uns wieder in ähnliche Situationen hinein zu begeben, um endlich zu bekommen, was wir uns damals gewünscht haben.

Frage: Kennen Sie noch andere Motive?

Antwort: Ein weiteres unbewußtes Motiv könnte sein, daß ein Mann, der enttäuscht ist über seine Ehefrau, nicht in der Lage ist, sie als eine ganze Person zu erleben, also als jemanden, der sowohl gut wie böse ist. Er gerät dann immer mehr in eine Situation, in der ihm die Ehefrau als ausschließlich böse erscheint. Entsprechend sucht er dann auch die absolut Gute und sieht in der Geliebten ausschließlich den positiven Teil, die ganz Gute. Er findet in der Geliebten möglicherweise die ganz gute Mutter und in der Ehefrau die ganz böse.

Ein Stück Mutterübertragung wird in jeder Beziehung sein. Vermutlich findet nicht nur der Mann in seiner Frau ein Stück der Mutter wieder, sondern auch jede Frau in ihrem Mann. Das ist zunächst ganz normal. Wir können nur auf die Erfahrungen zurückgreifen, die wir einmal gemacht haben. Das prägt auch unser Verhalten in der Gegenwart. Unsere Erfahrungen können aber auch zum Problem werden, nämlich dann, wenn sie unsere Wahrnehmung verfälschen. So kann sich die Ehefrau für den Mann immer mehr verwandeln – in seinem Erleben verwandeln, und vielleicht macht sie das sogar ihrerseits auch mit – zu dem, was wir die «böse Mutter» nennen, das heißt, zu einer Person, die versagend und verbietend ist, die sich von einem abwendet und sich den Kindern zuwendet, so daß die Kinder dann möglicherweise als Rivalen erlebt werden. Manche Frauen machen das mit. Es ist ein wechselseitiger Prozeß. Wo da die Phantasie anfängt, wo der Mann die Frau dazu bringt, das zu werden, was er fürchtet, und wo die Frau mitmacht, ist schwer auszumachen.

Die Spaltung an sich, die Fähigkeit, zwischen gut und böse zu unterscheiden, bezeichnet eigentlich einen Fortschritt in der menschlichen Entwicklung. Sie ist nicht nur etwas Verrücktes, sondern der erste Schritt zur Differenzierung. Das bleibt uns natürlich erhalten. Aber es scheint, daß ebenso wie die Entwicklung zur Selbständigkeit auch die Entwicklung zur Unterscheidungsfähigkeit häufig mißglückt. Mindestens unbewußt bleiben wir dann dabei, die Menschen in vollständig gute und vollständig böse einzuteilen. Wir halten daran fest, weil wir in entscheidenden Beziehungen der Kindheit und auch später keine befriedigende Möglichkeit erworben haben, mit dem Widerspruch umzugehen, daß jemand beides zugleich ist, zugleich gut und böse sein kann. Wer dafür keine ihn selbst befriedigende Lösung gefunden hat, wird immer wieder versuchen, altes Geschehen neu in Szene zu setzen, um es zu lösen. Das bedeutet, «Ich möchte dieses Problem endlich lösen, ich möchte es endlich begreifen». Deshalb wird er es unter Umständen so oft wieder in Szene setzen, bis er es gelöst hat. Oder er löst es eben nicht. Denn es gibt ja auch viele Männer, die bei ihrer Frau bleiben, die sie als «böse» erleben, und zugleich immer wieder eine Geliebte haben, immer wieder suchen und immer wieder neu versuchen.

Frage: Wie ist denn begreiflich, daß er bei der Ehefrau bleibt, wenn sie ihm «böse» vorkommt?

Antwort: Auch das kann zahlreiche ganz unterschiedliche Gründe haben. Zunächst geht es wahrscheinlich um Schuldgefühle. Der Ehemann fürchtet, seiner Frau etwas ganz Schreckliches anzutun, wenn er sie verläßt. Auch wenn sie in seiner inneren Vorstellung, die nicht bewußt zu sein braucht, meistens wohl auch nicht bewußt ist, ganz böse ist, darf er sie trotzdem nicht verlassen. Das kleine Kind kann ja auch die Mutter nicht verlassen, selbst wenn sie in seinem Erleben ganz böse ist, und etwas Ähnliches kann sich in dieser Konstellation im Erwachsenenalter wiederholen. «Ich darf dem anderen nichts Böses antun» oder «Das, was ich tue, ist böse und vernichtet den anderen, und das will ich nicht. Ich will mich nicht schuldig machen.»

In diesem Zusammenhang sehe ich auch einen Wunschtraum des Mannes, dem ich in meiner Praxis sehr häufig begegne. Der Traum sieht ungefähr so aus: «Beide Frauen wissen voneinander und haben sich gern, und wir sind dann ein seliges Gespann zu dritt. Ein kleines Paradies zu dritt. Ohne Konflikte, ohne Eifersucht, ohne Streit, ohne Spannung. Jeder hat jeden gern.» Goethe hat in seinem frühen Drama «Stella» diesen Traum Wirklichkeit werden lassen. Die Ehefrau erlaubt ihrem Mann, mit ihr und der Geliebten zu leben. Interessant ist, daß Goethe auf Einsprache von Schiller, der dieses Ende des Dramas unmoralisch fand, eine zweite Fassung schrieb, in der er die Geliebte sterben ließ.

Frage: Der Reiz des Traumes vom kleinen Paradies zu dritt liegt wohl darin, daß der Mann sich nicht als Urheber von Konflikten sehen muß.

Antwort: Genau. Er möchte nicht derjenige sein, der schuldig wird an der einen oder der anderen. Ihn quält natürlich die Vorstellung, daß er jeweils der einen oder der anderen weh tun muß. Diese Vorstellung wäre ihm erspart, die Tatsache selbst wäre aus der Welt, wenn sich alle drei gut verstehen würden. Dann könnten alle glücklich und in Freuden leben.

Frage: Sie sagen das ein bißchen spöttisch.

Antwort: Weil es zu schön ist, um wahr zu sein. Erstens sind wir offenbar, zumindest in dieser Gesellschaft, nicht so sozialisiert, daß uns das gelingt. Und zweitens gibt es wohl das Paradies auf Erden nicht. Ich denke, daß zu jeder Beziehung, ob zu zweit, zu dritt oder zu wieviel auch immer, natürlich auch Spannung gehört, Trennung und Fremdheit. Damit sind Wut und Ärger und Haß verbunden. Das ist nicht aus der Welt zu schaffen. Wir müssen lernen, damit zu leben. Deshalb trifft dieser Traum nicht unsere menschliche Existenz, unser «In-der-Welt-Sein».

Frage: Das leuchtet mir nicht ein. So ein Traum könnte doch auch den Wunsch ausdrücken, mehrere Menschen zu lieben. Sie beschreiben ihn aber bloß als Ergebnis von Konfliktscheu.

Antwort: Sofern er den Wunsch enthält, zu dritt zu leben, drückt sich darin schon auch eine Fähigkeit aus – eben die, daß sich jemand überhaupt wünschen kann, zu dritt zu sein, und sich nicht ausschließlich in einer Zweierbeziehung sehen muß und will. Das Problem in diesem Traum ist aber, daß die Dreiersituation eigentlich so hergestellt wird wie eine erträumte Zweierbeziehung. Ausgeblendet bleibt dabei, daß auch zu dieser Spannung Auseinandersetzung und Getrenntsein gehört. Ein unwirkliches Ideal einer Zweierbeziehung wird in das Dreieck hineinphantasiert.

Frage: Oder, noch schärfer formuliert: Ein Ideal, an dem das Zu-zweit-Sein schon gescheitert ist, wird nun noch einmal als erweitertes Zu-zweit-Sein zu dritt versucht...

Antwort: Ja. Genau.

Frage: ... und das Dreieck bedeutet dann keinen Öffnungs- und Lernprozeß, sondern ist zur Vermeidung eines Lernens arrangiert.

Antwort: Ja. Ich könnte mir nur vorstellen, daß so etwas glücken könnte, wenn die Partner in diesem Dreieck außerordentlich konfliktfähig sind, also zu einer hohen psychischen Reife gefunden haben. Wenn sie gerade nicht der Vorstellung erliegen, daß man da immer in Harmonie sei. Der Mann, der diesen Traum hat, wünscht sich ja gleichzeitig auch das Gegenteil: Er möchte nicht immer verschmolzen sein mit einer Person, und auch nicht mit zweien, sondern kommen und gehen, wie er will. Schon deshalb kann es das kleine Paradies zu dritt nicht geben.

Frage: Wie paßt eigentlich dieser Traum zur Heimlichkeit? Wenn sich Ihrer Erfahrung nach viele Männer wünschen, daß die Frauen sich gut verstehen, müßten sie doch eigentlich alles tun, um die beiden miteinander bekannt zu machen. In der Regel tun sie aber das Gegenteil – sie verheimlichen die Beziehung.

Antwort: Vermutlich gibt es dafür, wie immer, verschiedene Gründe. Ein Grund kann die Lust an der verbotenen Beziehung sein. Es gibt bekanntlich Menschen, die nur Spaß an der Sexualität haben, wenn sie auch verboten ist. Ein anderer Grund kann die Angst sein, die Liebe der Ehefrau zu verlieren oder auch die Ehe und die Familie aufs Spiel zu setzen. Und schließlich können auch soziale Ängste um den eigenen

Ruf eine Rolle spielen. Das ist manchmal auch realistisch – in bestimmten Gegenden mit bestimmter religiöser Orientierung kann so ein «Verhältnis» auch sozial geächtet sein. Man muß sich aber klarmachen, daß solche sozialen Ängste natürlich auch aus inneren Ängsten gespeist werden. Es kann sein, daß die Angst vor sozialer Verurteilung eine Projektion ist – daß eine Stimme in einem selbst, das Über-Ich, sagt: «Du Schwein, was machst du da!» Das wird dann nach außen projiziert und wird als Angst vor der sozialen Verurteilung erlebt. Woher im einzelnen das Bedürfnis nach Heimlichkeit kommt, kann man wohl letztlich nur im psychoanalytischen Gespräch klären.

Frage: Und die Ehefrau merkt wirklich nichts?

Antwort: Das ist sehr unterschiedlich. In den Fällen, in denen ich damit zu tun hatte, wußte die Ehefrau nichts, hat es aber dann meist auf Grund von Zufällen erfahren. Ich spreche dabei von bewußtem Wissen. Es gibt natürlich noch ein unbewußtes Wissen, und da ist mein Eindruck, daß die Existenz der Geliebten den Ehefrauen bekannt ist. Das kann ich, wenn ich mit den Frauen selbst zu tun habe, daraus rückschließen, wie sie fragen, oder ich kann es aus den Erzählungen meiner männlichen Patienten schließen, die über die Fragen der Frauen berichten oder über ihre Symptome oder ähnliches. Hier ist mein Eindruck: die Frauen spüren es eigentlich immer. Bewußtes Wissen ist dagegen seltener, und meine Erfahrung ist, daß es sich eher fatal ausgewirkt hat, wenn die Ehefrauen von den Geliebten erfahren haben.

Frage: Wieso fatal? Wie kann es denn sein, daß eine Frau lieber beim Verdacht und bei unsicheren Gefühlen stehen bleibt, als Bescheid zu wissen?

Antwort: Ich meine «fatal» in dem Sinne, daß die Frauen heftigst gekränkt reagiert haben, daß sie sich dann ausgenutzt, erniedrigt, schlecht behandelt, abgewertet fühlten. Und daß es oft sehr lange gebraucht hat, bis das Paar wieder zu einer einigermaßen erträglichen Beziehung gefunden hat. Ich habe selten gesehen, daß die Mitteilung eines Verhältnisses sich als sehr konstruktiv erwiesen hat. Zumindest nicht sofort. Vielleicht hat es über lange Zeiträume hinweg auch bei den Ehefrauen fruchtbare Prozesse in Gang setzen können, aber erst einmal gab es in allen mir bekannten Fällen Zusammenbrüche bis hin zu Suizidversuchen. Mein Eindruck ist, daß außereheliche Beziehungen dem Ehepartner berichtet werden mit der unbewußten Absicht, der andere möge sie gutheißen. Der andere soll dann wieder so etwas wie eine «gute Mutter» sein, zu der man zurückgeht und die dann sagt: «Ist ja schön, mein Junge, was du da machst. Mach ruhig.» Dabei wird häufig übersehen, daß die Ehefrau eine Person mit eigenen Bedürfnissen, einer eigenen Geschichte, einer eigenen Kränkbarkeit ist. Mir erschien die «Beichte» häufig als der Versuch, jetzt wiederum den Ehepartner zu einem Partner zu machen, der einen mit allem, was man tut, akzeptiert. Fraglos akzeptiert. – Das zieht sich so durch: Sowohl die Ehefrau wie auch die Geliebte sollen möglichst immer wieder Personen sein, die ganz fraglos für den Mann da sind. Wieder denke ich hier, das ist eine Sehnsucht, die wir natürlich alle haben, Männer wie Frauen. Aber sie ist vielleicht bei den Männern, die eine Geliebte haben, offensichtlicher.

Frage: In der Literatur liest man oft, der Mann habe es besonders gut — er lebt zwischen zwei Honigtöpfen. Ist das Ihrer Erfahrung nach mit diesen Männern wirklich so?

Antwort: Nein, das entspricht überhaupt nicht meiner Erfahrung. Die Männer, mit denen ich zu tun hatte, die sich in einer solchen Dreiecksbeziehung befanden, waren darüber zutiefst unglücklich. Ein Moment des Unglücks ist, daß der Traum nicht zu verwirklichen ist. Der Traum vom absoluten Glück führt zu großem Unglücklichsein. Ein anderes sehr wichtiges Motiv ist die Schuldproblematik, das Gefühl, sich schuldig zu machen, um so mehr, je länger die Beziehung dauert, und zwar an beiden Frauen. Diese Männer leiden an der Situation und haben nicht das Gefühl, mit den Honigtöpfen zu leben, oder wenn, dann nur für ganz kurze Zeit. Natürlich sehe ich aber nur bestimmte Menschen in meiner Praxis. Vielleicht beruht meine Auffassung darauf, daß ich mit den Honigtopfmännern eben nicht zu tun habe.

Frage: Kommen wir auf die Heimlichkeit zurück. Ich verstehe immer noch nicht, warum eine Frau lieber mit einem unsicheren Gefühl leben möchte, als mit ihrem Mann offen darüber zu reden, ob er eine Freundin hat.

Antwort: Wenn sie darüber spricht, ist es doch auf alle Fälle schmerzhafter. Dann kommt zwangsläufig der Punkt, wo sie sich mit ihren Grenzen auseinandersetzen muß, mit seinen Grenzen und mit den Grenzen in der Beziehung. Trauer wird notwendig. Die fürchten viele Menschen. Es tut weh, wenn ich mir klarmache, was mit mir los ist und was mit dem anderen, was in unserer Beziehung möglich ist und was nicht möglich ist. Deshalb ist dieses ungewisse Spüren vielleicht trotz allem angenehmer als das wirkliche konkrete Wissen. Es gibt Frauen, die sagen: «Ich will es gar nicht wissen. Ich ahne es, aber ich will es gar nicht wissen.»

Frage: Viele Frauen finden aber doch: Nicht die Tatsache, daß du mich betrogen hast, sondern die Tatsache, daß du mich belogen hast, ist für mich am schlimmsten.

Antwort: Ich vermute, daß das häufig eine Rationalisierung ist. Darin wird das Problem vielleicht in eine Machtfrage verwandelt. Man bemächtigt sich des anderen in der Weise, daß man bestimmen will, was er mitzuteilen hat und was nicht. Außerdem würde es vielleicht mehr verletzen, sich mit dem Betrogensein auseinanderzusetzen als mit dem Belogensein; also wird das Thema auf den weniger schmerzhaften Bereich verschoben. Das stimmt sicher auch nicht immer; ich denke an eine Patientin, für die gerade das Belogenwerden etwas ganz Entscheidendes war. Aber im großen und ganzen glaube ich, der Vorwurf: «Es ist gemein von dir, daß du mich belogen hast!» ist eher etwas Vorgeschobenes. – Im übrigen finde ich bei den Vorwürfen dieser Art schwierig, daß der Aspekt der Wechselseitigkeit nicht genug gesehen wird. Wenn ich einem Mann sage: «Du hast mich betrogen» oder auch «belogen», dann schiebe ich sein Handeln auch von mir fort, als hätte das mit mir nichts zu tun. Ich denke, das ist eine häufige, manchmal fatale Schwierigkeit in Beziehungen: Die Schwierigkeit, zu sehen, daß ich ein Teil dieses Ganzen bin, daß ich als Ehefrau, als Geliebte meinen Anteil daran habe, daß die Dinge so geworden sind, wie sie sind. Nicht nur der Mann, wir beide sind daran beteiligt. An allem, was geschieht.

Frage: Wenn eine Frau nichts wissen will, erspart sie sich möglicherweise die Auseinandersetzung mit dem Anteil, den sie an den Ereignissen hat. Zugleich bringt sie sich aber auch in eine Situation, in der sie ein gutes Bild von sich nur um einen hohen Preis aufrechterhalten kann. Sie spürt, der Mann hat eine Freundin. Sie sagt vielleicht jahrelang nichts dazu, fühlt sich vielleicht sogar ganz großzügig dabei, aber sie bringt sich auch in eine Lage, in der sie von ihm nichts mehr fordern kann. Sie ist, zum Beispiel, gezwungen, jede Ausrede zu akzeptieren, damit die Geliebte zwischen den beiden nicht zum Thema wird. Sie kann dann nicht mehr sagen: «Dieses Wochenende bleibst du bei den Kindern und ich verreise», weil seine Reisen immer als berufliche verkleidet sind…

Antwort: Was Sie sagen, bringt mich noch einmal auf den Gedanken, daß es sehr schwierig ist, allgemein festlegen zu wollen, dieses oder jenes Motiv steckt nun dahinter. Man muß davon ausgehen, daß in der Regel beide etwas von dem Arrangement – sei es Reden, sei es Verschweigen – haben. Mag sein, daß es ihre beste Möglichkeit ist, sich mit den Schwierigkeiten, die sie mit der Institution Ehe haben, auf ihre Weise zu arrangieren.

Frage: Es hörte sich vorhin so an, als ob die Geliebte leicht zur «guten Mutter» stilisiert oder idealisiert würde. Von Idealisierungen, die der Freund ihr zuträgt, kann sicher jede Geliebte berichten. Aber steht nicht auch viel dagegen? Der Freund zeigt sich mit ihr nicht und erkennt sie öffentlich nicht an. Zeigt das nicht auch ein ziemlich ambivalentes Verhältnis zu ihr?

Antwort: Doch, das kann sein. Er tut etwas Verbotenes mit ihr, und es kann sein, daß dabei die Frau auch erniedrigt wird, daß er sich vorstellt: «Eine Frau, die so etwas mit mir macht, die taugt nichts.»

Frage: Aber warum wäre sie dann attraktiv?

Antwort: Sie ist für sein Unbewußtes attraktiv. Es gibt natürlich auch einige Männer, die das bewußt machen, aber normalerweise geht der Mann ja nicht zu seiner Geliebten und denkt: «Diese elende Person, mit der will ich jetzt.» Sondern das kann der Inhalt einer unbewußten Phantasie sein, die es ihm ermöglicht, mit der Frau eine sexuelle Beziehung zu haben, die es ihm gewissermaßen innerlich erlaubt, zu ihr diese Beziehung aufzunehmen. Freud hat das so erklärt und mit bestimmten unbewußten Fixierungen an die Mutter in Verbindung gebracht. Ich finde Freuds Erklärung einleuchtend, daß der Mann sich der Frau dadurch zuwenden kann, daß er sie erst einmal erniedrigt.

Frage: Für den Mann gibt es da offenbar viele Möglichkeiten – von der schönsten Idealisierung bis zur Prostituierten-Phantasie. Aber was hat nun die Geliebte davon? Sie muß ja von dem für sie oft sehr einschränkenden Arrangement auch etwas gewinnen, sonst würde sie es nicht aufrechterhalten.

Antwort: Auch da muß man sagen, das kann sehr Verschiedenes sein. Analytisch gesehen kommt es darauf an, um welche Bereiche der Psyche es bei ihr geht – wo sie möglicherweise Wiederholungszwängen unterliegt, wo es ihr darum geht, etwas wiedergutzumachen, etwas neu in Szene zu setzen. Ich kann mir vorstellen – und ich kenne das auch aus meiner Arbeit –, daß es für die Geliebte wichtig ist, es mit einem Mann zu tun zu haben, der der Ehemann einer anderen Frau ist, der vergeben, gebunden ist, wie der Vater es früher war, und sich bei diesem Mann etwas zu holen, sich zu rächen oder was auch immer. Es geht wohl um all diejenigen Themen, die zu der sogenannten ödipalen Situation aus der Sicht des Mädchens gehören, um ungelöste Themen mit dem Vater. Das ist, denke ich, ein Motiv, und in einem anderen Motiv spielt auch für die Geliebte das Bild der Mutter eine Rolle. Auf den Freund werden dann Gefühle übertragen, die mit der Mutter zu tun haben. Also auch hier wieder die Sehnsucht nach jemandem, der einen kommen und gehen läßt, der einem Spielräume läßt. Auch hier sicher die Sehnsucht, jemand Liebevolles möglichst ganz für sich zu haben. Dieses Bedürfnis wird ja dann meist sehr frustriert. Dann vielleicht noch ein Aspekt, der mir relativ typisch weiblich erscheint – daß sie das, was sie eigentlich bekommen möchte, aktiv gibt. Sie möchte eigentlich die liebevolle, gewährende Mutter für sich haben, hat aber die Hoffnung darauf schon lange aufgegeben, hat sich mit dieser Mutter identifiziert und ist deshalb für den Mann jetzt diese Mutter. Das enthält natürlich gleichzeitig auch ein Wahnsinns-Risiko, und die Enttäuschung ist sozusagen schon programmiert. Denn eigentlich möchte ja auch diese Geliebte einen Menschen, der für sie da ist, der sie nicht enttäuscht. Aber schon dadurch, daß sie ihm das nicht abverlangt, sondern selbst die Großzügige ist – sie nimmt ihn als verheirateten Mann –, ist sie natürlich auch schon die Betrogene.

Frage: Dann läge ihr Vergnügen darin, mindestens dem Mann zu geben, was sie selbst nicht kriegen kann? Sie freut sich nur mit ihm und durch ihn – beinahe schon ein klassisches Muster! Der Erfolg der Frau besteht darin, sich am Erfolg des Mannes mitzufreuen. Denken Sie wirklich, daß Frauen eher als Männer bereit sind, eigene Bedürfnisse zurückzustellen?

Antwort: Nicht von Natur aus! Aber sie werden eher dazu erzogen.

Frage: Die Psychoanalyse pflegt das aus dem Penisneid zu erklären.

Antwort: Ich finde eine andere Überlegung einleuchtender. Man kann das aus der frühen Mutter-Kind-Beziehung in unserer patriarchalischen Gesellschaft erklären, in der Frauen gelernt haben und das in sich haben, daß sie weniger wert sind und daß sie keine Bedürfnisse haben dürfen. Daß ihre eigenen Anliegen, ihre eigenen Wünsche unerwünscht sind. Ein Mädchen soll brav sein, soll sich fügen und lieb sein. Das wird den kleinen Mädchen von der Mutter vermittelt. Dies führt dazu, daß es sehr früh lernt, seine Begehrlichkeit möglichst wegzustecken, abzuspalten. Das Verdrängte bleibt aber virulent, und damit bleibt ein Teil des kleinen Mädchens wirksam, das so in jeder Frau abgespalten lebt. Das pflanzt sich fort. Jede Frau, die so sozialisiert ist – wahrscheinlich jede Frau in unserer Gesellschaft –, behandelt dann wieder ihre eigenen Töchter in dieser Weise, das heißt, sie bekämpft wiederum dieses begehrliche Mädchen in den Töchtern. Sie kann diese Begehrlichkeit bei sich selbst nicht ertragen, und sie kann sie ebensowenig bei ihrer Tochter ertragen. Das Mädchen lernt dann wiederum: «Ich bin nur gut und ich werde nur geliebt, wenn ich mich um andere kümmere, wenn ich mich um die Bedürfnisse erst meiner Mutter kümmere, später dann um die aller anderen.» Und so geht das von Generation zu Generation weiter. Eine Lösung wäre, daß sich Vater und Mutter möglichst gleichberechtigt um ihre Kinder kümmern. Nur so könnte das Kind ein Modell von beiden, Mann und Frau, bekommen, mit dem es sich identifizieren kann. Das Mädchen wäre dann nicht auf Gedeih und Verderb nur der Mutter ausgeliefert, und die Mutter könnte dem Mädchen auch Unabhängigkeit vorleben.

Frage: Wir haben bei der Geliebten nur von ödipalen und früheren Problemen gesprochen. Darin kommt wohl Ihre Überzeugung zum Ausdruck, daß es der Geliebten eigentlich nicht gutgehen kann in ihrer Beziehung.

Antwort: Das hängt ganz von ihren Motiven ab, aber auch von gesellschaftlichen Bedingungen. Es ist vielleicht kein Zufall, wenn hier im Gespräch schnell die möglichen guten Seiten ihrer Beziehung untergehen. Es kann sein, daß einer Frau nicht genügend geeignete Partner zur Verfügung stehen und daß sie sich dann sagt: «Bevor ich alleine lebe, will ich eben auf diese Art und Weise mit jemandem zusammensein.» Es kann auch sein, daß eine Frau sich klarmacht, daß in unserer Gesellschaft eine für sie angemessene Form des Zusammenlebens, die nicht so fürchterlich eng ist, wie die Ehe als Institution es zumindest zu sein scheint, nicht entwickelt ist. Daß sie deshalb für sich entscheidet: «Ich will diese Beziehung, die mir auch viel Freiräume läßt.» Eine Frau, die dann auch bereit ist, die Kosten, die damit verbunden sind, zu tragen. Leid und leiden hat ja immer damit zu tun, daß ich nicht bereit bin, bestimmte «Kosten» zu tragen. Und natürlich ist die Geliebte denkbar, die weiß, was geht und was nicht geht, und die dann auch zufrieden ist. Das gilt sicher auch für die Männer, von denen wir vorhin gesprochen haben. Viele werden auch gut zurechtkommen und ihr Verhältnis für sich als optimale Lösung unter gegebenen Bedingungen herausfinden. Und es gilt auch für die Ehefrauen. Es gibt ja auch Ehefrauen, die mit solchen Arrangements ganz zufrieden sind.

Ich verstehe das gut. Die Ehe wird in unserer Gesellschaft oft unglaublich überfrachtet. Sie soll romantische Liebe bieten, sie soll materielle Sicherheit bieten, und sie soll auf Dauer sein. Und Dauer heißt heutzutage möglicherweise 50 Jahre. Von der Ehe wird heute so viel verlangt, daß ich mich frage, ob sich nicht in diesen Anforderungen ein Mangel an Trauerarbeit widerspiegelt, die mangelnde Bereitschaft, zu akzeptieren, daß es solche idealen Beziehungen in Wirklichkeit gar nicht geben kann. Es kommt mir vor, als ob sozusagen per Institution und von Staats wegen die Überfrachtung der Zweierbeziehung, wie sie schon in der frühen Mutter-Kind-Beziehung besteht, bekräftigt und wiederholt wird. An Ehen werden Forderungen gestellt, die sie so nicht erfüllen können. Vielleicht ist das deshalb heutzutage so ausgeprägt, weil die Großfamilien auseinandergebrochen sind und den meisten die Erfahrung fehlt, daß das Leben in einem größeren Verband gute Seiten haben kann. Die meisten Menschen sind in einer Familie mit einer Mutter und einem Vater, der immer außer Haus war, groß geworden. Das hat natürlich Folgen auch für das, was einem gefehlt hat, und führt dann wieder zu riesigen Erwartungen an die Zweierbeziehung, die man eingeht; Erwartungen an eine einzige Person. So, denke ich, kann sich in den verbreiteten Anforderungen an die Ehe auch ein Stück Infantilisierung der Gesellschaft ausdrücken.

Frage: Ein letzter Punkt: Was sind Ihrer Ansicht nach die Chancen für ein Leben zu dritt? Sie sagten, daß «Offenheit» meist unter ganz problematischen Vorzeichen eingeführt wird. Kann es trotzdem sein, daß eine offene Dreiecksbeziehung möglich ist?

Antwort: Ich habe davon noch nie gehört. Denkbar ist es sicher. Man muß davon ausgehen, daß die Dreierbeziehung höhere Anforderungen an uns stellt als die Zweierbeziehung. Und denkbar wäre für mich, daß es da drei Menschen gibt, die so reif sind, daß sie das miteinander können. Daß sie die Eifersucht ertragen können, daß sie die Trauer ertragen können und daß sie andererseits auch von so einer Beziehung lustvoll profitieren können.

Frage: Und «Dreierbeziehung», das wäre nicht nur der Mann mit zwei Frauen, sondern auch eine Frau mit zwei Männern?

Antwort: Ja. Das halte ich für denkbar, und wir haben ja vorhin gesagt, daß es das auch gibt. Aber auch da muß man sich klarmachen, es kostet immer irgend etwas. Gleichviel wie wir zusammenleben, es geht auch um Verzicht.

Frage: Steht nicht das Dreieck eigentlich für eine höhere Entwicklungsstufe, eben die ödipale, als die ausschließliche Mutter-Kind-Zweierbeziehung, die Sie vorhin als eine Grundlage der Ehe erwähnt haben? So gesehen, könnte doch auch im Erwachsenenalter die Öffnung gegenüber einem Dritten ein Fortschritt der Zweierbeziehung sein.

Antwort: Das Dreieck wiederholt sich eigentlich durch das Kind. Die Vorstellung, die der Erfahrung am meisten entspricht, ist doch: Die beiden sind zusammen und haben gemeinsam ein Kind oder Kinder. Das ist ein Dreieck, das, wie wir gesagt haben, bekanntlich auch oft scheitert. Vorstellbar ist schon auch, daß das Paar seine Beziehung um einen anderen Dritten erweitert, nicht um ein Kind. Vielleicht gibt es das auch und es glückt. Das weiß ich nicht. Aber es gibt ja auch Menschen, die die Mehrfachsituation Vater, Mutter, Kinder gut lösen, so daß Vater und Mutter immer noch ein Paar sind, das sich gut versteht, und die Kinder gehören dazu. Das ist das Dreieck par excellence. Dann gibt es natürlich die Erweiterung der Zweierbeziehung durch Freunde, durch Aufgaben. Das alles ist uns vertraut, und es glückt häufig. Vielleicht kann das gemeinsame Dritte auch eine gemeinsame Freundin sein. Denkbar ist das. Aber offenbar sehr schwierig zu leben.
Es kann bestimmt nur dann gutgehen, wenn – in unserer Sprache – viel Trauerarbeit geleistet wird von allen Beteiligten. Wenn die Spaltungen überwunden werden. Das bedeutet, vom Mann aus gesehen, wenn er die gute und die böse Mutter miteinander zu verbinden lernt, so daß sie zu einer Person werden können. Das hieße dann im Dreieck, daß sowohl die Ehefrau wie die Geliebte beides sein dürfen, also ganze Menschen sein dürfen, und er selber auch. Sonst kann ein solches Zusammenleben eigentlich nicht gelingen. Wenn die Spaltung

nicht überwunden wird, wird natürlich jede Beziehung früher oder später zum Problem werden, wenn nicht sogar scheitern. Dann geht es zu zweit nicht mehr, und dann geht es auch zu dritt nicht. Schon gar nicht zu dritt.

(Interview: Elisabeth Flitner und Renate Valtin)

Günther Bittner

Die Geliebte als magische Vervollständigung

Eine geliebte Person kann als ganze oder in einzelnen ihrer Attribute zum magischen Kraftspender werden. Die Psychoanalyse spricht in solchen Fällen von einer «narzißtischen» Objektwahl.

Ein Patient, 35 Jahre alt, ursprünglich wegen Herzneurose in Behandlung, hatte im Laufe der Behandlung die präcordialen Ängste vollständig verloren und mit zunehmender innerer Sicherheit eine leidenschaftliche außereheliche Liebesbeziehung aufgenommen. Er empfand diese Liebesbeziehung als die Wurzel seiner neugewonnenen Lebenskraft, schrieb er der Geliebten einmal in einem Brief: «Du bist mein Gott. Nicht ich lebe, sondern Du lebst in mir.» – Durch die Beziehung zu der Geliebten entwickelte er bis dahin unbekannte Durchhaltekräfte im beruflichen und familiären Bereich; er hatte das Gefühl, mit ihr zusammen «gegen eine Welt von Feinden» stehen zu können. Mit der Geliebten zusammen «konnte» er alles – nur von seiner Familie und seinen Kindern trennen konnte er sich nicht. Und dies erwies sich auf die Dauer dann als die Achillesferse seiner erborgten Macht: Die Geliebte zog sich enttäuscht zurück, weil sie in dieser zu dauernder Illegalität verurteilten Beziehung keinen Sinn und kein Ziel mehr erkennen konnte.

Die genauere Analyse ergab, daß die Trennungsmotive vorgeschoben waren. In Wirklichkeit hatten die beiden einander an eine Grenze gebracht, welche beiderseits das Aufgeben des anderen in seiner Eigenschaft als magischer Prothese verlangt hätte. Für den Mann war das Erleben sexueller Lust und Stärke zum Mittel der Selbststabilisierung geworden. Er war besessen auf sexuellen Verkehr, die seltenen Gelegenheiten, sich zu treffen, bekamen von dem sexuellen Hauptanliegen her einen ritualisierten und monotonen Ablauf. Die Geliebte ihrerseits hatte den Mann ebenfalls als Vehikel der eigenen Lebensbemeisterung in ihre Pläne eingesponnen: Die Beziehung, so hoffte sie, würde sie aus der Monotonie und Enge ihres bisherigen Lebens herausführen, ihr einen neuen Lebensanfang «beim Punkte Null» ermöglichen. Sie vergötterte die logische Planung und hatte sich eine rational distanzierte, gefühlsverdrängende Lebensstrategie zurechtgelegt, die ihr Sicherheit und Stärke gab. Statt zweier Menschen, die sich lieben, standen also ein Sexualfetischist und eine Vernunftfetischistin einander gegenüber. «Eisbär und Walfisch», sagt Freud, «können nicht miteinander Krieg führen...»

Anders gesagt: Als sich die beiden seinerzeit trafen, da hatten sich durch alle Zwiebelschalen und Mauern hindurch die beiderseitigen Ich-Kerne miteinander verständigt. Doch das dauerte nur einen Moment, oder jedenfalls nur kurze Zeit. Insofern ist die Liebe eine Himmelsmacht, als sie unter Umständen schlagartig einen Ich-Kern mit dem andern in Verbindung bringt. Weil das Ich sich aber nicht ändern, seine Schalen und Zwiebelhäute nicht aufgeben will oder kann, nützt ihm der Funke, der übergesprungen ist, überhaupt nichts – denn die magische Festung des Ichs steht ungebrochen da. Sartre hat dieses Motiv in seinem Stück «Das Spiel ist aus» gestaltet: Da haben sich zwei Menschen im Jenseits getroffen und bemerkt, daß sie füreinander bestimmt waren, sie bekommen die Chance eines neuen Anfangs und können doch die unsichtbaren Barrieren nicht überspringen, die sie voneinander trennen – weil sie, setzen wir hinzu, den archimedischen Punkt nicht finden, der das Zauberwesen aus den Angeln hebt. So bleibt das Ganze eine Schattenliebe, die sich nicht inkarnieren kann.

Die «große Liebe» ist gerade ihrer «Größe» wegen auf Scheidung angelegt – was sollte sonst auch aus ihr werden? Eine bürgerliche Ehe doch kaum! Dazu ist sie zu extravagant, zu «heroisch». Unter dem «hieros gamos» tut sie's nicht – und der würde bedeuten, durch Verschmelzung mit dem anderen göttlich zu werden, wie auch die Verheißung in der «Zauberflöte» lautet:

Mann und Weib und Weib und Mann
reichen an die Gottheit an.

Und eben gegen dieses Heranreichen hat die Gottheit seit dem Turmbau zu Babel einige Hindernisse aufgerichtet, weil sie seinerzeit mit den Menschen offenbar schlechte Erfahrungen gemacht hatte.

Igor Caruso hat gezeigt, was solche zur Trennung bestimmte, weil stets gesellschaftlich nicht legitimierte, nicht zur Ehe hinführende Liebe im Leben des Menschen – genauer gesagt wohl im Leben des Mannes – die meisten der eindrucksvollen Fallstudien Carusos handeln von Männern – bedeutet. Die «Trennung der Liebenden», sagt Caruso, werde «unter dem Druck des gesellschaftlichen Leistungsprinzips» erzwungen, das die sogenannten «reifen», auf Ehe und Kinderzeugung hinzielenden Beziehungen einseitig bevorzuge. In den gesellschaftlich nicht anerkannten Liebesbeziehungen dominierten oft prägenitale und narzißtische Motive, der geliebte andere nehme die Stelle eines vielfach prekären Ich-Ideals ein – doch dies alles, meint Caruso, berechtige nicht dazu, diese außergesetzliche, «asoziale» Liebe zu unterdrücken. Es handle sich bei dieser Liebe um einen Selbstheilungsversuch des gesellschaftlich deformierten Individuums: «Worauf es im ‹Heilungsversuch› durch ‹asoziale Bindungen› ankommt, ist jene Atmosphäre der Freiheit, des Nicht-von-außen-her-verpflichtet-Seins, des Nicht-durch-Institutionen-gezwungen-Seins, die in solchen freien Bindungen vorherrscht» (Caruso 1968, S. 122). Die von der Gesellschaft erzwungene Trennung ist damit die «Frustration eines Heilungsversuches»; sie ist «unheilsschwanger...», weil sie die Entstrukturierung der Persönlichkeit in irgendeinem Belange bedeutet» (Caruso 1968, S. 123).

Nun erkennt auch Caruso an, daß «viele Bindungen, die in der Trennung untergehen, ‹neurotisch› waren» (S. 129) und daß der Heilungsversuch, der darin steckt, selber seine prekären Seiten hat, weil er mittels Verstärkung des Ich-Ideals erfolgt. Und dies ist in der Tat die Achillesferse der «großen», idealisierenden und zumeist zur Illegalität verurteilten oder sich selbst verurteilenden Liebe, daß sie ein Heilungsversuch mit magischen Mitteln ist. Die Geliebte sei wie ein Speer, der in seiner Herzenswunde stecke, sagte der oben erwähnte Patient einmal; wenn jemand diesen Speer herausziehe, würde er verbluten. Der geliebte andere wird damit zur magischen Prothese: Das eigene Heil-Sein hängt an der Anwesenheit, der Verfügbarkeit des geliebten Menschen.

Gerade weil «freie», d. h. nicht institutionell vereinnahmte Liebe sein soll, bedürfen die Ausführungen Carusos der Ergänzung. In diesem Zusammenhang die Gesellschaft wegen ihrer Repressivität anzuklagen ist nicht frei von Selbstmitleid. Nicht die Gesellschaft oder das Über-Ich allein erzwingen die Trennung, sondern die idealisierende Liebe stirbt zumeist aus inneren Gründen: oft vor der Zeit, weil es dem Individuum an Mut fehlt, die Spannungen auszuhalten, die gesellschaftlichen Schwierigkeiten zu ertragen. Dies führt dann zu immer wiederholtem Suchen, zu immer neuen Verliebtheiten, zu immer neuen Abbrüchen. Am Ende vielleicht zu einer falschen Abgeklärtheit, welche sich darauf zugute tut, die Projektionen zurückgezogen zu haben und das Bild der Geliebten nurmehr als symbolische Personifikation der eigenen Seele zu begreifen.

Aber auch wenn sie nicht in den konventionellen Untiefen stecken bleibt, muß die «große Liebe» sterben. Denn auf die Dauer ist es gerade das gesunde Ich des Verliebten, das den Speer in der Wunde loswerden, das aus dem Dunstkreis seiner magischen Versatzstücke heraustreten will, weil die Wunde sonst nicht wirklich heilen kann – und auch die Geliebte weiß mit der Zeit Besseres zu wünschen als immer nur «Speer in der Wunde» zu sein. Und nun beginnt in der «großen Liebe» die eigentlich prekäre Wegstrecke.

Caruso hat gezeigt, wie das Sterben einer Liebe die Trennung von einem Aspekt des eigenen Ich einschließt – eine Art «Autonomie» wie bei den Eidechsen, die sich notfalls von ihrem Schwanz trennen, um dem Verfolger zu entkommen. Diese Trennung nun – nicht bei den Eidechsen, wohl aber bei den Menschen – ist die eigentliche Selbstheilung: das Ich spürt, daß es um seiner «Reifung» willen (Caruso liebt dieses zugegebenermaßen vielfach strapazierte, aber dennoch unentbehrliche Wort nicht) von einigen seiner magischen Trophäen trennen muß. Und weil wir Menschen so undifferenziert denken, neigen wir zu pauschalen Lösungen: Wenn schon der Ich-Anteil, an dem dieses Liebesobjekt bisher hing, sterben muß – dann soll das Objekt nur gleich mitsterben, oder – die humanere Lösung – Liebe wird in reine Freundschaft umgewandelt, das Seelenbild wird zurückgenommen, die Partialtriebe sublimiert oder was die analytische Seelenalchimie noch an Rezepten bereithalten mag.

Die idealisierende Liebe gilt der «dritten Frau» nach der Mutter und der Gefährtin, wie sie Freud in seinem «Motiv der Kästchenwahl» beschrieben hat: sie ist die Frau, die «liebt und schweigt», die dem Manne rät, «den Tod zu wählen, sich mit der Notwendigkeit des Sterbens zu befreunden» (X, S. 36). Doch warum ist sie deshalb die «Verderberin»? Weder «ist» sie die Todesgöttin, noch hat ihr Erscheinen mit dem leiblichen Tode zu tun: Sie mahnt uns nur, der Frau als «Prothese», als magischem Mittel der Lebenssteigerung zu entsagen.

Die «Trennung von sich selbst» ist die Operation, auf die es ankommt. Daß diese so oft mit der Trennung vom geliebten anderen verbunden ist, scheint mehr das Heilmittel eines kurzschlüssigen Denkens zu sein: Wenn ich nicht mehr neurotisch lieben soll, dann freut mich die ganze Liebe nicht mehr. Die biblische Radikalkur findet noch immer viele Anhänger: «Wenn dich dein Auge ärgert, dann reiß es aus...» (Matth. 18,9).

Was aber, wenn dein Herz dich ärgert? Da sind Herausreißen oder andere Radikaloperationen nicht mehr möglich. Wo wirklich Liebe als ein Lebensbedürfnis zwei Menschen verbindet, die nicht zueinander kommen können, da verlangt die Heilung eine recht komplizierte Operation: die Neurose beseitigen und das lebensnotwendige Organ erhalten. Eine kranke Niere kann man notfalls operativ entfernen – es ist ja noch eine zweite da. Ein Herz kann man nicht entfernen, sei es auch noch so krank – alle Operationen können nur den Sinn haben, das Herz zu erhalten. So steht es auch mit den Menschen, mit denen uns wenigstens der Keim einer wirklichen Liebe verbindet. Wie man die Operation ausführt, sich von sich selbst zu trennen, ohne das Objekt, das an diesem Ich-Anteil hängt, zu beschädigen – das ist die Frage, die bei Caruso offenbleibt.

Gerade bis hierher war ich in der Niederschrift der vorliegenden Studie gekommen, als in der Analyse des Patienten, der die symbiotische Beziehung mit seiner Geliebten aufgelöst hatte und nun nach einer neuen Basis für die Beziehung zu ihr suchte, wiederum eine neue Wendung eintrat. Der Patient träumte, er sei in einem Schmuckgeschäft, um für seine Frau eine goldene Halskette zu kaufen. Die Verkäuferin ist erstaunt und erfreut; sie meint, er habe doch bisher immer nur für Modeschmuck geschwärmt, wie er von seiner Geliebten hergestellt worden sei.

Wenn Gold symbolisch für Liebe und Treue stehen sollte («treu wie Gold») und Modeschmuck für das Schöne, Bunte, Unkomplizierte und Vergängliche – müßte dann die Trennung des Ich von sich selbst in der illegitimen Liebe so weit gehen, daß das Ich die Nicht-Notwendigkeit dieser Beziehung anerkennt, um sie überhaupt noch sinnvoll fortsetzen zu können; daß selbst die Berufung auf «innere Notwendigkeit», auf das Recht des Herzens die «freie» Liebe bereits korrumpiert?

Und die Alternative? E. T. A. Hoffmann hat im «Kater Murr» die Liebe des Künstlers als die wirklich «freie» Liebe beschrieben. Ein Maler hatte sich in die Fürstin verliebt und war wegen der Aussichtslosigkeit dieser seiner Liebe in Raserei verfallen. Der Kapellmeister Kreisler erklärt daraufhin in einer längeren Rede der Prinzessin Hedwiga, der Tochter jener Fürstin, den Unterschied zwischen der Liebe des Künstlers und der «normalen» Liebe und meint, besagter Maler sei eben ein schlechter Künstler gewesen:

«Als ich einst in einem hinlänglich toll lustigen Schauspiel einen Witzbold von Diener die Spielleute mit der süßen Anrede beehren hörte: ‹Ihr guten Leute und schlechten Musikanten›, teilte ich, wie der Weltenrichter, flugs alles Menschenvolk in zwei unterschiedliche Haufen, einer davon bestand aber aus den guten Leuten, die schlechte oder vielmehr gar keine Musikanten sind, der andere aber aus den eigentlichen Musikanten. Doch niemand sollte verdammt, sondern alle sollten selig werden, wiewohl auf verschiedene Weise. – Die guten Leute verlieben sich leichtlich in ein paar schöne Augen, strecken beide Arme aus nach der angenehmen Person, aus deren Antlitz besagte Augen strahlen, schließen die Holde ein in Kreise, die, immer enger und enger werdend, zuletzt zusammenschrumpfen zum Trauring, den sie der Geliebten an den Finger stecken als pars pro toto – Sie verstehen einiges Latein, gnädigste Prinzeß – als pars pro toto sag ich, als Glied der Kette, an der sie die in Liebeshaft Genommene heimführen in das Ehestandsgefängnis. Dabei schreien sie denn ungemein: ‹O Gott› – oder ‹o Himmel› oder, sind sie der Astronomie ergeben, ‹o ihr Sterne!› oder haben sie Inklination zum Heidentum, ‹o all ihr Götter, sie ist mein, die Schönste, all mein sehnend Hoffen erfüllt!› – Also lärmend, gedenken die guten Leute es nachzumachen den Musikanten, jedoch vergebens, da es mit der Liebe dieser durchaus sich anders verhält. – Es begibt sich wohl, daß besagten Musikanten unsichtbare Hände urplötzlich den Flor wegziehen, der ihre Augen verhüllte, und sie erschauen, auf Erden wandelnd, das Engelsbild, das, ein süßes unerforschtes Geheimnis, ruhte in ihrer Brust...

Ach, Gnädigste, glauben Sie mir, sei'n Sie überzeugt, daß wahre Musikanten, die mit ihren leiblichen Armen und den daran gewachsenen Händen nichts tun als passabel musizieren, sei es mit der Feder, mit dem Pinsel oder sonst, in der Tat nach der wahrhaften Geliebten nichts ausstrecken als geistige Fühlhörner, an denen weder Hand noch Finger befindlich, die mit konvenabler Zierlichkeit einen Trauring erfassen und anstecken könnten an den kleinen Finger der Angebeteten, schnöde Mesalliancen sind daher nicht zu befürchten, und scheint ziemlich gleichgültig ob die Geliebte... eine Fürstin ist oder eine Bäkkerstochter, insofern letztere nur keine Eule... Sehr verdenke ich es daher dem Herrn Leonhard Ettlinger, daß er in einige Raserei verfiel, er hätte, nach der Art echter Musikanten, die durchlauchtige Frau Fürstin ohne allen Nachteil lieben können, wie er nur wollte!» (E. T. A. Hoffmann, Bd. 9, S. 144 f.)

Das tönt recht «geistig» – und in der Tat wird man so nach Freud nicht mehr schreiben, die sexuelle Gemeinschaft aus der Liebe des schöpferischen Ich nicht mehr ausschließen können. Indessen kann die «Trennung der Liebenden» immer wieder nur überholt, außer Kraft gesetzt werden durch die Trennung vom falschen unschöpferischen Ich – jenem Ich, mit dem der Maler Leonhard meinte, die Fürstin lieben zu müssen. Immer wieder zwingt uns das Leben, uns von denen zu trennen, die wir lieben – weil wir uns von unserem falschen Ich nicht trennen wollen oder können.

Literatur

Caruso, I. A.: Die Trennung der Liebenden, Bern, Stuttgart 1968
Freud, S.: Gesammelte Werke, London, Frankfurt 1940 ff., Bd. X
E. T. A. Hoffmanns Werke, hg. von G. Ellinger, Berlin o. J.
(Aus: Günther Bittner: Tarnungen des Ich, Stuttgart 1977, S. 60−67; Nach-
   druck mit freundlicher Genehmigung des Adolf Bonz Verlages)

Hildegard Baumgart

Die Bedeutung der «anderen» für die Ehefrau

Erfahrungen aus der Eheberatung

Das Wort «Geliebte» ist mir in der Eheberatung noch nicht begegnet. Die Frauen sagen: «Mein Mann hat eine feste Freundin», «er hat ein Verhältnis mit einer», «er hat wieder mal eine»; als Beratungssprachgebrauch spielt sich oft der Vorname ein, häufig durch ein verächtlich betontes «die» ersetzt: «Mit mir geht er nicht mal ins Café, aber die lädt er in ein teures Hotel ein.» Ich selbst bezeichne sie, da es mir immer auf die möglichst klare Benennung ankommt, als «die Freundin Ihres Mannes» und übernehme auch öfter den Vornamen. «Die» sage ich nicht, und ich bemühe mich auch, nicht mit dieser Betonung zu denken. Oft sagen die Frauen aber schlicht und einfach «die andere». Die andere Geliebte? Die vom selben Mann geliebte Frau, die anders ist?

«Die Geliebte hat einen Zauber, der sich nur verschiebt, nicht abnützt. [...] Bleib mir gesund, stark, kühn und standhaft, ich werde nie Sorge tragen, daß wir einander lästig werden», schreibt ein Mann im Jahre 1883. Das ist aber keine Aufforderung, in einem Dreieck gegen die Widrigkeiten des Doppellebens zusammenzuhalten – sondern Freud schreibt diese Zeilen an seine Braut Martha Bernays, mit der er fünf Jahre verlobt bleiben mußte, weil er zu arm zum Heiraten war. Wenn er ihr später, nach langen Ehejahrzehnten, von seinen Reisen schrieb, redete er sie gern mit «Meine geliebte Alte» an. Die geliebte Alte, die alte Geliebte? Dann wäre «die Geliebte» immer die neue Geliebte? Freud hatte keine, soviel nur nebenbei. Aber von Untreuewünschen verstand er viel. «Es ist eine alltägliche Erfahrung», heißt es in seinem Aufsatz zum Thema Eifersucht aus dem Jahre 1922, «daß die Treue, zumal die in der Ehe geforderte nur gegen beständige Versuchungen aufrechterhalten werden kann. [...] Die gesellschaftlichen Sitten haben diesem allgemeinen Sachverhalt in kluger Weise Rechnung getragen, indem sie der Gefallsucht der verheirateten Frau und der Eroberungssucht des Ehemannes einen gewissen Spielraum gestatten in der Erwartung, die unabweisbare Neigung zur Untreue dadurch zu drainieren und unschädlich zu machen. Die Konvention setzt fest, daß beide Teile diese kleinen Schrittchen in der Richtung der Untreue einander nicht anzurechnen haben, und erreicht zumeist, daß die am fremden Objekt entzündete Begierde in einer gewissen Rückkehr zur Treue am eigenen Objekt befriedigt wird.»

Die Parallelität der Bezeichnung deutet auf eine Parallelität der Funktion. Das Wort «Geliebte» ist doppeldeutig, man kann also schon bei klarem Bewußtsein den Sinn verwechseln. Wieviel näher sind sich die beiden Frauen, die eine und die andere, demnach wahrscheinlich im Unbewußten! Daß ein Mann versehentlich seine Frau mit dem Namen der Geliebten anredet oder die Freundin mit dem der Frau, wird in der Eheberatung gelegentlich berichtet und verursacht begreiflicherweise bei allen dreien nicht gerade Freude.

Es ist also eine Art unheimlicher Schwesterlichkeit, die die Beziehung der beiden Frauen charakterisiert. Psychoanalytisch gesehen spielt nicht nur die Schwesternrivalität, sondern auch die mit der Mutter eine Rolle. Dazu kommt häufig in der ganzen Konstellation das Konkurrieren mit dem Mann (als Nachfolger des Vaters), der sich mehr herausnehmen darf, der es leichter hat mit sozialen Kontakten außerhalb des häuslichen Umfeldes, dem eine freiere Sexualität zugestanden wird als den Frauen und der letztlich noch immer weniger Verantwortung für die Kinder tragen muß, außer der finanziellen. Ein ganzes Knäuel von Eifersucht, Wut und Unruhe aus den archaischen Zeiten der Seele verbindet die beiden Frauen untereinander und mit dem Mann – und dazu der aktuelle Konflikt, der oft viele praktische Entscheidungen verlangt und in jedem Fall große Belastungen mit sich bringt. Wahrhaftig eine anstrengende Sache, die, so meine ich, vor allem dadurch so schwierig ist, daß noch etwas hinzukommt: Da die ersten Erfahrungen mit Dreiecksbeziehungen in der Herkunftsfamilie gemacht werden, besteht auch noch die Möglichkeit – die Versuchung?, die Gefahr? – der *Liebe* zur Rivalin; denn im Dreieck, das die Erwachsenen durchleben und durchleiden, schlägt oft unbewußt die Erfahrung wieder durch, daß man nicht nur einen Teil des gegenüberstehenden Paares haßt und den andern liebt, sondern im Grunde alle beide behalten möchte – wie in der unruhigen Zeit der ödipalen Krise eben *beide* Eltern.

Das hört sich auf den ersten Blick sicher verstiegen an, und ich will auch nichts überspringen. Ich beginne daher mit einer Fallgeschichte, die eine auf den christlichen Gefühlstraditionen des Duldens und Ertragens beruhende und auch heute noch nicht ungewöhnliche Verarbeitung der Existenz einer Geliebten zeigt:

Eine sanfte Lösung

Ein Ehepaar in den Vierzigern – zwei fast erwachsene Kinder und ein Nachkömmling – kümmert sich um eine verwitwete Freundin und deren Tochter, die so alt ist wie die jüngste des Paares. Bei den gemeinsamen Wanderungen bleibt immer häufiger die Ehefrau mit den Kindern zurück, während Mann und Freundin «sportlich» vorauseilen. Der Mann hilft der Freundin bei der Einrichtung eines Ladens, «schließlich braucht sie ja eine Existenz». Die Kirchengemeinde, in der das Paar sehr aktiv ist, sieht mit Wohlgefallen das Engagement für eine alleingebliebene Frau. Witwen und Waisen soll man ja helfen. Allmählich wird aus der Beziehung zwischen Mann und Freundin «mehr als eine Freundschaft». Mann und Ehefrau sind sich nicht böse, sie mögen sich noch, halten sich oft unter Tränen umschlungen. Die Geliebte – denn das ist sie inzwischen geworden – zieht sich von der Familie zurück, hat wieder einsame Wochenenden und Feste, dafür aber einen Liebhaber.

«Was kann ich ändern?» fragt sich die Frau. Der Mann sagt in der Beratung, sie könne ja auch mal mehr als bloß den obersten Blusenknopf aufmachen. Er habe sie geheiratet, weil sie so ein braves, liebes Mädchen gewesen sei, seine erste große Liebe, und sie sei ihm auch unentbehrlich gewesen für den Aufbau von Firma und Familie. Aber gar so brav brauche sie doch nun nicht mehr zu sein, schließlich habe man kein kleines Ladengeschäft mehr wie am Anfang, sondern eine Großhandelsfirma mit internationalen Kontakten. Sexualität? Doch – gut, wenn auch nicht aufregend. Er sei wohl in der midlife crisis.

Die Frau zwingt sich zu selbständigen Unternehmungen und hat mäßige Freude daran. Mit ihm zusammen sei halt alles schöner. Nach längerem Hin und Her, bei dem für das Ehepaar auch das Ansehen in der Gemeinde eine bremsende Rolle spielt, zieht der Mann zur Freundin.

Die erwachsenen Kinder wissen «es» inzwischen sowieso. Sie sind voller Mitleid für die Mutter, aber auch voller Verständnis für den Vater. Im übrigen sind beide mit eigenen Lieben beschäftigt, «ganz normal», sagt die Mutter – und weiß gar nicht, wie sehr die Kinder es wahrscheinlich ihr verdanken, daß sie so «normal» sein können und angesichts ihrer Traurigkeit nicht unter Schulddruck geraten. Für die Jüngste ist der Auszug des Vaters ein Schock. Sie wußte nichts, wurde geschont. Daß sie, wie alle Kinder in ähnlichen Situationen, doch etwas gespürt hatte, zeigte zum Beispiel ein übermäßiger Wutanfall der damals Zehnjährigen in der Frühzeit der Dreierbeziehung, als bei einem Ausflug die Freundin sich im Auto vorn neben den Vater setzte und die Mutter mit den beiden Mädchen hinten einstieg. Zur Peinlichkeit der Erwachsenen, die das Kind launisch und ungezogen fanden, weigerte sie sich mitzufahren, ja wollte sogar während der Fahrt aussteigen, wenn nicht die Mutter vorn säße.

Da der Vater regelmäßig heimkommt, es keine finanziellen und wohnungsmäßigen Veränderungen gab und die Mutter zwar etwas trauriger, im übrigen aber wie immer ist, hat sich die Tochter wieder beruhigt. Die Mutter hat mehr Zeit für sie als früher – das findet sie gar nicht schlecht.

Von Scheidung ist keine Rede. Es gibt einen Trennungsvertrag, aber die Frau hofft darauf, daß der Mann eines Tages der doch etwas hysterischen Eigenschaften seiner neuen Partnerin überdrüssig wird. Soviel Kritik gestattet sie sich – mehr nicht. Es ist fast, als hätten Ehefrau und Freundin die Rollen getauscht: Die Frau ist eine Art Freundin des Mannes geworden, die Geliebte eine Art Ehefrau.

In der Kirchengemeinde ist die Frau aktiver geworden und findet dort auch Anerkennung wegen ihres Organisationstalentes und ihres lieben, praktischen Wesens. Niemand verurteilt ihren Mann, berichtet sie – die Gemeinde ist nämlich tolerant. Naturgemäß taucht er bei den Veranstaltungen dort kaum mehr auf (und sieht also ihre neue Selbständigkeit auch nicht: vor vielen Leuten sprechen, ein bißchen mit dem Pfarrer flirten…). Seine Freundin war sowieso nie besonders an der Kirche interessiert.

Die Frau meint, das Ganze müsse sie eben ertragen. Sie könne jetzt Leidenden viel besser helfen, da sie selbst soviel zu leiden habe. Früher sei sie hoffärtig gewesen und habe gemeint, so was könne ihr nicht passieren.

Die Situation ist nach vier Jahren unverändert. Als einzige von allen Beteiligten zeigt die Tochter der Freundin Auffälligkeiten: sie ist zweimal sitzengeblieben, hat Versuche mit Haschisch gemacht und hat eine leichte Sprachstörung.

Familientherapeuten würden die Tochter der Geliebten als Indexpatientin ansehen und ihre Symptome so verstehen, daß nicht nur sie gestört ist, sondern das ganze System, zu dem sie gehört – mit andern Worten: daß die Verhältnisse gar nicht so klar sind, wie sie scheinen, und daß die Tochter ausagiert, was Anlaß zur Veränderung aller sein müßte. Vielleicht «schafft» sie das tatsächlich mit ihren Symptomen.

Im übrigen scheint die Lösung nicht allzu unbefriedigend. Niemand leidet übermäßig, es geht so dahin. Was die Ehefrau anbetrifft, so verhält sie sich vorschriftsmäßig nach patriarchalischer Ordnung. «Ein Mann tut, was er muß» – da kann man nichts machen. Ihre Mutter hat ihr Bescheidenheit als höchste Zierde einer Frau beigebracht. Die Kirche tut das ihre dazu: «Richtet nicht, auf daß ihr nicht gerichtet werdet.» Daß ihr Leben oft grau ist wie ein Wintertag, nimmt sie als Fügung hin und wehrt sich kaum dagegen. Wetter ist Wetter, sozusagen.

Das klingt ironisch und soll es auch sein. Die Ironie richtet sich aber gegen eine Haltung und nicht gegen die Klientin. Als ich mit meinen Kollegen über diesen Fall sprach, fragten sie ungehalten, wo denn bei dieser Frau die Aggression bliebe. Was einer früheren christlichen Doktrin als lobenswert und vorbildlich erschienen wäre – die Sanftheit der Ehefrau –, sieht heute im Kontext einer (übrigens von beiden Kirchen getragenen) christlichen Beratungsstelle eher fragwürdig aus. Aber die Menschen passen eben nicht immer in die normativen Postulate, die gerade «in» sind. Mir selbst erscheint die Klientin nicht ohne Aggression. Sie hat durchaus welche – ab und zu kommt es zu Streitereien mit ihrem Mann, sie grenzt sich klar gegen die frühere Freundin ab, sie versucht die ihr zur Verfügung stehenden Wege zur Erweiterung ihrer Identität zu gehen, wozu immer eine Portion Aggression gehört. Die Möglichkeit zur heute so modischen «Wut» hat sie allerdings nicht. Ich glaube nicht einmal, daß irgendwo in ihrem Hinterkopf der alttestamentarische und paulinische Gedanke pocht, sie werde feurige Kohlen auf das Haupt ihrer Feindin häufen, wenn sie dieser «zu essen und zu trinken gebe» (Römer 12,20) – was sie tut, indem sie ihr den Mann überläßt. Natürlich ist es auch ein Kampf, wenn man, wie es im Römerbrief weiter heißt, versucht, das Böse durch Gutes zu besiegen. Unbewußt führt die Ehefrau diesen Kampf sicher. Aber sie ist andererseits wirklich sanft – es ist eine Frage der Erziehung und des Temperaments. Sanftheit ist heute nicht sehr angesehen (außer die neue «weibliche» bei Männern und Frauen – aber das ist etwas ganz anderes). Das ändert aber nichts daran, daß sie im Einzelfall noch überzeugen kann. Bei dieser Frau schien mir die Sache zu stimmen.

Nur, und dagegen richtet sich meine Ironie, die dienende und liebende christliche Haltung, wie sie diese Frau lebt, läßt sich heute ebensowenig fordern wie die voreheliche Enthaltsamkeit und eheliche Treue, die die katholischen Bischöfe als Heilmittel gegen Aids anbieten. Es ist sehr selten, daß die sanftgraue Lösung überzeugend gelingt und sogar eine zarte Leuchtkraft entfaltet. Wenn dagegen die Angst vor der eigenen Triebstärke zur Abspaltung der Aggression führt, so daß diese nur noch beim untreuen Mann und der «andern» gesehen wird, fühle ich mich als Beraterin wesentlich weniger wohl.

Das Gewehr im Keller

Eine Klientin, die die Beziehung ihres Mannes zu einer gemeinsamen Jugendfreundin, einem «Kind aus ihrer Schulklasse», wie sie sagte, mit bemerkenswerter Gelassenheit hinnahm, auch gegen die spätere Scheidung überhaupt nicht aufbegehrte, wurde in der therapeutischen Gruppe nur einmal aggressiv – als man sie fragte, warum sie nicht aggressiv sei. Dieselbe Frau versteckte ein Gewehr weit hinten auf einem Schrank im Keller, damit sie im Falle ausbrechender Wut nur umständlich hingelangen könnte – «das wird mich zur Besinnung bringen». Mehrere Jahre nach der Scheidung erkrankte der 18jährige Sohn des Paares an anfallsweise lebensbedrohlichem Asthma. Er ist sonst gut geraten, wie man sagt, hat eine Freundin und erste berufliche Erfolge. Wenigstens er geht jetzt in eine Psychotherapie, wo er wohl die Wut und Trauer über Vater *und* Mutter endlich zulassen und durcharbeiten kann – eben auch über die letztere, was ohne den schützenden Raum einer therapeutischen Beziehung kaum möglich war, weil sie tatsächlich das ausgebeutete Objekt eines gleichgültig-rücksichtslosen Mannes und einer offenbar gedankenlos egoistischen Geliebten war. Das neue Paar hatte riesige Schulden gemacht, so daß kein Unterhalt mehr gezahlt werden konnte, und der damals zwölfjährige Sohn hatte ohne Vorwarnung die Geburtsanzeige der Tochter aus der neuen Verbindung bekommen – worauf er verzweifelt zusammenbrach. Damit hatte niemand gerechnet, denn er war im allgemeinen ebenso maßvoll wie die Mutter. Der Vater kümmerte sich auch nicht um das Asthma des Sohnes. Die Mutter ist durch die große Sorge um ihn zum Glauben gekommen. Zur Problematik mit ihrem Mann sagt sie: «Ich war wohl zu stark für ihn. Er hat sich so gern bemuttern lassen, und ich hab das getan.» Meine Hoffnung ist, daß sie gerade durch ihren Glauben – sie hat sich einer fortschrittlichen Gruppe angeschlossen – begreift, daß man seinen Nächsten nicht *mehr* lieben soll als sich selbst.

Männlich / weiblich: Wünsche und Möglichkeiten

Diese beiden Fallgeschichten enthalten viel Klassisches; zunächst und vor allem zeigen sie überdeutlich die Tatsache, die seit Simone de Beauvoir aus der feministischen Ecke etwa so benannt werden kann: Nichts rächt sich im Leben einer Frau schmerzhafter als die großzügige, totale Hingabe an einen geliebten Mann. Eine Frau, die nichts fordert, wird beim Wort genommen: sie kriegt nichts.

Weiter – im ersten Fall: Zu den erwachsenen Kindern behält der getrennte oder geschiedene Vater oft ein gutes Verhältnis, sie verstehen ihn und wollen ihn nicht verlieren. Besonders bei Ehen, die bis zur Trennung gut oder wenigstens leidlich verlaufen sind, verweigern die Kinder einseitige Bündnisse. Dagegen haben es jüngere Kinder (im ersten wie im zweiten Fall) oft sehr schwer, weil sie in Realität oder Phantasie zum Ersatzpartner der Mutter werden und sich dadurch ihrer eigenen Entwicklung in der Pubertät, die ohnehin immer schwierig genug ist, nicht überlassen können. Vor allem aus diesem Grund ist zu erwarten, daß der Sohn im zweiten Beispiel seine Enttäuschung an *beiden* Eltern zulassen muß, um gesund werden, um frei atmen zu können – einfach weil, ganz abgesehen von Schuld oder Unschuld, er es unendlich viel leichter hätte, erwachsen zu werden, wenn er sich mit Vater *und* Mutter auseinandersetzen könnte und nicht die Mutter schonen müßte.

Die Männer entfernen sich oft aus Ehen – so scheint es wenigstens auf den ersten und zweiten, vielleicht nicht mehr auf den dritten Blick – nicht wegen unerträglicher Konflikte, sondern aus einem Bedürfnis nach Lebenswechsel, nach einer neuen Partnerin, die schlichtweg «anders» ist als die frühere. An ihrer Ehefrau stört sie nicht, was sie ihnen antut, sondern daß sie so ist, wie sie ist. Es geht ja im ersten Beispiel nicht nur um den Blusenknopf... Noch immer sind die Möglichkeiten, solchen Änderungswünschen nachzugeben, für Männer sehr viel größer als für Frauen – das zeigt unter anderm die Millionenzahl der Geliebten. Über Männer, die als Liebhaber verheirateter oder sonst fest gebundener Frauen leben, gibt es nicht einmal eine Statistik. Meiner Erfahrung nach halten Männer einen solchen Zustand äußerst selten lange aus.

Nach der Trennung vom Ehemann haben Frauen mit zunehmendem Alter weit überproportional abnehmende Chancen, den Verlust durch eine neue Partnerschaft auszugleichen. Im ersten Beispiel sucht die Frau gar keinen andern Mann. Aber obwohl sie inzwischen Anfang 50 ist – wer weiß, ob sie nicht ansprechbar wäre, wenn sich jemand um sie bemühte? Das tut aber niemand (und auch bei älteren Witwen gehören neue Ehen wie die zwischen Miss Ellie und Clayton Farlow in «Dallas» eher in ein solches Fernsehmärchen als in die Realität). Im zweiten Beispiel hätte die jetzt vierzigjährige Klientin um alles in der Welt gern einen neuen Partner, findet aber keinen. «Schöne Mädchen wachsen immer wieder auf», heißt es in einem gemütlich schunkelnden Lied – und schöne Frauen mit dem, was die Psychoanalyse und mittlerweile auch der alltägliche Sprachgebrauch «Vaterkomplex» nennen, offenbar auch. Altersunterschiede von 10 bis 20 Jahren, ja noch darüber, werden als ziemlich normal empfunden, wenn der *Mann* älter ist. Dagegen hält man sie argwöhnisch eher für unnatürlich, bis hin zum Verdacht der latenten Homosexualität des Mannes, wenn die Frau, und mag sie noch so schön sein, einen großen Vorsprung an Jahren hat. Woraus zu schließen ist, daß schöne Männer mit Mutterkomplex eben nicht so reichlich nachwachsen.

Beziehungsphantasien, Beziehungsklärung

Kann die Geliebte für die Ehefrau (und damit auch für die Familie und die Kinder) eine positive Bedeutung haben und nicht nur die offensichtlich negative wie in meinen ersten Beispielen? Ich meine ja. Der Weg dazu führt zwischen Bescheidenheit und hohen Ansprüchen oft schwindelnd hin und her. *Nur* Bescheidenheit, wie sie die beiden Frauen in den ersten beiden Fällen versuchen, bringt nichts, *nur* Ansprüche, wie es vielleicht von anderer Seite empfohlen wird, aber auch nichts.

Um weiterzukommen, muß man, jedenfalls als Eheberater, so schwer das auch fallen mag, die einseitige Sicht auf einen der drei Beteiligten aufgeben, auch wenn nur einer in die Beratung kommt. Partei ergreifen mögen die Freunde – ein Berater wird erleben, daß, sobald *er* das tut, sich nichts mehr bewegt – jedenfalls, wenn er nur für einen Partei ergreift. Er wirkt damit stabilisierend auf einen Punkt des Dreiecks ein und hilft den Status quo zu erhalten. So gut wie immer kommen die Klienten wegen eines Zustandes der Beziehung, den man als «malignen Clinch zu dritt» bezeichnen könnte (Stierlin 1979). Sie sind in Haß und Liebe verklammert, können sich nicht loslassen und nicht wirklich halten, und entscheidungsfähig sind sie schon gar nicht. Mit der Bezeichnung «Geliebte» ist ja ein Zustand der Nicht-Entscheidung des Mannes zwischen zwei Frauen definiert. Es geht darum, herauszufinden, ob alle drei damit leben können (und wollen), ob sie vielleicht *besser* damit leben könnten als vorher, oder ob der Zustand aufgelöst werden kann (oder muß, weil er unerträglich geworden ist). Die klassische Parteinahme wäre: für die Ehefrau: Sie will die Geliebte weg- und den Mann zurückhaben; für die Geliebte: Sie will den Mann für sich und die Ehefrau weghaben bzw. sich an deren Stelle setzen; für den Mann: Er will beide behalten. Es ist klar, daß sich diese Wünsche so widersprechen, daß die allseitige Erfüllung ausgeschlossen ist. Im übrigen lauten sie gar nicht immer so, wie ich es eben skizziert habe – es gibt alle möglichen bewußten und vor allem unbewußten Variationen. Zum Beispiel: die Ehefrau will im Grunde ihren Mann lossein; die Geliebte findet es ganz gut, nur Geliebte zu sein und nicht die Nähe und lebenslange Gebundenheit einer Ehefrau auf sich nehmen zu müssen – nur ihren Anspruch, den sie für erträglich hält, möchte sie der Ehefrau zumuten; der Mann will beide los sein; die beiden Frauen ahnen, daß sie – unheimliche Schwesterlichkeit – viel miteinander zu tun haben und sich mögen, ja lieben könnten. Sehr oft wollen alle drei das eine *und* sein Gegenteil.

Es hilft also nichts als etwas im Grunde Selbstverständliches: den Konflikt – den inneren und den äußeren – erst einmal dasein zu lassen, ihn als Problem nicht des einzelnen, sondern aller drei anzuerkennen, anzuschauen und besser zu verstehen, also eine Beziehungsklärung anzustreben und nicht eine Beziehungsveränderung. Denn diese müssen die Beteiligten allein finden. Das mag Vertreter einer konservativen

Moral enttäuschen. Es enttäuscht auch fast immer die Hoffnungen mindestens einer Person im Dreieck, oft aller drei, die sich wünschen, «daß uns endlich mal jemand sagt, wie wir da rauskommen». Übrigens fällt die Entscheidung oft genug «konservativ» aus – nämlich zuungunsten der Geliebten.

Eine strahlende Utopie

Es hört sich vielleicht verrückt an, aber für mich als Beraterin und Miterlebende enthält eine solche Lösung immer auch einen (Gegenübertragungs-)Schmerz: die Größenphantasie vom funktionierenden Dreieck hat immer wieder eine strahlende Anziehungskraft für mich. Eine Beziehung zwischen dreien, bei denen nicht einer, zwei oder meistens alle drei irgendwann leiden, ist mir aber noch nie begegnet, und ich halte sie – ebenso wie eine ganz konfliktlose Ehe – für unmöglich. Die Utopie betrifft nicht die Existenz eines Dreiecks – solche Dreiecke werden ja millionenfach gelebt –, sondern die Gleichberechtigung und die Konflikt- und Leidensfreiheit. Die Weisheit und Zukunftsträchtigkeit von Freuds Ödipuskonstruktion, so zeitgebunden sie wegen ihrer patriarchalischen Lastenverteilung auch sein mag, liegt in der Anerkennung des utopischen Charakters eines Glücksdreiecks bei gleichartigen Ansprüchen von zweien gegenüber einem. Ein Dreieck, wo immer es auftritt – und das geschieht ja nicht nur in Liebesbeziehungen, sondern auch etwa im Beruf oder in der Politik –, ist eine Beziehungsform, die zur Instabilität neigt, weil sie die Möglichkeit der Bündnisbildung ‹zwei gegen einen› in wechselnden Konstellationen enthält. Das ist eine Chance zur Lebendigkeit, gerade wenn die Gewichtsverteilung und die Funktionen verändert werden können. Bei Liebesdreiecken und deren Prototyp, dem ödipalen Dreieck, müssen aber die Ansprüche untereinander gleichsam abgeschürft werden – anders ist kein soziales Leben möglich. «Gesundheit ist Verzicht», lautet die Grundthese des Psychosomatikers Viktor von Weizsäcker, und das gilt auch für die Gesundheit der Liebe. Nur glaube ich, daß man *vor* dem Verzicht begriffen haben muß, welche alles verschlingenden Wünsche man eigentlich hat, und daß nicht nur der Verzicht gesund («normal») ist, sondern auch die großen Wünsche.

Die Geliebte als Schock

Das Anschauen und Zulassen des Konflikts als Konflikt ermöglicht der Ehefrau, um die es hier ja hauptsächlich gehen soll, zunächst einmal, sich ihrem Leid und ihrer Wut ohne die Hemmungen angepaßten Verhaltens zu überlassen (Geduld haben, sich zusammennehmen, großzügig sein, die Schuld bei sich selbst suchen). Wie bei Todesfällen kann es heilsam sein, wenn unter der großen Flut der Trauer und Enttäuschung eine Zeitlang alles andere versinkt. (Denn selbstverständlich hat die Gefährdung einer Liebe, das Gefühl, verstoßen und ausgeschlossen zu sein, mit Todesangst und Sterben zu tun.)

Die Geliebte ist in diesem Stadium meist etwas wie eine böse Fee, ungreifbar und mächtig, oder eine gespenstisch verschleierte Puppe, die den Gedankenpfeilen als Zielfigur dient. Es gibt aber auch Fälle, in denen sie zunächst, manchmal auch sehr lange, verleugnet wird («sie interessiert mich nicht»), und die Wut richtet sich dann nur gegen den Mann. *Er* hat Treue versprochen, er hätte tun müssen, was die Ehefrau auch in Zweifelsfällen tut, nämlich sich auf den gemeinsamen Lebensentwurf besinnen und abbrechen, solange es Zeit ist. Wenigstens sehen die meisten Ehefrauen sich angesichts der Tatsache einer Außenbeziehung so – ob das stimmt, gestimmt hat oder stimmen würde, spielt, wie gesagt, in der Beratung (zunächst) keine Rolle – und ohne Beratung erst recht nicht. Von der Sanftheit, die meine beiden ersten Beispiele charakterisierte, ist, wenn der Damm der Abwehr einmal gebrochen ist, keine Rede mehr. Mann und Frau gehen oft durch wahrhaft höllische Zeiten, «weil», so würde der Mann sagen, «sie es nicht lassen kann, dauernd auf mir und meiner Freundin herumzuhacken», «weil», so sagt die Frau, «er an nichts als die andere denkt und es mein gutes Recht ist, mich darüber aufzuregen und zu erfahren, was wirklich los ist». In dieser Situation lehrhaft darauf hinzuweisen, wie überaus unklug es ist, einen Mann, den man zurückgewinnen will, anzugreifen, auszufragen, fertigzumachen, wäre nicht nur unmenschlich, sondern sinnlos, jedenfalls im therapeutischen Sinn. Wie sie sein sollte, müßte oder auch wollte, weiß die Ehefrau sowieso. Das Besondere ist, daß sie in der Beratung sich so geben darf, wie sie gerade ist, ohne daß ihr gesagt wird, was auch die beste Freundin sagen müßte: «Du spinnst, du bist ungerecht, komm doch mal zu dir!» Der Berater begreift, daß sie gerade da «bei sich» ist, genauer: bei einer sonst nicht sichtbaren Seite ihrer selbst, wenn sie die unsinnigsten und unzweckmäßigsten Sachen macht.

Eine Klientin nahm wie ein Detektiv die Fingerabdrücke am Klingelschild der Frau ab, die sie für ihre Rivalin hielt, und verglich sie mit denen ihres Mannes. – Eine andere kannte nur die Vornamen eines Ehepaares, das sie und ihr Mann auf einer Skitour getroffen hatten. Es waren geläufige Namen, sagen wir Jürgen und Helga. Da sie überzeugt war, das auffallende Benehmen ihres Mannes (länger ausbleiben als gewöhnlich, merkwürdige Geschäftsessen, plötzlich Blumen für sie selber) habe mit dieser Helga zu tun, begann sie alle Männer mit Namen Jürgen nach dem Telefonbuch (in einer Stadt von immerhin 80 000 Einwohnern) durchzutelefonieren, um zu fragen, ob da eine Frau Helga hieße und ob sich der Mann eigentlich im klaren sei, daß seine Frau etwas mit ihrem Mann habe. Sie kam bis zum Buchstaben G, dann wurde es ihr zuviel. Das Ehepaar fand sie nicht. – Das Verpfeifen der Geliebten beim Chef – «Ihre Sekretärin ist die Geliebte eines verheirateten Mannes, und zwar meines eigenen» – kommt öfter vor und ist in einer Reihe von größeren Firmen, noch viel mehr aber bei kirchlichen Einrichtungen und an einigen Instituten der Universität auch tatsächlich wirkungsvoll. Die Geliebten werden manchmal versetzt, der Ehemann, wenn er im selben Betrieb arbeitet, gerät in schlechten Ruf. Versetzt wird er meistens nicht.

Befaßt sich die Ehefrau mit der Geliebten, so ist Abwertung, Beschimpfung, Unverständnis (das den Mann häufig in eine Beschützerrolle drängt!) die häufigste Reaktion, oft mit dem Hauptakzent auf der verletzten weiblichen Solidarität: «Was denkt sich die eigentlich, eine Familie zu zerstören, den Kindern den Vater zu nehmen und mich mit der ganzen Verantwortung sitzenzulassen!» Dahinter steht die absurde Voraussetzung, daß eine Schwester der andern den Mann nicht wegnimmt, psychoanalytisch ursprünglich: den Vater, woran die Ehefrau im nüchternen Zustand möglicherweise nie geglaubt hat; jetzt aber greift sie verzweifelt nach dieser Hoffnung. So unrecht hat sie oft nicht damit – nur will sie, wenn solche Schwesterlichkeit bei der andern überhaupt da ist, im Grunde gar nicht hinschauen, sondern nur ihre Kränkung loswerden. Denn auch solche Fälle gibt es:

Die Ehefrau eines Mannes, der sexuell mit ihr keine sehr glückliche Beziehung hatte, was sie selbst auch bestätigte, schüttete wahrhaft Feuer und Schwefel über die Freundin aus – sie sei egoistisch, sie warte auf nichts sehnlicher, als daß die Ehefrau einen Unfall haben sollte, damit sie den verwitweten Mann endlich heiraten könnte, und vielleicht, wer weiß, würde sie sogar die Autoreifen der Frau anstechen; und eine Unzahl von Liebhabern habe sie auch, so wie die sich aufmache … In Wirklichkeit hatte sie die Geliebte nie gesehen. Der Mann schilderte sie in der Beratung als viel unattraktiver als die Ehefrau, von der er sich im übrigen nie trennen würde – er sei doch nicht dumm! Aber lieb sei die Freundin eben und einsam, und sie habe ihn geradezu erschüttert, weil sie von ihm schwanger geworden sei und aus Rücksicht auf ihn, der drei Kinder mit seiner

Frau hatte, das Kind abgetrieben habe, ohne das vorher mit ihm zu besprechen. Eigentlich wünschte sie sich aber sehnlich ein Kind, sie sei auch schon 35. (Ich hoffe, daß jede Frau, die dies liest, sich angesichts einer solchen Geschichte traurig und ratlos fühlt. So weit, denke ich, sollte die schwesterliche Solidarität von uns allen schon gehen.)

Für die Auflösung oder die Einschränkung von Dauerdreiecken ist übrigens die Einempfindung der Geliebten in die Ehefrau ein häufiges Motiv.

Standortbestimmung: Wer bin ich?

Die projektiven Definitionen der Geliebten durch die Ehefrau haben, so scheint mir, zunächst den Sinn, in der Absetzung gegen diese Doppelgängerin den eigenen Standort neu zu bestimmen. Sehr viele Frauen berichten über ihre Fassungslosigkeit, über das Gefühl, im Nebel zu schweben oder ins Bodenlose zu fallen. Wie in allen Krisen stellt sich die Frage: «Wer bin ich?» auf eine unverhoffte und schmerzhafte Weise neu. Die eigene Identität als geliebte, geschätzte oder wenigstens geachtete und gesicherte Frau, als glückliche oder zufriedene oder wenigstens mit ihrem Los einverstandene Person stürzt zusammen. Wird die Geliebte gehaßt, verachtet und als moralisch minderwertig gesehen, so heißt das vor allem: «Ich bin anders», und damit wenigstens wieder: «Ich bin ich.»

Wie alle Projektionen sagen auch diese viel mehr über die projizierende Person aus als über die, auf die sie sich richten. Aber erst allmählich und eben gerade dadurch, daß der Berater die Projektionen *nicht* korrigiert, sondern zuläßt, wird die Ehefrau in die Lage kommen, sie nicht absolut zu nehmen und sie auch dahin zurückzuführen, woher sie kommen, nämlich in sie selbst. Die Frage «Wer bin ich?» richtet sich in der Eheberatung nicht wie in der klassischen Psychoanalyse unter Vernachlässigung der äußeren Realität ausschließlich auf die innere, sondern auf beides – auf das, was die Phantasien mit der vom allgemeinen Konsens getragenen Wirklichkeit machen, aber auch auf die Vergewaltigungen und Beschädigungen der Phantasie durch die Realität.

Unruhe, Bewegung, Veränderung

Heißt die Frage, die sich die Ehefrau zu stellen lernt, also doch: «Wo bin *ich* schuld, was kann *ich* ändern?» Ja und nein. Auf die allernüchternste Weise gesehen, die kälteste, wenn man so will, bedeutet die Existenz der Geliebten für das Paar in jedem Fall, daß sich etwas geändert hat, daß sich etwas bewegt. Veränderung und Bewegung bedeuten Lebendigkeit, aber auch Gefahr. Die Ehefrau erlebt zunächst nur die Gefahr. Von der Chance will sie nichts wissen. Dennoch bleibt ihr gar nichts anderes übrig, als irgendwie mit der Herausforderung umzugehen. Totstellen kann sie sich nicht. Und natürlich wünscht sich der Berater einen produktiven Umgang mit den neuen Tatsachen und keinesfalls eine Rückkehr zum vorherigen Zustand, die ja im genauen Sinn auch gar nicht möglich ist. Abschied, Loslassen, Trauer sind die Stichworte, die heute in aller Munde sind – bei einigen fast wie Leckerbissen. Man sagt: Da ist Trauerarbeit fällig, und damit scheint die Sache gelöst. Was für eine ungeheure Anstrengung, was für eine Zumutung dahintersteht, wird darüber oft ganz vergessen.

Aber ja, also doch: «Ich muß mich ändern.» Nur kann ich als Eheberaterin die Veränderung nie einseitig sehen, sondern immer als die der Beziehung, also des Paares; und da dieses aus zwei Personen besteht, nicht nur als Veränderung der Frau, sondern auch des Mannes. Es ist leider oft so, daß die Geliebte im nachhinein wie ein Katalysator wirkt, der neue Spannung in eine erstarrte Dauerbeziehung brachte.

«Ich weiß gar nicht, wie mir das passiert ist», sagte ein Mann ratlos, «an meiner Frau ist nichts auszusetzen, sie ist attraktiv, sie kommt aus einer guten Familie, ist eine gute Mutter, und sie klammert sich auch nicht an mich, sondern hat einen interessanten Beruf – und trotzdem hab ich jetzt meine Freundin, und mit der schlaf ich eben *auch* gern. Und vor allem kann sie jetzt nicht im Stich lassen, weil ihre eigene Ehe so schlecht ist – da braucht sie mich so!» Hier ging es offenbar um *zwei* Konfliktumleitungen, nicht nur um eine, wie sich im Lauf der Beratung zeigte. «Ich habe meine Frau in unserer Anfangszeit so übermäßig geliebt – und dann war sie immer mit ihrem wohlerzogenen Funktionieren beschäftigt, und die ganze Leidenschaft war weg.» Für ihn war es, da die Frau so selbständig war, eine große Versuchung, von der Freundin gebraucht zu werden. Seine Frau aber geriet in eine in ihrem ganzen Leben noch nicht dagewesene ungeheure Unruhe. Allmählich stellte sich heraus, daß, ohne daß sie es wußten, *beiden* etwas gefehlt hatte. Die Frau faßte das Ergebnis ein Jahr nach Abschluß der Beratung so zusammen: «Es ist endlich Schluß mit dem Jungfrauensex bei mir – und dafür bin ich der Freundin meines Man-

149

nes direkt dankbar!» Der Mann konnte nach und nach seine Allmachtsphantasien aufgeben und die Ehe der Freundin wieder deren eigene Sache sein lassen.

Reden und Schweigen

Veränderung erfordert Kommunikation – Aushandeln, Auseinandersetzung, Sich-zu-erkennen-Geben. Im letzten Fall fing das Ehepaar nach
Jahren friedlicher Sprachlosigkeit an zu reden, immer wieder, nächte-
lang. Mann und Frau merkten, daß sie sich gar nicht mehr kannten, daß
jeder vom andern ein veraltetes, erstarrtes Bild hatte. Hätten sie eher
reden sollen? Hätte es eine andere Möglichkeit gegeben als den Umweg
über die Liebe des Mannes zu einer anderen Frau? Das sind müßige
Gedanken. Ganz offenbar war es nicht anders gegangen.

Reden, Offenlegen, die Forderung, alles voneinander wissen zu wollen und zu dürfen, ist ein emanzipatorischer Ansatz, der aller Ehren wert
ist und dem die 68er-Generation einen mächtigen Verbreitungsschub
beschert hat. «Früher», in einer unbefragten, patriarchalischen Ehe, gab
es keine schrankenlose Offenheit. Männer und Frauen hatten Geheimnisse voreinander, von denen die andere Seite wirklich nie etwas erfuhr.
Sie betrafen Geschäfte, Sexualität, Intimitäten. Es gab Dinge, von denen
ein Mann nicht mit Frauen sprach, und andere, welche die Frauen nur
vor ihren Freundinnen preisgaben. Dennoch gab es natürlich unzählige
Ehen, die als gut angesehen wurden und sich auch selbst so empfanden.
Geheimnisse sind nicht nur ein Schutz, sie machen auch interessant und
anziehend. Ein Beispiel dafür, wie verheerend die Verletzung solcher
gesellschaftlich anerkannten Regeln sein kann, ist die Geschichte des
Ehepaares Tolstoi.

Der große Autor ließ, als er mit 34 Jahren eine 18jährige heiratete, seine Braut,
die zeitentsprechend ahnungslos aufgewachsen war, vor der Ehe seine Tagebücher lesen, in denen viel von Ausschweifungen aller Art die Rede war, auch von
einer bäuerlichen Geliebten, die die junge Gutsherrin später jahrelang bei der
Feldarbeit beobachtete und über die noch der ganz alte Tolstoi eine höchst
erotische Erzählung schrieb. Seit der Lektüre dieser Tagebücher war Tolstois
Frau extrem eifersüchtig, obwohl tatsächlich anzunehmen ist, daß er ihr treu
blieb und beide eine sehr heftige, sinnliche Faszination aufeinander ausübten.
Ihre Tagebücher las wiederum er, auch die, die sie in der Folge schrieb, so daß sie
wirklich «alles» voneinander wußten. Glücklich war die Ehe nicht, aber unauf-
löslich, selbst wenn es damals so leicht gewesen wäre wie heute, sich scheiden zu
lassen. Tolstoi lief am Ende seines Lebens buchstäblich davon und starb in einem
Bahnhofsgebäude, wo Freunde und Familie seine Frau nicht zu ihm ließen.

«Reden ist Silber, Schweigen ist Gold», sagt das Sprichwort. Edelmetalle sind immerhin beide. Wie sollen wir es damit halten? Wieder stehe ich, wie so oft angesichts unserer unwiderruflichen Freiheit, vor der Unmöglichkeit, eine eindeutige Antwort zu geben. Man sagt, daß es ein unentbehrlicher Schritt zur Selbständigkeit ist, wenn ein Kind sich zu lügen traut und dabei die Erfahrung macht, daß die Mutter nicht in seinen Kopf hineinschauen kann. (Übrigens wird nicht einmal in den zehn Geboten verlangt, daß man immer die Wahrheit sagen soll, geschweige denn, daß man alles sagen muß, was man denkt.) Die große Offenheit, die wir uns modernerweise wünschen und für einen Ausdruck uneingeschränkten Vertrauens halten, hat sicher einen regressiven Aspekt. Sie enthält den Wunsch nach Rückkehr in die frühkindliche Symbiose, in die Zeit, als Mutter und Kind «ein und alles» und damit die ganze Welt waren, jedenfalls im Erleben des Kindes. Sehr erwachsen ist das nicht – aber auch Erwachsene sind ja glücklicherweise nicht immer nur erwachsen, und es ist wahrscheinlich sehr schwer, wenn nicht unmöglich, einen Menschen zu lieben, der im Sinn unserer Zivilisation völlig erwachsen ist.

Dennoch: zur Liebe, die über die Verschmelzungsphantasien hinaus ein Lebensfundament sein will («Ich möchte mit dir alt werden»), gehört als erwachsener Anteil die Spannungstoleranz (vgl. Bauriedl 1980), und das heißt in unserem Zusammenhang, aushalten zu können, daß der andere einem eben *nicht* alles sagt – und zwar aus Vertrauen. Sehr oft steckt hinter dem Satz «Wir können uns alles sagen» der Zwang, sich alles sagen zu müssen – und damit ein unbewußtes Kontrollbedürfnis oder vielleicht auch der Wunsch, den andern zu quälen. Ich glaube nicht einmal, daß es eine Beziehung gibt, in der man sich alles sagen *kann*: Schonender ist es auch heute noch, den anderen nicht allzu tief in gewisse Abgründe der eigenen Seele blicken zu lassen.

Für manche Männer und Frauen ist es überaus nötig und heilsam, vor dem Partner, und oft gerade auch vor dem sehr geliebten Partner, einen Seitensprung, ein erotisches Erlebnis, vielleicht sogar eine langdauernde Faszination durch eine (oder einen) «anderen» geheimzuhalten. Ein solches Geheimnis kann die zu große Abhängigkeit vom Ehepartner lockern helfen, die in manchen Fällen etwas Unheimliches hat. Als eine Grenze würde ich das Lügen und Vertuschen ansehen, das über eine lange Zeit zur Gewohnheit wird und damit wie ein schleichendes Gift den Alltag verdirbt. Aber vielleicht ist das wieder nur etwas, das ich nicht ertragen könnte, und andere können gut damit leben...

Begegnung mit der anderen

Der Offenheitswunsch kann sich, gerade in sogenannten emanzipierten Kreisen, auch auf die Beziehung zwischen den beiden Frauen beziehen. Es ist nicht selten, daß sich die beiden sowieso kennen, ja befreundet sind oder waren. Wir geraten hier an die heikelste Stelle des Dreiecks, die, an der Freud, besonders bei schweren Fällen von Eifersucht, verdrängte Homosexualität annimmt. Ich möchte hier auf dieses schwierige Thema, mit dem ich mich anderenorts ausführlich beschäftigt habe (Baumgart 1985), nicht näher eingehen, sondern nur soviel sagen: Wenn man, wie es die Psychoanalyse tut, Sexualität ziemlich weit gefaßt als interessierte Beziehung zwischen zwei Menschen versteht, dann ist im genauesten Sinn bei der Beziehung zwischen Ehefrau und Geliebter *immer* Homosexualität im Spiel, und zwar sowohl in der Abwehr und dem Haß wie in der Versuchung zur Zuneigung. Die Konsequenz der Psychoanalyse beim Durchziehen von Linien bis an den Punkt, von dem sie ausgehen oder zu dem sie hinführen, hat immer etwas zugleich Beängstigendes und Befreiendes; oder auch: sie macht angst, weil Freiheit angst macht.

Sicher schrecken viele Leserinnen bei dem Gedanken an Homosexualität zusammen: will sie uns nun obendrein, zu allen Leiden, die wir auszuhalten haben, auch noch für lesbisch erklären? Nein – das will ich nicht. Homo- wie Heterosexualität tritt ja in den verschiedensten Umformungen auf. Keiner Form von Sexualität sind wir jemals hilflos ausgeliefert, wenn wir sie wirklich verstehen. Ernsthaft gefährlich bleibt sie nur, wenn sie unterdrückt wird, das zeigt die Geschichte aller Zeiten und Kulturen. (Allerdings möchte ich mich auch nicht für eine Art Vernunftsex engagieren. Sexualität bleibt so geheimnisvoll wie Geburt und Tod – nur verändert man das nicht durch Wegschauen; und «geheimnisvoll» und «unheimlich» ist nicht dasselbe.)

Ich sehe jedenfalls in meinen Beratungen immer wieder, daß das Interesse der Ehefrau an der Freundin ihres Mannes zwar oft künstlich niedergehalten wird, in Wirklichkeit aber ungeheuer groß ist. Die direkteste und klarste Aussage zum Thema, wie ich es verstehe, ist etwa diese: «Mein Mann und ich mögen fast immer die gleichen Leute. Nimmt er jetzt nicht auch mir etwas weg, wenn er die Freundin für sich allein behalten will?» Freilich ist diese Art der Problemsicht nur in grundsätzlich guten, das heißt lebendigen und toleranten Ehen möglich, und sie setzt wohl auch eine einigermaßen gelungene Lösung der frühkindlichen ödipalen Krise sowie ein relativ stabiles Selbstgefühl voraus. Denn: wie sollte die Ehefrau sonst den Mut haben, sich dem

Vergleich zu stellen, der ja letzten Endes auch zum Eingeständnis der eigenen Unterlegenheit führen kann – jedenfalls auf dem Gebiet, auf dem die beiden Frauen konkurrieren?

Im allgemeinen fühle ich mich als Beraterin wesentlich wohler, wenn sich die beiden Frauen kennen, als wenn sie der Begegnung ausweichen. Eine Klientin, die das Kennenlernen der Rivalin verweigerte, sagte später, sie hätte es doch wagen sollen, «dann wäre dieses Mystische abgefallen». Mit andern Worten: man ringt der beängstigenden Phantasie ein Stück Realität ab, wenn man sich die andere Frau «einmal anschaut». Das ist natürlich eine große Herausforderung, und keine Frau, die ehrlich ist, wird kühlen Herzens einem solchen Treffen entgegensehen. Ich will damit auch keineswegs eine Umarmung herbeiwünschen («wir Schwestern in der Liebe zum Herrlichsten von allen»), sondern die Hoffnung ist genau das Gegenteil: die Abgrenzung aufgrund des präziseren Bildes, das man hat, und eventuell als Folge das Gefühl «Mit der kann ich's aufnehmen», oder: «Was die kann, kann ich auch», oder: «Ich hab ja schon immer gewußt, daß ich an der und der Stelle meines Lebens zuwenig oder zuviel tue, jetzt will ich das endlich ändern.» Selbstverständlich wird sich bei einer solchen Begegnung oft eine klare Feindseligkeit herausstellen, aber die ist immer noch besser als eine unklare Phantasie.

Es gibt zwei alte Ausdrücke für die Geliebte. Den einen hat Goethe in den Maximen und Reflexionen aufgezeichnet: «Mannräuschlein, so nannte man im 17. Jahrhundert gar ausdrucksvoll die Geliebte.» Sieht eine Ehefrau die Freundin ihres Mannes so, dann zeigt sich eine gewisse Gelassenheit und Überlegenheit: einen Rausch kann man ausschlafen (ein etwas prekäres Bild in diesem Zusammenhang...), jedenfalls geht er vorbei, und man kommt wieder zu sich, zur Vernunft, auch wenn man vielleicht einen Kater hat. Im 18. Jahrhundert wurde in Italien die Mätresse «la cavaliera sporca» genannt, die «schmutzige Kavalierin». Da «cavaliera» auch «Reiterin» heißt, ist eine scharfe sexuelle Anspielung unüberhörbar. Mit einer solchen Reiterin ist kein freundlicher Kontakt möglich – wahrscheinlich überhaupt keiner. Zwischen diesen beiden Polen, scheint mir, bewegt sich die Beurteilung der Geliebten durch die Ehefrau.

Umkehrung: die Eifersucht der anderen

Die Situation, die zur Eifersucht «berechtigt», ist natürlich eher die der Ehefrau. Dennoch wäre ein Aufsatz über die Bedeutung der Geliebten für die Ehefrau nicht vollständig, wenn man nicht wenigstens kurz daran erinnerte, daß auch die «andere» auf die «eine» eifersüchtig ist, die eben als Ehefrau doch auch die «einzige» bleibt. Ich zitiere zur Illustration den Brief einer Frau, die seit zwei Jahren einen Mann liebt und offenbar von ihm geliebt wird, ohne daß die Ehefrau etwas davon weiß:

«Die Rivalin leidet die schlimmsten Eifersuchtsqualen, besonders dann, wenn sie genau weiß, wie es um die Ehe bestellt ist. Sie muß tatenlos zusehen, wie ihr Partner gedemütigt wird, muß mit ansehen, wie die Ehefrau jeden ihrer Wünsche erfüllt bekommt, alles, wovon die Rivalin nur träumen kann. Die Eifersucht der Rivalin bezieht sich u. a. auf ganz banale Dinge des Lebens, wie gemeinsame Einkäufe, gemeinsame Urlaube etc., alles Dinge, auf die die Ehefrau einen festen Anspruch hat. Aber oftmals ist es so, daß die Rivalin einen weitaus größeren moralischen Anspruch hätte [...].
Und wenn die Rivalin in diesem schlimmen Dreieck ihre große Liebe gefunden hat? [...]
Eine Geliebte hat ebenso Hilfe nötig wie die Betrogene und ihr Mann. Ihre Gefühle sind ein Gemisch aus Schmerz, Traurigkeit, Wut, Wahnsinn, Schuldgefühlen, Ohnmacht und einer großen Portion Eifersucht. Denn sie ist es doch eigentlich, die sich um den Mann kümmert, bei ihr findet er die Beachtung, die er bei seiner Frau vermißt.»

Dieser Brief bezog sich darauf, daß in meinem Eifersuchtsbuch (Baumgart 1985) den Rivalen zu wenig Raum gegeben wird – was übrigens durchaus stimmt, aber mit meiner Arbeit an einer Eheberatungsstelle zusammenhängt, wo eben die Rivalen einer Dauerbeziehung tatsächlich selten auftauchen. Ich selbst empfinde dieses Ausbleiben als ausgesprochenen Mangel. Die Schreiberin fährt fort:

«Da stellt sich natürlich die Frage, warum die Rivalen nicht in die Beratung kommen. [...] Die Rivalin wird zwangsläufig früh lernen müssen, daß sie immer zurückstehen muß mit all ihren Träumen, Wünschen und Hoffnungen (zugunsten der Ehefrau, für die sie wohl kaum Sympathie aufbringen wird). So existiert sie auf eine gewisse Weise überhaupt nicht. Und ein weiterer Grund wird sein, daß eine Geliebte keine Ansprüche machen darf. Macht sie Ansprüche geltend, die sie eigentlich haben darf und muß, dann wird die Dreiecksbeziehung für den Partner, den sie ja liebt, derart chaotisch, daß sie die Ansprüche automatisch zurückschraubt. Eine solche Beziehung kann auf längere Sicht nur bestehen, wenn die Geliebte sich an diese Spielregeln hält. Ein bißchen Hilfe hätte sie in dieser Lage schon nötig. [...]

Eine Geliebte hat aber niemals die Möglichkeiten, die eine eifersüchtige Ehefrau hat. Sie kann nur versuchen, mit ihrer Eifersucht allein fertig zu werden, ganz still, um ihrem Partner das Leben nicht noch schwerer zu machen. Oftmals können Frauen, die als Geliebte leben, mit niemandem über ihre Schwierigkeiten reden, da der Bekanntenkreis nichts von dem Verhältnis wissen darf, und sind viel mehr als eine Ehefrau auf sich selbst angewiesen, mit ihren Gefühlen alleingelassen.»

Das Leiden dieser Geliebten wird wohl für jeden, der dies liest, sichtbar. Aber der offenbar als ausweglos empfundene Zwang, in diesem Leiden zu verharren, die Unfähigkeit, zu fordern und wenigstens gegen den geliebten Mann aggressiv zu sein, verwirrt und irritiert mich. Vielleicht kann sich der Leser eine Vorstellung davon machen, wie schwer es wäre, in einer Analyse oder Beratung eine solche Haltung zu lockern. Nur – für mich zeigt sich hier wieder die von mir so oft bemerkte Schwesterlichkeit: ganz ähnlich könnte sich nämlich auch eine Ehefrau über die Geliebte äußern, sogar, obwohl sich das merkwürdig anhören mag, bis hin zur Empfindung des Nichtexistierens. Der einzige, zugegebenermaßen wichtige Unterschied ist die Tatsache der äußeren Gesichertheit, wenn der Ehemann dabei bleibt, daß er sich nicht trennen oder scheiden lassen will. Aber wie oft habe ich von Ehefrauen gehört: «Ich bin wie verschwunden für ihn, überhaupt nicht mehr da; er ist in Gedanken nur noch bei der andern, auch wenn er bei mir ist; bei mir ist er wie eine leere Hülle, nur bei ihr scheint er zu leben…»

Zu dritt

Von der strahlenden Utopie eines Dreiecks war die Rede, immer wieder auch von Schwesterlichkeit. Sind das nur Phantasien, Träume oder allenfalls Ausnahmen? Eine Utopie läßt sich per definitionem nicht verwirklichen – annähern, denke ich, kann man sich ihr schon. Wenn ich vorhin gesagt habe, daß ein positiver Umgang mit der Tatsache «Geliebte» sich zwischen Bescheidenheit und hohen Ansprüchen bewegt, so meine ich damit, daß ich mir ohne die Dialektik zwischen diesen beiden widerspruchsvollen Haltungen keinen ganzen «lebendigen» Menschen vorstellen kann, weder Mann noch Frau. Für die Ehefrau wünsche ich mir, daß sie nach einer gebührenden Zeit von Abwehr, Wut und Gekränktheit den schlichten Gedanken zulassen kann: Die «andere» ist auch ein Mensch. Wie schwer das ist, sehe ich jeden Tag bei meiner Arbeit – aber auch ein Eheberater darf, wenigstens auf dem Papier, vielleicht einmal ein bißchen träumen. Ohne Träume kein Fortschritt, soviel ist sicher. Von der «anderen» stelle ich mir vor, daß sie, gerade weil ihr eine Zeitlang ein Raum in der Ehe gelassen wurde, sich daraus wieder zurückziehen kann, ohne sich ganz zu entfernen. Die beiden Frauen können sogar, wenn die beiderseitigen Rechte abgesteckt sind, Freundinnen werden, bleiben oder auch: wieder werden (denn sie waren es ja in vielen Fällen *vor* der Liebesaffäre). Der Mann, so phantasiere ich weiter, muß auf die *gleich*artige Beziehung zu beiden verzichten; aber vielleicht erlebt er eine Befreiung und Bereicherung bei der Rückkehr zu seiner (veränderten?) Ehefrau, weil auch er sich verändert hat und vielleicht erst jetzt ganz versteht, was er an ihr hat – gerade weil sie ausgehalten hat, weil sie großzügig («bescheiden») war, aber auch weil sie Grenzen gesetzt hat, also selbstbewußt und anspruchsvoll war. Vielleicht kann er eine «besondere Beziehung» zu der Geliebten behalten – alte Lieben verbinden, und durchgestandene Schmerzen auch. Meine Vorstellung ist: ohne Schmerzen kommt keiner davon, aber auch die Bereicherung bleibt für keinen aus. Das kann sogar für den Fall gelten, in dem die Geliebte zur Ehefrau wird und die Ehefrau «sehen muß, wie sie weiterkommt». Sie *kann* weiterkommen, und sie kann, mit oder ohne neuen Partner, mit dem neuen Paar befreundet bleiben.

Ich weiß, in diesem Absatz steckt reichlich viel Euphorie. Ich bin auch etwas verlegen wegen dieser Himmelfahrt. Dennoch: Sie glauben mir nicht, daß es so etwas gibt? Dann schauen Sie sich einmal genauer um. Vielleicht gibt Ihnen jemand den Ansporn, selbst eine solche märchenhafte Lösung zu versuchen. «Wie im Märchen» kommt man allerdings nicht dazu, sondern nur durch harte innere Arbeit und durch den Glauben an die Liebe.

Literatur

Baumgart, Hildegard: Eifersucht. Erfahrungen und Lösungsversuche im Beziehungsdreieck, Reinbek 1985

Bauriedl, Thea: Beziehungsanalyse. Das dialektisch-emanzipatorische Prinzip der Psychoanalyse und seine Konsequenzen für die psychoanalytische Familientherapie, Frankfurt 1980

Freud, Sigmund: Über einige neurotische Mechanismen bei Eifersucht, Paranoia und Homosexualität, 1922, in: Gesammelte Werke XIII

Stierlin, Helm: Status der Gegenseitigkeit: die fünfte Perspektive des Heidelberger familiendynamischen Konzepts, in: Familiendynamik 4/1979

Elga Sorge

Geliebte oder Liebende?

Theologische Gedanken
zur Befreiung vom Geliebtwerden

«Du darfst ehebrechen...»

«...du kannst ja nicht anders, weil jede, die einen anderen ansieht, seiner zu begehren, in ihrem Herzen schon die Ehe gebrochen hat. Aber natürlich darfst du auch treu sein!» (Sorge ⁴1987, S. 98).

Mit dieser Umformulierung des Ehebruchverbotes aus dem Alten Testament habe ich Aufsehen und Anstoß erregt, obwohl ich hier lediglich einen Satz aus der Bergpredigt aufgreife (Mt 5,28) und frage, wie eine an Freiheit und Freiwilligkeit statt an Zwang und Bestrafung orientierte Eheauffassung mit dem Problem Ehebruch umgehen könnte. «Du darfst ehebrechen», heißt ja nicht: «Du mußt es tun» (vgl. Sorge 1987, S. 67 f). Da in der Definition des Jesus von Nazareth alle Menschen Ehebrecher sind, wäre es unverantwortlich und undurchführbar, Ehebruch mit Todesstrafe zu verfolgen und so die Menschheit auszurotten. Nur wer selber ohne Schuld ist, mag sich erkühnen, den ersten Stein zur Steinigung der Ehebrecherin zu werfen (Joh. 8,1–20). Wie Jesus in dieser Geschichte den Schriftgelehrten und Pharisäern demonstriert, war da niemand.

Doch wie könnten wir mit der Freiheit der Straflosigkeit leben, im Falle wir würden sie wollen? Was würde dann aus einer Religion, die die Ehe als justitiable Institution und Verhinderung von Unzucht schätzt (Paulus, Augustinus, Luther u. a.), und aus einer Kultur und Gesellschaft, die, von christlicher «Liebes»ideologie geprägt, den Eros nicht heiligt, sondern für fremde, «höhere» Zwecke benutzt? Wo bleibt der Schutz der Ehefrau, wenn der Mann nicht nur heimlich (was er immer tat), sondern offiziell die Ehe brechen darf? Und wo die Sicherheit des Ehemannes, wenn die Frau dieselben Freiheiten genießt wie er? Und schließlich: welche Rolle spielt dann noch die Dritte im Bund: die Geliebte? Oder der Dritte: der Geliebte?

Angesichts der heftigen Reaktionen, die die nur denkmögliche Befreiung vom patriarchalen Ehezwang in unserer freizügigen Gesellschaft provoziert, darf frau getrost annehmen, daß einen Grundpfeiler abendländischer Kultur in Frage stellt, wer die herrschende Ehemoral antastet, eine Moral, die die heimliche Geliebte benötigt, um den Lebenserfordernissen standzuhalten und Männerwünsche zu befriedigen: Abraham brauchte seine Magd Hagar, um einen männlichen Nachkommen zu zeugen (s. u.), andere Theologen, Dichter und Denker brauchten die inspirierende und hart für sie arbeitende Geliebte, ohne die sie ihre Werke niemals hätten schaffen können.

Über den Geliebten schweigt nicht nur der Autorin Höflichkeit, er kommt so selten vor. Der Geliebte der Ehefrau führt ein wenig beachtetes Schattendasein. Hierin spiegelt sich die soziale und religiöse Hierarchie der untergeordneten Rollen von Frauen im Verhältnis zu Männern, die im Fall des Geliebten einer Ehefrau auch Männer an der relativen Bedeutungslosigkeit von Frauen zu partizipieren zwingt.

Geliebte und Geliebter jedoch existieren nur dann als «Dritte im Bund», wenn es überhaupt einen Bund gibt, der gehalten oder gebrochen werden kann. Der Bruch des Ehebundes ist ein Vorgang, der einerseits ununterbrochen stattfindet: «Wer eine Frau ansieht, ihrer zu begehren, der hat schon mit ihr die Ehe gebrochen in seinem Herzen» (Mt 5,28). Andererseits ist Ehebruch nach dem Willen des Vatergottes und seinen männerbündischen Gesetzen streng verboten. Die Geliebte existiert also in der Theologie nur als verbotene, was weder ihren Reiz mindert noch ihre Existenz verhindert.

1. Die Geliebte als Ehebrecherin

Als Theologin über die Geliebte nachzudenken, ist ein seltsames Unterfangen, was hat schließlich die Theologie mit der Geliebten zu tun? Nichts, lautet der empirische Befund, nichts steht zu diesem Thema in einschlägigen Lexika und theologischen Grundsatzerörterungen. In der berühmten RGG («Religion in Geschichte und Gegenwart», einem vielbändigen Standardwerk der Theologie) kommen die Begriffe «Geliebte», «Geliebter», «Liebste», «Liebender» nicht vor. Es fehlt dort auch das Stichwort «Sexualität», in der RGG gibt es nur «Sexualethik» – und das ist ja nicht dasselbe.

Doch dies heißt nicht, Sexualität und Geliebte seien der Theologie und den Theologen gänzlich unbekannt. Theologen wie Paul Tillich (vgl. dazu Daly 1982, S. 117) und Karl Barth (vgl. Köbler 1986) hatten ganz im Gegenteil viele, wechselnde oder lebenslänglich ein und dieselbe Geliebte, neben, über oder unter ihrer Ehefrau.

Ohne die unermüdliche Arbeit seiner Geliebten Charlotte von Kirschbaum hätte, so meint nicht nur Renate Köbler, Karl Barth seine allumfassende Dogmatik nicht erarbeiten können. Barth scheute sich auch nicht, mit seiner Geliebten und mit seiner Ehefrau unter einem Dach zusammenzuleben. Dies falle, so pflegte der auf sein deviantes Verhalten, das so wenig mit seiner christlichen Moral übereinstimmte, befragte Barth zu antworten, unter die vergebende Gnade Gottes.

Über Paul Tillich, der seine Frau ständig mit anderen Frauen zu «betrügen» pflegte, erzählt seine Gattin, er habe dies stets geleugnet, auch dann noch, wenn sie ihn in flagranti mit dem Dienstmädchen auf dem Teppichboden des Wohnzimmers erwischte oder wenn er in ihrer Gegenwart andere Frauen intim berührte. Phyllis Chesler (1979, S. 111) nennt diese Realitätsleugnung des Paul Tillich «naiv», so wie sie die Nazis, die auch nicht wußten, was sie taten, naiv nennt, nicht: unschuldig.

Das Verdrängen und Leugnen der Gegenwart, das Festklammern an Ereignissen der Vergangenheit und die wirkungslose Sehnsucht nach einer unerreichbaren Zukunft sind hochneurotisch, bilden aber die leitende Vorstellung und die logische Struktur der jüdisch-christlichen Theologie, die Gott und Welt trennt (diese Trennung ist die patriarchale *Sünde* schlechthin) und Göttliches und Weltliches so voneinander abspaltet, daß die Erfahrung des Heiligen in der Gegenwart, die unio mystica und *die Heilige Hochzeit*, in der Göttin und Gott, Himmel und Erde, Frau und Mann miteinander und mit dem Kosmos verschmelzen und eins werden, unmöglich sind. Wirkliche Liebeserfüllung, so will es das Christentum, soll es auf Erden nicht geben; sie bleibt einer ewig ausstehenden Zukunft vorbehalten.

Die Leugnung der Realität der Geliebten ist so gesehen nur eine der vielen (noch) nicht hinwegzudenkenden Leugnungen einer Theologie, die seit 2000 Jahren Natur und Frau entheiligt und den Männern unterwirft («Machet Euch die Erde untertan!», «... er aber soll dein Herr sein!»; 1. Mose, 1,28; 3,16) und all jene Lebenswirklichkeiten herabwürdigt oder leugnet, die die weiblichen Potenzen von Frauen ausmachen: die Gottesmutter Maria verlor ihr Hymen, nicht ihre jungfräuliche Unabhängigkeit bei der Geburt Jesu; es kann keinen Vater(gott) geben, der nicht von einer Mutter(göttin) geboren wurde; Sexualität und Leiblichkeit von Frauen sind lebensnotwendig, nicht sündig; und schließlich sind Frauen keine «Zweitmenschen», sondern vollbringen mit jeder Geburt zugleich eine Wiedergeburt (Auferstehung), so daß das Leben sich schöpferisch erneuern und fortpflanzen kann.

Theologisch sichtbar wird die Ehefrau als «Gehilfin des Mannes, die um ihn sei, weil es nicht gut ist, daß der Mensch (= Mann) allein sei» (1. Mose, 2,18), die Geliebte ist theologisch eine Unperson, die allenfalls sichtbar wird in der negativen Form der Gesetzesbrecherin, die das göttliche Verbot: «Du sollst nicht ehebrechen!» (2. Mose, 20,14) mißachtet und Ehemänner zu derselben «Sünde» verführt wie seinerzeit Eva den Adam. Evas «Sünde» bestand darin, selber entscheiden zu wollen, was ihr und ihm guttut und was ihnen schadet, selber wissen zu wollen, was gut und böse ist, und sowohl gegenwärtig wie ewig lieben und leben zu wollen: die *Erbsünde*. In diesem Sinn ist Eva die erste (und letzte?) *Liebende* im Patriarchat, eine Rebellin gegen das entmündigende, autoritäre Gesetz der Väter, nicht weil sie einen Ehebund gebrochen hätte, sondern weil sie den göttlichen Männerbund selbst mit seinen frauen- und lebensfeindlichen Verboten ignorierte (vgl. Sorge ⁴1987, Kap. IV). Männerbundbruch aber ist schlimmer als Ehebruch, nämlich das Vergehen schlechthin im Patriarchat.

Der klassische Ehebruch bricht lediglich eine «Treue», die die exklusiven sexuellen Eigentumsrechte des Mannes an seiner Frau sicherstellt und damit ihre ausschließliche Zugehörigkeit zu ihm: «Du sollst nicht begehren deines Nächsten Haus, Weib, Knecht, Vieh und alles, was sein ist!» (1. Mose, 2,17). In diesem Verbot des Gottes Jahwe, dessen Nichterfüllung bei den orthodoxen Juden mit Ermordung durch Steinigung bestraft wurde, erscheint die Frau auf einer Ebene mit dem Vieh und allen anderen Objekten, die dem Mann gehören und über die er im Rahmen patriarchaler Gesetze nach Gutdünken verfügen darf. Kann also nur der Mann ehebrechen und die Frau nicht? Dieses Problem veranschaulicht eine jüdische Anekdote so:

Ein Jude kommt zum Rabbi und sagt: «Die Thora hat ein Loch!» «Nein», antwortet der Rabbi, «dies ist unmöglich, die Thora hat kein Loch.» Doch der Frager beharrt auf seiner Behauptung, und endlich läßt sich der Rabbi herbei, ihn genauer anzuhören. «Nu», sagt jener, «es steht doch geschrieben, du sollst nicht begehren deines Nächsten Haus, Weib, Vieh usw.» «Ja und?» fragt der Rabbi. «Nu ja», sagt der Frager, «und wo steht geschrieben, *sie* soll nicht begehren ihres Nächsten Mann?»

Da stutzt der Rabbi, kratzt sich den Kopf, klärt das Problem. Endlich antwortet er: «Nu, soll sie doch begehren, wenn er schon nicht darf!»

Die Frau gehörte jahrhundertelang im Judentum nicht nur auf die Ebene des Sachrechts und wurde unter den Gütern aufgeführt, die ein Verstorbener hinterlassen hatte: der Schlemihl hinterläßt vier Esel, zwei Häuser, eine Frau, vier unmündige Kinder etc., sondern kommt im Gesetz des HErrn des Volkes Israel überhaupt nicht oder nur dann vor, wenn sie dem Mann zum Problem wird. Dies wird beim Verbot des Ehebruchs besonders kraß deutlich, denn die heitere und großzügige Lösung des Rabbi aus der oben erzählten Anekdote entspricht nicht der üblichen Praxis des Umgangs in Sachen Ehebruch.

Selbst im modernen Israel unserer Epoche dürfen nur die Rabbis Eheschließungen und Scheidungen vornehmen, nicht der Staat. Bei der Eheschließung mit einem frommen Rabbi wird auch heute noch seiner Frau eine Glatze geschoren – zum Zeichen ihrer Unterwerfung unter den Mann und den HErrn, dem der Mann sich auch seinerseits unterwirft. Im Haus dürfen Frauen Perücken tragen, draußen nur verhüllende Kopftücher. Der Sinn dieser Zeremonien ist es, Frauen daran zu hindern, irgendein Begehren zu wecken, auch nicht beim eigenen Gatten. Siebenmal müssen auch alle modernen, «weltlichen» Jüdinnen bei der Eheschließung um ihren Mann herumgehen, damit sie wissen, wer von nun an im Zentrum ihres Lebens steht. Überflüssig hinzuzufügen, daß jahrtausendelang Ehescheidungen nur von Männern verlangt und vollzogen werden konnten.

Ein jüdischer Mann bricht die Ehe, wenn er einem anderen jüdischen Mann die Frau wegnimmt und sich mit ihr sexuell vereinigt. Tut er dies mit der Frau eines Nicht-Juden, liegt kein juristischer Ehebruch vor, weswegen auch viele fromme jüdische Rabbis bis auf den heutigen Tag den Frauen anderer Nationen nachstellen (zum Beispiel den Touristinnen in Jerusalem, wie ich selbst beobachten konnte) und, falls diese geneigt sind, sich sexuellen Aktivitäten hingeben, ohne ehezubrechen. Denn Ehebruch ist ein nationales Eigentumsdelikt. Frauen, die Eigentum fremder Männer sind, stehen nicht unter jüdischem Eigentumsschutz. Jüdische Männer können juristisch gesehen niemals die eigene Ehe brechen, was hieße, ihr eigenes Eigentumsrecht verletzen.

Die eigene Ehe können nur Frauen brechen, wenn sie das Exklusivrecht des Gatten an ihrem Körper einschränken, indem sie auch anderen Männern ihre Gunst schenken. Frauen begehen also immer Ehebruch, gleichgültig ob sie jüdische oder fremdländische Geliebte haben, Männer nur dann, wenn sie jüdischen Männern ins Gehege kommen.

Das ist einer der großen Unterschiede zwischen Frau und Mann. Männer konnten zu alttestamentlichen Zeiten schon beim bloßen Verdacht des Ehebruchs Frauen zwingen, fluchbringendes, bitteres Wasser zu trinken (vgl. das berühmte «Eifersuchtsgesetz», 4. Mose, 5,11–31). Wurde die Frau davon krank, war ihre Schuld erwiesen, und sie wurde gesteinigt. Auch die Hexenprobe der Feuerverbrennung drohte nur den Frauen, nicht den Männern: «Wenn eines Priesters Tochter anfängt zu huren (= an Fruchtbarkeitskulten teilnehmen), die soll man mit Feuer verbrennen, denn sie hat ihren Vater geschändet!» (3. Mose, 21,9). Dieses göttliche Gebot gilt nicht für Männer. Von Söhnen, die verbrannt wurden, weil sie durch Hurerei ihre Mutter und Priesterin geschändet hätten, berichtet das Alte Testament an keiner Stelle. Ebenso wie die Strafe Gottes für Evas «Sünde», die die Unterwerfung der Frau festschreibt, niemals umkehrbar und auf Männer anwendbar ist: «Nach deinem Mann sollst du verlangen, er aber soll dein HErr sein!» (1. Mose, 3,16).

Doch zurück zu Karl Barth und seiner Geliebten, der von jedem Christen, so auch von sich selbst, fordert, sich der patriarchalen *Ordnungshierarchie Gottes* zu unterwerfen, weil darin allein die wahre Freiheit sei. Barth hätte im Fall seines «Ehebruchs» nicht unbedingt die Gnade Gottes bemühen müssen, um sich moralisch zu rechtfertigen, denn das Gesetz des HErrn hätte ihm erlaubt, was er tat: Charlotte von Kirschbaum war niemandes Mannes Eigentum, und seine eigene Ehe konnte er dem Gesetz des HErrn zufolge nicht brechen.

Doch das Problem der Dritten im Bund, der Geliebten, ist keine nur juristische Frage, auch nicht im Alten Testament, wo juristisches und religiöses Denken unlösbar verquickt sind. Es ist ein alltagspraktisches und gesellschaftliches, ein soziales und ein religiöses, existenziell-persönliches Problem und deswegen auch ein psychisches Drama und Dilemma.

Dieses persönliche Dilemma kann die traditionelle Theologie nicht lösen, dies zeigt Karl Barth in klassischer Weise. So wie Barth suchen und erfinden Theologen, die nolens volens jedes Wort des Alten Testaments für göttlich halten, mannigfaltige Erklärungen und Rechtfertigungen für die Unterwerfung der Frau unter den «starken Mann» im Sinne Barths (vgl. Barth 1964, S. 95), die in der monogamen Ehe ihren einzig gültigen Ausdruck finden soll. Doch fatalerweise läuft die göttlich befohlene Unterordnung der Ehefrau jeder Idee von Gleichheit der Geschlechter, auch derjenigen, die das Neue Testament voraussetzt, kraß zuwider.

Barth löst die unlösbare Frage, wie Frau und Mann gleichzeitig als Ebenbild Gottes völlig ebenbürtig und völlig gleich und «eins in Christo» (Galaterbrief, 3,28) *und* in religiöser und sozialer Hinsicht unaufhebbar verschiedenwertig sein können, so daß sie ihm ewig unterlegen sein muß, nicht, und zwar auf folgende Weise nicht:

«Ordnung heißt Vorordnung und Nachordnung, Überordnung und

Unterordnung. Damit haben wir die gefährlichsten Worte ausgesprochen, die zur Bezeichnung dessen, um was es im Sein und Zusammensein von Mann und Frau geht, unvermeidlich sind» (Barth 1964, S. 84).

«Der Mann hat also der Frau [...] damit nichts voraus [...], daß er in der Ordnung nun eben der Mann und also A, relativ zur Frau, vor und über ihr ist. Die Ordnung weist ihm ja damit nur seinen Ort an, den er [...] nur damit einnehmen kann, daß er in diesem gemeinsamen Sein und Tun Anreger, Führer (!), Erwecker ist, die Initiative ergreift» (Barth 1964, S. 85).

Es geht also nicht darum, daß die Frau dem Mann gegenüber zu ihrem Recht kommt, sondern darum, «daß der Mann die Ordnung und Folge, in der er der Erste ist, als [...] die ihm damit auferlegte Verpflichtung verstehe, daß in erster Linie gerade er sich unterwerfe und Gehorsam leiste» (Barth 1964, S. 86).

«[...] er selbst ist an seinem Ort ja auch nur ein der Ordnung Unterworfener. Warum soll die Frau nicht in der Folge [...] die Zweite sein? Was hat sie für eine andere Wahl, da sie außer dieser Folge [...] überhaupt nichts sein könnte?» Bei einer Gleichstellung beider müßte «ihre Stellung erst recht [...] beklagenswert werden, weil sie und die des Mannes gleichsam in die Luft zu hängen kämen» (Barth 1964, S. 87).

Die wahre Verankerung auf dem Boden der männlich-hierarchischen Ordnung hat die Frau erst dann erreicht, wenn sie ihre Unterordnung von sich aus, «in freier Entscheidung für die Ordnung Gottes», die den Mann zu ihrem Führer und Herrn macht, freiwillig und von sich aus vollzieht: «Die Frauen werden ja wie die Kinder ihren Eltern, wie die Sklaven ihren Herren [...], wie die Christen der Obrigkeit gegenüber, gemahnt, ihre Nach- und Unterordnung den Männern gegenüber [...] in klarem Bewußtsein, aus eigenem Willen, in voller Verantwortlichkeit, [...] im Gehorsam des Glaubens selbst zu vollziehen» (Barth 1964, S. 89).

Im Sinne dieser Glaubensüberzeugung kann das Verhältnis von Mann und Frau «nur das Besondere der Ehe sein» (1964, S. 91). Und so findet Barth lobende Worte für alle frauenfeindlichen Aussagen der «Heiligen Schrift» und begrüßt die paulinische Entwertung der Frau als nur *Leib*, während der Mann das *Haupt* sei (1. Kor. 11,28). Die Ehe und nur sie ist wie keine andere Einrichtung geeignet, dieses Über-Unterordnungsverhältnis des Mannes über die Frau zu verewigen und zu vergöttlichen.

Der Ehebrecher Karl Barth äußert sich über den Ehebruch entweder gar nicht oder schwammig, über Ehebrecherinnen schweigt er sich aus. Wie sollte er da Lobes- oder Liebesworte über seine heimliche Zweitehefrau finden? Oder gar eine «Theologie der Geliebten» entwerfen und freimütig sagen, daß es Fälle gibt, wo Ehebruch unumgänglich und sogar bereichernd und beglückend ist? Vielleicht sogar für die betroffene Ehefrau?

So konkret wie Martin Luther hat sich, soweit ich sehe, nie ein christlicher Theologe, der wie Barth für eine auf Liebe *und* Unterwerfung der Frau gegründete unscheidbare Ehe plädiert, über den Ehebruch geäußert. Luther beklagt in aller Offenheit, daß Ehebrecherinnen in ferne Länder entkommen können und vom Staat nicht mit dem Tode durch Steinigung bestraft werden, wie das göttliche Gebot es befiehlt (Luther 1954, Bd. VII, S. 243 ff.). Daß ein Mann hingegen zwei Ehefrauen haben dürfe, hat Luther nie offen zugegeben, aber abseits aller Legalität einfach praktiziert: Er verheiratete einen berühmten Landesherren mit einer zweiten Frau, ohne daß die erste Ehe geschieden war. Auch äußerte er offen die Überzeugung, wenn die Ehefrau dem Gatten nicht ausreichend sexuell zu Willen sein wolle oder könne («in der Wochen zween»), dürfe sich der Gatte anderen Frauen zuwenden – *sie* im umgekehrten Fall natürlich nicht.

Eine Ausnahme von dieser männerbündischen Doppelmoral bilden bei näherem Zusehen auch Sarah und Hagar (vgl. 1. Mose, 16–18 und 21) nicht. Die unfruchtbare Sarah, so erzählt es die Patriarchengeschichte des Alten Männerbundes (AT), führte von sich aus ihrem Gatten Abraham eine Geliebte zu, auf daß aus seinem Samen der verheißene Stammvater und das ganze Volk Israel hervorgehe. Als die Magd Hagar schwanger wird, soll sie auf Sarah herabgeblickt, und Abraham soll daraufhin seiner Frau erlaubt haben, sich an Hagar zu rächen. Der Zweikampf der Frauen endet dann mit der Flucht Hagars, der jedoch die Stimme des HErrn befiehlt: «Kehre wieder um zu deiner Frau und demütige dich unter ihre Hand» (1. Mose, 16,9).

Als Sarah nach dem Besuch von drei fremden Männern endlich selber schwanger wird (1. Mose, 18,1 ff.), wobei im dunkeln bleibt, welchen Anteil diese drei an der Zeugung Isaacs haben (im 21. Kapitel wird diese nur auf die Heimsuchung durch den HErrn zurückgeführt, Vers 1) und nachdem sie ihrerseits einen Sohn gebiert, stiftet sie Abraham an, seine Geliebte und deren Sohn aus dem Haus zu verjagen. Abraham tat dies der Legende zufolge nur widerwillig und erst, als der HErr selbst ihm dies ebenfalls befahl.

Vor dem Antlitz Gottes spielt die Geliebte Abrahams, wie zu erwarten war, eine jämmerliche Rolle. Sie ist passiv und fügt sich gehorsam den Wünschen der Ehefrau, deren Gatten und einem Gott, der ihr befiehlt, in ihrer demütigenden Rolle zu verharren. Die Geliebte und der

Ehebruch, wenn sie mit soviel Unterwerfung und Selbsterniedrigung verbunden sind und höheren göttlichen Zwecken dienen, werden von Gott geduldet und als legitim erachtet.

Überflüssig zu sagen, daß es seit zweitausend Jahren keine Frau und Theologin gegeben hat, die diese Eheideologie und die doppelbödige Patriarchatsmoral wirkungsvoll in Frage gestellt hätte. Karl Barth hat recht, wenn er die Einwilligung der Frau in ihre Unterwerfung für nötig hält: Ohne die Zustimmung der «Knechte/Mägde» kann niemand «Herr» sein, lautet die Dialektik von Herr und Knecht – nicht nur nach Hegel.

Die männliche Perspektive der «Herren» zum Thema «Geliebte» wurde deutlich als das Problem von Überordnung des Mannes und Unterwerfung der Frau, von Herrschaft und Knechtschaft, die einer «herrenmoralischen» Gesetzesfrömmigkeit entspricht, die glaubt, Liebe – und Unterwerfung und Züchtigung seien miteinander vereinbar («wen der HErr liebt, den züchtigt er»), jedenfalls dann, wenn die Frau unterworfen wird, die in der Stille, schweigsam und mit aller Unterordnung lernen und in der Liebe, Heiligung samt der *Zucht* bleiben soll (1. Tim, 2,8 – 15).

Aus weiblicher Sicht ist dagegen zu fragen, was Frauen an «starken Männern», die ihre Führer sein wollen, so fasziniert, daß sie freiwillig seine geliebten Geliebten oder unterworfenen Ehefrauen werden und bleiben möchten. Ist es allein die Angst, die Barth kennzeichnet, Frauen könnten außerhalb der patriarchalen Gesetzesordnung nur «nichts» sein? Oder gibt es tieferliegende Motive, die es für eine Frau erstrebenswert erscheinen lassen, «nur» Geliebte und heimliche Zweitehefrau von Männern zu sein, die voraussichtlich nie heiraten werden, also von Ehemännern, katholischen Priestern, notorischen Junggesellen und anderen ehebehinderten, eheunwilligen oder liebes- und eheunfähigen Liebespartnern? Liegt im Status der Geliebten eine faszinierende Chance, Liebe und Freiheit, Einssein mit *ihm* und Selbstsein mit sich *selbst* zu verwirklichen, oder bedeutet Geliebte sein zwangsläufig leidend sein?

2. Die Geliebte als Leidende

Wer sich der «Geliebten» nähert, kostet sofort vom dramatischen Reiz und genießt die prickelnde Neugier, die die Nähe des heimlich Ersehnten und offiziell Verbotenen erzeugt (nicht nur bei Theologen). Doch beim Studium so mancher sensationellen Darstellung zu diesem

Thema, die die immer ähnliche Konstellation fast identischer Leiden mit schonungsloser Freimütigkeit so offen schildern, daß eigentlich nichts mehr zu wünschen übrig bleibt, erlischt nicht nur die Neugier, sondern gelegentlich sogar das Fünkchen kulturüblicher Lust am Leiden, von dem unsere Sensationslüsternheit sich nährt.

Mich ergriff beim Studium empirischer Befunde zum Thema «Geliebte» (vgl. die Serie des «Stern», Nr. 45 vom 30. 10. 1986 – Nr. 51 vom 11. 12. 1986; Norwood 1986; Baumgart 1985 usw.) sogar gelegentlich Langeweile. Die differenzierten Liebesqualen derer, die als Erwachsene das ödipale Dreieck (Mutter – Vater – Kind) mit beachtlicher Freude an der Grausamkeit wieder und wieder reinszenieren, las ich mit wachsender Abneigung gegen alle Beteiligten, gegen den Mann natürlich, der sich herausnimmt, zwei Frauen zu besitzen, gegen die Ehefrau, die sich diesem Mann unterwirft und an ihm festhält, obwohl er sie, vielleicht, nicht mehr haben will, und sogar gegen jene Geliebten, die im Teufelskreis masochistischer Freuden darauf warten, endlich ihrerseits eine Ehefrau zu werden, die an ihrem Mann festhält.

Die Analyse des Elends von Geliebten, die in neurotischer Sehnsüchtigkeit die programmierte Nichterfüllung ihrer sehnlichsten Wünsche genießen, fand ich immer quälender, zumal ich nur allzu gut aus eigener Erfahrung und als Christin weiß, was es heißt, Geliebte zu sein, und welchen schrecklichen Beitrag das traditionelle Christentum zur neurotischen Zerstörung der erotischen Kultur des Individuums durch seine Frauen- und Naturfeindlichkeit geleistet hat.

Mich interessiert also weniger, wie das sattsam bekannte Liebeselend der Geliebten zustande kommt, als herauszufinden, wie es Frauen und Männern, Ehefrauen und Geliebten gelingen könnte, sich aus dem Netz leidvoller Liebesverstrickungen zu befreien. Mein Blick richtet sich daher nicht nur auf die Geliebte als «Dritte im Bund», in dem die Ehefrau gesetzlich verbrieft «Die Erste» ist. Ich frage, warum die Ehefrau bei Licht besehen ja auch nur «Die Zweite im Bunde» ist, neben oder unter dem Mann, der immer zuerst kommt.

Im Alten Testament hat Gott selbst mit Abraham und dem Volk Israel, das aus seinem Samen entsprang, einen religiösen Männerbund geschlossen, zu dem nur gehört, wer ein beschnittenes Glied hat. Frauen können naturgemäß niemals Mit-Glieder in diesem Bunde sein und gehören nur insofern und dann dazu, als sie zu einem Mann gehören.

In der herrschenden Theologie werden Frauen entsprechend bis heute noch kaum als gleichberechtigte, mit voller Menschenwürde ausgestattete Personen wahrgenommen und sind in so gut wie keinem Bereich von Religion, Kultur und Kirche angemessen repräsentiert. Der christliche Männerbund schließt in der katholischen Kirche Frauen allein wegen ihrer Geschlechtszugehörigkeit vom Priesteramt aus, und der evangelische Männerbund hält es bis heute (trotz «weiblicher Pfarrer» in kirchlichen Ämtern) für unvorstellbar, weibliche Priesterinnen könnten eine eigene spirituelle Identität entfalten. Da werden schon, wie ich am eigenen Leibe erfuhr, die ersten zaghaften Versuche mit repressiven Lehr-zucht-maßnahmen beantwortet (vgl. Hexenjagd 1987).

Bei näherer Betrachtung ist aber auch der Mann nicht «Der Erste im Bund», sondern wieder nur ein Zweiter. Denn der *Erste* in der männlichen Hierarchie ist niemand anderer als *Gott* selbst. Und wer sich nicht diesem Gott als höchster Instanz unterwirft, unterwirft sich der Firma, der Kirche, dem Staat, dem Vaterland, der Pflicht. Der Mann besitzt viele Möglichkeiten, sich einer nach Liebe verlangenden Frau, ob Ehefrau oder Geliebte, zu entziehen und sich wenigstens ihr gegenüber noch allemal als Erster zu fühlen – und keiner Frau wird es leicht gelingen, die Konkurrenz Gottes und männerbündischer höchster Werte zugunsten der Liebe zu überbieten. An dieser Situation leidet allerdings nicht nur die Frau, nicht nur die Geliebte. Daß dies so und nicht anders sein muß, kann nur eine Theologie erklären, die die Erklärung des Sinnlosen und Unerklärbaren, des Absurden betreibt: «Credo quia absurdum». Und dies tut sie bekanntlich mit einigem Erfolg seit zweitausend Jahren.

Aber auch für Nichttheologen ist offenbar die Frage, wer in dem verhängnisvollen Dreierbund von Geliebte – Ehemann – Ehefrau wen wie liebt und woran diese Liebe erfahrbar und sichtbar wird, eine vergleichsweise unwichtige Kleinigkeit. Diese Seite lustvoller Erforschung des Geliebtenproblems tritt zurück vor der scheinbar viel spannenderen Frage, wer wen wann und wodurch leiden macht und warum und ob dieses Leiden nicht so unentrinnbar ist, daß es nur ewig dauern kann. «Wer leiden will, muß lieben», nannte ich meine Studie über christliche Liebespervertierung in der Kreuzestheologie (Sorge 1983). Es gibt nun aber leider (noch) keine christliche Theologie, die sich *nicht* am Kreuz orientierte, die nicht die Passion Jesu für wichtiger hielte als sein Leben, die nicht das Leiden für erlösend hielte. Tod und Leiden sind ins Zentrum der christlichen Religion gerückt (symbolisch sichtbar am Kreuz, an dem ein toter Gott festgenagelt ist), an einen Ort also, wo nur das Leben und die Liebe (symbolisiert im Lebensbaum und in Symbolen der Heiligen Hochzeit) hingehören.

«L'enfer, ce sont les autres» («Die Hölle sind die anderen», Jean Paul

Sartre in «Huis clos», «Geschlossene Gesellschaft»). Die von den drei an diesem Drama beteiligten Personen, einem Mann mit zwei Frauen (!), selbsterzeugte Hölle ist die Folge einer Dreiecksdynamik, die unentrinnbar leidvoll und ewig ist, so ewig wie die Liebe, nur nicht so beglückend. Wenn man es auch zunächst nicht glauben mag, aber dieses Sartresche Drama ist sehr christlich und patriarchal weiblich, weil hier die Perspektive des Ausgeliefertseins zum Tragen kommt, die Situation des Opfers, nicht des Henkers.

Geliebt werden heißt für Frauen nämlich traditionell christlich betrachtet, und dies lehrt nicht nur Karl Barth, Ausgeliefertsein in Furcht, Gehorsam und «Liebe». Die christliche Geliebte spricht also: «Bitte, du wunderbarer, starker Mann, unterwirf mich, ich will dein Eigen(-tum) sein, lösche meine Rebellion und Eigenwilligkeit aus, sei du die Welt für mich, mein Zentrum und mein Seelenheil. Ich wünsche mir in freier Entscheidung deine Herrschaft über mich, zu der Gott selbst dich beruft. Doch bitte, mach mich zu deiner ersten und wenn möglich, einzigen Geliebten: Du sollst keine anderen Opfer haben neben mir!» Auf diese teuflische Versuchung antwortet die Tochter Gottes, allerdings nur in meiner feministischen Uminterpretation der «Versuchung Jesu» als «*Versuchung der Tochter Gottes*»: «Die Frau lebt nicht vom Mann allein!» (Sorge 1978, S. 63).

Dem ersten Gebot des Dekalogs («Ich bin der HErr, dein Gott [...], du sollst keine anderen Götter haben neben mir!» 2. Mose, 20,2) entspricht ein schwarzpädagogisches Lohn-Strafe-Denkmodell, das Frauen übernommen haben, obwohl es die Vorherrschaft des Mannes über die Frau und des männlichen Gottes über die weibliche Göttin metaphysisch verankert. Psychologische Analysen der jüdisch-christlichen Traditionen unter diesem Blickwinkel sind in der Theologie verständlicherweise verpönt, weisen diese (vgl. Miller 1981; Baumgart 1985 u. a.) doch nach, daß viele, vielleicht sogar alle uns quälenden Liebesprobleme in religiös-christlichen Ideologien wurzeln, die in säkularisierter Form die abendländische Kultur prägen und die mit der Ausmerzung *der Göttin* (s. u.) zugleich die Vernichtung authentischer weiblicher Identität betreiben.

Betrachten wir die Eifersucht, dann zeigt sich, daß diese ein durch einen Kult, der einen *eifersüchtigen* Gott heiligt, erzeugtes Kult-Urphänomen ist, das in der uns vertrauten qualvollen Form und als quasi naturnotwendige Erscheinung nur im jüdisch-christlich geprägten Patriarchat existiert, einer Religion und Kultur, die die künstliche Schöpfungs-Un-Ordnung der Männerbünde Gott selbst zuschreibt, einem Gott, der mit Stolz von sich behauptet, er sei ein rachsüchtiger und eifersüchtiger Gott, der die Missetaten der Väter heimsucht bis ins dritte und vierte Glied an den Kindern derer, die ihn hassen (2. Mose, 20,5), ein Gott also, der die Eifersuchtsqualen von Männern mit göttlicher Weihe versieht.

Christliche Liebesideologien wirken offen und im verborgenen an der Zerstörung authentischer Liebeskultur der einzelnen mit, was nicht leicht zu durchschauen ist, da doch das Christentum behauptet, eine Religion der Liebe zu sein. Doch Liebe wird durch Unterwerfung immer zerstört, auch und gerade dann, wenn es sich um die Unterwerfung unter einen göttlichen Vater handelt:

«Die Dahingabe des Sohnes [...] soll [...] das besondere Leiden und Sterben Jesu deuten. Gott hat seinen eigenen Sohn nicht verschont, sondern ihn für uns alle dahingegeben (Römerbrief, 8,32). Die hier verwendete Formel dahingeben (paradidonai) ist Passionsterminologie und heißt soviel wie ausliefern, verraten, verlassen, wird hier bei Paulus aber zum Ausdruck der LIEBE und Erwählung Gottes.» «Hier ist geschehen, was Abraham an Isaac nicht zu tun brauchte: Christus wurde vom Vater in voller Absicht dem Schicksal des Todes überlassen, [...] er ist der Verfluchte Gottes ...» (Moltmann 1982, S. 187 f).

«So ist Jesus den Weg des Kreuzes gegangen, keinen Augenblick meinend, daß dies ihm nur von der bösen Welt, von den Juden, von seinen Hassern angetan wird, sondern in einem steten Wissen: sie alle können nichts tun, wenn Gott mir's nicht antäte, wenn's der Vater mir nicht auferlegte. [...] Und nun sagt er zu dem, der ihm das antut: ‹Vater›. Es gibt kein Wort, das in gleichem Maße [...] die innerste Einwilligung dessen, der da geschlagen und getötet wird, in den Willen dessen, der ihn schlagen und töten läßt, ausdrückt: ‹Vater!›» (Gollwitzer o. J., S. 58).

Mir wird davon schlecht, schrieb ich 1983. Dies gilt bis heute, und ich kann mir nicht mehr vorstellen, wie ich diese entsetzliche Liebeidee, die «Liebe» als Einverständnis mit dem Aggressor (im Sinne Alexander Mitscherlichs) und Einwilligung in sinnloses Leiden und Gemordetwerden mißversteht, jemals bewußt akzeptieren konnte – ohne dies zu merken habe ich diese Kreuzestheologie aber jahrzehntelang normal gefunden, wer weiß, warum.

Was für Liebhaber sind Männer, die es für einen Ausdruck von Vaterliebe halten, vom eigenen Vater gefoltert, ermordet und gekreuzigt zu werden? Das sado-masochistische Liebesmißverständnis als «pervertierte Identitätssuche in Zuständen extremer Entfremdung» (Benard/Schlaffer 1980) ist indes in der Patriarchatskultur üblich und keine theologische Absonderlichkeit (vgl. dazu auch Daly 1982).

Die leidvolle Verstrickung der Geliebten ist aus theologischer Sicht unvermeidlich und ganz im Sinne einer Religion, die das alttestamentliche Lohn-Strafe-Denkmodell mit der vollständig anderen Idee eines Lebens aus Vergebung und Liebe zusammenfügt. Dies möchte ich durch ein Beispiel belegen, das sich dazu theologisch und literarisch wie kein anderes eignet, die Geschichte und der Briefwechsel der Héloïse, einer christlichen Idealgeliebten, und des Domherrn Abaelard aus dem 12. Jahrhundert n. Chr. (Abaelard und Héloïse 1979).

Héloïse und Abaelard entbrennen in Liebe zueinander und geben sich auch der sexuellen Leidenschaft hin. Doch das Paar wird beim Liebesakt von ihren Eltern überrascht, die Abaelard sofort entmannen (kastrieren). Daraufhin tritt er in ein Männerkloster ein und sie in ein von ihm gegründetes Frauenkloster. Ihre Liebesbeziehung ist fortan absolut keusch und findet nur noch in Briefen statt. In einem dieser Briefe schreibt Héloïse:

«Liebster, […] alle Welt bezeugt es, daß meine Liebe zu Dir kein Maß und kein Ziel gekannt. […] Du einzig, Du allein schlugst mir die Wunde, heile Du sie auch gnadenvoll! Du allein kannst mich betrüben, Du allein kannst mich fröhlich machen und trösten, und Du allein bist dazu verpflichtet. […] Jeden Befehl von Dir habe ich ausgeführt in so blindem Gehorsam, daß ich auf Dein Geheiß mich selbst opferte: Ich mußte Dir eben gehorchen. […] Die tiefste Erniedrigung vor Dir versprach die höchste Huld bei Dir, und ich brauchte so in meiner Niedrigkeit Deinen Ruhmesglanz auch nicht zu trüben» (Abaelard und Héloïse 1979, S. 79–81).

Die «Liebe» des Gottessohnes zu seinem Vater, wie sie die Kreuzestheologie beschreibt, die «Liebe» Héloïses zu Abaelard, die «Liebe» der Jungfrau- und Muttergöttin Maria, die sich in freiwilliger Selbsterniedrigung zur Magd des Herrn erklärt (Lk. 1,48), die «Liebe» mißhandelter Frauen zu ihren prügelnden Männern (vgl. Nachrichten 1980) setze ich in Gänsefüßchen, da es sich hier um eine durch Unterwerfung und Gewalt zerstörte Liebesbeziehung handelt, die von der *Sucht, geliebt zu werden,* lebt und die nur aufrechterhalten werden kann, wenn und weil die «Lust an der Liebe» (Keen 1982) in *Lust am Leiden* pervertierte. Die Liebe mancher Geliebten zu unerreichbaren Männern ist ebenfalls nicht immer frei von diesem Masochismus. Sie ist dann keine Liebe, die erlösen kann, sie ist dann keine Liebe.

3. Die Geliebte als Liebende

Nur, wenn wir suchtfrei lieben, sprengen wir sanft, unwiderstehlich und präzise das Patriarchat in die Luft. Liebende machen immer eine Revolution, ob allein, zu zweit oder zu vielen. Wer liebt, wirft den patriarchalen Panzer aus Angst, Selbsterniedrigung, Selbstverleugnung und masochistischer Leidenslust ab und wird weit wie der Himmel, offen wie eine erblühende Rose, grenzenlos vertrauensvoll wie ein Kind und tief wie das ozeanische Meer. Jede Frau, die gezwungen wurde, sich aus «Liebe» zu unterwerfen, wird kraftlos und süchtig danach, geliebt zu werden, während ihre eigene Liebesfähigkeit verdorrt. Dies gilt auch für Männer: «Jedem, den man zwingt, nicht mehr unbedingt zu lieben, hat man die Wurzeln seiner Kraft abgeschnitten. Er muß verdorren, nämlich unehrlich werden» (Nietzsche: Unzeitgemäße Betrachtungen).

Es spricht manches, wenn nicht alles dafür, daß Jesus von Nazareth eine Bewegung ins Leben rief, die von Frauen getragen und in der die Fähigkeit jedes Menschen, bedingungslos zu lieben, entfaltet wurde: von jenem Eros getragen, den die jüdische schwarze Feministin Audre Lorde «eine Kraftquelle, ein Lebensmittel in uns allen», nennt, «die einer zutiefst weiblichen und spirituellen Ebene angehören» (Lorde 1983).

Für die These, daß Jesus nicht nur das jüdische, sondern alle Formen von patriarchaler Gesetzlichkeit und Herrschaft aufheben und den Himmel auf Erden entfalten wollte, spricht sehr viel mehr als gegen sie. Doch ist dies nicht mein Thema. *Die Geliebte* des Jesus von Nazareth, der nie verheiratet war, wird im Buch des Neuen Männerbundes (Neues Testament) nur sparsam, aber doch so eindeutig erwähnt, daß ihre historische Existenz und ihre enge Beziehung zu Jesus kaum bezweifelt werden können. Die tiefere Bedeutung dieser Beziehung ist mir allerdings erst bewußt geworden, als ich die nur wenig später als der neutestamentliche Kanon entstandenen, aber von den patriarchalen Theologen verteufelten und verbrannten gnostisch-christlichen Evangelien in der Rezeption von Elaine Pagels (1982) las, von denen eine Abschrift im 20. Jahrhundert in Ägypten wiederaufgefunden wurde.

Im gnostischen «Evangelium der Maria» heißt es, der Auferstandene sei Maria zuerst erschienen, und zwar in einer Vision, die sie mit dem *Verstand* empfing. Doch natürlich glaubten ihr die Jünger nicht, da das Zeugnis von Frauen wertlos und Maria nicht Mitglied des Männerbundes der zwölf Jünger Jesu war. Der große Widersacher Marias ist in diesem Evangelium Petrus, der die orthodoxe Position vertritt, während die anderen Jünger durchaus begierig waren zu erfahren, was Jesus der Maria im geheimen mitgeteilt habe. Nur Petrus, auf den der Papst dann seine Männerkirche baute, wurde wütend bei der Vorstellung, Jesus könne Maria den anderen Jüngern vorgezogen haben. Doch er wird nicht nur in diesem Evangelium eines besseren belehrt: Jesus liebte Maria mehr als alle anderen! Im «Philippusevangelium» heißt es:

«Christus liebte sie mehr als alle Jünger und pflegte sie oft auf den Mund zu küssen. Die anderen Jünger waren deswegen gekränkt [...] und sagten: ‹Warum liebst du sie mehr als uns alle?› Der Heiland antwortete: ‹Warum liebe ich euch nicht, wie ich sie liebe?›» (Pagels 1982, S. 49, S. 110 f).

Der gnostische «Dialog des Erlösers» kennt Maria «als eine Frau, die das All kennt.» Und in der «Pistis Sophia» beschwert sich Petrus, daß Maria die rechtmäßige Priorität des Petrus und seiner Apostel verschiebt, und drängt Jesus, ihr *Schweigen* zu gebieten! Maria, so heißt es, fürchtete sich vor Petrus, «denn er haßt das weibliche Geschlecht» (Pagels 1982, S. 111).

Maria von Magdala als kämpferische Frau, die vom wahren Sinn des Evangeliums mehr begreift und weiß als die Jünger, vielleicht sogar mehr als der Heilandheros Jesus selbst, da sie das All, also kosmische Weisheit kennt? Eine Frau, von der Jesus lernte, was wirkliches Leben und Lieben ist – so wie er von der kanaanäischen Heidin lernte, daß er nicht *nur* zu den verlorenen Schafen des Hauses Israel gesandt ist (Mt. 15,21–28 par.)?

Ich halte einen solchen Jesus für vorbildlich, und sehr wahrscheinlich kommt dieses Jesusbild der Wahrheit näher als manches andere. Maria von Magdala erscheint dann als eine selbständig *Liebende* – so wie Eva, die Mutter aller Lebenden, oder wie Ishtar als Liebesgöttin in der matriarchalen Kultliturgie zur *Heiligen Hochzeit*, die dem *Hohen Lied Salomos* zugrunde liegt (rekonstruiert von Hartmut Schmökel, 1956). Ishtar umwirbt ihrerseits den Mann, sie sucht ihren Liebsten überall – auch in der Unterwelt –, errettet ihn vom Tod, erlöst ihn zur Liebe und initiiert ihn in die Mysterien des Eros und des Weges, der zum Leben führt.

Eine Frau, die ihre weiße amazonisch-jungfräuliche Kraft entfaltet und unabhängig ohne oder mit Männern lebt und liebt, die ihre rote Kraft als Liebes- und Muttergöttin verwirklicht, indem sie den *einen* Mann liebt, den ihre Seele erwählt, und die schließlich die schwarze Kraft heilender Liebe, die Tod in neues Leben wandelt, aus sich hervorbringt (vgl. dazu *Starhawk* 1982; Göttner-Abendroth 1980; von

Himmel und Erde feiern Heilige Hochzeit. Der Luftgott trennt die Verschmelzung von Himmelskönigin Nut und Erdgott Geb (unio mystica), so daß diese sich alljährlich neu vereinigen können.

Ranke-Graves, 1981), ist keine *Geliebte*, die den üblichen Männerphantasien und den Liebesklischeevorstellungen von Frauen entspricht.

Die *Liebende* ist eine Frau, die initiativ sich selber in großer Anstrengung und intensiver Arbeit verändert, wandelt, hervorbringt und so den Mann, den sie liebt, zu einem ähnlich lustvollen Wandlungsprozeß herausfordert, so daß auch er sich der einzig wirklichen Macht überläßt, die es gibt: dem in kein patriarchales Gesetz zu pressenden *Eros* und der sich schöpferisch erneuernden Lebenskraft in uns und in allen Dingen, jener *Kraft* (dynamis), zu deren Rechten Jesus, der Menschensohn, sitzt (Mt. 26,65). Nur die Liebe macht unendlich kreativ und erfinderisch und kann erlösen, auch die hoffnungslos verliebte *Geliebte,* die unterworfene *Ehefrau* und den chauvinistischen *Ehemann* – aus patriarchalen Todesbanden, aus liebestötender Unterwerfung und von sinnlosem, süchtigen Leiden:

> «Denn stark wie der Tod ist die Liebe,
> hartnäckig wie die Unterwelt die Leidenschaft;
> Ihre Gluten sind Gluten Gottes,
> Ihre Flammen Flammen Jahs.
> Große Wasser können sie nicht löschen,
> Ströme schwemmen sie nicht fort.

Gäbe eine(r) den ganzen Reichtum ihres Hauses um Liebe, dürfte man sie verachten?»
(Schmökel 1956, S. 77)

Diese ekstatische Liebe voll Lust an ganzer Hingabe hat mit Unterwerfung gar nichts, mit spiritueller und intellektueller Lustarbeit und manchmal durchaus leidvollen Entwicklungsprozessen, die das Wachstum der Persönlichkeit mit sich bringt, viel zu tun. Sie ist weit davon entfernt, eine rosarote, romantische Illusion oder die qualvolle Liebessensation schlechthin zu sein, die unsere neurotischen Erwartungen sehr wohl befriedigen würde, aber nicht unser tiefes Liebesverlangen.

Literatur

Abaelard und Héloïse. Die Leidensgeschichte und der Briefwechsel, hg. von Eberhard Brost, Heidelberg 1979

Barth, Karl: Mann und Frau (Die kirchliche Dogmatik, Bd. III, Teil 4, 1951), erschienen als Taschenbuch, München und Hamburg 1964

Baumgart, Hildegard: Eifersucht – Erfahrungen und Lösungsversuche im Beziehungsdreieck, Reinbek 1985

Benard, Cheryl, Schlaffer, Edith: Der Mann auf der Straße, Reinbek 1980

Chesler, Phyllis: Über Männer, Reinbek 1979

Daly, Mary: Gyn/Ökologie, München 1982

Gollwitzer, Helmut: Jesu Tod und Auferstehung, München o. J.

Göttner-Abendroth, Heide: Die Göttin und ihr Heros, München 1980

Hexenjagd auf Evangelisch? Dokumentation zum «Fall Elga Sorge», hg. v. Arbeitskreis Feministische Bibellektüre, Kassel, 1987. Zu beziehen über: Frauenbuchladen ARADIA, Reginastr. 14, 3500 Kassel

Keen, Sam: Die Lust an der Liebe, Weinheim 1982

Köbler, Renate: Schattenarbeit. Charlotte von Kirschbaum – die Theologin an der Seite Karl Barths, Frankfurt 1986

Lorde, Audre: Vom Nutzen der Erotik – Erotik als Macht, in: Macht und Sinnlichkeit, hg. v. Dagmar Shultz, Berlin 1983

Luther, deutsch, Bd. VII, hg. v. Kurt Aland, Berlin 1954

Miller, Alice: Du sollst nicht merken, Frankfurt 1981

Moltmann, Jürgen: Der Gekreuzigte Gott, München 1972

Nachrichten aus dem Ghetto Liebe, hg. v. Kölner Frauenhaus, Hamburg 1980

Norwood, Robin: Wenn Frauen zu sehr lieben, Reinbek 1986

Pagels, Elaine: Versuchung durch Erkenntnis, Frankfurt 1982

Ranke-Graves, Robert von: Die Weiße Göttin, Berlin 1981/Reinbek 1985

Schmökel, Hartmut: Heilige Hochzeit und Hohes Lied, Wiesbaden 1956

Sorge, Elga: Die Versuchung der Tochter Gottes, in: Assoziationen, hg. v. Walter Jens, Stuttgart 1978, Bd. I, S. 62–65

Sorge, Elga: Wer leiden will, muß lieben – Feministische Gedanken über die Liebe in der christlichen Vorstellung vom Gekreuzigten Gott, in: Feministische Studien 1/1983, S. 58–69

Sorge, Elga: Du darfst ehebrechen – Du mußt es nicht, in: Publik Forum, 2.5.1987, S. 67 f.

Sorge, Elga: Religion und Frau – Weibliche Spiritualität im Christentum, Stuttgart, ⁴1987

Sorge, Elga, Vierzig, Siegfried: Religion und Sexualität – Frauen und Männer wandeln ihr Selbstbild, Stuttgart 1988

STARHAWK: Der Hexenkult als Urreligion der Großen Göttin, Hamburg 1982

Vera Slupik

Henriette Hübsch und Ignaz Igel

Die Rechte der Geliebten

Unzucht, Hurerei, Onkelehe, Ehebruch, Maitresse und Kurtisane, Sittenwidrigkeit und Frucht der Sünde – das war bis vor kurzem noch das Vokabular, in dem die Juristerei sich auszudrücken pflegte, ging es um Liebe außerhalb der Ehe. Die beiden im Titel genannten Namen sind einem üblichen Rechtsberatungsbuch entnommen – erdacht, um flott und zugleich ein wenig schlüpfrig juristisch typische Fallgestaltungen des «delikaten» Geliebtenverhältnisses an den rechtssuchenden Mann und vor allem die Frau zu bringen. Dieser Tonfall ist gängig. Das Recht ist eben nicht nur unromantisch, nein, es hat sich vor allem streng und dennoch populistisch zu geben. Vor allem dort, wo die Moral mit ins Spiel kommt. Schließlich verstößt gegen die guten Sitten eben das, was über den Horizont «aller billig und gerecht Denkenden» hinausgeht, etwa spezifiziert für das Wettbewerbsrecht durch das «Anstandsgefühl des verständigen Durchschnittsgewerbetreibenden».

Schaut man ins Gesetz, und dies wird vom ersten Semester bis zum letzten Atemzug der Ausbildung den späteren Rechtskundigen eingebleut, so stellt sich schnell heraus: Die «Geliebte» ist kein Rechtsbegriff. Das «Recht der Beziehungen», um es einmal untechnisch auszudrücken, ist das Eherecht, Eingehen der Ehe und zuvor Verlöbnis, Gestaltung des Eheverlaufs und Beendigung der Ehe durch Scheidung oder Tod. Die Priorität des Eheverhältnisses geht so weit, daß alle anderen Beziehungsformen juristisch davon abgeleitet bzw. in den rechtlichen Gestaltungen unter «eheähnlich», «nichtehelich», also immer jedenfalls in Abhängigkeit davon definiert werden. Das gilt sogar dann, wenn auf Konstruktionen aus dem Gesellschaftsrecht oder dem Gemeinschaftsrecht, dem Recht des vertragsähnlichen Vertrauensverhältnisses, der ungerechtfertigten Bereicherung oder des Wegfalls der Geschäftsgrundlage zurückgegriffen wird.

Die gesellschaftliche Dominanz der Ehe im normativen Spektrum der Beziehungsformen findet ihre Entsprechung im Recht. Erst das Faktum, daß sehr viele Menschen in den westlichen Industriegesellschaften mittlerweile außerhalb von Ehen leben, hat auch in der Bundesrepublik dazu geführt, daß wenigstens die sogenannte «nichteheliche Lebensgemeinschaft» halbwegs justiziabel, das heißt, rechtlich faßbar geworden ist. Für diese Lebensform sind drei Tendenzen im Rechtsbereich feststellbar:

— Überlegungen und Bestrebungen, die nichteheliche Lebensgemeinschaft gesetzlich zu regeln oder zumindest zu «vertraglichen», das heißt, standardisierte Verträge, auch «Partnerschaftsverträge», zu empfehlen.

— Bereits oben wurde angedeutet, daß Rechtsinstitute, die für andere soziale Sachverhalte geschaffen wurden, nunmehr auf die nichteheliche Lebensgemeinschaft bezogen werden. Diese Auslegung durch die Gerichte kann als Zeichen für ein sich veränderndes Bewußtsein der Richter(innen)schaft oder für stärkeren Druck der Bevölkerung gedeutet werden.

— In Rechtslehre und Rechtsprechung ist schließlich als dritte Tendenz das Bestreben zu verzeichnen, daß sich bei der Anwendung von standardisierten rechtlichen Bestimmungen jedenfalls dann weitgehend zurückgehalten und auf die autonome Vereinbarung der Beteiligten, das individuelle Wollen abgestellt wird, wenn solche Abreden überhaupt getroffen worden sind. Diese Entwicklungsrichtungen sind im übrigen auch ein Zeichen dafür, daß das stigmatisierende Vokabular immer mehr zurückgedrängt wird.

Die folgenden Ausführungen konkretisieren dies zunächst rechtshistorisch (1.); sodann wird die Rechtslage während der Beziehung (2.) anhand typischer Probleme dargelegt und danach die Rechtslage nach Beendigung durch Trennung oder Tod (3.). Rechtsfragen im Zusammenhang mit Kindern (4.) und die Gestaltung bei homosexuellen Beziehungen (5.) schließen das Thema für den bundesdeutschen Rechtskreis ab. Gesondert wird auf ausländisches Recht, insbesondere das in der Schweiz (6.), eingegangen und zuletzt das Fazit (7.) gezogen. Einschränkend muß gesagt werden: Soweit im Text nicht anders vermerkt, ist immer vom Geliebtenverhältnis, das heißt von derjenigen Beziehung eines verheirateten Mannes zu einer anderen Frau die Rede, die zumindest Elemente einer Lebensgemeinschaft enthält, das heißt, sexuelle Beziehung, wenigstens partiell gemeinsames Wohnen sowie eine gewisse Dauerhaftigkeit der Lebensgemeinschaft.

1. Rechtsgeschichte

Das Polizeistrafgesetz für Baden von 1923 enthielt in § 72 den Tatbestand des «unehelichen Zusammenlebens» und sah dafür eine Geldstrafe oder eine Haftstrafe bis zu 14 Tagen vor. Einer Zeitungsnotiz zufolge verurteilte Anfang der sechziger Jahre der Amtsrichter einer südbadischen Kleinstadt ein Nichtehepaar wegen Konkubinats zu einer Geldstrafe in Höhe von einer Mark, sprach also lediglich symbolisch Recht. Durch das baden-württembergische Gesetz zur Anpassung des Landesrechts an das erste Gesetz zur Reform des Strafrechts vom 7. April 1970 wurde § 72 des Polizeistrafgesetzes mit Wirkung zum 1. Januar 1970 aufgehoben. Seither ist die «wilde Ehe» sogar im badischen Landesteil von Baden-Württemberg straffrei. Das Thema der nichtehelichen Lebensgemeinschaft beschäftigt zwar mittlerweile verschiedene Sparten der Rechtswissenschaft. Das Strafrecht, dessen Hauptgegenstand es ehemals war, wird jedoch nicht mehr bemüht. Dieser Rückzugstrend hält auch in der Gesetzgebung weiter an. In der Schweiz hat der Kanton Thurgau als siebtletzter Kanton zum Jahresbeginn 1986 das «Konkubinatsverbot» abgeschafft.

Die historische Übersicht hat mit dem römischen Recht zu beginnen. Im Unterschied zur heutigen Ehekonzeption stellt die römische Ehe kein eigentliches Rechtsverhältnis, sondern eine soziale Tatsache mit gewissen rechtlichen Konsequenzen dar. Auch das Konkubinat war damit nur ein soziales Faktum, dem aber im Gegensatz zum Matrimonium (Ehe) das Ehebewußtsein, die «affectio maritalis», fehlte. Mit einer stärkeren Verrechtlichung der Ehe durch die Ehereformgesetzgebung des Kaisers Augustus in den Jahren 18 v. Chr. und 9 n. Chr. wurde auch der dauerhaften Beziehung von der Rechtsordnung Bedeutung zugemessen, oder wie Marcianus sagte: «Concubinatus per leges nomen assumpsit.» («Das Konkubinat ist durch das Gesetz anerkannt.») Diese Beziehungsform wurde insbesondere dann gewählt, wenn Eheverbote zwischen freigeborenen Bürgern und Sklavinnen einschlägig waren. Die römischen Gesetze sprechen von einer minderen Eheform, der «legitima coniunctio». Lediglich im monogamen Geliebtenverhältnis gab es ein beschränktes Erbrecht der Frau und der nichtehelichen Kinder. Die vollgültige Ehe ging in jedem Falle vor.

Bis ins 16. Jahrhundert hinein akzeptierte die Kirche das nichteheliche Zusammenleben zwischen den Geschlechtern. Das Konzil von Toledo im Jahre 400 n. Chr. gestattete dies ausdrücklich, ließ aber gleichzeitig erkennen, worauf es der Kirche letztlich ankam. Dort wurde nämlich erklärt: «Derjenige, der keine Ehefrau, statt dessen aber eine Konkubine hat, wird nicht von der Kommunion ausgeschlossen, jedoch muß er sich mit der Verbindung mit einer Frau, entweder als Ehefrau oder als Konkubine, begnügen.» Diese ins Decretum Gratiani aufgenommene Bestimmung wird ergänzt durch eine Isidor von Sevilla zugeschriebene, ebenfalls ins Dekret eingereihte Aussage: «Der Christ darf nicht mehrere oder auch nur zwei Frauen haben, sondern nur eine Ehegattin oder statt dessen, wenn es keine Gattin ist, eine Konkubine.»

Die Kirche konnte sich – dies zeigt vor allem ihr Verhältnis zu den Ehekonzeptionen der germanischen Reiche – nur mit grundsätzlich monogamen Verhältnissen abfinden. Dort gab es die Muntehe als sozusagen standesgemäße Eheform, die insofern ausschließlich war, als daß der Mann die Gewalt über die Frau erhielt und er dafür den Muntschatz entrichten mußte. Dieser patriarchalische Tauschhandel durfte nur in einem Vertragsverhältnis stattfinden, während daneben noch vom Mann sogenannte Friedelehen, auch Konsensehen genannt, eingegangen werden durften, dann nämlich, wenn der Mann den Brautpreis nicht zahlen konnte und / oder die Frau von höherem Stande war. Der Mann erhielt damit auch nicht die Gewalt über die Frau. Friedelehen durften in beliebiger Anzahl geschlossen werden. Die dritte Form war die «Kebsehe», die durch einseitige Verfügung des Mannes über eine Unfreie begründet wurde.

Der Ehebruch, der kirchlich geächtet und in späterer Zeit bis in die Mitte dieses Jahrhunderts hinein in Mitteleuropa bestraft wurde, existierte als moralische Frage in der Bevölkerung nicht. Denn Kebs- und Friedelehe waren im Grunde nichts anderes als legale Formen dessen, was wir heutzutage als typische Formen von Geliebtenverhältnissen bezeichnen würden. Die Kirche fand sich aber gerade mit diesem quasi institutionalisierten Nebeneinander verschiedener Eheformen nur ab, wenn sie monogam gelebt wurden.

Der festere Zugriff der Kirche auf die Gestaltung des Eherechts machte sich seit dem 13. Jahrhundert darin bemerkbar, daß sogar das bis dahin geduldete Konkubinat energisch bekämpft wurde. In regionalen Synodalbeschlüssen wurden Wucherer, Blutschänder, Ehebrecher und das außereheliche Zusammenleben in einem Atemzug genannt und mit Exkommunikation (Ausschluß aus der Kirche) oder zumindest mit dem Ausschluß von der Kommunion (Abendmahl) bedroht.

Die Haltung der Kirche, die für die Rechtsgestaltung von immenser Bedeutung war, blieb im späten Mittelalter und in der frühen Neuzeit konsequent unnachgiebig. Insbesondere das Zusammenleben von Klerikern mit Frauen war Anlaß von Verfolgungen. Mit dem Konzil von

Trient im Jahr 1563 wurde eine für die folgenden Jahrhunderte maßgebliche Rechtsgrundlage geschaffen. Nochmals wurde der Grundsatz formuliert: «Grave peccatum est, homines solutos concubinas habere...» («Es ist eine schwere Sünde, wenn ledige Männer Konkubinen haben.») Wer im Konkubinat lebte, sei es als Lediger, sei es als Verheirateter, gleich welchen Standes und welchen Ansehens, wurde von Amts wegen dreimal ermahnt. Wenn er sich dann nicht trennte, wurde er mit der Exkommunikation bestraft. Wer danach immer noch das Geliebtenverhältnis aufrechterhielt, wurde mit einer Kriminalstrafe belegt; verheiratete oder unverheiratete Frauen, die öffentlich mit Ehebrechern oder in wilder Ehe lebten, sollten nach dreimaliger Aufforderung bestraft und aus der Stadt oder aus der Diözese, gegebenenfalls mit Hilfe der weltlichen Gewalt, gewiesen werden.

Seit dem zweiten Drittel des 16. Jahrhunderts ist das nichteheliche Zusammenleben im weltlichen wie im kirchlichen Recht als pönalisierter Tatbestand anzutreffen. Charakteristisch dafür sind die Reichspolizeiordnungen, die unter dem Titel «Von leichtfertiger Beiwohnung» folgende Bestimmung enthielten: «Dieweil auch viele leichtfertige Personen außerhalb der von Gott gesetzten Ehe zusammenwohnen, so ordnen und wollen wir, daß eine jede geistliche und weltliche Obrigkeit, der solches ordentlich zugehört, ein billiges Einsehen haben soll, damit solche öffentliche Last der Gebühr nach ernstlich bestraft und nicht geduldet werden.» In der Zuchtordnung der Stadt Konstanz von 1531 stand folgendes: «Weiter gebieten wir, daß alle und jede, die mit dem offenen Laster der Hurerei behaftet sind und in unserer Stadt und Obrigkeit Wohnung haben, sie seien hohen oder niedrigen Standes, niemand ausgenommen, sich des selbigen offenen ärgerlichen Lasters entschlagen, ihre Konkubinen und unehelichen Beilieger von sich tun und keine mehr annehmen noch ins Haus setzen sollen, denn welche im Laster der Hurerei in unserer Stadt ergriffen werden, gegen diese werden wir im Täglichen Rat [Städtische Regierung; V. S.] als eine christliche Obrigkeit mit gebührlicher Strafe handeln.»

Die Strafrechtswissenschaft des 17. Jahrhunderts zählte das nichteheliche Zusammenleben ausnahmslos zu den Straftatbeständen.

Vernunftrecht und Aufklärung brachten die Diskussion über moralische und rechtliche Bewertung des Zusammenlebens ohne Ehe wieder in Gang, praktische Auswirkungen auf die Gesetzgebung und Rechtsprechung hatte dies jedoch nicht. Das preußische Allgemeine Landrecht von 1794 regelte zwar die Ehe, es blieb jedoch weiterhin bei der Bestrafung von Ehebruch und nichtehelichem Zusammenleben.

Die philosophisch-romantische Konzeption, am deutlichsten in den

Positionen von Schlegel und Schleiermacher erkennbar, postulierte die dauerhafte Liebesbeziehung in eigener Verantwortung und traf sich mit der Position vom liberalen Staat, die, wie etwa Humboldt erklärte, die Bande zwischen den Menschen freier gestalten sollte. Feuerbach hat dann in seinem Strafgesetzbuchentwurf für Bayern von 1813 ganz von einer Bestrafung des nichtehelichen Zusammenlebens abgesehen. Bis zum Inkrafttreten des Reichsstrafgesetzbuches im Jahre 1872, das keine Strafbestimmungen gegen Liebesbeziehungen ohne Ehe, außer die wegen Ehebruch, enthielt, finden sich überall in Polizeistrafgesetzbüchern derartige Bestimmungen. Abschließend kann also festgehalten werden, daß das Geliebtenverhältnis bzw. die nichteheliche Beziehung erst seit kürzester Zeit nicht mehr strafrechtlich sanktioniert wird. Eine positive Regelung von Rechten und Pflichten, etwa auch im Interesse des schwächeren Teils der Beziehung – in der Regel die Frau –, fehlt jedoch bis heute.

2. Rechtslage während der Beziehung

Wir bereits erwähnt, existiert außerhalb des Eherechts kein «Recht der Beziehungen». Für die Gestaltung eines dauerhaften Geliebtenverhältnisses kommen also nur die allgemeinen Regeln des bürgerlichen Rechts, des Sozialrechts etc. in Betracht. Diese Regeln orientieren sich an einzelnen Rechtspositionen der Beteiligten, zum Beispiel Besitz, Eigentum usw.

Damit ist zugleich auch gesagt, daß es heutzutage für fast alle Bereiche, die einer rechtlichen Regelung zugänglich sind, die Möglichkeit gibt, Vereinbarungen zu treffen und diese sogenannten «Partnerschaftsverträge» verbindlich abzuschließen. Darin kann zum Beispiel geregelt werden, wer welche Arbeit im Haushalt übernimmt, wer welche finanziellen Kosten trägt, wer welche Gegenstände der gemeinsamen Wohnung als Eigentum erhält. Es ist zwar im Geliebtenverhältnis unwahrscheinlich, daß der bereits ehelich oder in einem anderen festen Verhältnis gebundene Mann ein Interesse an einer solchen Vereinbarung hat, aber die Geliebte, die zum Beispiel die Haushaltsführung übernimmt, ihren Beruf aufgibt oder reduziert, die gemeinsamen Kinder aufzieht, Schulden ihres Freundes bezahlt oder Kredite aufnimmt, sollte sich nicht scheuen, den geschäftlichen Aspekt der Angelegenheit sehr nüchtern zu überdenken und eventuell ihr Entgegenkommen in diesen Fragen von einer schriftlichen Vereinbarung abhängig zu machen. Denn es dürfte nicht ausgeschlossen sein, daß männliche Verführungskünste gerade dann besonders eindrucksvoll geraten, wenn es um handfeste, materielle Vorteile geht. Daher rät es sich, in solchen Situationen zwar ein offenes Ohr für jedwede Liebesbeteuerung zu haben, den Überblick über die geschäftlichen Aspekte jedoch im Auge zu behalten.

Einige wichtige Aspekte der Beziehung sind allerdings nicht regelbar – und dies sogar im Interesse der Frauen. Wenn zum Beispiel vereinbart wird, daß die Frau die Verhütung übernimmt oder auch, daß keine Kinder gewollt werden, dann sind solche Absprachen keine rechtsgeschäftlichen Regelungen mit der Folge, daß bei einer Zuwiderhandlung Schadensersatzansprüche geltend gemacht werden könnten. Häufig ist der Fall, daß auf ausdrücklichen Wunsch des Mannes, der selbst im Zeitalter von Aids nicht zum Überziehen von Kondomen bereit ist, die Frau verhütet. Es kann passieren, daß die Frau dennoch schwanger wird. In diesem Fall kann sie – will sie die Schwangerschaft austragen – niemand zur Abtreibung zwingen. Auch das Argument, daß der Mann nicht für den Kindesunterhalt herangezogen werden dürfe, weil er sich auf die Frau verlassen habe, greift hier nicht. Der Vater ist sogar dann unterhaltsverpflichtet, wenn die Frau wußte, daß ihr Freund kein Kind will und sie absichtlich zum Beispiel die Pille abgesetzt und ihn insoweit getäuscht und das Vertrauen gebrochen hat. Weder vertragliche noch gesetzliche Schadensersatzansprüche können in diesem Fall gegen die Frau geltend gemacht werden.

Ebensowenig ist es rechtlich möglich, daß der Freund die Frau zum Austragen der Schwangerschaft zwingen kann, auch wenn zwischen ihnen abgesprochen war, daß ein gemeinsames Kind gewünscht wird. Wenn die Frau es sich anders überlegt, kann sie im Rahmen des geltenden § 218 StGB, der den Vater des Kindes völlig unberücksichtigt läßt, selbst entscheiden, ist jedoch an die entmündigende Indikationsregelung gebunden.

Anderes gilt für fast alle Lebensfragen, die nicht dem Intimbereich angehören. Gemeinschaftliche Mietverträge können mit Vermieter(in)n abgeschlossen werden. Es ist mittlerweile auch gefestigte Rechtsprechung, daß man einen Freund in die gemietete Wohnung aufnehmen kann. Da die Strafvorschriften wegen Kuppelei und Ehebruch verschwunden sind, gibt es keine öffentlichen Sanktionen mehr. Bis in die achtziger Jahre hinein war umstritten, unter welchen Umständen und Bedingungen die Vermieter/innen ein solches nichteheliches Zusammenleben dulden mußten oder im Gegenteil darauf bestehen konnten, daß die Wohngemeinschaft aufgegeben wird. Heutzutage ist die Linie der Rechtsprechung so, daß nur noch in besonderen Einzelfällen, wenn zum Beispiel Vermieterin die Kirche ist, der Vermieter als Laienprediger mit im Haus wohnt o. ä., ein solches Recht des Vermieters angenommen wird. Die Beweislast für einen solchen Sonderfall trägt der/die Vermieter/in. Wenn von dieser Seite ein nichteheliches Zusammenleben einige Zeit geduldet wurde, kann später kein Einwand erhoben werden. Sollten die Dauerfreunde ab und an wechseln, wofür ja auch manches spricht, so kann der Vermieter oder die Vermieterin nicht beim fünften Freund auf einmal Bedenken anmelden.

Früher war es üblich, bei alleinstehenden Damen sogenannte Zölibats- oder Quasi-Zölibatsklauseln in die Mietverträge aufzunehmen, wodurch die Frauen dazu verpflichtet wurden, keine weitere Person in die Wohnung aufzunehmen. Nach allgemeiner Ansicht sind diese Klauseln unwirksam und können daher ebenso unbeachtet bleiben wie Vereinbarungen im Mietvertrag, wonach man sich verpflichtet, alsbald zu heiraten oder zusagt, daß man niemals in die Gewerkschaft eintreten wird.

Innerhalb von Beziehungen kommt es aus verschiedenen Gründen und diversen Anlässen zum Schenken. Sei es, daß zu Geburtstagen oder anderen Feiertagen Geschenke gemacht werden, sei es, daß der männliche Part im Geliebtenverhältnis seiner Freundin ein größeres Geldgeschenk machen möchte, weil sie für ihn gesorgt und ihm zum Beispiel den Haushalt geführt hat. Wenn in einem solchen Fall der Mann verheiratet ist und im gesetzlichen Güterstand der Zugewinngemeinschaft lebt, dann kann sich die Ehefrau gegen eine solche «Vermögensaushöhlung» wehren. Vermögensrechtlich geht die Ehe in jedem Falle vor. Lebt allerdings der Mann in Gütertrennung, so kann sich die Ehefrau nicht dagegen wehren, daß Vermögensgegenstände aus dem Mannesvermögen in dasjenige der Geliebten übergehen, wenn es aus den oben genannten Motiven geschieht. (Eine Gütertrennung ist nur mit Zustimmung der Ehefrau, das heißt durch Vereinbarung der Ehepartner möglich.)

Ähnliches gilt für sämtliche Ansprüche, die Ehefrauen ihren Männern oder ihren geschiedenen Männern gegenüber geltend machen können. Solche Unterhaltsansprüche, entstammen sie nun dem gesetzlichen Eherecht oder einem Scheidungsurteil oder Trennungsbeschluß, gehen Vereinbarungen im Geliebtenverhältnis immer vor. Nicht zuletzt daher kommt das Männerklagelied von der «Unterhaltsknechtschaft», das insbesondere solche Männer anstimmen, die eine Familie verlassen haben, um nunmehr eine neue zu gründen, und in beiden Fällen die besonders stark hierarchische und absolut ungleiche Form der Hausfrauenehe bevorzugen. Dieser Vorrang der Erst-Ehe hat – jedenfalls in diesen Fragen – auch seine Logik. Denn es sind ausschließlich die Männer, die von einer Lockerung der Unterhaltsvorschriften profitieren würden. Gerade das Unterhaltsrecht wird von vielen Männern, deren Geliebte auf Scheidung drängen oder die sich scheiden lassen wollen, dazu benutzt, es beim Status quo zu belassen. Gleichzeitig findet in solchen Fällen oftmals eine Solidarisierung der Geliebten mit ihrem Freund gegen die Ehefrau oder Exehefrau statt, die man wegen ihres merkantilen Interesses verachtet. Daß dies mit eigenen Besitzansprüchen zu tun hat, daß Ehefrau und Geliebte gegeneinander scharf gemacht und ausgespielt werden, wird dabei nicht realisiert. Die «kuchenfressenden Pelztiere», die die Männer angeblich in die «Unterhaltsknechtschaft» treiben, sind jedoch einerseits nur eine verschwindend geringe und aus guten Gründen von Männern als Schreckgespenst an die Wand gemalte Minderheit, andererseits sind ihre Interessen und Ansprüche nicht weniger legitim als die der Geliebten. Auch hier empfiehlt es sich, die geschäftliche Seite der Angelegenheit nicht mit der gefühlsmäßigen in einen Topf zu werfen. In der Regel ist nämlich der Mann sowohl gegenüber der Ehefrau wie gegenüber der Geliebten der ökonomisch Stärkere.

Bei Geschäften des täglichen Lebens, wie Einkauf, Anschaffung usw. wird immer diejenige Person aus dem Kaufvertrag verpflichtet, die ihn abgeschlossen hat. Eine gegenseitige Haftung findet nicht statt, das heißt aber auch, daß eine Geliebte, die Verbindlichkeiten ihres Freundes übernimmt, für diese finanziell einzustehen hat. Eine gesetzliche Ausgleichsregelung, wie sie das Eherecht vorsieht, existiert für diese Lebenslagen nicht. Wenn zum Beispiel gemeinsam ein Darlehen aufgenommen wird, haften beide anteilig gegenüber dem Darlehensgeber, also der Bank oder Sparkasse. Im Innenverhältnis zwischen den beiden entsteht eine sogenannte Zweckgemeinschaft mit der Folge, daß jede/r Partner/in die zweckentsprechende Verwendung, das heißt bezogen auf den Grund für die Aufnahme des Kredites, verlangen kann.

Wenn die Geliebte für ihren Freund den Haushalt führt und deswegen ihren Beruf aufgibt oder ihre berufliche Tätigkeit einschränkt, geht sie ein hohes soziales und wirtschaftliches Risiko ein, es sei denn, sie sichert sich vertraglich ab. Dies kann entweder in Form eines Dienstvertrages, eines Gesellschaftsvertrages, eines Vertrages sui generis (eigener Art) oder einer Schenkung geschehen.

Der Vorteil des Dienstvertrages besteht darin, daß tatsächlich Zahlungen geleistet und auch Sozialabgaben gezahlt werden müssen, das heißt, daß die Geliebte den arbeits- und sozialrechtlichen Status einer Haushälterin hat und damit auch renten-, arbeitslosen- und krankenversichert ist. Der Nachteil besteht darin, daß die Geliebte dann Angestellte ihres Freundes ist, was einer Beziehung, in der durch die Dreieckskonstellation eh schon ein Machtungleichgewicht zu Lasten der Dritten im Bunde vorhanden ist, gewiß nicht guttun dürfte. Bei einem Gesellschaftsvertrag kann dagegen klargestellt werden, daß der eine Teil für die finanziellen Leistungen und der andere Teil für die Haushaltsführung zuständig ist. Problematisch daran ist, daß Krankenversicherung, Sozial- und Rentenversicherung nicht einbezogen sind. Dies kann bei einem Vertrag eigener Art abweichend davon vereinbart werden, und zwar insofern, daß freiwillige Beiträge bezahlt werden. Auch ist – wie schon erwähnt – eine Schenkung oder sind auch Schenkungen in bestimmten Abständen möglich.

Insgesamt gesehen kann eine Absicherung auf viele verschiedene Arten erfolgen. Die Geliebte, die Hausfrau ist, sollte jedoch möglichst eindeutig vertraglich abgesichert werden, damit sie einen sicheren Anspruch erwirbt und behält.

Die eigentumsrechtliche Zuordnung des Vermögens, auch einzelner Vermögensgegenstände, ändert sich durch Eingehen einer Wohn- und Wirtschaftsgemeinschaft nicht. Bei gemeinsam erworbenen Sachen kommt es auf den Willen der Beteiligten an. Danach richtet sich, wer Eigentümer/in geworden ist oder ob beide Miteigentümer geworden sind. Bei dauerhaftem Zusammenleben wird von den Gerichten von einer gesellschaftsrechtlichen Konstellation ausgegangen. Bei Haushaltsgegenständen wird eine sogenannte Bruchteilsgemeinschaft angenommen.

In einer nichtehelichen Lebensgemeinschaft sind die Beteiligten einander grundsätzlich nicht unterhaltsverpflichtet. Eine Ausnahme besteht allerdings, wenn die Geliebte gleichzeitig Mutter eines nichtehelichen Kindes ihres Freundes ist. Der Anspruch auf Unterhalt der Mutter für die Dauer von 6 Wochen vor und 8 Wochen nach der Geburt, ohne Rücksicht darauf, ob die Mutter einem Erwerb nachgeht, ergibt sich aus § 1615 1 BGB. Eine Verlängerung bis zu 4 Monaten vor der Entbindung und ein Jahr danach ist dann möglich, wenn die Mutter außerstande ist, einem Erwerb nachzugehen und die Schwangerschaft bzw. die Entbindung dafür mitursächlich ist.

Der Unterhalt während einer nichtehelichen Gemeinschaft kann sich auch aus ausdrücklicher Vereinbarung zwischen den Beteiligten ergeben. Nach der herrschenden Meinung ist allein die Tatsache, daß eine solche Vereinbarung der Gestaltung des nichtehelichen Zusammenlebens dient, selbst dann keine «Sittenwidrigkeit» und damit unwirksam, wenn die Beteiligten beide oder eine/r von ihnen noch mit einer/m Dritten verheiratet ist. Allerdings dürfen Unterhaltsverpflichtungen gegenüber der anderen Familie nicht beeinträchtigt werden. Mittlerweile wird in der juristischen Literatur auch die Auffassung vertreten, daß vertragliche Ansprüche der Geliebten gegenüber ihrem Freund auch dann existieren, wenn zwar keine ausdrückliche Vereinbarung geschlossen wurde, eine nichteheliche Lebensgemeinschaft aber dauerhaft seit langen Jahren existiert und die Frau ihre Erwerbstätigkeit zugunsten der Haushaltsführung aufgegeben hat.

Eine problematische Frage ist hier im Zusammenhang mit dem nachehelichen Unterhaltsrecht darzulegen. Geliebte, die selber von Unterhaltszahlungen ihres Ex-Mannes abhängig sind, oder geschiedene Männer, die Unterhaltszahlungen von ihrer Ex-Gattin erhalten, kommen in der Regel in Schwierigkeiten, wenn sie eine nichteheliche Lebensgemeinschaft eingehen. Die Mitfinanzierung des Konkubinats oder das «mutwillige Ausbrechen aus einer Ehe» sollen zur Verwirkung des Unterhaltsanspruchs führen. Der Bundesgerichtshof begründete dies 1980 in einem Fall, wo die Ehefrau gegen den Willen des Ehemannes aus der gemeinsamen Wohnung ausgezogen war und unmittelbar danach mit einem Dritten in nichtehelicher Lebensgemeinschaft zusammenlebte: «Wendet sich ein Ehegatte in solcher Weise gegen den Willen seines Ehepartners einem anderen zu, so kehrt er sich damit in einem Maße von seiner Ehe und dem Ehepartner ab, daß er, der sich von seinen eigenen ehelichen Bindungen distanziert und die dem anderen Ehegatten geschuldete Hilfe und Betreuung einem Dritten zuwendet, nicht seinerseits den Ehepartner aus dessen ehelicher Mitverantwortlichkeit für sein wirtschaftliches Auskommen in Anspruch nehmen kann. Eine solche Inanspruchnahme liefe dem Grundsatz der Gegenseitigkeit zuwider, der dem ehelichen Unterhaltsrecht zugrunde liegt...»

Schließlich ist noch auf mögliche Ansprüche der Beteiligten im Verhältnis zum Staat einzugehen.

Die zentrale Ungerechtigkeit des Steuerrechts besteht darin, daß sie die Hausfrauenehe des gutverdienenden Mannes subventioniert und bislang die dadurch privilegierten Männer aller Parteien eine Abschaffung des sogenannten Ehegattensplittings verhindert haben. Das Ehegattensplitting führt zu erheblichen und ständig ansteigenden Steuerausfällen. Der Sozialbericht des Bundesarbeitsministeriums 1983 weist für 1977 19,5 Mrd. DM, für 1982 24 Mrd. DM und für 1987 geschätzt 34,5 Mrd. DM aus. Bedenkt man, daß der Verteidigungsetat 1986 mit etwas mehr als 50 Mrd. DM ausgewiesen ist, wird deutlich, welche gewaltige Summe durch das Splitting in die Tasche gutverdienender Männer geschleust wird. Alle Vergünstigungen, die an das Bestehen einer Ehe bzw. eines Verwandtschaftsverhältnisses geknüpft sind, entfallen für die Beteiligten einer nichtehelichen Lebensgemeinschaft. Das gilt selbst dann, wenn gemeinschaftliche Kinder im gemeinsamen Haushalt aufwachsen. Das Sozial- und Steuerrecht mißt gesetzlichen Verwandtschaftsverhältnissen insofern eine Bedeutung bei, als es sie bevorzugt – wie im Steuerrecht – oder anspruchsmindernd berücksichtigt – wie im Sozialrecht. So dürfen Personen, die in eheähnlicher Gemeinschaft leben, gemäß § 122 Bundessozialhilfegesetz hinsichtlich der Voraussetzungen sowie des Umfangs der Sozialhilfe nicht besser gestellt werden als Eheleute. Dies ist die einzige gesetzliche Vorschrift, in der die nichteheliche Beziehung überhaupt erwähnt wird. Das Bestehen einer Wohn- und Wirtschaftsgemeinschaft zwischen einer Frau und einem Mann ist Voraussetzung für die Annahme einer eheähnlichen Gemeinschaft im Sinne des § 133 BSHG und damit auch für das Eingreifen des § 122 Abs. 2 in Verbindung mit § 16 BSHG, wonach das faktische Zusammenleben und Wirtschaften anspruchsmindernd berücksichtigt wird. Nach der Rechtsprechung des Bundesverwaltungsgerichts kommt es aber darauf an, ob die Bedürftigkeit der in nichtehelicher Lebensgemeinschaft wohnenden Person verringert wird, weil tatsächlich Unterhalt durch den Zweiten im Bunde gewährt wird, also Haushaltsgeld, Miete etc. gezahlt wird.

Auf die Hälfte der Differenz zwischen dem Regelsatz für einen Haushaltsangehörigen und einen Haushaltsvorstand haben beide Beteiligten Anspruch, wenn sie Sozialhilfe beziehen und keiner die Generalunkosten trägt.

Auch der Anspruch auf Arbeitslosenhilfe gemäß § 134 I Nr. 3 AFG knüpfte an die tatsächliche Bedürftigkeit an.

Ähnliches gilt für das Wohngeld. Selbst dabei wird das faktische Zusammenleben von Personen anspruchsmindernd berücksichtigt. Die Ausbildungsförderung nach dem Bundesausbildungsförderungsgesetz (Bafög) bleibt allerdings unbetroffen.

Wenn in einer nichtehelichen Lebensgemeinschaft nur eine Person verdient, kann kein Anspruch auf Familienhilfe gemäß § 205 RVO etwa für die haushaltsführende Geliebte gegen die Krankenkasse geltend gemacht werden. Allerdings werden gemeinsame Kinder, die vom verdienenden Teil abstammen, in der Familienhilfe mitversichert.

Witwenrente aus der gesetzlichen Rentenversicherung wird für eine Geliebte im Rahmen einer nichtehelichen Lebensgemeinschaft nicht gezahlt.

Schließlich wird – anders als für Eheleute und Verlobte – ein Recht auf Zeugnisverweigerung zum Beispiel im Strafprozeß bei Vorliegen einer nichtehelichen Lebensgemeinschaft von der Rechtsprechung nach wie vor nicht angenommen, obwohl der Interessenkonflikt gerade hier ohne weiteres vergleichbar ist.

Festzuhalten bleibt für die Rechtslage in einer bestehenden nichtehelichen Lebensgemeinschaft dreierlei: Im Rahmen der für alle anderen auch geltenden Gesetze ist die Geliebte in ihren Entscheidungen den Intimbereich betreffend völlig frei. Vermögensrechtliche und unterhaltsrechtliche Verpflichtungen der auf einer Ehe basierenden Beziehung gehen allen Vereinbarungen im Geliebtenverhältnis vor. Es ist ratsam, über Verbindlichkeiten zwischen den Beteiligten, die mit materiellen Anhängigkeiten zu tun haben (Kredite, Schuldenzahlung, Absicherung bei Haushaltsführung und Einschränkung der Berufstätigkeit durch die Frau etc.) schriftliche Verträge zu schließen, und zwar vor allem auch wegen der Probleme bei Beendigung der Beziehung, die im folgenden dargelegt werden.

3. Rechtslage nach Beendigung der Beziehung durch Trennung oder Tod

Für die Auflösung der Beziehung durch Trennung gilt generell, daß die Rechtsprechung eine umfassende Gesamtauseinandersetzung, wie sie bei Eheleuten stattfindet, ablehnt. Das gilt sowohl für Unterhalts- wie auch für Vermögensprobleme.

Wenn allerdings die Beteiligten einen Unterhaltsvertrag abgeschlossen haben, dann werden solche nachehelichen Unterhaltsansprüche zum Beispiel der Geliebten, die früher den Haushalt geführt hat, in der Regel anerkannt, soweit sie nicht mit ehelichen oder nachehelichen Ansprüchen kollidieren. Auch vermögensrechtliche Verträge werden im Prinzip von den Gerichten respektiert. Problematisch ist jedoch der viel gängigere Fall, daß keine vertraglichen Regelungen getroffen wurden: Hier lehnt es die Rechtsprechung ab, solche persönlichen und wirtschaftlichen Leistungen auszugleichen, die im Interesse der zwischen den Beteiligten bestehenden Lebensgemeinschaft und deshalb ohne Rückforderungswillen erbracht worden sind. Dazu gehören Hausarbeitsleistungen, Pflege und Betreuung bei Krankheit sowie die das Übliche nicht übersteigenden finanziellen Beiträge zur gemeinsamen Haushalts- und Lebensführung. Wenn zum Beispiel gemeinsame Werte wie Haus oder Grundstück angeschafft worden sind, stellen die Gerichte nicht ausschließlich auf die materielle Rechtlage ab, wer also das Grundstück erworben, die Verträge unterschrieben und im Grundbuch eingetragen ist. Hier wird das Gesellschaftsrecht herangezogen und darauf abgestellt, wer den Vermögensgegenstand finanziert hat, wie die Vorstellung der Beteiligten über das Eigentum war und ob man es gemeinsam nutzen wollte. Es geht also hier vor allem um die wirtschaftliche Partizipation. Die Eigentumslage ist demgegenüber nicht mehr erheblich.

Im Ergebnis kann man sagen, daß – ohne Vertrag – in den seltensten Fällen mit einem nachträglichen Ausgleich gerechnet werden kann, selbst dann, wenn erhebliche finanzielle Zuwendungen über den Tisch gegangen sind.

Nur für den Fall, daß eine beteiligte Person zum Beispiel ausschließlich im Interesse der anderen einen Kredit aufgenommen hat, soll über einen Aufwendungsersatzanspruch der Rest der Darlehensschuld nach Beendigung des Zusammenlebens durch die begünstigte Person aufgebracht werden müssen. Ansonsten muß auch nach dem Ende der Beziehung für einen aufgenommenen Kredit voll gehaftet werden.

Um es noch einmal zu betonen: Den Beteiligten ist es unbenommen und auch zu empfehlen, bei einer Lebensgemeinschaft ihre Verhältnisse vertraglich zu regeln, eine Gesellschaft zu gründen, Darlehens-, Auftrags-, Dienst-, Unterhalts- oder Schenkungsverträge zu schließen, in denen für das ja realistischerweise eintreffende Ende der Beziehung durch Trennung Regelungen getroffen werden. Eine Rückabwicklung ohne Vertrag ist insbesondere auch wegen der immer noch vorhandenen großen Distanz vieler Gerichte gegenüber dieser Lebensform und wegen der eher zurückhaltenden Spruchpraxis der Obergerichte eher unwahrscheinlich.

Die Beendigung der Beziehung durch den Tod einer beteiligten Person führt oftmals zu erbrechtlichen Problemen. Entweder durch Testament, Erbvertrag oder Vertrag zugunsten einer dritten Person (etwa mit der Bank zugunsten der Geliebten) ist es möglich, den überlebenden Teil mit Nachlaßgegenständen oder Geldsummen zu bedenken oder sie ganz zur Erbin oder zum Erben zu machen. Während einer solchen Verfügung oder Vereinbarung durch die Geliebte zugunsten ihres Freundes nichts entgegensteht, haben sich Generationen von Richter(inne)n mit der Frage herumgeschlagen, ob Zuwendungen dieser Art durch den verheirateten Freund sittenwidrig seien. Erst in den siebziger Jahren wurde die generelle Vermutung, beim sogenannten Geliebten- oder Maitressentestament handele es sich um eine unsittliche Angelegenheit, die keinerlei rechtliche Bindungswirkung entfalten könne, fallengelassen. Man ging damals davon aus, daß bei einer «ehebrecherischen» Beziehung die Absicht des verheirateten Erblassers im Spiel sei, mit einem solchen für die Geliebte vorteilhaften Testament diese für den «Geschlechtsverkehr zu entlohnen» oder die «Fortsetzung des ehebrecherischen Verhältnisse zu festigen.»

Heutzutage ist die Rechtsprechung zwar immer noch an den Einzelheiten der außerehelichen Verhältnisse interessiert, aber das generelle Verdikt der Sittenwidrigkeit ist zurückgenommen. Für den Fall also, daß die Ehefrau, die frühere Ehefrau oder die Kinder des Verstorbenen das Testament oder den Vertrag anfechten, müssen sie jetzt beweisen, daß die Geliebte zu Unrecht bedacht wurde. Das ist jedenfalls immer dann auszuschließen, wenn sogenannte «achtenswerte Motive» für die Begünstigung der Geliebten vorliegen, zum Beispiel Sicherung nach langer Pflege oder Haushaltstätigkeit, wenn die Lebensgemeinschaft lange gedauert hat und die Ehe des Freundes schon vorher «zerrüttet» war, wenn gemeinsame Kinder da sind, wenn die andere Familie nicht gänzlich vom Erbe ausgeschlossen, sondern ebenfalls bedacht wurde, wenn aus gemeinsam erwirtschaftetem Vermögen heraus eine Verbindung zwischen den Beteiligten vorliegt. Trotz des weitgehenden Rückzugs von der Sittenwidrigkeit sind testamentarische Auseinandersetzungen mit der anderen Familie oftmals mit dem Waschen schmutziger Wäsche verbunden, die man füglich durch außergerichtliche Einigung vermeiden soll. Das ist im übrigen auch für alle Seiten billiger.

Wenn der Erblasser getrenntlebend, geschieden oder verwitwet war, ist eine letztwillige Verfügung zugunsten der Geliebten nur dann problematisch, wenn die Kinder des Freundes gänzlich ausgeschlossen werden. Es rät sich also eine Regelung an, die die Fürsorge gegenüber den Kindern nicht außer acht läßt.

Bei einem ledigen Erblasser, der seine Geliebte testamentarisch bedenkt, gibt es keinerlei rechtliche Schwierigkeiten, selbst dann nicht, wenn sie noch anderweitig verheiratet ist. Die anderslautende Entscheidung des Bundesgerichtshofes aus dem Jahre 1983 ist mittlerweile überholt.

4. Kinder

Grundsätzlich obliegt die Bestimmung des persönlichen Umgangs des nichtehelichen Kindes mit dem Vater der Inhaberin des Personensorgerechts. Das ist in der Regel die Mutter. Diese nach der Entscheidung des Bundesverfassungsgerichts zu Recht verfassungsgemäße Bevorzugung der Mutter in § 1711 BGB kann durch das Vormundschaftsgericht nur dann abgeändert werden, wenn es dem «Wohl des Kindes» dient.

Mittlerweile gibt es eine schmale rechtspolitische Tendenz, die nicht mehr mit der früheren Selbstverständlichkeit den Anspruch der Mutter auf das Kind bevorzugt, sondern dem Vater stärkere Rechte geben will. Nach wie vor ist aber die Bestimmung des geltenden Rechts eindeutig: Die Mutter kann den Vater von jeder Einwirkung und jeder Beziehung zum Kind solange ausschließen, wie sie die Personensorge innehat, das heißt, bis zur Volljährigkeit des Kindes.

Das Kind hat auch als nichteheliches einen Unterhaltsanspruch seinem Vater gegenüber, der in der Regel vom Jugendamt gegenüber dem Vater durchgesetzt wird. Die Bemessung des Unterhalts richtet sich nach der Lebensstellung der Eltern, mindestens ist jedoch der sogenannte Regelunterhalt zu zahlen, den die Regelunterhaltsverordnung nach verschiedenen Altersgruppen festlegt. Diese Beträge lagen 1987 in der Höhe zwischen 108 DM und 327 DM pro Monat und sind inzwischen angehoben worden. Das nichteheliche Kind hat gegenüber seinem Vater einen sogenannten Erbersatzanspruch, das heißt, es erhält – ebenso wie die ehelichen Kinder – in Höhe des Wertes des Erbteils seinen Anteil am Vermögen des verstorbenen Vaters. Diesen Anspruch kann es gegenüber der Ehefrau und gegebenenfalls anderen Kindern des Erblassers oder anderen Erben durchsetzen.

Will der nichteheliche Vater seine Vaterschaft nicht akzeptieren, so wird durch das Jugendamt ein Vaterschaftsfeststellungsverfahren durchgeführt. Vaterschaftstests sind heutzutage so gut wie sicher, so daß sich niemand mit der Einrede des Mehrverkehrs, das heißt, dem Argument, die Frau habe sich mit anderen Männern vergnügt, aus der Affäre ziehen kann. Verweigert der Mann den Test, so wird zu seinen Lasten davon ausgegangen, daß er der Vater ist.

5. Homosexuelle Geliebtenverhältnisse

Langjährige Liebesbeziehungen und Wohngemeinschaften zwischen zwei Frauen oder zwei Männern, die noch verheiratet sind, gibt es häufiger, als gemeinhin angenommen wird. Wie eine kürzlich ergangene Entscheidung des Kammergerichts in Berlin zur Rechtslage bei der Vermögensauseinandersetzung nach der Auflösung einer gleichgeschlechtlichen Lebensgemeinschaft zeigt, in der es um die Trennung zweier langjährig zusammenlebender Männer ging, werden auf die homosexuelle Beziehung dieselben rechtlichen Kriterien angewendet wie auf die heterosexuelle. Allerdings konnten sich die Kammerrichter nicht verkneifen, das Wort Lebensgemeinschaft in Anführungszeichen zu setzen, weil so etwas ohne Gänsefüßchen für den deutschen Richter wohl nicht recht vorstellbar ist.

Auch in diesen Beziehungen ist der Abschluß von Verträgen über die Wohn- und Wirtschaftsgemeinschaft und auch im Hinblick auf die Beendigung der Beziehung anzuraten.

Homosexuelle Frauen und Männer haben, weil eine Ehe hier nicht möglich ist, oftmals auch weniger Angst, sich durch Privatvertrag zu binden, weil dies eine Möglichkeit ist, für die Beteiligten nach innen und nach außen zu der Bindung zu stehen. Allerdings dürften bei einem Dreiecksverhältnis dieselben Vorbehalte wie in heterosexuellen Beziehungen gegen solche Regelungen vorhanden sein.

6. Ausländische Rechtsgestaltungen

In den skandinavischen Ländern, die sich am stärksten um eine Legalisierung der nichtehelichen Liebesbeziehungen bemüht haben, gibt es insbesondere in Schweden und Dänemark eine Reihe gesetzlicher Bestimmungen, die hier Regelungen treffen.

In Schweden ist seit 1975 ein gemeinsames Sorgerecht von unverheirateten Eltern für ihre Kinder unter der Voraussetzung möglich, daß dies von beiden einverständlich gewünscht wird. Seit 1978 ist in Dänemark ein Umgangsrecht des nichtehelichen Vaters mit seinem Kind konstituiert. Dem Vater kann das Sorgerecht dann allein übertragen werden, wenn die Mutter stirbt oder nicht zur Erziehung befähigt ist.

In Norwegen und in Dänemark gehört die Beteiligung am Vermögen einer/s Lebensgefährten bei der Trennung zur mittlerweile üblichen Rechtsprechung der Gerichte.

Schon seit 1973 hat Schweden die gesetzliche Möglichkeit geschaffen, daß die Gerichte die gemeinsame Wohnung, unabhängig von den formalen Mieter(innen)eigenschaften, der beteiligten Person zuweist, die sie dringender braucht.

Im Gegensatz dazu ist die Schweiz eines der europäischen Länder, das in der rechtlichen Beurteilung der nichtehelichen Beziehung und Lebensgemeinschaft am konservativsten ist. Zwar sind Verurteilungen äußerst selten, aber nach geltendem Recht ist das Konkubinat nach wie vor in sechs Kantonen strafbar (Uri, Schwyz, Nidwalden, Glarus, St. Gallen, Appenzell-Innerrhoden).

Zweimal standen in letzter Zeit im Parlament gesetzliche Regelungen zur Diskussion, einmal ein gemeinsames elterliches Sorgerecht für die Beteiligten einer nichtehelichen Lebensgemeinschaft und zum anderen vermögensrechtliche Abwicklungsregelungen für eine solche Beziehung. Auch dies lehnte der Nationalrat mit deutlicher Mehrheit ab.

Von den Gerichten werden zwar rechtsgeschäftliche Verbindlichkeiten zwischen den Beteiligten anerkannt, kommt aber eine Konkurrenz zu ehelichen Verhältnissen mit ins Spiel, wird die Wirksamkeit von Zuwendungen oder anderen Vorteilen zugunsten der Geliebten regelmäßig verneint. In Einzelfällen wird – ähnlich wie in der Bundesrepublik – juristisch von einer Gesellschaft ausgegangen, insbesondere wenn die Geliebte im Geschäft ihres Freundes mitarbeitet.

Eine interessante Entwicklung im gesetzlichen Bereich ist in Australien zu beobachten. In diesem Land ist seit dem 1.1.1985 der De Facto Relationship Act 1984 in Kraft, ein Gesetz, das die Rechte der nichtehelichen Lebensgemeinschaft kodifiziert und damit im Unterschied zu allen anderen bislang ausgeführten Rechtsgestaltungen diese Form des Zusammenlebens von seiten des Gesetzgebers ausdrücklich anerkennt und in seinen verschiedenen Problemfacetten würdigt.

Nach dem De Facto Relationship Act wird den Beteiligten das Recht auf vertragliche Regelung ihrer Angelegenheiten explizit zugesprochen. Lediglich die elterliche Sorge und der Kindesunterhalt stehen nicht zur Disposition.

Im Unterschied zur Bundesrepublik wird der nacheheliche Unterhalt bei Aufnahme einer neuen nichtehelichen Beziehung nicht eingeschränkt. Außerdem wird der neuen Verbindung, sei es eine neue Ehe, aber auch eine nichteheliche Gemeinschaft, gegenüber der früheren Ehe nicht mehr automatisch der zweite Platz eingeräumt. Seit dem Family Law Act 1975 gilt dies für Zweitehen und die nächstfolgenden, aber seit der gesetzlichen Regelung der nichtehelichen Lebensgemeinschaft auch für diese. Die absolute Priorität der Ehe in Konkurrenz mit der nichtehelichen Beziehung wird insofern aufgebrochen. Die Bedürftigkeit der Unterhaltsberechtigten ist entscheidendes Kriterium mit der Folge, daß zum Beispiel auch die frühere Ehefrau unter Umständen auf Leistungen der Sozialhilfe verwiesen wird, wenn in der neuen Verbindung Unterhaltsverpflichtungen entstehen. Man kann insofern von einer Präferenz für die neue Beziehung und einer Abkehr des alten Ehevorrangs sprechen.

Zwar wird die Lebensgefährtin bei der Altersrente grundsätzlich nicht berücksichtigt, aber sie hat wie die Ehefrau einen Anspruch auf einkommensabhängige Zusatzrente, wenn ihr Lebensgefährte Empfänger einer Alters- oder Invaliditätsrente ist.

Auch ist gesetzlich die Gleichbehandlung von ehelichen und nichtehelichen Lebensgemeinschaften nicht vorgesehen, aber in der Verwaltungspraxis im Sozialbereich hat sich der Grundsatz durchgesetzt, daß nichteheliche Beziehungen weder benachteiligt noch bevorzugt werden sollen.

Der australische Gesetzgeber hat für die Auflösung der Beziehung durch Trennung der Lebensgefährten ein dem Eherecht angenähertes Modell entwickelt. Beim Vermögensausgleich ist Voraussetzung, daß die nichteheliche Lebensgemeinschaft mindestens zwei Jahre lang bestanden hat oder die Beteiligten Eltern eines gemeinsamen Kindes sind. Dasselbe gilt für einen Unterhaltsanspruch nach Beendigung der Beziehung, der allerdings nur unter zwei verschiedenen Voraussetzungen begründet werden kann: Wenn ein gemeinsames Kind unter 12 Jahren bzw. ein behindertes Kind unter 16 Jahren zu versorgen ist und deshalb eine Erwerbstätigkeit nicht aufgenommen werden kann oder wenn infolge der nichtehelichen Lebensgemeinschaft die Erwerbstätigkeit eingeschränkt wurde und der Unterhaltsanspruch dazu beiträgt – etwa durch Teilnahme an einem Fortbildungskurs –, die Berufsaussichten zu verbessern.

Im Erbrecht wird der hinterbliebene Lebensgefährte oder die Lebensgefährtin in der gesetzlichen Erbfolge wie ein/e Ehegatt/e/in berücksichtigt. Dieses gesetzliche Erbrecht steht der Lebensgefährtin jedoch nur zu, soweit der Verstorbene keine Ehegattin hinterläßt. Anstelle der Ehegattin hat die Geliebte nur dann ein gesetzliches Erbrecht, wenn die nichteheliche Lebensgemeinschaft unmittelbar vor dem Tod des Erblassers mindestens zwei Jahre bestanden hat und der Erblasser während dieser Zeit die Beziehung zu seiner Ehefrau abgebrochen hatte. Man kann also feststellen, daß auch hier der in jedem Falle bestehende Vorrang der Ehe durchbrochen wurde. Dasselbe gilt auch für die Hinterbliebenenversorgung im öffentlichen Dienst und in der Privatwirtschaft, die auf eigene Beitragszahlungen zurückgeht.

7. Fazit

Obwohl auch die Bundesrepublik das Geliebtenverhältnis, soweit es sich in Form einer nichtehelichen Lebensgemeinschaft abspielt, vom Geruch der Sittenwidrigkeit weitgehend befreit hat und auch der Ehebruch nicht mehr strafrechtlich verfolgt wird, fehlen nach wie vor rechtliche Regelungen, die den ökonomisch schwächeren Teil der Beziehung – in der Regel die Frau – schützen. Dies kann im Interesse der Frauen nur durch Konzentration auf eigene Berufstätigkeit oder gegebenenfalls durch einen «Beziehungsvertrag» ausgeglichen werden. In jedem Fall ist ein sehr nüchternes Verhältnis zu allen materiellen Belangen der Beziehung ratsam, das durch den Besuch bei einer Rechtsanwältin und die dort eingeholten zusätzlichen Rechtsauskünfte verstärkt werden kann.

Empfehlenswerte Rechtsberatungsbücher

de Witt, Siegfried; Hoffmann, Johann-Friedrich: Nichteheliche Lebensgemeinschaft, München² 1986, Verlag C. H. Beck (Juristisch am ausführlichsten
und am fundiertesten.)

Ihara, Toni; Warner, Ralph: Ehe ohne Trauschein. Ein Rechtsratgeber, Reinbek
1982, Rowohlt Taschenbuchverlag (Enthält vorformulierte Vertragsgestal-
tungen, geht auch auf homosexuelle Beziehungen ein, anschaulich geschrieben.)

Piehl, Michael; Jäger, Gerhard: Deine Rechte als Lebenspartner, München
1979, Wilhelm Heyne Verlag (Gut lesbar, geht auf die meisten wichtigen
Probleme ein.)

Scheele, Michael: «Wilde Ehe» oder Trauschein?, München 1982, Wilhelm
Goldmann Verlag (Flott geschrieben, manchmal etwas zu naßforsch.)

von Münch, Eva Maria: Zusammenleben ohne Trauschein. München 1982,
Beck-Rechtsberater (Verständlich geschrieben und fachlich einwandfrei.)

Benutzte Literatur

Geiser, Thomas: Die eheähnliche Lebensgemeinschaft in der neueren Rechtsprechung des Schweizer Bundesgerichts, in: Eser (Hg.), a..a.O., S. 47–60

Münder, Johannes: Verrechtlichungs- und Entregelungstendenzen im Fami-
lienrecht, in: Recht der Jugend und des Bildungswesens 1984, S. 199–216

Schatte, Gisela: Die Rechtslage der nichtehelichen Lebensgemeinschaft in
Australien, in: Familienrechtszeitschrift 1987, S. 14–23

Schlüter, Wilfried, Belling, Detlev W.: Die nichteheliche Lebensgemeinschaft
und ihre vermögensrechtliche Abwicklung, in: Familienrechtszeitschrift
1986, S. 405–416

Schott, Clausdieter: Lebensgemeinschaft zwischen Ehe und Unzucht – ein hi-
storischer Überblick, in: Eser (Hg.): Die nichteheliche Lebensgemeinschaft,
Paderborn u. a. 1985, S. 13–32

Christl Wickert

Politik vor Privatleben

Zum Selbstverständnis alleinstehender Parlamentarierinnen
in der Weimarer Republik

Im Lauf einer politikgeschichtlichen Untersuchung über Parlamentarierinnen der ersten Generation zwischen 1919 und 1933 stellte ich unter anderem fest, daß einige von ihnen in öffentlich bekannten Beziehungen mit Parlamentskollegen, die ihrerseits verheiratet waren, gelebt haben. In welcher Weise diese Freundschaften dem Bild nahekommen, das wir uns heute von der Beziehung zwischen einer alleinstehenden Frau und einem verheirateten Mann machen, will ich offenlassen. Was mich hier interessiert, ist nicht eine Ähnlichkeit, sondern ein Unterschied zu einem verbreiteten Klischee von der «Geliebten». Dieses Klischee zeichnet die «Geliebte» als ein unglückliches Geschöpf, das sein Leben mit Warten auf den aktiven und attraktiven Mann zubringt. In meiner Untersuchung dagegen bin ich immer wieder Frauen begegnet, die diesem Bild gar nicht entsprachen: Frauen, die ihr Leben beruflicher Arbeit und politischem Engagement gewidmet hatten und die darüber hinaus offensichtlich den Wunsch und die Zeit hatten, ihre Interessen mit einem nahen Freund zu teilen.

Als Beispiel dafür will ich im folgenden das Leben von vier alleinstehenden Sozialdemokratinnen, die Abgeordnete im Reichstag oder im Preußischen Landtag waren, in Umrissen beschreiben. Ich schildere zunächst, wie ich in meiner Studie vorgegangen bin, sage etwas zu den Anfängen der proletarischen Frauenbewegung im Kaiserreich, die einen Hintergrund für die spätere Arbeit der SPD-Parlamentarierinnen bildete, und gehe dann auf die Biographien von Käte Frankenthal, Louise Schroeder, Hedwig Wachenheim und Toni Sender ein. Sie als «Geliebte» im oben erwähnten Sinn zu bezeichnen, wäre verfehlt. Ich berichte in diesem Band von ihnen, weil sie mir zu zeigen scheinen, daß es für alleinstehende Frauen in unserer Gesellschaft viele recht unterschiedliche Möglichkeiten gibt, in Freundschaft oder Liebe mit einem verheirateten Mann zu leben.

Die Untersuchung

Als Feministin mit der Frage der Zusammenarbeit von autonomen und parteigebundenen Frauen beschäftigt, begann ich Ende der siebziger Jahre eine Untersuchung über Sozialdemokratinnen im Deutschen Reichstag und im Preußischen Landtag während der Weimarer Republik. Die SPD stellte die größte Gruppe von Frauen im Parlament; die anderen Parteien hatten nur Einzelpersonen entsandt, über die sich auf Grund ihrer unterschiedlichen politischen Orientierungen keine generalisierenden Aussagen hätten machen lassen. – Ausgehend von den Namen in den Parlamentshandbüchern suchte ich nach Spuren in den Orten, aus denen die Frauen kamen, recherchierte in Nachlässen und Autobiographien und nahm Kontakte zu Zeitgenossinnen und Zeitgenossen sowie zu Familienmitgliedern auf. Berta Jourdan und Toni Wohlgemuth, beide bis 1933 Abgeordnete im Preußischen Landtag, konnte ich noch mehrmals treffen und befragen. Leider erlebten beide die Veröffentlichung meines Buches (Wickert 1986) nicht mehr. Meine Recherchen führten mich durch ganz Deutschland, in die Niederlande, nach England und in die Vereinigten Staaten. Freunde, Bekannte und Verwandte derjenigen, die als Emigrantinnen 1933 das Land verlassen mußten, konnte ich noch in New York, Arizona, Los Angeles und San Francisco befragen.

Mein Hauptinteresse galt den Fragen, warum sich diese Frauen für Politik entschieden haben (sie schließt auch die Frage nach dem familiären Hintergrund ein), welche Konsequenzen das für ihr Leben hatte und wie sie Privatleben und politische Arbeit in einer von Männern dominierten Partei vereinbaren konnten. Meine Quellen waren Briefe und Artikel aus Nachlässen, Autobiographien (maschinenschriftliche und veröffentlichte), Erinnerungen von Zeitgenossen, Protokolle von Parteitagen, Konferenzen und Parlamentssitzungen sowie last but not least Interviews nach der Methode der «Oral History», deren Ergebnisse mit dem schriftlichen Material konfrontiert wurden und so manche Lücken auffüllen konnten, die durch Zerstörungen von Material während des Nationalsozialismus entstanden waren.

Fast nur Frauen mit bürgerlicher Bildung haben Autobiographien hinterlassen. Die dort überlieferten Informationen zusammen mit mündlichen Berichten ergaben ein – wenn auch unvollständiges – Bild des Beziehungsgeflechtes, in dem die Frauen lebten und arbeiteten. Da inzwischen fast alle Informantinnen und Informanten gestorben sind, hatte ich die sozusagen letzte Gelegenheit am Schopf gepackt, überhaupt noch Hinweise über Leben und Arbeit jener Frauen sammeln zu können, die ohne jedes Vorbild im Parlament der ersten deutschen Republik wichtige Beiträge geleistet haben und dennoch schon fast vergessen schienen.

37 Frauen, darunter 18 Sozialdemokratinnen, zogen im Februar 1919 in den Reichstag ein. Die Mehrheit gab als Beruf Hausfrau oder Ehefrau an, des weiteren Lehrerin oder Sozialarbeiterin; unter den SPD-Frauen war der Anteil der Arbeiterinnen vergleichsweise hoch. Auffallend ist, daß in der Gruppe der Sozialdemokratinnen, die bis zum Ende der Republik stärker in Erscheinung getreten sind, eine überdurchschnittlich hohe Zahl alleinstehend (ledig, geschieden, verwitwet) war. In den Memoiren dieser Frauen wird immer wieder die Frage der Vereinbarkeit von Familie, Erwerbsarbeit und Politik thematisiert. Die Frauen mußten irgendwann in ihrem Leben die Entscheidung zugunsten der einen oder anderen Möglichkeit treffen. Manche stiegen nach ein paar Jahren wieder aus der Politik auf Reichsebene aus, manche ließen sich auch scheiden. Waren sie mehrere Wahlperioden im Reichstag oder im Landtag, so verlegten sie bald – wie auch viele ihrer Kollegen – ihren Lebensmittelpunkt nach Berlin.

Berlin war in den zwanziger Jahren eine kulturell und politisch besonders aktive Metropole. Führende Sozialdemokratinnen und Sozialdemokraten beteiligten sich am gesellschaftlichen und kulturellen Leben (wenn dies auch von der etablierten Gesellschaft nicht als selbstverständlich angesehen wurde) und traten ebenfalls als Rednerinnen und Redner in Arbeiterversammlungen auf. Sie stammten übrigens meist aus bürgerlichen Verhältnissen.

«Meine Frau interessierte sich nicht für Politik. Sie legte mir auch keine Steine in den Weg, konzentrierte sich ganz auf den Haushalt. Und ich, ich brauchte eine Frau, mit der ich mich über Politik auseinandersetzen konnte. H. konnte keinen Ehemann und Familie gebrauchen, dafür war sie viel zu sehr mit Beruf und Politik beschäftigt. Aber sie brauchte einen Mann an ihrer Seite, um sich mit ihm auszutauschen. So war allen gedient. Wir gingen zusammen zu allen Parteiveranstaltungen, besprachen alle Entscheidungen vor. H. war sehr aktiv, aber in der Öffentlichkeit trat sie einen Schritt hinter mir zurück, da sie den Mann als führend ansah... Aber stellen Sie mir bitte nicht die heute so moderne Frage, ob wir zusammen ins Bett gegangen sind. Das spielte damals keine entscheidende Rolle. Hauptsache war die große intellektuelle und politische Nähe, über Sexualität sprach man nicht.» Mit diesen Worten leitete der Lebensgefährte einer Abgeordneten des Preußischen Landtages, ein inzwischen neunzigjähriger Professor in New York, ein Gespräch mit mir ein. Die Beziehung hatte bis zu ihrem Tod gehalten, auch über die zeitweilige Trennung infolge der Emigration nach 1933 hinaus.

Es war während meiner Recherchen nicht einfach, Informationen über Liebesbeziehungen zu sammeln, denn oft schienen diese in ihrer Glaubwürdigkeit fraglich, oder es wurden nur Vermutungen geäußert. Manche Informanten wollten, um weitere Spekulationen zu vermeiden, über vage Andeutungen hinaus nichts Konkretes sagen. Die Basis all der Liebesbeziehungen, von denen ich erfuhr, das wurde immer wieder deutlich, war die Möglichkeit der politischen Auseinandersetzung und der Verarbeitung von Erfahrungen aus einem Alltag, der im wesentlichen von Parlament und Politik bestimmt war. Über diese Beziehungen wurden Informationskanäle geöffnet, die wahrscheinlich nicht unbedeutend für politische Entscheidungsprozesse innerhalb der Fraktion oder der Parteiführung gewesen sind. Diesem Beziehungsgeflecht, das darüber hinaus auch das Wohlbefinden der Beteiligten bestimmte und ihnen Möglichkeiten des Abschaltens vom Stress des politischen Alltags eröffnete, wurde bisher in politikwissenschaftlichen und historischen Untersuchungen und Darstellungen keine Beachtung geschenkt. Manche Zusammenhänge, die man sich auf Grund der Quellenbasis nicht erklären konnte, wurden so beiseite gelassen. Sicher würde dieser Aspekt weitere Erkenntnisse liefern können. Ich gewann allerdings in zahlreichen Gesprächen der letzten Jahre den Eindruck, daß das persönliche Leben damals nicht einen so großen Stellenwert im Bewußtsein der Menschen einnahm wie heute, was aber nicht heißen muß, daß es im Alltag auch so gewesen ist. Konkrete Aussagen über enge Beziehungen, die Parlamentarierinnen zu ihren Kollegen hatten, können auf Grund der schmalen Informationsbasis nur vage und in sehr wenigen Fällen gemacht werden.

Anfänge der proletarischen Frauenbewegung im Kaiserreich

Der bürgerliche Teil der alten Frauenbewegung, die sich seit 1865 organisatorisch konstituiert hatte, übernahm die Ende des 18. und zu Beginn des 19. Jahrhunderts entwickelte Vorstellung von der Rolle der Frau in Ehe und Familie. Die Frau galt als «Geschlechtswesen», dessen Arbeit über den Haushalt und dessen Sexualität über Muttertrieb und Kinderliebe definiert wurde, der Mann als «Kulturwesen», das seine Aktivität und Rationalität im Beruf und in der politischen Öffentlichkeit entfaltet. Die Frauen akzeptierten diesen Rahmen, wollten jedoch die herrschende Kultur um weibliche Einflüsse erweitert sehen.

Nur wenige Frauenrechtlerinnen vom Anfang unseres Jahrhunderts dachten bei Forderungen im Hinblick auf die Emanzipation der Frau über ökonomische Unabhängigkeit und geistige Freiheiten hinaus auch an die Entfaltung einer eigenständigen Erotik und Sinnlichkeit, die nicht ausschließlich auf Fortpflanzung gerichtet sein sollte. Zu diesen wenigen gehörte zum Beispiel Helene Stöcker. Ihre um 1900 entwickelten Vorstellungen der «neuen Ethik», die sich teilweise auch mit denen der Abolitionistenbewegung in ihrem Kampf gegen die Prostitution trafen, wurden in den zwanziger Jahren von Männern – Ärzten und Sexualwissenschaftlern – wieder aufgegriffen, die nun das Konzept einer «neuen Frau» entwarfen: Die ideale «neue Frau» war Hausfrau, Mutter, Erwerbstätige und unter Umständen auch politisch aktiv. Ein durchrationalisierter Haushalt mit modernem Küchengerät sollte sie von der Hausarbeit teilweise entlasten; die Teilnahme am öffentlichen Leben wurde ihr nun mindestens ein Stück weit (entgegen dem eigenen Rollenverständnis) zugestanden.

Just als das bürgerliche Frauen- und Familienideal im Bürgertum selbst in eine erste Krise geriet, begann es, in der Arbeiterschaft vor und nach dem Ersten Weltkrieg stärker Fuß zu fassen. Seiner Verwirklichung waren dort durch ökonomische Zwänge Grenzen gesetzt. Ein Arbeiterlohn ernährte keine Familie. Die Mitarbeit von Frauen (und Kindern) war häufig unabdingbar. Dennoch hatte es schon seit den 1860er Jahren Versuche gegeben, die Arbeiterfrauen zu einer «ordentlichen Haushaltsführung» im Sinne bürgerlicher Vorstellungen anzuleiten. Diese Versuche blieben im 19. Jahrhundert praktisch erfolglos, der Verbreitung des Ideals unter der Arbeiterschaft und in der proletarischen Frauenbewegung stand dies jedoch nicht im Weg.

Als Folge der seit etwa 1850 zunehmenden Frauenerwerbsarbeit in der Industrie, die von der bürgerlichen Frauenbewegung nur am Rande aufgegriffen wurde, entstanden um 1880 einige Arbeiterinnenvereine. Deren Forderungen, u. a. nach Frauenarbeitsschutz und Mutterschutz, nahm Clara Zetkin ab 1890 auf. Sie gründete die Zeitschrift «Die Gleichheit», die sich für die Interessen der Arbeiterinnen einsetzte, und organisierte eine proletarische Frauenbewegung. Clara Zetkin, aus einem bürgerlichen Elternhaus, von Beruf Lehrerin, Witwe mit zwei Söhnen, gilt als die prägende Persönlichkeit der proletarischen Frauenbewegung vor dem Ersten Weltkrieg. In ihrer «sozialistischen Frauenemanzipationstheorie» stellte sie zwar die Familie als solche nicht in Frage, plädierte jedoch für die ökonomische Unabhängigkeit der Frau (durch Berufsarbeit) als Voraussetzung ihrer Emanzipation. Die Frauenfrage wird ihrer Meinung nach ebenso wie die Klassenfrage im Sozialismus gelöst werden. Seit 1891 war die SPD mit ihrem Erfurter Parteiprogramm die einzige Partei (bis etwa 1910), die das Frauenwahlrecht forderte und die Organisierung von Frauen unterstützte. Zu bedenken ist, daß das Preußische Vereinsgesetz bis 1908 die politische Betätigung von Frauen verboten hatte. Die neue Vereinsfreiheit brachte in den letzten Jahren vor Ausbruch des Ersten Weltkrieges eine größere Einbindung der Frauen in die SPD. Deren Frauenideal war nunmehr deutlich am bürgerlichen Frauen- und Familienbild orientiert.

Die Sozialdemokratinnen, die – nach der Einführung des Frauenwahlrechts am 12. November 1918 – im Januar 1919 in die Nationalversammlung gewählt wurden, welche die Weimarer Verfassung ausarbeitete, und im März des gleichen Jahres in die Preußische Landesversammlung, welche die gleiche Aufgabe für Preußen hatte, waren zwischen 32 und 62 Jahren alt. Sie gehörten also zwei verschiedenen Generationen an und waren sehr unterschiedlich geprägt durch ihre familiären Verhältnisse, ihre schulischen und beruflichen Möglichkeiten und ihre Erfahrungen mit der SPD und der Frauenbewegung.

Leben und Politik

Da die Sozialisation in der Familie die Persönlichkeitsentwicklung eines Menschen ganz entscheidend prägt, werde ich kurz auf den familiären Hintergrund dieser Frauen eingehen. Hier sind Ursachen dafür zu suchen, daß diese Frauen den Mut aufbrachten, beruflich, gesellschaftlich und politisch Neuland zu betreten, obwohl die vorherrschende Ideologie sie an Heim und Herd band. Mädchenerziehung auf den Höheren Töchterschulen vor dem Ersten Weltkrieg diente im wesentlichen dazu, Frauen auf die Erfüllung der Aufgaben einer möglichst unterhaltsamen und fleißigen Ehefrau eines gut gestellten bürgerlichen Mannes vorzubereiten. Wenn sich Töchter aus bürgerlichen Familien, motiviert durch das Wissen um die gesellschaftlichen und sozialen Ungerechtigkeiten, den Ideen der Arbeiterbewegung annäherten (weil diese Freiheit für alle gesellschaftlich Benachteiligten forderte) oder sich gar der Organisation der SPD anschlossen, kann dies als Schritt der Abkehr (Emanzipation?) von den Wertorientierungen der Eltern interpretiert werden. Waren sie erst einmal Mitglied der Partei, so arbeiteten sie auch bald engagiert mit.

Käte Frankenthal

Käte Frankenthal, 1883 als mittlere von drei Töchtern des Vorstehers der jüdischen Gemeinde in Kiel geboren, schreibt in ihren Memoiren Ende der dreißiger Jahre, daß sie schon in ihrer Kindheit bemerkt hat, wie sehr die Mutter durch ihre familiären Verpflichtungen an einem eigenen Leben gehindert worden sei. Nach mehrjährigem Schulbesuch in Kiel kam sie in das jüdische Mädchenpensionat Wolff in Wiesbaden, wo sie auf die Aufgaben einer Ehefrau vorbereitet werden sollte: durch Unterricht in Tanzen, Nähen, Haushaltsführung sowie Unterrichtung in englischer und französischer Umgangssprache. Sie konnte jedoch den Drill und die unbegründet wirkenden Vorschriften nicht ertragen und kehrte bald nach Hause zurück. Gegen den anfänglichen Widerstand der Eltern setzte sie durch, daß sie sich als Externe auf das Abitur vorbereiten konnte. Nach bestandener Prüfung studierte sie Medizin in Kiel, Heidelberg, Erlangen, München, Wien und Freiburg und schloß 1914 als eine der ersten Frauen in Deutschland in diesem Fach mit einer Dissertation ab. Dies war bis dahin Frauen nur in der Schweiz möglich gewesen. Während der Praktika war Käte Frankenthal die unterschiedliche Sorgfalt aufgefallen, die Ärzte ganz offen Reichen und Armen gegenüber walten ließen. Zudem wurde ihr immer deutlicher, daß sie in dem von ihr angestrebten Beruf in eine bisher unangefochtene Männerdomäne eindrang. Nachdem sie häufiger Arbeiterversammlungen besucht hatte, trat sie nach Ende ihres Studiums der SPD bei und meldete sich bei Kriegsbeginn als Militärärztin nach Österreich, da Frauen einen solchen Dienst im Deutschen Reich nicht versehen durften. Anfang 1918 kehrte sie nach Deutschland zurück und ließ sich in Berlin nieder. Sie schreibt: «Kurz nach dem Bürgerkrieg 1919 [gemeint sind hier die Novemberrevolution 1918 in Deutschland, die ihr folgende Rätebewegung sowie die Straßenkämpfe im Vorfeld der Wahlen zur Nationalversammlung im Januar 1919; d. Verf.] hätte ich beinahe eine schwere persönliche Fehldiagnose gestellt. Ich war müde, körperlich und psychisch. Ich arbeitete viel und verdiente mehr als ich brauchte. Aber die möblierten Zimmer, in denen ich wohnte, waren ungemütlich und primitiv. Mein Essen, meine Kleidung, alles war noch viel vernachlässigter, als es der Not der Zeit entsprach.

Es war das einzige Mal in meinem Leben, daß ich dachte, ich hätte das Junggesellenleben über: Es wäre an der Zeit zu heiraten. Ich war nicht die einzige, die in dieser Zeit auf Ermüdungserscheinungen reagierte... Eine sehr große Anzahl dieser Nachkriegsehen ging wieder in die Brüche.

Zu meinem Glück pflege ich zu präzisieren, was ich eigentlich will. Ein Ehemann hätte mir die kleinen Schwierigkeiten des täglichen Lebens nicht abgenommen, sondern nur vergrößert. Über Einsamkeit hatte ich gewiß nicht zu klagen. Wenn jemand Privatrechte an meiner Zeit gehabt hätte, konnte das die Sache nur komplizieren. Mütterliche Instinkte hatte ich nicht. Ein Kind würde die völlige Umstellung meines Lebens erfordert haben, und dazu hatte ich keinen Augenblick die Absicht, nicht einmal in jener Zeit. Das Sexuelle war für mich nie ein Problem. Seit meiner Studentenzeit [...] habe ich dieser Seite des Lebens freiwillig den Platz eingeräumt, der ihr nun einmal von Natur bestimmt war. Daher hat es nie eine dominierende Rolle gespielt. [...] Eine Dauerbindung kam für mich [...] nicht in Frage, und daraus habe ich keinen Hehl gemacht. Ich glaube nicht, daß mir ein Mann auf dem Gebiet etwas vorzuwerfen hat. Die Frage wurde im allgemeinen zufriedenstellend gelöst. Sehr viele berufstätige Frauen meiner Generation in Deutschland hatten eine ähnliche Einstellung zu diesen Fragen.

Bei meiner Überlegung damals wurde mir bald klar, daß ich keineswegs heiraten wollte. Ich wollte nur besser wohnen und die Hausstandsfragen abschütteln, von denen ich nichts verstand und denen ich nicht gewachsen war. Ich kaufte also Möbel, nahm eine Wohnung und eine Wirtschafterin. Dann fühlte ich mich wieder wohl» (Käte Frankenthal 1981, S. 110).

Von 1919 an war Käte Frankenthal Stadtverordnete und gesundheitspolitische Expertin der SPD in (Groß-)Berlin, 1920 wurde sie Stadtärztin im Arbeiterbezirk Neukölln. Zu ihren Aufgaben gehörte u. a. der Aufbau und die Betreuung einer Familien- und Sexualberatungsstelle. Sie berichtet in ihren Erinnerungen an die zwanziger Jahre wenig über ihr persönlich wichtige Menschen. Eine Ausnahme ist die Erwähnung des Kontakts zu dem Berliner Parteivorsitzenden Franz Künstler, «mit dem ich eng befreundet war». In der Partei war die Liebesbeziehung der beiden offen bekannt.

1930 kam Käte Frankenthal als Nachrückerin für den Wahlkreis Berlin in den Preußischen Landtag: Damit entstand die zwischen 1919 und 1933 einmalige Situation, daß alle drei Kandidatinnen einer SPD-Wahlliste auch im Parlament vertreten waren. In der Fraktion hatte die Parteilinke Frankenthal wenig Einflußmöglichkeiten, zumal sie schon 1931 der neugegründeten SAP (Sozialistische Arbeiterpartei Deutschlands) beitrat und dort in den Vorstand gewählt wurde. Dieser Schritt brachte wohl einige Schwierigkeiten in ihre Beziehung zu Franz Künstler, da sie mit ihm bisher alle politischen Schritte vorbesprochen hatte. Ferner setzte sie sich für die Forderung nach Streichung des 1927 reformierten Abtreibungsparagraphen ein, unterzeichnete hierzu eine Eingabe von Berliner Ärztinnen an den Reichstag und erläuterte ihre Position in einer Broschüre mit dem Titel «§ 218 streichen – nicht ändern». 1933 mußte sie Deutschland verlassen, emigrierte über die Schweiz, Frankreich und die Tschechoslowakei nach New York, wo sie noch ein Psychologiestudium absolvierte und ab 1947 als Familientherapeutin tätig wurde. Sie starb am 21. April 1976 in New York.

Louise Schroeder

Louise Schroeder, 1887 als jüngste Tochter einer Altonaer Arbeiterfamilie geboren, ist die einzige der hier vorgestellten Frauen, die keine schriftlichen Lebenserinnerungen hinterlassen hat. Es gab allerdings vergleichsweise viele Zeitzeuginnen und Zeitzeugen, die sich noch an sie erinnern konnten oder Erinnerungen über sie niedergeschrieben haben, da sie diejenige aus der Gruppe der vier Frauen ist, die in der Nachkriegszeit und zu Beginn der Bundesrepublik eine herausragende politische Rolle gespielt hat: Louise Schroeder baute nach 1945 die Berliner Arbeiterwohlfahrt und die SPD mit auf, wurde Bürgermeisterin und war während der Blockade 1948 Oberbürgermeisterin von Berlin. 1949 wurde sie in den Deutschen Bundestag delegiert und war zeitweise auch Präsidentin des Deutschen Städtetages.

Louise Schroeder besuchte nach der Volksschule eine Handels- und Gewerbeschule. Dies war nur möglich, weil die gesamte Familie, auch ihre Geschwister, zur Unterstützung beitrugen: Es war nicht nur für Schulgeld zu sorgen, sondern auch für anständige Kleidung, damit Louise nicht wegen ihrer Armut auffiel. Zunächst arbeitete sie als Stenotypistin, später (bis 1918) als Privatsekretärin in einem Versicherungsbüro. – Über ihren Vater kam sie schon als junges Mädchen zu Arbeiterversammlungen. So war es für sie nur konsequent, 1910 der SPD beizutreten. Das Selbststudium der sozialistischen Theoretiker und die Lektüre der lokalen Arbeiterpresse wurden zu wichtigen Faktoren ihrer politischen Fortbildung. Vielen Vorurteilen begegnete sie jedoch, als sie versuchte, sich in öffentlichen Versammlungen Gehör zu verschaffen, denn es wurde einer jungen Frau nicht zugetraut, vor vielen Leuten sprechen zu können. Spätestens in der Kriegszeit, als sie in den örtlichen Vorstand der Partei gewählt worden war, hatte sie sich aber durchgesetzt. Sie gehörte zu den Gegnerinnen der Kriegsunterstützungspolitik der SPD. 1919 wurde sie als eine der jüngsten Frauen in den Reichstag gewählt, dem sie bis 1933 angehörte. Eine ihrer ersten Initiativen war ein Vorstoß für ein Reichswochenhilfegesetz in Zusammenarbeit mit der Zentrumsabgeordneten Christine Teusch. Dieses Gesetz war unter den Frauen der verschiedenen Fraktionen höchst umstritten, es wurde erst nach einer langen Debatte verabschiedet und trat am 26. September 1919 in Kraft. Da die Freistellung der Frauen als eine «Kann»-Bestimmung formuliert war, hatte das Gesetz praktisch jedoch keine Wirkung, lag es doch in der Hand der Arbeitgeber, den Frauen ihren Urlaub vor und nach der Geburt zu bewilligen, währenddessen die Krankenkassen ein Wochengeld zahlten (das weit unter dem Lohn lag) sowie eine Beihilfe zur Entbindung und ein Stillgeld bis zur 12. Lebenswoche des Kindes. Infolge der galoppierenden Geldentwertung bis 1923 mußten die festgesetzten Beiträge jährlich neu angepaßt werden. Die dadurch entstehenden zusätzlichen Ausgaben sollten den Krankenkassen aus dem Staatshaushalt ersetzt werden. Ein flankierend geplantes Hebammengesetz konnte nach der Niederlage der Weimarer Koalition (aus SPD, Zentrum und Deutscher Demokratischer Partei) bei den Wahlen im Mai 1920 nicht mehr zustande kommen, außer in Preußen, wo es jedoch ab 1922 nur in den Großstädten Anwendung fand. Ab 1925 wurden im Reichstag auf Initiative der SPD-Frauen die Themen Mutterschutz und Frauenarbeitsschutz diskutiert. Bei der letzten Beratung des Entwurfs eines Mutterschutzgesetzes im Juli 1927 war Louise Schroeder die Berichterstatterin des Ausschusses für Bevölkerungspolitik, der die Beratungen im Vorfeld durchgeführt hatte. Sie sprach vor dem Plenum auch gleichzeitig im Auftrage ihrer Fraktion. Mit Ausnahme der Landarbeiterinnen und Hausgehilfinnen sollten nunmehr alle arbeitenden Frauen berechtigt sein, sechs Wochen vor und sechs Wochen nach der Niederkunft die «Arbeitsleistung zu verweigern», danach waren sie berechtigt, Stillpausen einzulegen; allein aufgrund der Schwangerschaft durfte keine Kündigung ausgesprochen werden. Sanktionen bei Nichteinhaltung sah das Gesetz jedoch nicht vor. Am 7. Juli 1927 wurde das erste Mutterschutzgesetz in Deutschland parlamentarisch verabschiedet. Es war zwar in den Augen aller an den Diskussionen Beteiligten unvollständig, stellte jedoch ein Kompromißwerk aller Fraktionen, mit Ausnahme der KPD, dar. Louise Schroeder hatte es verstanden, die Diskussionen in der eigenen Fraktion voranzutreiben und sich für ihr größtes Anliegen, den Mutterschutz, im Plenum des Reichstages Gehör zu verschaffen. Es ist zu vermuten, daß ihr Paul Löbe, bis 1932 sozialdemokratischer Reichstagspräsident, mit Rat und Tat zur Seite stand und ihr vielleicht somit manche Einflußnahme auf Entscheidungen der Fraktion ermöglicht wurde.

Louise Schroeder wohnte in Berlin im Palais des Reichstagspräsidenten. Im Lauf der Jahre machten die beiden keinen Hehl mehr aus ihrer besonderen Zuneigung: «Wo Louise war, war auch Paul Löbe», wird berichtet. Alle politischen Entscheidungen, auch wenn sie sie unabhängig voneinander treffen mußten, hätten sie vorher gemeinsam besprochen. – Am Beispiel von Louise Schroeder und Paul Löbe läßt sich verdeutlichen, wie hartnäckig sich Klatsch über 50 Jahre lang im Bewußtsein von Menschen – teils als Wahrheit – halten konnte: Mehrfach wurde mir erzählt, Louise Schroeder habe eine Tochter mit Paul Löbe gehabt, die bei der Schwester in Hamburg aufgewachsen sei. Die Tochter von Louises Schwester, mit der Geschichte konfrontiert, kannte den Ursprung des Gerüchts: Tante Louise war ihr großes politisches Vorbild. Sie sei oft mit ihr zu politischen Veranstaltungen gefahren. Paul Löbe sei im Lauf der Jahre zu ihrem Onkel Paul geworden, eigentlich zu ihrem politischen Vater. Sie seien Ende der zwanziger Jahre öfter zu dritt – wie eine Familie – auf Parteiveranstaltungen erschienen. Paul Löbe sei zu dieser Zeit auch von Louises Mutter wie ein Familienmitglied akzeptiert worden. – Löbes Ehefrau soll einige Schwierigkeiten mit der Beziehung ihres Mannes zu seiner Reichstagskollegin gehabt haben. Erst in der Kriegs- und Nachkriegszeit soll sie sich mit Louise Schroeder arrangiert haben.

Nach 1933 hatte Louise Schroeder zunächst in ihrer Heimatstadt Hamburg einen Brotladen geleitet, mußte diesen aber nach einigen Jahren aufgeben, weil die Gestapo darauf aufmerksam geworden war, daß in den Augen der Nationalsozialisten verdächtige Kunden bei ihr verkehrten. Sie zog wieder nach Berlin. Nachdem ihre Wohnung dort ausgebombt war, wohnte sie bei Löbes, mit denen sie ein zweites Mal das gleiche Schicksal ereilte. In der Nachkriegszeit war die Berliner Oberbürgermeisterin von 1948 die bekannteste deutsche Politikerin. Als sie am 4. Juni 1957 starb, war es Paul Löbe, der ihre Grabrede mit der Würdigung all ihrer Verdienste hielt.

Toni Sender

Toni Sender, 1888 in einer orthodox-jüdischen Familie in Wiesbaden geboren, fühlte sich – ihrer 1940 vollendeten Autobiographie zufolge – schon als Kind von ihren Eltern, besonders von ihrer Mutter, in ihrem Freiheitsdrang eingeschränkt. Wie auch Käte Frankenthals Mutter, entsprach sie dem neu entwickelten Leitbild einer Frau als Gefährtin des Mannes und Repräsentantin der Familie, die sie als «Schutzbezirk», besonders zur Erholung des erwerbstätigen Vaters, gestaltete. Toni Sender beschreibt ihre Kindheit als unglücklich und einsam, die Gesellschaft ihrer Eltern und Geschwister als zu «bieder». Im jüdischen Mädchenpensionat langweilte sie sich. Nachdem sie eine Klasse übersprungen hatte, konnte sie die Schule früher beenden, das Elternhaus verlassen und nach Frankfurt am Main ziehen, um dort zur Handelsschule zu gehen. Diese verließ sie bald wieder, weil sie eine Anstellung in einer Immobilienfirma fand, was ihr die ökonomische Unabhängigkeit ermöglichte. Während ihrer ersten Berufsjahre bereitete sie sich auf die externe Abiturprüfung vor. (Als sie in den zwanziger Jahren schon Abgeordnete des Reichstages war, absolvierte sie übrigens an der Berliner Friedrich-Wilhelm-Universität noch ein Ökonomiestudium.) Frankfurt bot dem Backfisch Toni Sender kurz nach 1900 die Möglichkeit zahlreicher Kontakte mit Gleichgesinnten. In einer Diskussionsgruppe lasen sie gemeinsam Bücher über sozialistische Theorien: «Wir brauchten Zeit für dieses komplizierte Studium, deshalb beschlossen wir, uns frühmorgens vor dem Büro im Park zu treffen, um zusammen zu lesen und zu studieren. Ältere Leute sagten, wir seien Verrückte – aber sie hatten keine Vorstellungen von der Befriedigung, die wir empfanden, wenn unsere Mühen durch die Erschließung einer neuen Welt belohnt wurden». Toni Sender wollte nicht mehr zur «Klasse der Müßiggänger, zur Bourgeoisie» gehören und trat 1905/06 der SPD und der Metallarbeitergewerkschaft bei (sie war inzwischen bei einer Metallfirma beschäftigt): «ein entscheidender Augenblick in meinem Leben» (Toni Sender 1981, S. 43 und S. 41). Um den aus diesem Schritt resultierenden weiteren Problemen mit ihren Eltern aus dem Wege zu gehen, siedelte sie Anfang 1910 für vier Jahre nach Paris über, um dort im Auftrag ihrer Firma zu arbeiten.

Ihr Leben ist geprägt vom ständigen Kampf zwischen ihren persönlichen Bedürfnissen und den Anforderungen politischer Arbeit, von der Suche nach einer Synthese zwischen individueller Selbstentfaltung und dem Bemühen um eine bessere Welt für alle Menschen. Das Private hatte – so entschied sie – letztlich hinter allem anderen zurückzustehen.

So kehrte sie zum Beispiel nach Ausbruch des Ersten Weltkrieges nach Deutschland zurück, weil sie meinte, dort gebraucht zu werden (um gegen den Krieg zu agitieren), anstatt in Frankreich zu heiraten. Wieder in Frankfurt, traf sie in Partei- und Gewerkschaftskreisen den zunächst noch verheirateten Robert Dißmann, der bis zu seinem frühen Tod 1925 ihr Lebensgefährte werden sollte. Sie wurden engste persönliche und politische Vertraute. Beide kritisierten die Entscheidung der SPD-Fraktion im Reichstag am 4. August 1914, die der Kriegskreditbewilligung zugestimmt hatte. Sie koordinierten gemeinsam die Aktivitäten der Kriegsgegner/innen, die im Verlaufe des Krieges immer mehr behindert wurden. 1917 waren sie an der Gründung der USPD (Unabhängige Sozialdemokratische Partei Deutschlands) beteiligt. Als Dißmann Ende des gleichen Jahres noch zum Militär eingezogen wurde, leitete sie die Antikriegsarbeit in Frankfurt allein, bis er im November 1918 zurückkehrte. Nunmehr stand ihr Leben ganz im Dienste der Arbeiterbewegung, sie wurde Hauptakteurin im Frankfurter Arbeiter- und Soldatenrat zusammen mit Robert Dißmann. 1919 kandidierte sie für den Stadtrat. Dißmann ließ sich im gleichen Jahr scheiden, um mit Toni Sender zusammenzuleben und zahlte seiner ehemaligen Frau eine großzügige Abfindung. Im nächsten Jahr kandidierte Toni Sender auf Platz 1 der Reichswahlvorschlagsliste der USPD für den Reichstag. Es war dies das einzige Mal in der Weimarer Republik, daß eine Frau die Reichsliste einer Partei anführte. 1921/22 mußte Toni Sender zur Ausheilung einer verschleppten Tuberkulose längere Zeit pausieren. Nachdem sie 1922, ebenso wie Robert Dißmann, mit der Rest-USPD zur SPD zurückgekehrt war, arbeitete sie sich im linken Flügel der Partei nach vorn bis zur wirtschaftspolitischen Sprecherin. 1925 verlor sie ihren Freund, der an Herzversagen starb. Sie beschreibt dieses Ereignis als einen schweren Schock: «Es war ein so schmerzlicher, unvergeßlicher Verlust» (Toni Sender 1981, S. 230). Zeitzeugen äußerten, daß sich diese Beziehung als sehr fruchtbar auf die Politik ausgewirkt habe, Dißmann sei auf Toni Senders Rat und Einfluß angewiesen gewesen. In politischen Verhandlungen sei sie nie von seiner Seite gewichen und habe häufig Dißmanns Vorstellungen vermittelt. Wenn er zauderte, habe sie ihn ermutigen können. Toni Sender wird später ein Verhältnis zu Rudolf Hilferding, dem Wirtschaftstheoretiker der SPD und Wirtschaftsminister, nachgesagt. Mir fiel auf, mit wieviel blumigen Worten gerade Männer ihre Attraktivität betonten.

Entgegen ihren Interessen und bisherigen politischen Schwerpunkten wurde Toni Sender 1927 überredet, die Herausgabe der sozialdemokratischen Frauenzeitschrift «Frauenwelt» zu übernehmen. 1933 emigrierte sie, nachdem sie schon während der beiden Reichstagswahl-kämpfe 1932 perfiden Angriffen von seiten der Nationalsozialisten ausgesetzt gewesen war. Über die Tschechoslowakei und Belgien führte ihr Weg nach New York, wo sie ein eher vereinsamtes Leben geführt haben soll. Sie arbeitete später für den amerikanischen Gewerkschafts-bund AFL-CIO und war nach 1945 als Wirtschaftssachverständige bei den Vereinten Nationen tätig, bevor sie 1956 wegen ihrer Parkinson-schen Krankheit in Pension gehen mußte. Sie starb am 26. Juni 1964 in New York.

Hedwig Wachenheim

Hedwig Wachenheim, 1891 als älteste Tochter eines jüdischen Kauf-manns in Mannheim geboren, wuchs zusammen mit ihrer nur wenig jüngeren Schwester auf. Nach dem frühen Tod des Vaters versuchte die Mutter, trotz erheblicher finanzieller Schwierigkeiten, der Öffentlich-keit das Leben einer wohlhabenden Familie vorzuspielen. Um ihren Töchtern eine bessere Zukunft zu ermöglichen, ließ sie sie protestan-tisch taufen. Der Vater, den Hedwig Wachenheim kaum gekannt hat, wird in den kurz vor ihrem Tod niedergeschriebenen Memoiren glorifi-ziert, während die Mutter als tyrannisch beschrieben wird. – Die Töch-ter erhielten zunächst Privatunterricht und besuchten später die Hö-here Töchterschule in Mannheim, wo schon Mutter und Großmutter Schülerinnen gewesen waren. 1907 war die Schulzeit beendet. Nun – so schreibt sie – «bestand mein Leben großenteils im Anfertigen von Handarbeiten, in Besuchen bei meinen Großmüttern, Kaffeevisiten, Besuchen von Theateraufführungen und Bällen, Schlittschuhlaufen. [...] Vier Jahre lang, bis ich 1912 von zu Hause wegging, habe ich im Sommerhalbjahr jeden Tag nur auf die Zeit gegen vier oder fünf Uhr gewartet, um auf den Tennisplatz zu gehen. Ich liebte das Spiel, aber auch die Unterhaltung und den Flirt mit den Männern, die ich dort traf. [...] Bei dem freien Umgang mit Männern auf dem Tennisplatz fand ich, daß ich unterhaltender werden, darum mehr lesen – das hieß ‹meine Bildung› verbessern – müsse. Ich las also mehr moderne Litera-tur und widmete den Zeitungen und Zeitschriften größere Aufmerk-samkeit» (Hedwig Wachenheim 1973, S. 20–22). Schon zu dieser Zeit ging sie gelegentlich mit einer Freundin zu sozialdemokratischen Wahl-versammlungen, auf denen der Mannheimer Reichstagsabgeordnete Ludwig Frank sprach. Nachdem sie 1912 nach Berlin übergesiedelt war, um die Fürsorgerinnenausbildung an der Sozialen Frauenschule

von Alice Salomon zu absolvieren, suchte sie Kontakt zu Ludwig Frank und seinen Freunden. Aus einer Freundschaft, die sich daraus entwickelte, in Hedwig Wachenheims Intentionen möglicherweise einem Flirt, wurde bald eine «große Leidenschaft», wie sie in ihrer Autobiographie schreibt. Als sie nach einiger Zeit der SPD beitrat, wollte sie diesen Schritt vor der Mutter verheimlichen und versteckte das Parteibuch bei ihrem Besuch in Mannheim im Wäscheschrank. Dort fand es bald darauf die Mutter, sagte aber keinen Ton dazu. Ludwig Frank, mit dem sie inzwischen verlobt war, meldete sich im August 1914 als Kriegsfreiwilliger und fiel kurze Zeit später. Hedwig Wachenheim arbeitete zu dieser Zeit als Fürsorgerin in Mannheim. 1916 wurde sie zweite Leiterin des Berliner «Nationalen Frauendienstes». Der «Nationale Frauendienst» hielt auf Initiative der bürgerlichen Frauenbewegung unter Leitung von Gertrud Bäumer seit Kriegsbeginn die «Heimatfront» aufrecht: durch Armenfürsorge vor Ort, öffentliche Speisungen, örtliche Verwaltungsarbeit, Verteilung der arbeitswilligen Frauen auf die Arbeitsplätze in den kriegsrelevanten Industriebetrieben etc.

Hedwig Wachenheim freundete sich 1919 mit dem preußischen Ministerialrat und späteren Reichstagsabgeordneten Hans Staudinger an, der bis zum Tode ihr nächster Freund geblieben ist. Über einen Kollegen bei der Milchversorgung, wo sie zu dieser Zeit arbeitete, hatte sie ihn kennengelernt: «Vor mir stand ein sehr gut aussehender Mann, ungefähr in meinem Alter, in einem Lodencape, wohl das Überbleibsel seiner Wandervogelzeit. Das Cape war vielleicht weniger ein Bekenntnis als durch die Tatsache bedingt, daß er nach Ablegung der Leutnantsuniform keinen wärmeren Mantel zu kaufen fand. Er war Gegner jedes Nationalismus und hatte sich nicht als Kriegsfreiwilliger gemeldet. [...] Staudinger hatte vieles, was mich anzog. [...] (Er) war in meinem Alter, geistig jedoch viel besser ausgebildet als ich. [...] Er sprach auch den rhein-fränkischen Dialekt, und ich brauchte mich im Umgang mit ihm nicht in preußische Stiefel zu schnüren. Er hatte die gleiche Freude an gutem Essen und Trinken, das wir uns allerdings erst später leisten konnten, die gleiche Freude an den Amüsements, um die uns der Krieg gebracht hatte» (Hedwig Wachenheim 1973, S. 112 f). Darüber hinaus verband die beiden ihre Herkunft aus einer bürgerlichen Familie und jahrelange Erfahrungen in der Vorkriegs-SPD. Ihre unterschiedlichen politischen Positionen und die daraus resultierenden möglichen Kontroversen machten gerade die Attraktivität und Stabilität dieser Beziehung aus. – Staudingers Frau konnte ihren Bereich im Haus unangefochten leben. Sie wollte offensichtlich nichts mit den politischen Aktivitäten ihres Mannes zu tun haben, so daß Hedwig Wachenheim für sie eine Entlastung gewesen sein mag, sofern ihr Mann seine Verpflichtungen als Haushaltsvorstand nicht vernachlässigte.

Hedwig Wachenheim hatte 1919 zusammen mit Marie Juchacz, der Vorsitzenden der SPD-Frauenbewegung von 1917 bis 1933, die «Arbeiterwohlfahrt» gegründet und gab von 1926 bis 1933 deren gleichnamige Zeitschrift heraus. Als Bezirksverordnete in Berlin hatte sie 1921 und 1925 vergeblich versucht, in den Preußischen Landtag gewählt zu werden: Der linksorientierte Parteibezirk ermöglichte der Parteirechten keinen aussichtsreichen Listenplatz. Der Fraktionsvorsitzende der SPD im Landtag, Ernst Heilmann, verhalf ihr 1928 zur

Wahl über seinen Wahlkreis in Frankfurt an der Oder. Im Parlament wurde sie dann des öfteren als sozial- und wohlfahrtspolitische Sprecherin eingesetzt. 1933 mußte sie Deutschland verlassen, 1936 traf sie in New York Hans Staudinger wieder. Beide blieben weiterhin eng befreundet, auch als sich Hedwig Wachenheim zwischen 1945 und 1951 als Mitglied der Wohlfahrtsabteilung der amerikanischen Militärregierung in Deutschland aufhielt. Sie starb am 8. Oktober 1969 während eines Deutschlandbesuches in Hannover.

Politik vor Privatleben

Käte Frankenthal, Louise Schroeder, Toni Sender und Hedwig Wachenheim haben früh für sich die Unvereinbarkeit von Familie, Beruf und Politik, die sich im Leben vieler Frauen zeigt, erkannt. Sie entschieden sich gegen ein Familienideal, das sich gerade während ihrer Jugendzeit durchgesetzt hatte, und zugunsten eines Lebens im Dienst der Arbeiterbewegung. Selbstbewußt bestimmten sie die Art ihrer Ausbildung, teilweise sogar gegen die Vorstellungen der Eltern. So war es nur für die Arbeitertochter Louise Schroeder in Anbetracht ihrer familiären Situation ein natürlicher Schritt, Mitglied der SPD zu werden. Die anderen drei begingen sozusagen Klassenverrat.

Als sie Parlamentarierinnen wurden, konnten sie auf mehrere Jahre Berufsarbeit zurückblicken und brachten die dort gewonnenen Erfahrungen in ihre Arbeit ein: Toni Sender, die Ökonomin, wurde wirtschaftspolitische Expertin; die Sozialarbeiterin Hedwig Wachenheim engagierte sich für die Wohlfahrt; die Ärztin Käte Frankenthal setzte sich für die Streichung des § 218 ein; Louise Schroeder, die aus ihrer Arbeit bei einer Versicherungsgesellschaft die Probleme erwerbstätiger Schwangerer kannte, kämpfte für ein Mutterschutzgesetz.

Besondere Probleme von Frauen in der Männerdomäne SPD erwähnen die Frauen in ihren Memoiren, wenn überhaupt, dann nur am Rand. Frauenpolitik sahen die SPD-Frauen als integriert in die Politik insgesamt. Die Wohlfahrtsarbeit wurde von Männern als ein den Frauen adäquates Betätigungs- und Politisierungsfeld angesehen, während Außen-, Wirtschaftspolitik etc. als Männersache betrachtet wurden. Im letztgenannten Bereich hatte die SPD der Weimarer Republik jedoch so gut wie keinen Erfolg. Ihre größten Erfolge konnte sie auf den Gebieten verbuchen, in denen die Frauen mitarbeiteten: in der Wohlfahrtsarbeit und der Sozialpolitik!

Toni Sender, Hedwig Wachenheim, Käte Frankenthal und Louise

Schroeder hatten zu Beginn der zwanziger Jahre ihren Lebensmittelpunkt in Berlin. Die engeren Beziehungen, die sie zu Kollegen knüpften, werden von ihnen selbst nicht primär als Liebesbeziehungen bezeichnet; Sexualität und Intimität scheinen für sie noch nicht die heutige Bedeutung gehabt zu haben. Die Beziehungen waren getragen von politischen Diskussionen und Gemeinsamkeiten, eingebettet in ein größeres Beziehungsgeflecht, in dem Politik und Leben zusammenfielen. Wieviel von diesen Eindrücken aus Gesprächen mit Zeitzeuginnen und Zeitzeugen nun Realität war und wieviel durch die Erinnerung verklärt wurde, vermag ich nicht zu beurteilen. Fest steht jedenfalls, daß diese Frauen ihr Leben lebten und dies nicht vom (oft vergeblichen) Warten auf den Geliebten bestimmt war. Der Geliebte war vielmehr Teil dessen, was ihren Alltag, ihr Leben bestimmte.

Literatur

Frankenthal, Käte: Der dreifache Fluch: Jüdin, Intellektuelle und Sozialistin, hg. von K. M. Pearle und S. Leibfried, Frankfurt am Main 1981

Sender, Toni: Autobiographie einer deutschen Rebellin, hg. von G. Brinker-Gabler, Frankfurt am Main 1981

Stöcker, Helene: Die Liebe und die Frauen, Minden 1906

Wachenheim, Hedwig: Vom Großbürgertum zur Sozialdemokratie. Memoiren einer Reformistin, hg. von S. Miller, Berlin 1973

Wickert, Christl: Unsere Erwählten. Sozialdemokratische Frauen im Deutschen Reichstag und im Preußischen Landtag 1919 bis 1933, 2 Bände, Göttingen 1986

Die Fotografien im Beitrag haben freundlicherweise zur Verfügung gestellt:

Archiv der sozialen Demokratie/FES, Bonn: Toni Sender, Hedwig Wachenheim

Carola Seyfarth, Hamburg: Louise Schroeder, Louise Schroeder und Paul Löbe

Sozialpolitisches Archiv, Bremen, Prof. Dr. Stephan Leibfried: Käte Frankenthal

Gisela Breitling

Die Geschöpfe des Pygmalion

Sie (die sechs geschiedenen Ehefrauen des Bühnenschriftstellers; G. B.) hatten alle dieselbe Erfahrung gemacht, ein Unbehagen, das sich noch während der ersten leidenschaftlichen Tage einer endlich entdeckten vollkommenen Liebe entwickelte, und das sie empfinden ließ…, als wären sie nicht sie selber, als würden sie im Leben in eine Rolle gezwungen, ja sogar… als wäre da immer eine dritte Person anwesend – ein Geist. Und jede von ihnen hatte den Augenblick erlebt, wo ihr John, von der Wirklichkeit verraten, verletzt, durchbohrt bis ans Herz, ausgerufen hatte…: «Warum benimmst du dich nicht wie –? Du gleichst *ihr* gar nicht!», wobei er den Namen der jeweiligen *Verkörperung seiner ‹Sie›* benutzte, deren Rolle *sie* tatsächlich gespielt hatte. Und dies war dann der Augenblick gewesen, da er sie mit einem Blick des Überdrusses entlassen hatte und in sein Studierzimmer gegangen war, um ein neues Stück aufzuschreiben, das… die neue Version dieser Frau enthalten würde, die ständig in der Kunst neu geschaffen werden mußte, da sie im Leben nicht existierte. Das Stück führte… unweigerlich zu ihrer – der jeweiligen Ehefrau – Scheidung. Denn wenn sie es auch noch nicht wußte… so war die neue Ehefrau als Planskizze doch bereits vorhanden, bereits *herbeizitiert*. Und von dem Augenblick an…, wenn sie sich dem großen Mann schüchtern mit den Worten näherte –… «ich danke Ihnen, daß Sie mir diese herrliche Rolle in Ihrem herrlichen Stück überlassen haben», da war nichts gewisser, als daß er sie heiraten würde und sich dann in dem Augenblick von ihr scheiden ließe, wo er endlich begriff, daß sie schließlich doch nur Mary war, die schlechte Laune haben, nörgeln oder weinen konnte, genau halt wie eine Frau.

Doris Lessing, Nebenerträge eines ehrbaren Berufs, München 1987.

I Namen

Sie heißt Eva und Maria, Lulu und Nana, Jeanne d'Arc und Carmen, Pandora und Caritas, Griseldis und Circe, Lolita und Beatrice, Gretchen und Madame O. Sie ist Jungfrau und Mutter, Dienstmagd, Hure und Femme fatale, ist Grisette und Diva, Kokotte und Groupie, Grande Dame und Nymphe, Mater dolorosa, Hexe und Vamp – viele Namen. Sie hört immer auf den, mit dem Mann sie gerade ruft, wie Wedekind gesagt hat. Sie ist immer schon da, wenn Mann und Frau einander begegnen, steht dem Mann zur Seite als seine Verbündete. Jede Frau kennt sie, keine entkommt ihren Ansprüchen, keine dem Vergleich mit ihr. Selbstfindung und Selbsterkenntnis der realen Frau entstehen als Relation zu ihr, stehen in Relation zur ihr, lassen sie Anblick werden, der sie in die Andere verwandelt, in die Geliebte, den Schatten an der platonischen Höhlenwand der Ideen, Ideal der Frau und zugleich ihr Menetekel. Die imaginierte Weiblichkeit (Silvia Bovenschen 1979) trägt die Eichzeichen eines Prädestinationskults. Angenommen, verworfen, Gnadenwahl und Verdammnis: jedes sich entwickelnde Ich ist – als weibliches – bereits vorab definiert, muß sich bilden mit und gegen die Bilder, die die konkrete Erscheinung der Frau deuten, verdunkeln, mißverstehen, erhöhen und erniedrigen.

Der Entwurf gibt sich zunächst als aus Beobachtung, Wahrnehmung und Erfahrung gewonnene Erkenntnis, die aber unversehens zur Meinung mutiert, die Meinung dann zur Behauptung und die Behauptung zur Vorschrift.

Die Einhaltung dieser Vorschriften wird mit Hilfe von geschriebenen und ungeschriebenen Gesetzen erzwungen, wobei die ungeschriebenen die am striktesten eingehaltenen sind, da ihrer Übertretung die Bestrafung ohne Prozeß unmittelbar folgt: die soziale Ächtung. Die Vorschrift ist Gesetz und (Ver-)Urteil(ung) zugleich.

Für ihre Durchsetzung haben Bilder und Beschreibungen in den modernen Reproduktionstechniken ein Hilfsmittel von enormer Reichweite gefunden. Während Bilder oder Skulpturen starr sind, können Filme auch die Bewegung vorzeichnen. Aus der Distanz von einem halben Jahrhundert entpuppen sich die wahrscheinlich für natürliche Anmut gehaltenen Bewegungen der Schauspielerinnen in den Filmen zum Beispiel der zwanziger Jahre als maniriert, exotisch und gezwungen – das seitliche Verschieben der Hüfte, der geneigte Kopf: Demutshaltungen und Unterwerfungsgesten.

In den fünfziger Jahren wurden die Schauspielerinnen vorzugsweise so aufgenommen, daß sich das Profil ihres durch Büstenhalter und Korsagen umgeformten Busens gegen Türfüllungen, Fensteröffnungen, den Himmel oder andere Hintergründe deutlich abzeichnete. Später hatten Frauen wie kleine Mädchen auszusehen, mit durch Toupierung vergrößertem Kopf, flachem Busen und dünnen, kindlichen Körpern in knappen Hemdkleidchen. Pech, wenn da eine noch ihren Busen aus den fünfziger Jahren trug. Ehemals notwendiges Attribut der Weiblichkeit und Voraussetzung für männliche Aufmerksamkeit, war er nun überholt und daher auch nicht mehr schön.

Stereotyp wird weiterhin das jeweilige Image durchgezogen, sowohl von ambitioniert-intellektuellen wie von Klamauk-Regisseuren. Der Entfaltung weiblicher Ausdrucksfähigkeit und Schauspielkunst war (und ist) diese Methode alles andere als dienlich, aber darauf kommt es ja nicht an. Wie früher die Malerei, so sind heute Kino, Theater und Werbung Vermittlungsinstitute für die Geschlechterrollen, Laufstege, auf denen die Prototypen der neuen Weiblichkeit vorgeführt werden, um dann in Serie zu gehen. «Natürlichkeit», «natürliches Auftreten» heißt daher für Frauen, die Weiblichkeits-Choreographie so perfekt zu beherrschen, bis sie buchstäblich in Fleisch und Blut übergeht und zur zweiten Natur wird. Die Behauptung von der Naturnähe oder Naturhaftigkeit der Frau erweist sich als Wort-Mimikry, die dazu dient, den entgegengesetzten Tatbestand zu verschleiern, daß nämlich ihre wirkliche Natur amputiert und durch eine Kunstnatur ersetzt ist, was durch das Mimikry-Wort «Natur» verschleiert und gleichzeitig auch unter Beweis gestellt wird (so, wie das Mimikry-Wort «Kostendämpfung» den Tatbestand der Verteuerung sowohl verschleiert als auch nachweist).

Frauen, die dem geltenden Bild nicht entsprechen, werden aus dem männlichen Wahrnehmungsfeld ausgeblendet und damit zum Verschwinden, sprich um ihre Existenz gebracht. So entsteht und bestätigt sich beständig die Illusion von der «natürlichen» Wandelbarkeit der Frau, sind doch immer genügend Frauen sichtbar, die das neue Aussehen haben und so die Ansichten über das Weibliche wahr machen.

Bevor hier die Geschichte der Bilder und ihre substantielle Veränderung im Zeitalter ihrer technischen Reproduzierbarkeit nachgezeichnet, bevor also die Frage nach dem Wie und Wohin des Entwurfs erörtert werden soll, muß gefragt werden, von wem er stammt. (Es bedarf keiner eingehenden Beweisführung, daß der Entwerfer ein Er ist.)

Mit Homers Worten «andramoi enepe musa» («Nenne mir Muse, den Mann») gestellt, führt die Frage zurück zu den Bildern, die der Mann sich von sich selber gemacht und zu den Namen, mit denen er sich benannt hat. Sie könnten Prometheus, Sisyphos, Ödipus und Narziß heißen sowie – um das abendländische Selbstverständnis auch als christlich-jüdisch auszuweisen: Adam.

Der Homo faber Prometheus ist für Männer zur Zeit keine positive, nicht einmal mehr eine interessante Identifikationsfigur. Selbst zum Antihelden taugt er kaum noch. Nicht die Götter, er selber hat, und zwar nicht sich, sondern die ganze Menschheit jetzt an den Marterfelsen geschmiedet, Zauberlehrling, der nicht nur das Wort vergessen hat, das die Geister bannt, sondern auch, den Meister danach zu fragen.

Sisyphos? Seine sich wiederholende Schufterei ist ja nicht einfach ineffektiv und keineswegs umsonst: der Preis ist hoch. Den Vorgang absurd zu nennen, heißt ihn gewissermaßen vorindustriell zu deuten. Sisyphos ist als Metapher nicht mehr brauchbar. Außerdem fehlt es ihm ebenso wie Prometheus an Verruchtheit.

Zur Zeit hält Mann sich hauptsächlich an den inzestuösen Vatermörder Ödipus, wahrscheinlich nicht obwohl, sondern *weil* seine Geschichte so wenig geeignet ist, die männliche Psyche in der europäischen Kultur zu beschreiben (von der weiblichen zu schweigen). Welcher Mann löst schon die Rätsel der Sphinx – Voraussetzung immerhin für die Verbindung mit der Mutter – und wer will das Ende der Geschichte von Ödipus bedenken, die Selbstblendung?

Eher trifft Narziß die moderne männliche Psyche, in zerstörerischem Selbstgenuß versunken, der Nymphe ausweichend. Aber Narziß ist unproduktiv. Die männliche Psyche der Gegenwartskultur jedoch ist nicht zu verstehen ohne ihre rastlose Produktion von Weltentwürfen, von Bildern und Zeichen, von Gegenständen und Maschinen, die sich selbst vervielfältigen, von Zeichensystemen, die Zeichensysteme herstellen. Es muß betont werden, daß diese Weltentwürfe immer einen kryptischen Aspekt von Weiblichkeit haben, der vor allem in ihrer Metaphorik mitschwingt: die enträtselte, beherrschte Natur als Weib, das Weib als beherrschte Natur, die Maschine als sexuell besetztes Gegenüber, besonders, wenn sie dem militärischen Bereich zugehört.[1]

Die Schöpfer dieser Gebilde und Bilder, dieser Metaphern, Maschinerien und ihrer sexuell besetzten Metaphysik als «narzißtisch» zu bezeichnen, wäre mehr als harmlos. Der Weiblichkeitsentwurf, den die Maschinen transmittieren, ist die derzeit letzte Ausformung eines Wesens mit einer langen Geschichte. Wie sehen frühere Mutationen aus? Athene, die dem Haupt des Zeus entsprang? – ein zwar viel zitiertes, aber doch kaum passendes Modell für die männliche Imagination des Weiblichen, die Züge der Göttin der Weisheit sind zu wenig feminin. Bleibt das Urbild des Weiblichen, Eva, die zwar nicht von Adam, aber doch aus ihm Geschaffene. Manche mittelalterlichen Bilder stellen die Erschaffung Evas als Geburtsszene dar. Aus dem Leib des Adam wird sie von Gott wie von einem Geburtshelfer ins Leben geholt. Wöchnerin und Hebamme sind männlichen Geschlechts und spielen so etwas wie eine christlich-jüdische Couvade-Szene. Der Travestie des natürlichen Vorgangs in sein Geschlechts-Gegenteil folgt die Verkehrung des Ergebnisses: Eva, Fleisch von Adams Fleisch und Bein von seinem Bein, gilt dennoch als sein Gegenteil, sein Widerpart, sein Antagonismus. Nach theologischer Deutung ist sie sein Abglanz, der aber doch wohl nur dann trübe sein kann, wenn die Substanz, die da reflektiert (also Adams Substanz) hierzu nicht taugt. Noch weniger kann Eva die Sünderin und Versucherin Adams sein, da sie ja – folgt man der Theologie – *nicht um ihrer selbst willen*, sondern *seinetwegen* geschaffen wurde, weshalb nicht ihr, sondern Adam die Schuld am Sündenfall zukommen müßte. Der Widerspruch, der darin liegt, daß der mißlungene Entwurf für sein Mißlungensein verantwortlich gemacht wird und sogar die Schuld für die Unfähigkeit seines Entwerfers tragen soll und nicht der Erfinder selbst; oder daß, um im Bild zu bleiben, der Künstler dem Kunstwerk die Schuld gibt, wenn es mißrät, dieser Widerspruch bleibt nicht auf die Meta-Logik der Theologie beschränkt.

Einer der leidenschaftlichsten Vertreter der Hypothese von der weiblichen Minderwertigkeit, Weininger, stellt fest, daß das Weib ein Nichts sei, eine Hohlform, in die der Mann beliebig einfüllt, was er darin sehen will. Diese Annahme läßt jedoch nur einen Schluß zu, nämlich daß, was immer der Mann in der Frau findet, bloß seine eigenen Projektionen sind, *also er selbst*, und daß folglich jedes Urteil über sie einzig die männlichen Spekulationen und Geschlechtsidolatrien treffen kann. Doch dieser Schluß unterblieb bisher nicht, im Gegenteil: Je vehementer der Mann darauf bestand, daß die Frau nichts für sich selber und nichts ohne ihn sei, sondern allein durch ihn sei, was sie ist, desto lauter seine Klagen über ihre Minderwertigkeit und desto nachdrücklicher seine Unschuldsbeteuerungen: der Erfinder als Opfer der Erfindung.

Nach diesem Umweg, der an so vielen Namensschildern vorbeiführte, muß nun endlich die Muse den einen nennen, der bisher nicht psychologiewürdig, kaum literaturwürdig war: *Pygmalion*. Seine Geschichte findet sich in den Metamorphosen des Ovid. Pygmalion, König von Zypern, erschafft sich eine Statue, eine weibliche Figur, in die er sich verliebt und die auf sein Bitten von Aphrodite zum Leben erweckt wird. Die Liebe(sgöttin) verfügt offenbar über die Kraft, tote Materie mit Leben zu erfüllen. Aber vollzieht sich die Metamorphose nicht vielmehr in umgekehrter Richtung? Verwandlung der lebendigen Frau in ein Bildwerk? Die Frau erkennt in der Imagination das Liebesideal des Mannes. In dem Verlangen, die Liebe, die dem Ideal gilt, auf sich zu lenken, verwandelt sie sich in *seinen Entwurf*, wird zu seinem Abglanz, wird Wille und Vorstellung des Mannes.

Während sich die weibliche Liebe – die im Mythos als Aphrodite erscheint – als Anverwandlung ans Bild zu verwirklichen versucht, wirkt die männliche Liebe in immer neuen Materialisierungen einer Idee. Daher sind die Blicke von Mann und Frau in unterschiedlicher

Absicht auf eine Idee gerichtet, treffen sich dort, das heißt treffen sich eben nicht. Sie sehen aneinander vorbei. Die Vereinigung – Ziel der Liebe – geschieht vermittelt: Es begegnen sich Phantome von Weiblichkeit und Männlichkeit.

Während bei der Frau, die zum Anblick gemacht wird, ihr Äußeres im Mittelpunkt steht, ist der Mann als Erfinder kein konkret faßbares Geschlechtswesen, denn er kommt als Anblick nicht in Betracht. Er ist eine körperlose Idee des Schlechthin-Menschlichen, die Frau dagegen *Verkörperung* seines Weiblichkeitsentwurfs (deshalb gilt sie als körperhaft). So ist die Aufmerksamkeit der Frau mit der Frage beschäftigt, wieweit sie dem Ideal gleichkommt, die des Mannes damit, wieweit er dieses in ihr wiedererkennt. Um das Ideal «rein» oder transzendent zu halten, wird die konkrete Frau weggeblendet. Die allerdings ist bereits von sich selbst entfremdet und mit einer Kunstnatur oder zweiten Natur ausstaffiert, doch auch sie, die immerhin noch leibhaftige Erscheinung, wird aus der männlichen Weltdeutung verdrängt. Und selbst der Ausschließungsvorgang wird extrahiert: Operationen an der Weltsubstanz, die unentwegt mit groben und feinen Instrumenten durchgeführt werden, säuberlich und ohne erkennbare Rückstände.

Das obsessive Hinwegsehen über die Existenz von Frauen schafft einen Leer-Raum, ein Vakuum, in das sich die Bilderflut über das Weibliche ergießt. Und wie deutlich auch die Bilder zurückwirken auf die realen Frauen, wie folgenreich deren Bemühungen um Verkörperung der Entwürfe: die Bilder und die Frauen, die diesen Bildern zu gleichen suchen, bleiben körperlos, Luftgeschöpfe, die über die Welt gehen, ohne Spuren zu hinterlassen, ohne daß die Notwendigkeit besteht, sich ihrer zu erinnern.

Die Abwesenheit der Frauen fällt niemandem auf (von einigen wenigen klugen, «radikalen» Frauen abgesehen), selbst dort nicht, wo der traditionelle Platz der Frauen ist, in der Familie. Ob Genealogien rein männlich abgefaßt sind (der Wirklichkeit nun in der Tat unleugbar widersprechend) oder neuerdings eine Familiensoziologie entsteht, in der nur Väter und Söhne vorkommen, das Fehlen der Frauen gilt allenfalls als Frauenproblem, obwohl es eben gerade nicht ihr Problem ist, ihre Existenz abzustreiten. Die in sich kreisende Männerwelt, die internationale Bruderschaft, bleibt beharrlich mit den eigenen Spiegelbildern und Spiegelfechtereien beschäftigt. Diese Blindheit möchte ich die «ödipale Blendung» nennen, gemeint im doppelten Wortsinn: Blendung als Blindheit und als falscher, andere blendender Glanz, ödipal, weil sie nach Absolvierung der kulturell vermittelten Männlichkeitsrituale (Entmachtung und Beerbung des Vaters, sexuelle Verfügung über die Mutter, das heißt über das Mütterliche)[2] am männlichen Selbst vollzogen wird.

Die ödipale Blendung sieht von der realen Frau ab und auch davon, daß diese sich an die Stelle des Entwurfs setzt, sich den Entwurf als zweite Natur überstülpt. Dieses Hinwegsehen gewährleistet dem Mann Deutungsmacht und Imaginierungs-Monopol.

Damit ist klargeworden, weswegen Pygmalion nicht psychologie-würdig ist. Seine Imaginierungstätigkeit steht auf dem Index und unter-liegt der Zensur, doch werden seine Inszenierungen in aller Öffentlich-keit aufgeführt. Zu immer neuen Premieren hebt sich der Vorhang, um jedesmal ein anderes Geheimnis zu enthüllen – Geheimnis des Ewig-Weiblichen, das hinan- und hinabzieht? Geheimnis des geschmeidig-unfaßbaren, immer anderen, an immer Anderes angepaßten anderen Geschlechts? Aber weder enthüllen sich Tabu und Geheimnis auf der Bühne, noch verschleiern sie sich. Was dort geschieht, ist das Ritual eines Meta-Kults. Nicht die imaginierte Weiblichkeit ist tabu, sondern die Tatsache, daß sie *imaginiert* ist, die konkrete Weiblichkeit jedoch ist tabu, weil sie *nicht imaginiert* ist. Die Imagination selbst ist der Schleier, der über das andere Geschlecht gebreitet wird, ist Schleier über dem Geschlecht an sich (auch über dem männlichen). An seine Stelle wird eine enttabuierte Ansicht von Geschlecht gesetzt, wodurch jede, und gerade die körperlichste Geschlechtsbeziehung zu einer pla-tonischen wird, zu einem Beziehungs-Surrogat. Der Meta-Kult verehrt also nicht die Liebe oder die Verbindung der Geschlechter, sondern ihre Fremdheit. Er schafft Distanz – Voraussetzung und Konsequenz, Ef-fekt und Zweck der männlichen Kreativität. Die Fremdheit ist der Sta-chel, der Sporn, die Anstrengung auf sich zu nehmen, sich die Welt, die Frau anzueignen, zu eigen zu machen. Und dem Mann wird der Weg zur Frau zum Ziel, wodurch er sie, je länger er nach ihr unterwegs ist, desto weiter von sich entfernt.

II Bilder, Dinge

Auf der Suche nach den Bildern der imaginierten Frau, der eigentlichen Geliebten des Mannes und ihrer Beziehung zur wirklichen Frau hatte ich in den vergangenen Wochen Hunderte von Abbildungen angesehen und war durch die Berliner Museen gewandert. Während die Bilder in meinem Kopf erschienen und verschwanden, Fragen und mögliche Antworten sich zu Wörtern verdichteten und wieder zerflossen, saß ich an einem späten Vormittag mit meinem Manuskript am abgegessen

Frühstückstisch und starrte auf Frühstücksbrettchen, auf ein angebissenes Stück Brot, auf knittriges Aluminiumpapier einer Käsepackung, auf sich ringelnde Apfelschalen und die vom trüben Tageslicht schräg beleuchteten Teller und Tassen. Ich war beschäftigt mit der üblichen Erfahrung, daß alles, was ich anfangs zum Thema zu wissen meinte, sich als verschwommen und unbrauchbar erwies, und kritzelte deprimiert in meinem Text herum.

Ich suchte nach dem Namen eines Künstlers, den mein Gedächtnis nicht hergab, um mich statt dessen mit Variationen und Bildzitaten von Giorgiones ruhender Venus zu bedrängen. Ich grübelte darüber nach, daß Tizian die himmlische Liebe als Akt gemalt hatte, die irdische hingegen prächtig gekleidet – Nacktheit als Transzendenz. Auf die Idee, die beiden Aspekte der Liebe so herum darzustellen, käme heute kein Mensch. Mein Tun als Nachdenken zu bezeichnen, würde das richtige Wort nicht treffen, es war eher ein Hinhorchen in angestrengtester Konzentration.

In diesem Augenblick – in einem Zustand völliger Fremdheit – entdeckte ich, daß das krause und zufällige Stilleben auf dem Tisch vor mir unbedingt auf einer Grundierung von gedämpfter Terra Pozzuoli gemalt werden müsse, das Tischtuch mit nach Graugrün abgewandeltem Kremserweiß, ohne Malmittel, kompakt, spröde und trocken darauf gesetzt, das Holz der Frühstücksbrettchen dann mit Casslerbraun, dem Grünerde und etwas Schwarz beizumischen war, um den Ton zu dämpfen, und soviel Weiß, daß die Farbe die richtige Helligkeit und Körperhaftigkeit bekam, aber so wenig, daß der warme Untergrund hindurchschimmerte und die Verbindung zum Tischtuch erhalten blieb. Für die matten Töne der Oberflächen von Tassen und Tellern mußte dem Weiß eine Spur Rebenschwarz zugesetzt und die Farbe dann halb deckend, halb lasierend aufgetragen werden, um den leuchtenden Untergrund zu dämpfen und abzukühlen, Kühle und Wärme im Gleichgewicht zu halten. Die größeren Flächen waren durchschnitten von der feineren Zeichnung der Obstschalen, der schrägen Schatten (Umbra natur, Casslerbraun und wenig Weiß, halbdeckend), dem kalten Metall des Bestecks. Sie bildeten den Kontrapunkt. Das Wunderbarste aber waren die beiden ausgequetschten Zitronenhälften, in deren herbem Zinkgelb alle Kühle und alle Wärme sich versammelten. Die Dinge waren ihrer Funktion entrückt. Sie waren rätselhaft in ihrer Fremdheit, das Rätsel wurde erzeugt und gelöst: die Erklärung war Malerei. Was zu tun gewesen wäre mit ihnen – sie aufzuräumen, abzuspülen – ein sinnloser Eingriff in ihr Geheimnis, das in der Möglichkeit bestand, ihre Dinglichkeit durch eine andere Dinglichkeit (Leinwand, Pigment, Bindemittel) ins Immaterielle zu befördern. Sie waren zweckloser Anblick, und ich betrachtete sie mit einem intensiven, sich steigerndem Gefühl, das ich nicht anders als Sehnsucht nennen kann. Schmerz war ihm beigemischt, weil der Anblick vollkommen und schön war und vergänglich (und weil ich, mit Schreiben beschäftigt, dem Wunsch, dies zu malen, jetzt nicht nachgeben durfte).

Natürlich waren die Dinge selber völlig unschuldig an dieser Vollkommenheit. Mein Blick war es, der sie verwandelte oder erkannte, der diese besonderen malerischen Möglichkeiten in ihnen sah. Und sie konnten auch ganz anders gesehen oder erkannt werden, hell und wirbelnd, flächig, mit hochgeklappter Perspektive, oder nach Art der Niederländer, mit einem Schimmer von Kostbarkeit, oder karg und spröde, mit tiefen Schatten wie bei den Caravaggisten, oder stark konturiert, expressiv oder mit der Strenge der Neuen Sachlichkeit oder in einem aufgelösten, nicht definierten Raum. Zeitgenössische Künstler würden eher ihre schmuddelige Banalität betonen, statt die Dinge in silbrige Schönheit zu entrücken wie bei Georg Flegel oder Clara Peeters. Howard Kanowitz würde vielleicht eine Illustriertenanzeige darüber projizieren oder sie durch eine spiegelnde Fensterscheibe darstellen und mit metallischer Glätte überziehen.

Die Dinge können banal oder kostbar, aggressiv oder ornamental erscheinen, alles ist möglich: Gesellschaftskritik, Zerlegung in kubistische Segmente, Assoziationen an Fotografie und Werbung, an Müll oder an Wesenheiten aus einer anderen Welt. Blumen und Früchten ist es gleichgültig, ob sie als kostbares Arrangement oder als Abfall dargestellt werden, ob sie auf Zeitungspapier oder in Silberschalen liegen, ob sie gegessen oder weggeworfen werden, nachdem sie gemalt wurden, ob sie verdorren oder verfaulen, während ein Bild von ihnen entsteht, ob sie als heilig oder profan gelten. Sie sind stumm und weder geduldig noch ungeduldig, weder gut noch böse, weder beifällig noch kritisch, was auch immer mit ihrer Darstellung beabsichtigt wird. Das Weltbild, in das sie eingebunden werden und das durch sie zum Ausdruck kommt, trifft nicht sie, und niemand zweifelt daran, daß im Stilleben die Gedanken und Meinungen der Künstler sichtbar werden und nicht die Meinung der Dinge.

Anders als Dinge aber sind Frauen keine meinungslosen Wesen. Was in Bildern über sie gesagt wird, kann sie nicht unberührt lassen. Wer diese Bilder betrachtet, wird in ihnen niemals nur die Meinung des Künstlers über die Frau vermuten, sondern das Wesen der Frau selber. Im Bild scheint es nicht nur wiedergegeben, sondern auch erkannt, entdeckt, aufgedeckt, wie wenn sich dort nicht ein individueller Künstler, sondern die eigentliche Wahrheit der Frau offenbarte. Und nicht nur das:

Es wird stets auch ein geheimes, absichtsvolles Einverständnis der Frau mit ihrem Bild, ihrem Entwurf unterstellt (obwohl, das heißt *weil* der Entwurf nicht der der Frau, sondern der des Mannes ist), so, als ob er eigentlich von *ihr* stamme. Denn die Vertauschung der realen Frau mit dem Entwurf erscheint als weibliche Identität; mit anderen Worten: Das Weib ist Bild, es ist Anblick, nicht nur als Erscheinung in der Realität, sondern auch in den Widerspiegelungen im Kunstwerk. Das geheime Bündnis des Künstlers mit dem Weiblichen, das heißt Pygmalion bei der Arbeit an seiner Statue, wird umgedeutet, der Künstler wird zum ausführenden Handlanger weiblicher Selbstdarstellung.

Der männliche Maler und sein weibliches Modell ist in jeder Hinsicht unvergleichbar mit dem arrangierten Stilleben, der nature morte. Der Maler und sein Modell heißt im gegenwärtigen Verständnis, bekleideter aktiver Mann und entkleidete passive Frau und ist die Inszenierung des Geschlechtsverhältnisses in nuce. Im Akt des Malens stellt der Mann aus der weiblichen Naturvorlage das geistige Filtrat her, sie bietet den Rohstoff, den er zu Kunst verarbeitet. Unvergleichbar ist die Szene auch mit dem entkleideten Mann als Modell. In ihm vergeistigt der Künstler sich selbst und entwirft nicht das erotische Verhältnis der Geschlechtshierarchie. Beide Szenen, männlicher Akt und männlicher Künstler – weiblicher Akt und männlicher Künstler, wären jedoch für sich genommen noch kein ausreichendes Indiz für die Inszenierung der männlichen Macht, wenn sie in Zwiesprache und Relation treten könnten zur umgekehrten Situation: weibliche Künstlerin versus männlicher Akt, weibliche Künstlerin versus weiblicher Akt. Doch solche Gegenbilder, solche Antworten gibt es nicht; im Gegenteil – der männliche Weiblichkeitsentwurf und der männliche Selbstentwurf sind gegründet auf dem jahrtausendealten Imaginations- und Redeverbot für Frauen. Die Szenen und Entwürfe haben keine Entsprechung mit umgekehrter Besetzung, sie zielen, rufen, reflektieren daher ins Nichts, also ins Absolute. Die Bilderflut ergießt sich in die Leere, die das verordnete weibliche Schweigen hervorbringt. Dieses erzwungene Schweigen ist ein erstickter und erstickender Schrei.

Das Bild meines Frühstückstisches wird es nicht geben, weil ich von Bildern *rede*, statt sie zu malen, weil ich redend mich retten will und muß vor den Frauenbildern, zwischen denen ich stehe wie zwischen einander gegenüber gestellten Spiegeln, die die Vorstellungen über mein Geschlecht nach zwei Seiten hin unendlich vervielfältigen, zurück ins Dunkel der Geschichte und nach vorn in die Zukunft, die meine

Geschichte und meine Zukunft beengen und verstellen, mir keinen Raum für eigene Imaginationen lassen. Was wäre auch, wäre ich selbst ein Genie von titanischer Größe, gegen diese Überfülle und Übermacht auszurichten? Ich, Malerin, will meinen (weiblichen) Kopf retten vor der imaginierten Weiblichkeit und male nicht, sondern bespreche die Bilder. Und vor den so heraufbeschworenen Bildern will ich meinen Kopf wieder retten und flüchte zu den Dingen, zur Materie der Malerei, zu Pigmenten, Farbe, Leinwand, Stilleben.

Nach Bildern der imaginierten Geliebten habe ich nicht nur in Büchern und Museen gesucht, ich habe sie auch in mir selber gefunden und wiedererkannt. Schon bevor mir bewußt geworden war, daß ich weiblich bin, als ich noch ein kleines Kind war, sind diese Bilder in mich eingedrungen und haben die Erkenntnis meines Selbst illustriert. Das Wort «Mutter» war ein Bild, eine Imagination. Aber «weiblich» umfaßte auch noch etwas anderes: die kleinen, sanften, kindhaft zarten Mädchen meiner ersten Bilderbücher, Märchenprinzessinnen, Marienkind, jungfräulich-schöne Schutzengel, der hundertste Aufguß von künstlerischen Erfindungen unserer Kulturgeschichte, Erinnerung zum Beispiel an die geflügelten weiblichen Figuren auf römischen Triumphbögen oder an die Himmelskönigin mit dem Sternenkranz und der Mondsichel zu Füßen – Urbilder einer Imagination des Weiblichen, möglicherweise tatsächlich Selbstentwürfe der Frauen.

III Eros

Der Ursprung allen Kults, aller Kultur ist Eros. Eros ist es, der nach Ritus und Regel verlangt. Selbst bei Tieren sprechen wir von Balzritualen. Drängender als die Nahrungsbeschaffung oder die Deutung von Naturerscheinungen allgemein stellt die Geschlechtsliebe die Frage nach dem Woher und Wohin des Lebens. Die Beschaffung von Nahrung mag mühselig, Naturerscheinungen mögen erschreckend oder rätselhaft sein, Eros aber ist geheimnisvoll und bleibt es, auch dann noch, wenn alle Körpervorgänge erkannt und beschrieben, die psychischen Erlebnisse benannt und definiert sind. Rätsel können gelöst, Geheimnisse jedoch nur gewahrt oder verraten werden.

Die Frage nach dem Geschlechtlichen und nach der eigenen Herkunft beschäftigt die Phantasie und Neugier jedes Kindes, sobald es seiner selbst inne wird. Vielfältig, bilderreich und geheimnisvoll sind die Antworten – Ursprungsmythen, Schöpfungsgeschichten, «Fruchtbarkeitsrituale» – am Anfang war empfangend-zeugende Vereinigung, war Eros, war die Große Mutter. Das dreieinige Weibliche, Jungfrau-Geliebte, Mutter, Greisin: ihr Bild verschmolz Erotik und Fruchtbarkeit, Leben und Tod, Erneuerung und Vergänglichkeit in Form und Symbol, deutlich und vielfältig, bot der Phantasie Raum und Grenze.

Eros braucht und schafft Bilder, sucht und erzeugt Bildnis und Gleichnis. In Bildern und Gleichnissen tritt er auf – auch ungerufen. Erscheint das Anschaubare im Bild, so erscheint dort Weibliches und Männliches. Der visuelle Spiegel der Welt reflektiert die Zweigeschlechtlichkeit, deutet und strukturiert die Beziehungen der Geschlechter.

Liebe und Herrschaft schließen einander aus. Ob die Menschen einen Gott erfinden, den sie fürchten und lieben sollen, oder ob das Weib den Mann fürchten und lieben soll: die Furcht schlägt die Liebe in die Flucht. Auf der Seite der Herrschenden nehmen Besitzanspruch, Verfügungsgewalt und Sadismus den Raum ein, den die Liebe verlassen hat, auf der Seite der Beherrschten Unterwerfung, Liebedienerei, Gehorsam und Verlogenheit. Wo der Kult seines erotischen Urgrunds und Eros seiner kultischen Bindung verlustig gingen, entbehrt Eros der Form und der Kult der sinnlichen Substanz, was für den Kult Sinnentleerung und für die Erotik Banalisierung und Sentimentalisierung bedeutet.

Die Urschuld, die der männliche Gott in die Welt brachte, als er das Weib Eva dem Mann Adam unterwarf und sie gleichzeitig dazu verfluchte, ihren Beherrscher zu begehren, vertrieb die Liebe aus den Bezirken des Heiligen, vermischte Gewalt mit Sexus und Sexus mit Gewalt – eine unheilige Allianz, deren zerstörerische Wirkung Eros zum Widergänger, zum Nachtgeschöpf gemacht hat. Der Mann hat gelernt, die Unterwerfung mehr zu lieben als die Sexualität, die Macht über die Frau mehr als die Frau, und seine Begehrlichkeit richtete sich allmählich auf die Macht allein. Um diese Erbsünde in die Welt zu setzen und für sakrosankt zu erklären, mußte notwendigerweise vom unmittelbar Anschaulichen abgesehen werden, weil die Anschauung des konkreten Lebens die behauptete männliche Überlegenheit ständig widerlegt. Die *Einsicht* mußte dem Wort weichen. Deshalb wurde das Wort vor alles andere gesetzt. Seitdem deutet das Wort das Bild und rückt dieses folgerichtig in die Nähe von Ding, Sinnlichkeit, Mater/ia, also in die Nähe des Weiblichen. Das Wort wurde an den Anfang gesetzt, um einem immateriell-geistigen Prinzip (dem Gesetz des Vaters) Geltung zu verschaffen. Das Weib aber wurde zur beweglichen Habe, die Magna Mater zur Materie, zu Stofflichem.

Das Bilderverbot in Judentum und Islam, später auch im christlichen

Protestantismus hat den kultischen Urgrund, Eros, aus den Tempeln gewiesen.

Seit das Wort über allem anderen steht, gelten Sinnlichkeit, Erotik und Fruchtbarkeit, in den Göttinnen-Kulten gefeiert und geheiligt, als ungeistig und trivial, und nicht nur die reale, auch die imaginierte Weiblichkeit bleibt bis auf den heutigen Tag mit dieser negativen Bewertung verknüpft. Geistigkeit wird dem Bild des Weiblichen nur dort zugestanden, wo es als Verbildlichung eines Wortes gemeint ist: «La Pensée» (Rodins Porträt der Bildhauerin Camille Claudel), der Gedanke mag weiblich sein, der Denker jedoch ist ein Mann. Selbst das Wort noch muß in eine Metaebene verschoben werden, wenn es Geistiges mit Weiblichem verbindet; die christliche Deutung des matristischen Kultlieds, das als das Hohelied Salomonis in der Bibel überdauert hat, will die Liebesfeier nur als Beziehung der Seele zu Gott gelten lassen, nur ent-materia-lisiert, entsinnlicht tönt in ihm ein fernes Echo der Liebesekstase, der heiligen Hochzeit.

Kultgeschichte ist ablesbar an den sich wandelnden Imaginationen des Weiblichen. Im Madonnenbild erhielten sich durch Jahrtausende die Züge von Isis, der Großen Mutter. Auf andere Weise hat ihre Anverwandlung in der griechischen, später der römischen Götterwelt die Erinnerung bewahrt. Wo das alte Göttinnenbild (bzw. seine an das Gesetz des Vaters angepaßte Umdeutung) nicht im Kultraum in der Kirche als Himmelskönigin und heilige Jungfrau *angebetet*, sondern als Wort-Sinn-Bild *verehrt* wird, nämlich in Gestalt der Athene, die seit der Renaissance die Klosterbibliotheken schmückt, tritt das Weibliche im Gewand der hellenistischen Antike auf, längst patriarchalisch angepaßt, Rückgriff auf eine schon im klassischen Altertum vollzogene Uminterpretation. In beiden Fällen aber trägt diese Gestalt durch ihr weibliches Geschlecht das Andenken an die kultische Überhöhung des Eros in die Bezirke zurück, aus denen es mit so viel Mühe herausgehalten wird. Der Muttermord wird daher noch einmal inszeniert. Jedes neue Zeitalter vollzieht ihn auf neue Weise: Die Reformation stürzt die christlichen Standbilder der Großen Mutter, die neue Wissenschaft penetriert die Mutter Natur, um ihre Geheimnisse zu entreißen, zu nutzen, umzuformen. Die Materie wird Rohstoff. Das Licht der Renaissance ist der Feuerschein der Scheiterhaufen, auf dem die Hexen brennen. Mit neuer Rigidität spaltet die Ideologie das Weibliche in Gut und Böse, die Sünderin Eva hat ihren Auftritt in der Malerei, neben dem erotischen Faszinosum Hexe. Eros, säkularisiert und gezähmt, spielt als Knabe zu Füßen der Mutter Venus, die Gestalt des dionysischen Pan aber, des Satyr, wird zum bocksfüßigen teuflischen Buhlen und das unbotmäßige

Weib unter der Folter des Beischlafs mit ihm überführt. Sexualität und Weib werden mit Brandeisen gezeichnet: Wenn die Erotik aus dem Schutz des Heiligen vertrieben wird, bleiben nur Gewalt, Vernichtung, Tod. Doch zugleich wird sie im säkularen Bereich, in den neuen Zentren der Weltdeutung, den Universitäten und Palästen, in einen neuen, allerdings dünnen Mantel gehüllt, den der Allegorie. Was im kultischen Bezirk nicht erlaubt ist, darf dort — im fürstlichen Repräsentationsraum — gefallen. Das Historienbild, Reflex auch auf die biblische Geschichte, nunmehr aber nicht Andachtsbild, sondern Anblick für eher weltläufige, urbane Kontemplation, zeigt Weiblichkeit weniger antagonistisch. Die Verehrung, die ihr hier gezollt werden darf, kann sich als kavaliersmäßige Herablassung außer Konkurrenz halten, auf Distanz gehen. Vermochte das Weibliche im Kultraum noch in existentielle Tiefen zu reichen, an unbeantwortete Fragen zu rühren, wie etwa an den Widerspruch zwischen Anbetung einer Muttergottes und klerikalem Antifeminismus, so gelingt im säkularen Bereich die Entschärfung. Der Widerspruch zwischen der erotisch bestimmten Sehnsucht, bei der Liebe zu verehren (und nicht zu verachten, wie das Gesetz des Vaters befiehlt) und der allgemeingültigen Herrschaft über das Weib wird hier gedämpft. Die Allegorie, die Metapher, das Historienbild sind Orte, an denen Eros als Genius loci weilen darf. Dort entfaltet er seine inspirierenden Kräfte, darf Bildnis und Gleichnis erzeugen. Der göttliche Schlaf, in dem Giorgiones Venus ruht, wird von seinem Geheimnis geschützt, ihre Nacktheit kann sich zeigen, die Blicke, denen sie ausgesetzt ist, dürfen lustvoll sein. Das Bild zwingt zu hingebungsvollem, nicht zu usurpatorischem Genuß. Nacktheit als Allegorie der Wahrheit, so transzendiert Tizian die himmlische Liebe, und die irdische kann sich ihrer Pracht erfreuen. Kein inquisitorischer Bannstrahl trifft sie. Die Phantasie imaginiert ein Paradies herrschaftsfreier Gemeinschaft der Geschlechter — Bellinis Festmahl der Götter, die vielen Bilder des goldenen Zeitalters, der ländlichen Feste. Frauen dürfen stark sein: Michelangelos Sibyllen, Leonardos gewaltige Gruppe der Anna Selbdritt.

Aber die Freistatt des Eros ist nicht sehr sicher. Bagliones zahlreiche Variationen des Siegs der himmlischen über die irdische Liebe zeigen einen stahlgepanzerten Ritter — eine doppelbödig-homoerotische Szene, die das Un-Sinnliche in eine erotische Metapher kleidet. Die damals in großer Zahl entstehenden Nymphen- und Satyr-Darstellungen hingegen haben einen frauenfeindlich-sadistischen Beigeschmack, da sie Erotik mit Vergewaltigung und Vergewaltigung mit Erotik gleichsetzen.

Die Dualität von Gut und Böse wird personifiziert als schlechte (erotische) und gute (enthaltsame) Frau, wird damit auf Sinnlichkeit verengt und aufs Weibliche abgewälzt. So rückt die herrschaftsfreie Verbindung der Geschlechter, die sinnlich-geistige, psychophysische Verschmelzung ins Reich der Utopie, die zwar erträumt und in schöne Form gebracht, aber nicht gelebt werden darf. Im Reich der Sinne geht es finster-mitternächtlich zu, die Sphäre des Geistigen aber ist für Frauen nur metaphorisch geöffnet. Die alten Kräfte des Weiblichen, wiewohl in der verdünnten Form der Allegorie, können außerdem nur so lang wirken, als auch in der Realität noch Reste matristischer Lebensgestaltung gültig sind. Noch überlagern verschiedenartige Standes- und Geburtsprivilegien die Geschlechtsvorherrschaft. Eine adlige Dame ist, obwohl Weib, doch jedem Mann unterhalb ihrer eigenen Klasse überlegen. Ihre Fähigkeit, Söhne zu gebären, ist Garantie für den Fortbestand der dynastischen Ordnung, Heirat folglich Politikum. Noch hat die Prinzessin Throne zu vergeben und die Frau einen Einflußbereich im Spiel der Mächte.

Doch in Kunst und Naturwissenschaft ist die Axt nun an die Wurzel der matristischen Überbleibsel gelegt. Die Neuzeit entwickelt die ideologischen Grundlagen für die vollständige Eliminierung des Weiblichen aus der Öffentlichkeit, der Wissenschaft, dem Staat. Der Protestantismus, vor allem der Calvinismus, leistet dies im religiösen Bereich, der bilderlos, ‹abstrakt› wird.

In den Künsten selber sind die Zeichen anders gesetzt: der mythologische Überwurf wird weggezogen. Die Velazquezsche Venus bei der Toilette ist keine Göttin mehr, ist auch nicht mehr Allegorie. Daß dieses Bild eine kunstgeschichtliche Zäsur bedeutet, kann nur dann angemessen eingeschätzt werden, wenn klar ist, daß die Entblößung des Weiblichen vom transzendierenden Schutz des Mythos als künstlerische Tat, als Kühnheit bewertet wird. Wie aber ist das Bestreben Goyas zu verstehen, sein großes Vorbild mit (der bekleideten und) der nackten Maja zu übertreffen? Das Novum bei diesem Bild ist weder der frontal präsentierte Akt, der längst und nicht nur durch Giorgiones ruhende Venus in der Kunst etabliert ist, noch ist es der Verzicht auf mythologisches Beiwerk oder einen mythologisierenden Titel. Neu ist die Privatheit der Figur, die auf ihrem eigenen privaten Ruhebett liegt, und neu ist, daß sie nicht heimlich beobachtet wird, sondern den Blick des Betrachters geradeaus erwidert.

Was ist eine Frau «privat», ohne Einbettung in Herkunft und Familie, ohne «Stand»? Goya malte die Bilder zwischen 1800 und 1803, 1793 war der französische König Ludwig XVI. geköpft worden. Mit dieser Hinrichtung endete das Privileg der adligen Geburt, die 1793 deklarierten Menschenrechte verkündeten jetzt Freiheit, Gleichheit und Brüderlichkeit für alle Männer. Erst jetzt konnte das Geschlecht als Geburtsprivileg oder Schranke, als Sozialcharakter und Machtattribut zu seiner vollen Wirksamkeit gelangen.

Die Frau «privat» bedeutet daher weibliche Deprivation. Wird sie als erotisches Gegenüber gedacht – jetzt aber ohne den Hintergrund eines gesellschaftlichen Orts, daher als «Weib pur» –, so erscheint sie als «öffentliche Frau». Ohne Einbettung in Mythologie, die ihn mit einer eigenen Geschichte, einem Für-sich-Sein umhüllt, kann der weibliche Akt nicht anders gedacht werden, als «für jeden zu haben». Ohne den Schutz des Mythos ist weibliche Erotik – da als eigenständiges Handeln und Begehren nie gemeint – *dienstlich*. Daher sind denn auch die Grandes Cocottes das eigentliche Faszinosum des 19. Jahrhunderts, der Belle Époque. Bei ihren mehrspännigen Auffahrten auf den Champs Elysées führten sie die Nach-Inszenierung fürstlicher Herrlichkeit vor, Travestie und Reminiszenz an die von den Revolutionären so scharf gegeißelte Mätressenwirtschaft des Adels, die jetzt aber, weil dienstlich und gewerblich, auch dem Bourgeois ins Weltbild paßte. Während die nach Art des Rousseau domestizierten Gattinnen, Schwestern und Töchter zum Weißnähen und Gobelinsticken ins Haus gesperrt wurden, eilten die neuen Herren nach den Geschäften im Kontor zu den Midinetten, Grisetten und Tänzerinnen, die eigens dazu ausgebildet waren, beim Cancan die schwarz bestrumpften Beine zu werfen und die Röcke zu heben. Unter vielen Rüschen, Volants und großer Dekoration präsentierten sie (dienstlich), was sich jenseits der eng geschnürten Gürtellinie befand. Die anständigen Ehefrauen aber durften nicht einmal ihre Fußknöchel sehen lassen. Die einen waren zum Verhüllen, die anderen zum Zeigen abgerichtet.

Sexuelle Herausforderung und sexuelle Verweigerung, beides eigentlich Handlungen weiblicher Selbstbestimmung, sind arbeitsteilig organisiert. Die eine Sorte Frauen muß auch dann herausfordern und sich anbieten, wenn (und gerade weil) sie nicht will, die andere darf es auch dann nicht, wenn (und weil) sie will. Das freie, autonome, männliche Individuum braucht den weiblichen Schatten, um sich des Privilegs seiner Souveränität zu erfreuen. Diesem Souverän blieb es vorbehalten, die feineren Instrumente patriarchalischer Herrschaft herzustellen: Der Muttermord wird jetzt mit dem Skalpell der Wissenschaft ausgeführt, die nicht mehr bloß als Sekundantin der Theologie auftritt, wie zu Beginn der Neuzeit, als der «Hexenhammer» zuschlug, denn inzwischen haben Kirche und Religion ihre Kompetenz fürs Heil der Seele an die Wissenschaft verloren. Die Psychologie[3], Verkünderin eines neuen wissenschaftlichen Kults, verhalf der Macht des freien und gleichen Individuums zu ihrer Anschaulichkeit, indem sie das einzige sichtbare Herrschaftsmerkmal ins Zentrum der Betrachtung rückte, das nach dem Verschwinden von Krummstab und Szepter übrigblieb: den Phallus.

Letzte Derivate der alten weiblichen Kultfiguren schmücken indessen als Verkörperung der «Elektricität» oder der «Industria» die Bahnhofsgiebel und Weltausstellungspavillons, thronen als schöne Dekoration auf den Aktionsfeldern der männlichen Öffentlichkeit und verbildlichen dort die Bestimmung des Weiblichen in der gesellschaftlich verankerten Geschlechtsideologie: das handlungsunfähige, entmündigte schöne Geschlecht, das den funktionalisierten Beziehungen der Männer einen dekorativen, den hehren Idealen der Antike entlehnten Sinn stiften soll, das Weib nicht nur zur Erholung des Kriegers, wie Nietzsche gesagt hat, sondern als Sinn des Konkurrenzkrieges, Schuld und Entschuldigung, Helena, um derentwillen die Schlacht begonnen und ausgefochten wird, Ursache, Beute, Trophäe und Trost.

Die in Banken und Minen, Eisenbahngesellschaften und Fabriken angesiedelte Macht suchte für ihre optische Ausstattung noch wahllos zwischen antiken Tempeln, gotischen Kathedralen, mittelalterlichen Burgen und barocken Schlössern herum, entliehenen Formen alter Herrschaft, die nicht dem Charakter der neuen Macht entsprachen. Dieser verhalfen erst die Künste des 20. Jahrhunderts zu ihrer Form.

Die impressionistischen Künstler – autonome Auftraggeber ihrer selbst – tauchen das bürgerliche Leben in atmosphärisches Licht, Fortführung barocker Auflösung von Kontur und Linie. Sie zeigen die Tagseite, Spaziergängerinnen im Park, die sommerliche Badesaison am Meer und die Nacht mit den Auftritten der Femme fatale. Der Platz des Weiblichen ist jetzt die chambre séparée oder die Bühne des Moulin Rouge.

Das 19. Jahrhundert verwirklichte die Postulate der Aufklärung, die für das Verhältnis der Geschlechter eine rationalistisch begründete, ganz auf den männlichen Vorteil ausgerichtete Doppelmoral entwickelt hat. Das skandalöse Aufsehen, das die Impressionisten erregten, mag nicht allein ihrer Maltechnik, sondern in hohem Maß auch ihren Themen geschuldet sein. Als Chronisten des Bürgertums zeigten sie unter anderem, womit sich der Ehemann, Verlobte, Bruder oder Vater nach Geschäftsschluß befaßten. Kunst war daher nichts für anständige Frauen, nicht nur wegen der hierfür erforderlichen weiblichen Eigenständigkeit.

Der Maler Joseph Guichard, der die Schwestern Edma und Berthe Morisot unterrichtete, schrieb an die Mutter der jungen Künstlerinnen: «...sie werden Malerinnen werden. Sind Sie sich darüber klar, was das bedeutet? In einer großbürgerlichen Umgebung wie bei Ihnen wird es eine Revolution, ich würde sagen, fast eine Katastrophe sein. Sind Sie sicher, daß Sie niemals den Tag verfluchen werden, an dem die Kunst, in dieses achtunggebietend friedliche Haus eingedrungen, die einzige Meisterin des Schicksals zweier Ihrer Kinder werden wird?» (Zitiert nach Renate Berger, Malerinnen auf dem Weg ins 20. Jahrhundert, Köln 1982.)

Die impressionistischen Künstler zeigten die Realität des Doppellebens nicht nur, die malerische Ausformung ist Bekenntnis: so ist es wirklich und darum gut. Sie zogen die letzte mögliche Konsequenz aus der Rubensschen Lehre, dem Vorrang der Farbe gegenüber der Form. Auf der anderen Seite standen die Nachfolger der Poussinisten, die die Farbe der Form unterordneten und die klassizistische Linie weiter verfolgten, neben den sozialkritischen Realisten vor allem die englischen Romantiker, die Präraffaeliten. Ihr einflußreichster Vertreter ist Dante Gabriel Rossetti. Während sich die Impressionisten bei aller Stilisierung doch weitgehend auf die tatsächliche Erscheinung des Modells einließen, diente sie den Präraffaeliten nur als zuweilen sogar «störender» Anhaltspunkt für eigene Erfindungen. «Die Kluft zwischen Realität und gemaltem Bild schuf jene Atmosphäre von gebrochenem Idealismus, die diese Maler in ihrem Privatleben umgab. [...] Die Züge des realen Lebens durchdringen die abstrakte Bedeutung mit realer Form.» (F. Spalding, Burne-Jones und die Victorianische Malerei, Berlin 1979.)

Es ging um die Glorifizierung der Liebe, um das Ausloten des Begehrens bis an seine oberste – nicht an die untere – Grenze. Daher unternahmen diese Maler eine letzte Anstrengung, den Mythos zu retten. Diese Einbettung des Weiblichen in eine Geschichte, in einen Text, der es dem unmittelbaren Zugriff entzieht, betrifft – das muß hier festgehalten werden – nicht weibliches, sondern männliches Begehren, ist männliche Vision. Aus heutiger Sicht sind wir allzusehr gewohnt, männliches Begehren nur als ungehinderten Zugriff zu verstehen. Doch das Liebesspiel ist ein Her und Hin, ist Flucht und Verheißung, Lockung und Verweigerung. Da den Frauen aber weder Zeigen noch Verhüllen, weder Herausforderung noch Hingabe, weder Ja noch Nein als autonomes Handeln gestattet wird (Autonomie ist eine Unmöglichkeit, solange Frauen nicht in allem und jedem den Männern als Freie und Gleiche gegenübertreten können) und sie ihren Part folglich bloß nach männlicher Dienstvorschrift ausführen, usurpieren die Männer nicht nur die sowohl imaginierte als auch faktisch beanspruchte weibliche Bereitschaft, sondern auch die andere Seite, die der weiblichen Distanzierung, entrücken die Geliebte in die Ferne, inszenieren die Verweigerung ihrer eigenen Wünsche, um sie als Wünsche zu wahren. Der Mythos dient daher der Protektion nicht der weiblichen, sondern der männlichen Lust: In der mythischen Verkleidung des Eros (zum Beispiel in Gestalt des weiblichen Akts als Venus) wird männliches Begehren, nicht das weibliche Gegenüber geschützt. Die Ahnung, daß die von Engels formulierte «rücksichtslose Hingabe» der Frau, von ihm als Utopie weiblicher Freiheit gemeint, bloß auf männliche Rücksichtslosigkeit und dann auf schiere Pornographie hinauslaufen könne, durch die der Mann selber den sublimen erotischen Genuß verlöre, mag die eine Schranke errichtet haben. Die andere, dem Bewußtsein wesentlich schwerer zugänglich, betrifft die unausbleibliche Mühe, sich auf die reale Frau einlassen zu müssen, sofern der Frau selber die Entscheidung über Ja oder Nein überlassen wäre, der der Mann noch immer lieber ausweicht, nicht etwa weil die Frau und ihre Erotik so besonders bedrohlich wären – diese Vorstellung gehört zu den Mythen des 20. Jahrhunderts, die in der Realität keine Entsprechung haben –, sondern weil weibliche Autonomie (auch in der Erotik) männlichen Machtverlust bedeutet. Autonome weibliche Erotik bedroht jedoch nicht die Männer, sondern das Patriarchat, wo ja Liebe zwischen den Geschlechtern auf Feindberührung bzw. Kollaboration hinausläuft. (Der Begriff «bedrohliche weibliche Erotik» gehört außerdem zur schon erwähnten Wort-Mimikry, die den gegenteiligen Tatbestand verschleiert: die Bedrohung *der Frau* durch männliche Sexualität.)

Auf der Macht über die Frau gründet sich die männliche Identität im Patriarchat. «Macht bedeutet jede Chance, innerhalb einer sozialen Beziehung den eigenen Willen auch gegen Widerstreben durchzusetzen, gleichviel, worauf diese Chance beruht.» Diesen Satz von Max Weber ergänzt Ernst Otto Czempiel (Der Spiegel 30/1981) mit der Feststellung: «Macht ist die Fähigkeit, sich nicht anpassen zu müssen.» Bedrohlich oder mächtig ist also nicht die weibliche Sinnlichkeit, Intelligenz, Handlungsfreiheit, bedrohlich ist der Machtverlust, den es für den Mann bedeuten würde, sich diesem Gegenüber zu stellen und je nachdem auch anpassen zu müssen. Machtverlust im Hinblick auf die Frau heißt für den Mann (anders als im Zusammenhang mit Männern, wo Anpassung unvermeidlich ist) Verlust der herkömmlichen männlichen Identität. Die Erotik der Frau als mächtig und bedrohlich darzustellen, die Versuchung, bei der allseitig geschwächten weiblichen Persönlichkeit eine ihr von der Natur selber verliehene, unmittelbare Macht zu vermuten, ist groß. Doch der Vorteil dieses Konstrukts liegt allein bei den Männern, die damit wieder einmal dem Weiblichen zuschieben, was eigentlich ihr Problem ist. Wer wäre schließlich nicht berechtigt, sich vor unkontrollierbaren Mächten zu schützen?

Die idealisierende Überhöhung der Frau verbirgt daher eine subtile, schwer erkennbare Gewalt. Der Selbst-Mord der Musen (Elizabeth Eleanor Siddal und Constance Mayer[4]) ist nichts anderes als die letzte Konsequenz der verordneten Selbstaufgabe, der verordneten weiblichen Ichlosigkeit.[5] Christina Rossetti, die Schwester Dante Gabriels, schreibt in ihrem Gedicht «In an artist's studio»:

> «Er schaut auf ihr Gesicht bei Tag und Nacht,
> Sie sieht zurück mit kindlich treuem Blick…
> *Nicht wie sie ist*, des Wartens und der Sorgen voll
> Doch so, wie träumend sie sein Aug erblickt,
> *So wie sie war*, als Hoffnung hell erblüht.»
>
> (Zitiert nach F. Spalding.)

Wessen Hoffnung erblühte da, und weswegen muß sie «dem Warten» und «den Sorgen» weichen und weswegen sind Warten und Sorgen nicht bildwürdig? Dante Gabriel Rossetti prägt dem Modell einen schwer erträglichen stereotyp-lasziven Zug auf, schwellend aufgeworfene Schmollippen. «Die Form des Mundes zeugt von Stimme, zeugt von Kuß», behauptet der Künstler, aber aus der Distanz von einem Jahrhundert vermitteln die Bilder sentimentale Peinlichkeiten gerade dort, wo die künstlerische Absicht am engagiertesten herumlaborierte. Die idealisierte Liebe mißrät zur Femme fatale.

Die mythische Überhöhung des Weiblichen ist nicht zu retten, doch werden die Versuche über die Wende ins 20. Jahrhundert hinweg fortgesetzt von Symbolismus und Jugendstil, deren Stilelemente der Faschismus später mit formalen Eigenarten der Neuen Sachlichkeit mischt und zu heroischen Hohlformen aufbläht.

Picasso jedoch gelingt ein neuerlicher Rückgriff auf die Antike. Seine gewaltigen Akte aus den zwanziger Jahren lassen Ceres oder Gäa in neuer Glaubwürdigkeit auferstehen. Andere Maler, die der Bildentwurf «Weib pur» nicht befriedigt, versuchen den Akt auf andere Weise in einen mythisch-allegorischen Zusammenhang zu bringen, um der Direktheit der weiblichen Nacktheit auszuweichen, suchen einen neuen «Text» und finden Themen wie beispielsweise «Frühling» oder

«Sommer» oder «Der Schlaf», «Der Traum» etc. – verbildlichte Gefühle, existentielle Zustände.

Daneben beginnen Künstler jetzt auch, sich gänzlich von der sichtbaren Erscheinung der Welt zu distanzieren. Abstraktion und Rationalität sollen die Bindung an Dinghaftigkeit und Sinnlichkeit der visuellen Illusion auflösen, da dort seit jeher Weiblichkeit angesiedelt wurde. Dieser Nähe des Künstlers zum Weiblichen (zur Natur) galt schon immer die Verachtung der Schriftgelehrsamkeit und der Philosophie, und der Protest der Künstler betonte daher stets den geistigen Gehalt des Kunstwerks. In der Renaissance (zur Zeit des protestantischen Bildersturms wohlgemerkt) hieß das Distanzierungsprogramm «Concettismo», Niederschrift einer Idee, deren Reinheit gegenüber dem unbezweifelbar sinnlich-lustvollen handwerklichen Umgang mit dem künstlerischen Material (Lapislazuli, Purpur, Gold, bisher zudem auch Träger mystischer Qualität) durch möglichst weitgehenden Verzicht auf solche Ding-Ingredienzen gewährleistet wurde. Der Protestantismus hatte den für die Industrialisierung konstitutiven Sozialcharakter entwickelt, dessen notwendigerweise *kunstfeindlich-asketische* Eigenart jedoch bisher noch kaum untersucht wurde. Es ist kein Zufall, daß gerade Mondrians calvinistischer Rigorismus und das Streben der de Stijl-Gruppe nach reiner Geistigkeit (die sie in «unnatürlichen» Spektralfarben und «reiner», das heißt horizontal-vertikaler Geometrie vermuteten) die neue Ästhetik der industrialisierten Welt entscheidend prägte.[6]

IV Werbung oder die Erfindung einer neuen Seinskategorie des Weiblichen

Bereits kurz vor der Jahrhundertwende hat Alfons Maria Mucha mit seinem Reklamebild für Job-Zigarettenpapier eine neue Verwendung für die obsolete, in einer Aureole sitzende antikische Frauenfigur gefunden. Die klassischen Attribute ersetzt er durch ein Päckchen Zigarettenpapier, und die rauchende Zigarette in der erhobenen rechten Hand erinnert schwach an die Fackel der Freiheit oder der Wissenschaft: Initialzündung nunmehr für einen neuen Umgang mit Weiblichkeit und Sinnlichkeit. Nicht mehr um die Frau wird ab jetzt geworben, sondern mit der Frau. Werbung: kaum ein Wort unserer Sprache hat einen gründlicheren Bedeutungswandel erfahren. Auf bündige Weise spiegelt er eine veränderte Beziehung zwischen den Geschlechtern, die ich mit «Markt-Hedonismus» bezeichnen möchte. Bis zu Beginn dieses

Jahrhunderts bedeutete Werbung Liebeswerbung (selbst wenn sie in den meisten Fällen auf Mitgiftwerbung hinauslief), hieß Ritual, männliche Selbstdarstellung mit der Absicht, der Frau Lust zu machen auf geschlechtliche Vereinigung, hieß, sich ihr angenehm machen, etwas von sich her machen. Werbung war so etwas wie ein gesellschaftlich akzeptiertes Vorspiel der Erotik, ein Relikt jenes Spiels des Hin und Her, der Lockung und Verweigerung, das lange schon in ausschließlich männlicher Regie gespielt wurde.

Im derzeitigen neuplatonischen Sinn bedeutet Werbung ein auf die Warenwelt hin transzendiertes Ritual, entkörperlichte Minne zwischen dem einen Ding (Konsumgut) und dem anderen Ding (Geld), die sich beim Akt der Vertauschung ihrer Orte (dem Kauf) aufeinander zu und dann wieder von einander weg bewegen. Umworben wird nicht mehr die Frau, sondern der Mann (bzw. seine neuplatonische Potenz, seine Kaufkraft). Er ist es, der umschmeichelt und gelockt wird, nicht zur Vereinigung mit einer Frau, sondern zu der mit einem Ding. Das Ding besitzt die erotische Qualität, die von der Frau nur symbolisiert wird. Längst fasziniert das Ding mehr als das Weib, kommt dem Ding auch mehr Sorgfalt und Pflege zu. Das weibliche Geschlecht ist der schöne Warenbegleit-Schein und daher auch nicht einmal mehr Ding, sondern bloß Transportmittel von Dingen. Die Sinnlichkeit zielt nicht auf weiblich-männliche Erotik, sondern illustriert einen «idealen», an die Konsumgüter und Kunstdinge applizierten Sexappeal, die Glätte des Autolacks, die Reaktionsfähigkeit und Fügsamkeit der Maschinen, die übrigens, für je «männlicher» sie gelten, desto «weiblicher» intendiert sind: Schießwerkzeuge und Computer-Hardware tragen weibliche Kosenamen. Die Geschöpfe des Prometheus sind zu Geschöpfen des Pygmalion geworden. Dabei sinkt die imaginierte Weiblichkeit der Werbung noch unter die ontologische Qualität eines Besitztums, Seinskategorie der Frau im Alten Testament und in all den Kulturen, wo sie zur beweglichen Habe des Mannes gehört. Der neue Entwurf aus der Werkstatt des Pygmalion ist bloß noch Gleitmittel.

Wie die nordische mythische Huldra, eine von vorn sehr schön und erotisch, von hinten aber abstoßend aussehende Frau, besitzt auch die glatte, perfekte, aufs wunderbarste ausgeleuchtete Werbe-Kunst-Figur eine häßliche, schreckliche Kehrseite. Um die ist es im Arrangement der Imaginations-Arbeitsteilung seit Beginn des Jahrhunderts der freien oder eigentlichen Kunst zu tun. Seit die letzte Hülle des Mythos und die letzte allegorische Umkleidung wegfielen, zielt die männliche Phantasie von Sinnlichkeit und Erotik, soweit sie in den Künsten zum Ausdruck kommt, nur noch in eine Richtung, denkt Weiblichkeit nur noch in einer einzigen Funktion: daß sie käuflich und gekauft sei, daß Erotik und weibliche Sexualität durch Geld zu bezwingen seien.

Dieses Geschäft braucht Widerhaken. Läuft es allzu glatt, so fehlt ihm jede Pikanterie. Der ausschweifende Genuß von makelloser Werbeschönheit, die schon allzu leicht zu haben ist, entbehrte gänzlich den Biß des Unerlaubten, wenn nicht wenigstens die Künste mahnend auf die Nachtseite der Wohlstands- und Warenwelt verwiesen und Kunden und Konsumenten ihr kritisch-aggressives «Wehe» entgegenschleuderten. Zur Wahrung des inneren Gleichgewichts bedarf es der Einkehr und Buße in den Tempeln des säkularen Kults unserer Zeit, den Museen, wo die schlangenhaft-bedrohliche Kehrseite des Weibes ausgestellt wird, kubistisch segmentiert, von dynamischen Pinselhieben zerhackt, in atavistisch-expressive Naturzustände entrückt, in flirrende Farbflächen aufgelöst und nunmehr in neoexpressionistische Finsternis getaucht, Votivtafeln des neuen Phalluskultes (auf dessen offenkundig homoerotischen Aspekt ich hier nicht eingehen kann).

Natürlich sehen wir von der Kunst nur den vom Zeitgeist vorjurierten Ausschnitt (seit jeher der Herren eigener Geist), und natürlich bebildert auch die Werbung nur einen vorjurierten Teil der Sehnsüchte, der Augenlust und des Begehrens. Beide Aspekte zeigen bloß die stark beleuchteten Ränder einer Welt, in deren Mitte es noch ganz andere Wünsche, Illusionen und Ängste gibt. Doch das Agreement funktioniert. Ohne die Möglichkeit zur Kasteiung wäre die Bilderflut des schönen Scheins längst schal und ungenießbar, die herbe Museumskost weckt immer neuen Appetit. Umgekehrt bildet die überdüngte Augenweide der Werbung den Boden, auf dem die Gegenwartskunst blüht.

Wie bei jeder Arbeitsteilung gibt es auch hier Überschneidungen und Platzvertauschungen. Die Bereiche sind ja eng miteinander verwandt. Oft verbinden sie sich in der Person des Künstlers selbst und oft in der Frau an seiner Seite, die einmal als Modell bei einer kritisch-schonungslosen Darstellung dient und ihn dann als Inkarnation des neuesten Entwurfs aus Pygmalions Design-Studio zur Vernissage begleitet. Sie ist beides, wie er es sich vorstellt und gebraucht: sein Wohl und sein Wehe.

Dieses Wohl und Wehe, die im Musentempel auf die eine und im Werbeprospekt auf die andere Weise zur Hure herunter-imaginierte Weiblichkeit, beschäftigt die männliche Einbildungskraft jedoch nur noch peripher, da ihr kaum mehr Verruchtes eignet. (Der Gang in den Puff gehört jetzt zum Geschäftsabschluß, die Callgirls liegen auf jedem Parteitag bereit, zwischen normaler Werbung und Porno sind kaum noch Unterschiede zu erkennen, und «eine Galerie, die auch Arbeiten von Andy Warhol und Joseph Beuys im Repertoire führt, lädt nach einer Vernissage zum Champagnertrinken in den neuen Tummelplatz der Schickeria… Im ‹Tunnel› wird Kunst geboten, ganz nach dem Geschmack der New Yorker Nachtschwärmer. In vier Kabinen räkeln sich üppige Mädchen, als Schmollmund oder Peitschendame verkleidet. Aus Lautsprechern keuchen Lockrufe und wirre Sprachcollagen.» (Die Zeit, 14/1987, Dossier.)

Durch Gewöhnung verliert sich die aphrodisierende Wirkung. Ständig muß die Dosis erhöht werden. Da die Präpotenz der Kaufkraft allein den Rausch von Bemächtigung und Erniedrigung des Weiblichen nicht dauerhaft vermitteln kann, wird sie zunehmend mit einer anderen Macht-Droge, nämlich der schieren Gewalt versetzt. Hard-Porno, Sadomaso und sein neckisch-mediengerechtes Kürzel SM: euphemistische Entschärfung der Wirklichkeit durch Sprache – nach den Regieanweisungen dieses Drehbuchs wird das Wort Fleisch. Handwerklich-vorindustriell muten da die militaristischen Vokabeln ‹erobern› und ‹besiegen› an. Sie sind, obwohl nicht zimperlich, der neuen Situation nicht mehr angemessen. Die Imaginationen des sexuellen Overkill, in dem nicht einmal ein Gleichgewicht des Schreckens vorgesehen ist, die Gegenseite vielmehr längst entwaffnet wurde, zielen auf Vernichtung. Gefangene werden nicht gemacht.

Unterm Strich kommt der lonesome hero endlich zu sich selbst, der Trapper mit umflortem Kinn, um den rings die Welt in Scherben fällt. Ganz allein ist das Weltschmerz-Genie allerdings nicht mit seinen Endzeitvisionen, denn die düsteren Phantasien, die tiefen Blicke in den Abgrund haben zahlendes Publikum. Und das Dunkel dieses Zweckpessimismus soll den Lustmord nicht etwa vertuschen. Es bildet vielmehr den effektvollen Hintergrund, vor dem die (jedenfalls für Frauen) schwer erträgliche Sentimentalität kindisch-atavistischer Männerträume vom einsamen Werwolf zu resignativer Tragik aufgebessert und als Erkenntnis ausgegeben wird. Les jeux sont faits, rien ne va plus – die Emissäre dieser traurigen Botschaft sind viel zu wohl akkreditiert, um glaubwürdig zu sein. Die Immunität, die sie offiziell und offensichtlich genießen, wirkt wie ein Impfstoff, der allgemeine Unerschütterlichkeit überträgt. Daß da nicht Wasser, sondern Essig gepredigt und nicht Wein, sondern Champagner getrunken wird, und zwar so öffentlich wie möglich, verbessert die Akzeptanz des längst nicht mehr Umstrittenen (die überreich beringten Finger des Malers Jörg Immendorf, die wirkungsvoll aus dem Fernseher winken; die ausladende Gestik, mit der Wolf Vostell dem ornamentierten Silberknauf seines Spazierstocks die Zigarre entnimmt). Der lonely rider ist viel zu sehr Selbstzweck [7], als daß bei ihm die Trauer um ein zerstörtes Bild (das der Frau) vermutet werden könnte.

Dies ist das vorläufige Endergebnis der alten Sexualdialektik zwischen der begehrten unerreichbaren Geliebten und der erreichbaren, aber unbegehrten Ehefrau, zwischen der guten, keuschen Jungfrau und der schlechten, käuflichen, unkeuschen Hure, zwischen Eva und Maria – allesamt Spaltprodukte männlicher Phantasie.

Rien ne va plus: Seit das Geld zum einzigen moralischen Imperativ geworden ist und allein das Preisschild, das allen und jedem aufgeklebt wurde, über Sein oder Nichtsein entscheidet, gibt es keinen Unterschied mehr zwischen Käuflichkeit und Nicht-Käuflichkeit – schließlich gehört es inzwischen zur allgemeinen Pflicht, sich zu verkaufen, und zwar so gut wie möglich.

Das alte Vorbild verlangte von der «guten» Frau die Unterdrückung sexueller Wünsche und von der «schlechten» ihre Erfüllung, natürlich ohne Rücksicht auf das, was sie selbst wollte. Schon Rousseaus Neue Héloise, der besonders raffinierte Entwurf einer bis in feinste Seelenregungen auf männliche Bedürfnisse zugeschnittenen Ideal-Frau, läßt erkennen, daß es fortschrittlichen Männern angezeigt scheint, die getrennten Funktionen sexueller Herausforderung und sexueller Repression nutzbringend zu verbinden.

Die heutige Version dieses Meisterwerks der Anpassung verlangt von der Frau, alles zu sein – am rechten Ort, versteht sich, in der Öffentlichkeit Dame, in der Küche sparsame Hausfrau und im Bett eine Hure (nur die ist sexy). In Jeans soll die Traum-Frau ebenso attraktiv erscheinen wie im Abendkleid, soll sich in der Männerwelt (wenn nötig) auch mal auf «männliche», aber sonst möglichst auf «weibliche» Weise durchsetzen, Geld verdienen (aber nicht zuviel), nebenbei Haushalt und Kinder versorgen und dabei aussehen wie die Werbung es verlangt. Sie soll im passenden Moment schön, verständnisvoll, gepflegt und erregend sein und von ihrer Klugheit und Kompetenz so viel verbergen oder zeigen, daß es dem männlichen Ego zu stetigem Glanz gereicht. Die unerreichbare Vollkommenheit der Madonna – mit der sich derzeit feministische Theologinnen herumquälen – wird weit in den Schatten gestellt von der widersprüchlichen Glorie dieses weiblichen Übermenschen. Als mahnendes Lenor-Gewissen und Beichtspiegel raunt uns dieses wunderbar ausgeleuchtete Phantombild mit dem untadeligen Make-up und der makellosen Figur tagtäglich in die Ohren, an was und wo es uns fehlt, und erzeugt ein permanentes Gefühl von Minderwertigkeit, allerdings ohne Hoffnung auf Absolution und ohne jedes Heilsversprechen.

V Ferne, Nähe

Durch die Bilder und Entwürfe, die der Mann um sich herum und vor sich aufstellt, zum Schutz vor der realen Frau, wird zwischen den Geschlechtern Distanz erzeugt. Das Schweigegebot für Frauen schafft einen unendlichen Raum für den männlichen Monolog. Aber weswegen ist die reale Frau so *unangenehm* nahe, sobald sie nicht durch Bilderwälle ferngehalten wird? Eben *weil* sie sich den Bildern anverwandelt, weil die Bilder ihre einzige Orientierung sind, ihr Unterschlupf, ihr Erscheinungsort. Die Frau ist Nachbild, Nachbildung des vom Mann entworfenen Vorbilds. Als Selbst hat sie keinen Ort. Als Realität ist sie *distanzlos*, weil sie dem Mann untergeordnet und immer *für ihn* da ist. Dieses Da-Sein ist ein Sein von absoluter Nähe. Die Nähe aber, weil künstlich und gewaltsam hergestellt und anbefohlen, widerspricht nicht nur dem authentischen Spiel des Eros, bei dem es um Versprechen, um Lockung, um Her und Hin geht – was nur möglich ist, wenn es Entfernung und Distanz gibt –, sie widerspricht auch dem menschlichen Ich grundsätzlich. Das Ich braucht einen Raum, in dem es für sich sein kann, um von dort aus auf ein anderes zuzugehen. Wäre die Frau frei und nicht selbst-los, nicht ort- und distanzlos, so ergäbe sich die notwendige Ferne zwischen den Geschlechtern von allein. Die Frau hätte dann ihren eigenen Ort, wäre für sich und nicht für den Mann da und müßte daher auch nicht durch Bilder von ihm ferngehalten werden.

Die malerischen Antworten der Frauen auf die männlichen Entwürfe der Geliebten bezeugen eine Suche nach dem Für-sich-Sein. Während die männlichen Künstler die Distanz mittels mythischer Umkleidungen herstellen, ist das weibliche Für-Sich auch ohne dies eine Entfernung, weil es zwangsläufig Entfernung von der bisherigen künstlerischen Rede über die Frau ist. Natürlich gelingt nicht allen Künstlerinnen diese Distanzierung, immer besteht die Gefahr, in den Sog der fremdbestimmten Weiblichkeitsentwürfe zu geraten, und dem ist schwer auszuweichen, denn Anpassung und Selbstaufgabe wird seit jeher honoriert und belobigt. Immer schon gilt zudem der Entwurf des Pygmalion als das eigentliche Weibliche, obwohl er bloß das männliche Weibliche zeigt, wogegen die Suche der Frauen nach ihrem Selbst als männliches Streben diffamiert und bestraft wird, weil nur der Mann ein Selbst haben darf.

In den Bildern der Frauen zeigt sich aber, wenn denn die Künstlerinnen allen Versuchungen der Anpassung erfolgreich widerstanden haben, Weiblichkeit für sich, und das augenfälligste Charakteristikum ihrer Kunst besteht darin, daß die dort imaginierte Weiblichkeit nicht auf den erotischen Appetit männlicher Betrachter reflektiert, also in die übliche künstlerische Rede *über* die Frau nicht mit einstimmt. Dies wurde stets als Mangel ausgelegt, Sprödigkeit als Kraftlosigkeit oder fehlender malerischer Schmelz kritisiert – doch wehe, wenn es anders war. In diesem Fall galt das Bild und auch die Person der Künstlerin als obszön, vermännlicht, anmaßend.

Der weibliche Gegenentwurf ist bisher wenig konturiert, auch, weil er möglichst versteckt gehalten wird. Doch das aus dem Schatten tretende weibliche Selbst zeigt die tragische Kehrseite der männlichen Usurpation. Gwen Johns isolierte weibliche Figuren sind von resignativer Melancholie überschattet. Die beiden Bilder «Mädchen mit entblößten Schultern» und «Mädchenakt», beide um 1909–10 entstanden, muten wie eine späte Antwort auf Goyas angezogene und nackte Maja an. Die aufgerichteten Frauen befinden sich vor kargem Hintergrund, nur Wand und Stuhl deuten auf Innenraum, dem damit jede Privatheit abgeht.

Mary Cassatts Mutter-Kind-Gruppen, die oft auf feine Art die christliche Ikonographie der Madonnen reflektieren, so im Familienbild des Chrysler-Museums, Norfolk, und in «Mutter und Knabe» von 1901 (Metropolitan Museum, New York) zeigen die Figuren in Intimität und Privatheit, die aber hier Hülle und nicht Entblößung ist, Einbettung in ein Geflecht von Beziehungen – Frauen und Kinder, die von einer umfassenden Liebe berichten, die jedoch männlich-weibliche Erotik nicht ausschließt, sondern ihr die Ausschließlichkeit nimmt.

Paula Modersohn-Becker visualisiert weibliches Für-sich-Sein als archaische Rückbesinnung, sowohl bei ihren Porträts und Selbstporträts – oftmals Rekurse auf römische Mumienbilder – als auch in ihren Akten und Mutter-Kind-Darstellungen. Mythische Anklänge sind hier ganz Form, in keinen Text, in keine «Geschichte» integriert und von nichts gehalten als von ihrer eigenen visionären Kraft.

Sehnsucht, Liebesekstase, Verlust und Verzicht – Camille Claudel bindet ihre Skulpturen zwar in Geschichte und Mythos ein, doch diese Einbindung ist nicht Überhöhung und Entfernung, keine Idealisierung, sondern existentiell notwendiger Selbstschutz. Sie selber ist ja die «Flehende», die «Verletzte Niobide», sie ist «Clotho», dem Schmerz verfallen und im Schmerz verfallend, ihre eigene Hingabe hat sie in «Sakuntala» gefeiert, ihren Liebestanz im «Walzer». Camille Claudel war die Dritte im Bund Rodins mit seiner Gefährtin Rose Beuret, eine Konstellation mit katastrophalen Konsequenzen für die Bildhauerin, die für ihren Sprung aus den Konventionen des späten 19. Jahrhunderts mit Ächtung und Isolation bestraft und in den Wahnsinn getrieben wurde.

Die Geschichte der Künstlerinnen, die die pygmalioneske Dyade zwischen dem Mann und seinem Entwurf allein schon durch ihr schieres Vorhandensein und durch ihren Willen zu eigener Imagination aufbrechen, ist ein Drama mit tödlichem Ausgang: Die weiblichen Entwürfe werden umgebracht, indem man sie unterschlägt.

Anmerkungen

1 Unmittelbar nach den ersten amerikanischen Atombombentests auf den Bikini-Inseln tauchten die Bezeichnungen «Bikini» für das neue freizügige Be- oder Entkleidungsstück auf sowie die Wörter «Atombusen» und «Sexbombe» als Attribute von Frauen, die als «männermordend», also erotisch galten. Das Bild einer solchen «männermordenden» Frau (Rita Hayworth) war der ersten Atombombe aufgeprägt, deren tödliches Gift seit vierzig Jahren nicht nur Männer, sondern auch Frauen und andere niedere Lebewesen dahinsiechen läßt.

2 Faktisch geht es nicht um die *sexuelle Verfügung* über die Mutter, sondern um das Anrecht auf mütterliche Versorgungsleistung und Dienstbarkeit, das dem Mann bei der sexuellen Beziehung zur Frau zufällt. Dieses Arrangement wirkt *enterotisierend*, für den Mann, weil er seine Frau dadurch hauptsächlich in der Rolle seiner Mutter erlebt, für die Frau, weil ihr Mann mit seinen kindhaften Versorgungswünschen ihre erotischen Ansprüche abblockt. Ich vermute, es ist nicht die Gewöhnung im alltäglichen Umgang, die in den bürgerlichen Ehen die Erotik absterben läßt, sondern das dort inszenierte Mutter-Sohn-Verhältnis.

3 Durch die Begrifflichkeit der Freudschen Psychoanalyse hat nicht nur der visuelle Aspekt des Mythos, sondern auch der Text seine Bildkraft verloren. Die Sprache der Psychoanalyse verdünnt die Namen der mythischen Akteure zu Begriffen, zu Worthülsen. Das Mensch-als-Maschine-Modell, einem in der Physik (schon zu Freuds Lebzeiten) längst überholten Zeitalter der Mechanik entstammend, wird nun ausgerechnet für die Beschreibung seelischer Vorgänge herangezogen, was sich selbst ein Paul Thiry d'Holbach nicht hätte träumen lassen. (Erotik als Objektwahl und Triebabfuhr.) Bemerkenswert ist auch, daß die Psychologie sich ausschließlich mit Mythen der griechisch-römischen Antike beschäftigt und nicht mit den jüdisch-christlichen. Dabei haben die jüdisch-alttestamentarischen, vor allem aber die christlichen Mythen das europäisch-abendländische Bewußtsein viel nachhaltiger geprägt als die Mythen der Antike, weil ja die Ausgestaltung des Mythos selber eine Widerspiegelung der Identität, des Bewußtseins und auch des Unbewußten einer Kultur bedeutet. Die im christlichen Mythos dargestellte Vater-Sohn-

Mutter-Triade wäre bei der Analyse der Psyche sicherlich wesentlich ergiebiger als beispielsweise der Mythos von Ödipus. Mag die Bevorzugung von Begriffen der antiken Mythologie einer Konvention der Gelehrsamkeit geschuldet sein – sie manifestiert darüber hinaus einen Grundzug dieser Disziplin: die Verdrängung.

4 Elizabeth Eleanor Siddal, Malerin und Dichterin (1834–1862), Muse der Präraffaeliten, Modell und Ehefrau Dante Gabriel Rossettis, tötete sich mit einer Überdosis Laudanum. Constance Mayer la Martiniere, Malerin (1775–1821), Freundin und Ateliernachbarin des Malers Pierre Paul Prud-'hon, nahm sich das Leben, indem sie sich die Kehle aufschnitt.

5 Siehe hierzu Renate Berger, Malerinnen auf dem Weg ins 20. Jahrhundert – Kunstgeschichte als Sozialgeschichte, Köln 1982, S. 103 ff., und dies. und Inge Stephan (Hrsg.), Weiblichkeit und Tod in der Literatur, Köln 1987.

6 Die besonders in den Manifesten der 20er-Jahre-Avantgarde verkündeten Hochflüge – «Das Leben des heutigen Kulturmenschen wendet sich mehr und mehr vom Natürlichen ab, es wird immer mehr abstraktes Leben» (Mondrian); «Die moderne Malerei ist Destruktion des bildnerisch Natürlichen...» (Bart von der Leck, De Stijl) –, Allmachtsphantasien einer entsinnlichten, technisierten Metawelt, erträumten eine neue Definitionsmacht der Künste und befanden sich dabei längst im Schlepptau der Naturwissenschaft, deren Innovationsschübe ihnen bei der Gestaltung (Umformung) der Welt den Rang schon abgelaufen hatten.

7 Dazu ausführlicher Gisela Breitling, Ästhetik als männliche Ansicht, in: Eberhard Schäfer (Hrsg.), Der ganz normale Mann, Reinbek 1992.

Dante Gabriel Rosetti: Die Geliebte
(The Tate Gallery, London)

Dante Gabriel Rosetti prägt dem Modell einen stereotyp-lasziven Zug auf,
schwellend aufgeworfene Schmoll-Lippen.

Pablo Picasso: Radierung, 21.8.1968
(VG Bild/Kunst, Bonn / S. P. A. D. E. M., Paris)

Sie heißt Eva und Maria, Lulu und Nana, Jeanne d'Arc und
Carmen, Pandora und Caritas, Griseldis und Circe, Lolita und
Beatrice, Gretchen und Madame O. Sie ist Jungfrau und Mutter,
Dienstmagd, Hure und Femme fatale, ist Grisette und Diva,
Kokotte und Groupie, Grande Dame und Nymphe, Mater
dolorosa, Hexe und Vamp – viele Namen. Sie hört immer auf
den, mit dem Mann sie gerade ruft, wie Wedekind gesagt hat.
Jede Frau kennt sie, kennt ihre zahllosen Bilder, keine entkommt
dem Vergleich mit ihr.
Angenommen, verworfen, Gnadenwahl und Verdammnis: jedes
sich entwickelnde weibliche Ich ist – als weibliches – bereits
vorab definiert, muß sich bilden mit und gegen die Bilder, die die
konkrete Erscheinung der Frau deuten, verdunkeln,
mißverstehen, erhöhen und erniedrigen.

Artemisia Gentileschi: Susanna und die beiden Alten
(Graf von Schönbornsche Schloßbibliothek, Pommersfelden;
Foto: Bildarchiv Foto Marburg)

Nirgendwo sonst in der Kunstgeschichte wurde die Bedrohlichkeit
männlicher Schaulust und Indiskretion zum Thema. Artemisia
Gentileschi malte dieses Bild – sofern das vermutete
Entstehungsdatum tatsächlich 1609 ist – im Alter von 16 Jahren. In
der Ausführung zeigt sich noch der Einfluß des Vaters und Lehrers
Orazio. Der Entwurf aber verweist auf eine eigene, neue Deutung
dieser biblischen Geschichte.

Pygmalion, König von Zypern, erschafft sich eine Statue, eine weibliche Figur, in die er sich verliebt und die auf sein Bitten von Aphrodite zum Leben erweckt wird.

Die Liebe(sgöttin) verfügt offenbar über die Kraft, tote Materie mit Leben zu erfüllen. Aber geschieht da nicht eher eine Metamorphose in umgekehrter Richtung? Verwandlung der lebendigen Frau in ein Bildwerk? Die Frau erkennt in der Statue das Liebesideal des Mannes, und in dem Verlangen, die Liebe, die dem Ideal gilt, auf sich zu lenken, verwandelt sie sich, bis sie ihm gleicht, so genau, daß der Mann meint, sein Entwurf sei lebendig geworden.

Edward Burne-Jones: Pygmalion (By courtesy of Birmingham Museums and Art Gallery)

248

Edward Burne-Jones: Pygmalion (By courtesy of Birmingham Museums and Art Gallery)

Die präraffaelitischen Künstler entrücken die Geliebte in die Ferne, inszenieren die Verweigerung ihrer eigenen Wünsche, um sie als Wünsche zu wahren. Der Mythos dient daher der Protektion nicht der weiblichen, sondern der männlichen Lust: während sich die Impressionisten bei aller Stilisierung doch weitgehend auf die tatsächliche Erscheinung des Modells einließen, diente sie den Präraffaeliten nur als zuweilen sogar störender Anhaltspunkt für eigene Erfindungen. Die idealisierende Überhöhung der Frau verbirgt daher eine subtile, schwer erkennbare Gewalt.

Artemisia Gentileschi: Bathseba
(Potsdam–Sanssouci; Staatliche Schlösser und Gärten)

Der biblische Bericht von David, Bathseba und Uria scheint eine umgekehrte Dreiecksgeschichte zu erzählen: die Frau zwischen zwei Männern. Doch genauer besehen ist Bathseba nicht einmal Dritte in einem Bund zwischen einem Mann und einer Frau, sondern bloß die Soundsovielte, Objekt der Begierde eines Königs, der über zahlreiche Frauen verfügte. Die Bibel berichtet weder von Bathsebas Gefühlen gegenüber ihrem Ehemann Uria noch darüber, wie sie zu David stand, der ihren Mann an die Front geschickt hatte, «daß er erschlagen werde» (Sam. 11, 15). Artemisia Gentileschi hält sich in ihrer Darstellung an die Ikonographie der Zeit und zeigt die Szene, wo David vom Dach seines Palasts «ein Weib sich waschen sah, und das Weib war von sehr schöner Gestalt». Bathseba schmückt sich, umgeben von ihren Dienerinnen, doch der unschuldig-heitere Zeitvertreib ist der Beginn eines Dramas.

Artemisia Gentileschi: Esther vor Ahasver (The Metropolitan Museum of Art, New York, Stiftung Elinor Dorrane Ingersoll, 1969)

Esther ist Dritte im Bund des Königs Ahasver mit seiner Hauptfrau, der Königin Vasti, die sich dem Gatten verweigert hatte, weswegen sie verstoßen wurde. An ihrer Stelle wurde Esther zur Königin ernannt. Artemisia Gentileschi versetzt die Szene in ihre eigene Zeit. Obwohl die biblische Geschichte über eine Liebe zwischen Esther und Ahasver nichts berichtet, könnte ihre Darstellung so gedeutet werden, als sinke Esther vom Liebesblitz getroffen in die Arme ihrer Dienerin.

Das Bild könnte auch anders gemeint sein und schildern, wie Esther ungerufen vor ihren Gemahl tritt (was bei Todesstrafe verboten ist), um ihr Volk vor den Anschlägen des Hammar zu retten. Weil Ahasver sie noch nicht – zum Zeichen seiner Gnade – mit dem Zepter berührt, wird sie ohnmächtig, da sie fürchten muß, auf der Stelle hingerichtet zu werden.

Giovanni Baglione: Der himmlische Amor besiegt den irdischen Amor, um 1602/3 (Gemäldegalerie Berlin-Dahlem; Foto: Archiv für Kunst und Geschichte, Berlin)

Bagliones zahlreiche Variationen des Siegs der himmlischen über die irdische Liebe zeigen eine doppelbödig-homoerotische Szene, die das Un-Sinnliche in eine erotische Metapher kleidet.

Hans Baldung, gen. Grien: Die Wetterhexen, 1523 (Städelsches Kunstinstitut Frankfurt am Main; Foto: Archiv für Kunst und Geschichte, Berlin)

Das Licht der Renaissance ist der Feuerschein der Scheiterhaufen, auf dem die Hexen brennen. Mit neuer Rigidität spaltet die Ideologie das Weibliche in Gut und Böse, die Sünderin Eva hat ihren Auftritt in der Malerei, neben dem erotischen Faszinosum Hexe. Sexualität und Weib werden mit Brandeisen gezeichnet.

Tizian: Himmlische und irdische Liebe, um 1515 (Galleria Borghese, Rom;
Foto: Archiv für Kunst und Geschichte, Berlin)

Nacktheit als Allegorie der Wahrheit, so transzendiert Tizian die himmlische
Liebe, und die irdische neben ihr kann sich ihrer Pracht erfreuen. Kein
inquisitorischer Bannstrahl trifft sie.

Giorgione: Ruhende Venus, um 1508/10 (Gemäldegalerie Dresden;
Foto: Archiv für Kunst und Geschichte, Berlin)

Der göttliche Schlaf, in dem Giorgiones Venus ruht, wird vom Geheimnis des
Eros geschützt; ihre Nacktheit kann sich zeigen, die Blicke, denen sie ausgesetzt
ist, dürfen lustvoll sein. Das Bild bezwingt zu hingebungsvollem, nicht zu
usurpatorischem Genuß.

Diego Rodriguez de Silva y Velazquez: Venus mit Spiegel
(Foto: Archiv für Kunst und Geschichte, Berlin)

Der mythologische Überwurf wird weggezogen.
Die Velazquezsche Venus
bei der Toilette ist keine
Göttin mehr, ist auch nicht mehr Allegorie:
Entblößung des Weiblichen vom
transzendierenden Schutz des Mythos als
künstlerische Tat.

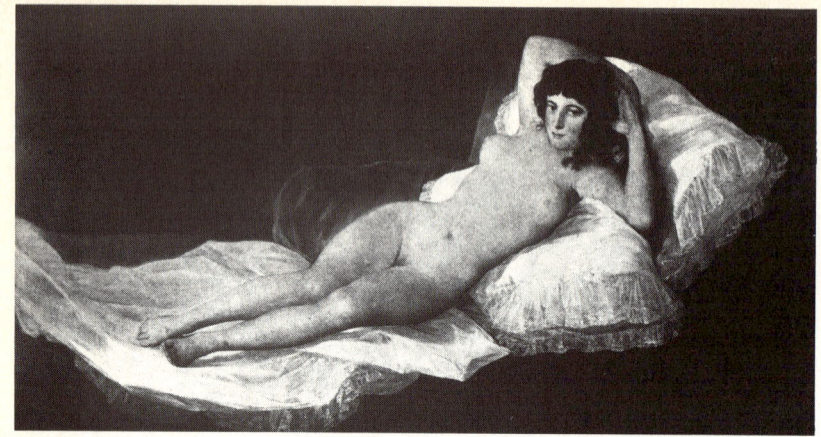

Francisco Goya: Die nackte Maja, um 1797 (Museo del Prado, Madrid;
Foto: Archiv für Kunst und Geschichte, Berlin)

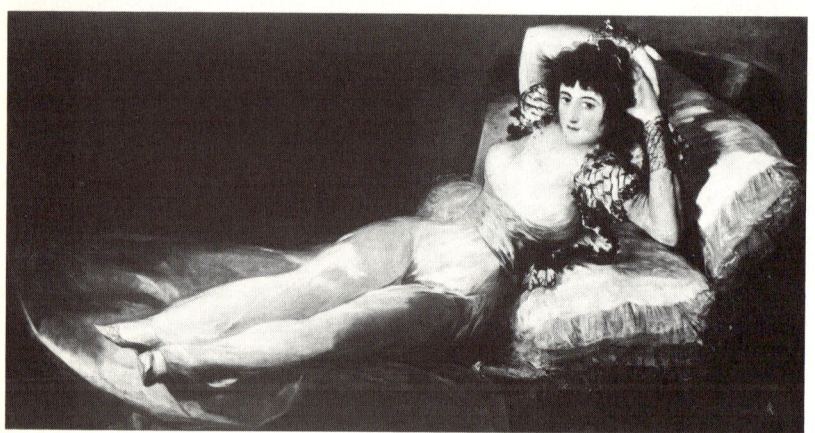

Francisco Goya, Die bekleidete Maja, um 1797 (Museo del Prado, Madrid;
Foto: Archiv für Kunst und Geschichte, Berlin)

Wie ist das Bestreben Goyas zu verstehen, sein großes Vorbild
Velazquez mit der bekleideten und der nackten Maja zu übertreffen?
Neu ist nicht die Entkleidung, sondern die Privatheit der Figur, die
auf ihrem eigenen privaten Ruhebett liegt, und neu ist, daß sie nicht
heimlich beobachtet wird, sondern den Blick des Betrachters
geradeaus erwidert.

Gwen John:
Mädchenakt,
1909/10
(The Tate Gallery,
London)

Der weibliche Gegenentwurf, das aus dem Schatten tretende weibliche Selbst, zeigt die tragische Kehrseite der männlichen Usurpation. Gwen Johns isolierte Figuren sind von resignativer Melancholie überschattet. Das Bild «Mädchenakt», um 1909/10 entstanden, mutet wie eine späte Antwort auf Goyas nackte Maja an. Die aufgerichtete Frau befindet sich vor kargem Hintergrund, nur die Wand deutet auf einen Innenraum, dem jede Privatheit abgeht.

Für das Pendant, die bekleidete Figur (Mädchen mit entblößten Schultern, Museum of Modern Art, New York) auf dem dasselbe Modell mit identischer Körperhaltung zu sehen ist – eine eindeutige Parallele zu Goya – waren die Abbildungsrechte nicht zu bekommen, so daß dieses Bild hier bedauerlicherweise nicht gezeigt werden kann.

Camille Claudel:
L'abandon /
Sakountala (Die
Hingabe /
Sakuntala),
1888–1905
(Fondation Pierre
Gianadda, Martigny,
Schweiz; Foto:
Marcel Imsand,
Lausanne)

Camille Claudel:
L'imploration (Die
Flehende),
1894–1905
(Fondation Pierre
Gianadda, Marigny,
Schweiz; Foto: Anne
Schaefer, Paris)

Constanze Mayer: Der Traum vom Glück
(Musée du Louvre, Paris; Foto: Giraudon)

Die Geschichte der Künstlerinnen, die die pygmalioneske Dyade zwischen dem
Mann und seinem Entwurf allein schon durch ihr schieres Vorhandensein und
durch ihren Willen zu einer eigenen Imagination aufbrechen, ist noch immer ein
Drama mit tödlichem Ausgang.

Constance Mayer war Dritte im Bund zwischen dem Maler Pierre Paul
Prud'hon und seiner Ehefrau. Sie versorgte die fünf Kinder aus dieser
Verbindung. Als sie jede Hoffnung aufgegeben hatte, ihren Kollegen,
mit dem sie über viele Jahre Tür an Tür zusammengearbeitet hatte, zu
heiraten, tötete sie sich, indem sie sich die Kehle durchschnitt:
«äußerster Ausdruck der Selbstvernichtung aus Liebe», schreibt
Germaine Greer. «Zu oft müssen Frauen lieben, wo sie bewundern und
in der Bewunderung nacheifern. (...) Wenn (...) Wettstreit oder
Freiheitskampf ihr erotisches Glück gefährdet, dann erst ahnt die
Außenwelt vielleicht, daß eine persönliche Begabung auf dem Spiel
steht.» (Germaine Greer: Das unterdrückte Talent, Berlin 1980, S. 39)

Sehnsucht, Liebesekstase, Verlust und Verzicht – Camille Claudel bindet ihre
Skulpturen zwar in Geschichte und Mythos ein, doch diese Einbindung ist nicht
Überhöhung und Entfernung, keine Idealisierung, sondern existentiell
notwendiger Selbstschutz. Sie selber ist ja die «Flehende», die «Verletzte
Niobide», sie ist «Clotho», dem Schmerz verfallen und im Schmerz verfallend.
Ihre eigene Hingabe hat sie in «Sakuntala» gefeiert, ihren Liebestanz im
«Walzer».

259

Evelyn de Morgan:
Die Liebe bewegt die
Sonne und alle Sterne
(Privatsammlung)

Evelyn de Morgans (1850–1919) Malerei trägt die charakteristischen Züge des präraffaelitischen Zeitstils. Die ornamental-symmetrische Komposition besitzt eine gewisse Nähe zu manchen Bildern von Burne-Jones. Ihre Vision der sieghaften Liebe ist jedoch streng viktorianisch und entbehrt jeden Anhauchs von Erotik. Dieser Mangel zeigt die weibliche Seite des fatalen Arrangements zwischen den Geschlechtern, in dem die Antwort der Frauen – beziehungsweise ihre einzige Freiheit – Verweigerung heißt.

Alfons Maria Mucha: Werbeplakat für das Zigarettenpapier «Job», 1897

Kurz vor der Jahrhundertwende hat Alfons Maria Mucha
mit seinem Reklamebild für «Job»-Zigarettenpapier eine
neue Verwendung für die antikische Frauenfigur gefunden.
Die rauchende Zigarette in der erhobenen rechten Hand
erinnert schwach an die Fackel der Freiheit oder der
Wissenschaft: Initialzündung nunmehr für einen neuen
Umgang mit Weiblichkeit und Sinnlichkeit. Nicht mehr *um*
die Frau wird ab jetzt geworben, sondern *mit* der Frau.

Elisabetta Sirani:
Lucrezia
(Galleria
Borghese,
Rom)

Elisabetta Sirani starb 1665 im Alter von 27 Jahren. Ein von ihr selbst geführtes
Werkverzeichnis nennt 150 Gemälde, muß aber als unvollständig gelten, die
Hinterlassenschaft der Künstlerin ist nachweislich noch umfangreicher. Der
Glücksfall eines authentischen Werkverzeichnisses ist von der
Kunstgeschichtsschreibung bislang vernachlässigt worden. Ein guter Teil der
Werke Siranis muß als Frühwerk gelten. Anders als bei männlichen Künstlern
hat sich das Urteil über sie nicht an ihren besten, sondern an schwächeren
Werken gebildet. Sirani war eine Meisterin der großen Form, des großen Wurfs.
Der Ausdruck ihrer «Lucrezia» ist weder sentimental noch lasziv, gemessen am
Zeitgeschmack ist die spröde Verhaltenheit besonders bemerkenswert.

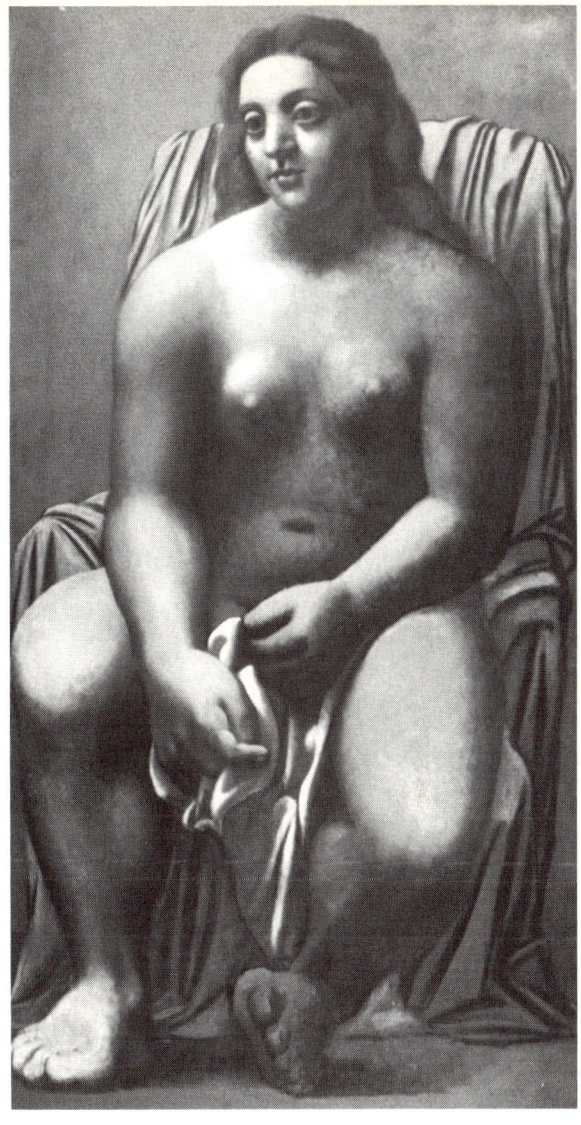

Picassos Rückgriff auf die Antike: seine gewaltigen Akte aus
den zwanziger Jahren lassen Ceres oder Gäa in neuer
Glaubwürdigkeit auferstehen.

Franz von Stuck malte mehrere Versionen dieses Motivs und betitelte sie mit «Die Sünde» oder «Die Sinnlichkeit» – eine uralte männliche Gleichung: Weib = Sinnlichkeit = Sünde oder: Sinnlichkeit = Sünde; Sünde = Weib. Die Rechnung ist falsch und zeugt von falscher Gesinnung, vor allem, weil Frauen auch auf ihrem vorgeblich ureigensten Gebiet, dem der Liebe, kaum je eigene Entscheidungsfreiheit besaßen.

Franz von Stuck: Die Sünde, um 1912
(Foto: Archiv für Kunst und Geschichte, Berlin)

Ohne den Schutz des Mythos ist weibliche Erotik – da als eigenständiges Handeln und Begehren nie gemeint – *dienstlich*. Daher sind denn auch die «Grandes cocottes» das eigentliche Faszinosum des 19. Jahrhunderts. Das skandalöse Aufsehen, das die Impressionisten erregten, mag nicht allein ihrer Maltechnik, sondern in hohem Maß auch ihren Themen geschuldet sein. Die impressionistischen Künstler zeigten die Realität des bürgerlichen Doppellebens der Männer nicht nur, die malerische Ausformung ist Bekenntnis: so ist es wirklich und daher gut.

Edouard Manet: Nana, 1877
(Hamburger Kunsthalle; Foto: Archiv für Kunst und Geschichte, Berlin)

Der Maler und sein Modell heißt im gegenwärtigen Verständnis: bekleideter aktiver Mann und entkleidete passive Frau und ist die Inszenierung des Geschlechtsverhältnisses in nuce. Im Akt des Malens stellt der Mann aus der weiblichen Naturvorlage das geistige Filtrat her, sie bietet den Rohstoff, den er zu Kunst verarbeitet.

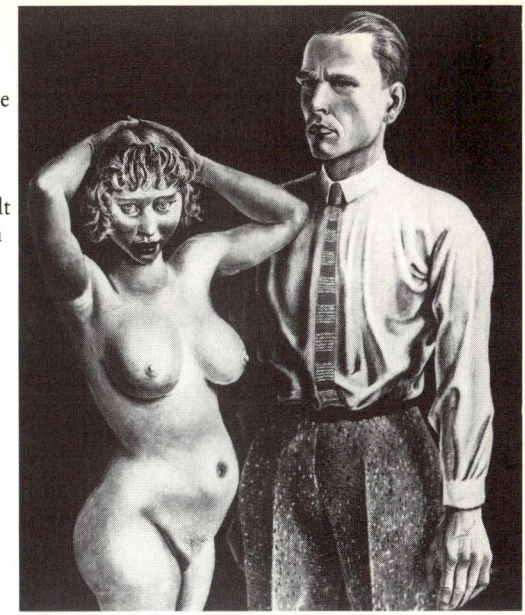

Otto Dix: Muse und Künstler. Selbstbildnis mit Modell, 1925 (Otto Dix Stiftung, Vaduz; Foto: Archiv für Kunst und Geschichte, Berlin)

Lovis Corinth: Der Maler und sein Modell, 1903 (Thomas Corinth, New York; Foto: Archiv für Kunst und Geschichte, Berlin)

Max Beckmann: Adam und Eva (Privatbesitz; Foto: Ursula Edelmann)

Ähnlich wie auf Magrittes Ölbild «Der Ozean» schrumpft die weibliche Figur zu handlicher Kleinheit. Bei Magritte steht sie zwischen den Schenkeln des überdimensionalen Mannes als sein erigierter Penis – das Weib als männliches Geschlechtsorgan –, bei Beckmann erscheint sie als winziges Geschöpf in Adams Hand, hier eindeutig nicht aus ihm, sondern von ihm, Adam, geschaffen. Haben schon Dix und Corinth das Größenverhältnis zu ihren Gunsten und nicht ohne unterschwellige Gewalttätigkeit ausgelegt, so triumphiert Beckmanns Adam in einer Weise, daß sich – jedenfalls für *Betrachterinnen* – die Frage aufdrängt: Woher kommt das Bedürfnis, die Frau auf solch brachiale Art klein zu machen?

Allen Jones: Stuhl, 1969
(Neue Galerie, Sammlung Ludwig, Aachen)

Weiblicher Akt und männlicher Künstler, das wäre für
sich genommen kein ausreichendes Indiz für die
Inszenierung der männlichen Macht, wenn diese
Bilder, diese Entwürfe in Zwiesprache und Relation
treten könnten zur umgekehrten Situation: Künstlerin
und männlicher Akt, Künstlerin und weiblicher Akt.
Doch diese Gegenbilder, diese Antworten gibt es
nicht, im Gegenteil – der männliche
Weiblichkeitsentwurf und der männliche
Selbstentwurf sind gegründet auf dem
jahrtausendealten Imaginations- und Redeverbot
für Frauen.

Allen Jones: Tisch, 1969
(Neue Galerie, Sammlung Ludwig, Aachen)

Seit die Hülle des Mythos und die letzte allegorische
Umkleidung wegfiel, zielt die männliche Phantasie von
Sinnlichkeit und Erotik nur noch in eine Richtung, denkt
Weiblichkeit nur noch in einer einzigen Funktion: daß sie
käuflich und gekauft sei, daß Erotik und weibliche Sexualität
durch Geld zu bezwingen seien. Der Schutzraum Museum
hebt diese Werke in die Sphäre des Gültigen.

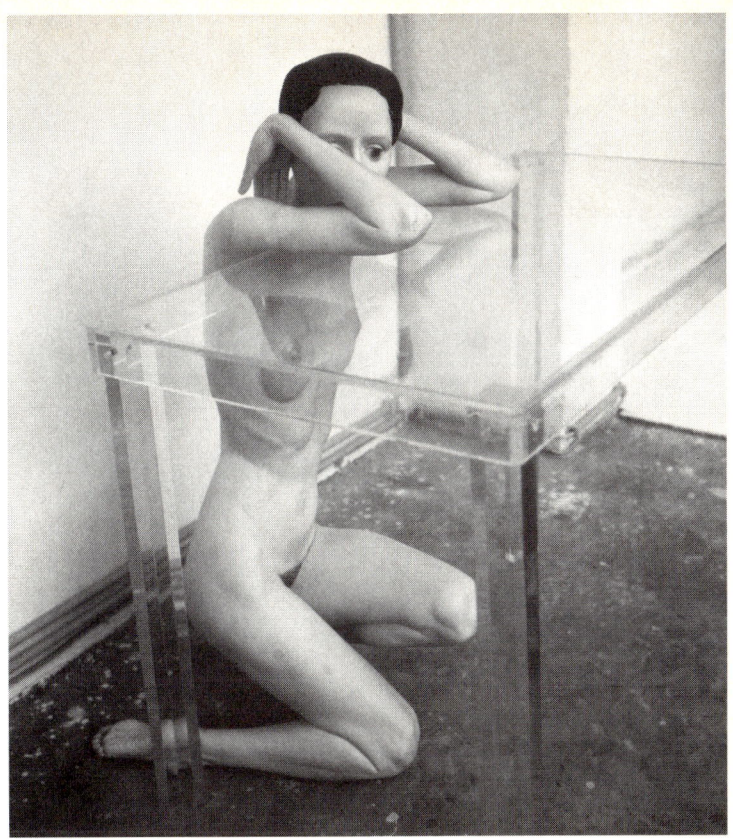

Christa Biederbick-Tewes: Frau am Tisch, 1975/76

Diese Plastik – mit vergleichbarem Material und fast identischen
Elementen – zeigt das Gegenstück zur erotisch-sexistischen
Provokation: eine Desperatio. Der Plexiglastisch bewirkt eine eisige
Isolation des Akts, seine Glätte und Transparenz wird zur Formel für
Einsamkeit in einer technisch perfekten Welt. Leichtigkeit und
Spannung, auch die Helligkeit des Hauttons vermitteln eine
untergründige Beunruhigung. Nacktheit verbindet sich hier mit
Fragilität und Gefährdung, die kaum mit der körperlichen, vielmehr
mit der psychischen und geistigen Sphäre in Beziehung steht.

269

Mechthild Zeul

Die Geliebte des französischen Leutnants

Psychoanalytische Deutung eines Films von Karel Reisz

Sarah Woodruff stammt aus ärmlichen Verhältnissen und ist als Gesellschafterin bei einer alten Dame in Lyme angestellt. Charles Smithson, der Wissenschaftler, ist nach Lyme gekommen, um sich mit der reichen Fabrikantentochter Ernestina zu verloben. Sarah Woodruff gilt in Lyme als die Geliebte des französischen Leutnants, der sie verlassen hat, den sie aber trotzdem liebt und auf dessen Rückkehr sie wartet. Sie weiht Charles in ihr Geheimnis ein. Als sie wiederholt an den Klippen oberhalb des Meeres gesehen wird, entläßt ihre Arbeitgeberin sie. Sie flieht in eine Hütte in den Wald, wohin sie Charles bittet. Er hat sich in sie verliebt, kämpft aber gegen seine Gefühle an. Auf einer Rückreise von London nach Lyme besucht er Sarah Woodruff in einem Hotel in Exeter, schläft mit ihr und erfährt, daß Sarah die Geschichte von der Geliebten des französischen Leutnants erfunden hat. Er löst seine Verlobung mit Ernestina und kehrt nach Exeter zurück, um mit Sarah wegzugehen. Diese jedoch ist ohne Angabe einer Adresse abgereist. Drei Jahre später findet er sie wieder. Sie ist Erzieherin zweier Kinder und hat ihre künstlerische Begabung als Malerin ausgebaut. Sie bittet ihn, ihr zu verzeihen. Sie rudern in einem Boot aufs Meer hinaus.

In der Rahmenhandlung des Filmes lieben sich die Protagonisten Anna und Mike, die beide verheiratet sind. Vor einer gemeinsam geplanten Reise verläßt Anna Mike.

Sarah Woodruff, die Geliebte des französischen Leutnants, ist eine Kunstfigur, gestaltet von einem männlichen Schriftsteller und einem männlichen Regisseur. Sie ist eingebettet in die viktorianische Welt des 19. Jahrhunderts. Der Film selbst stellt jedoch durch eine Rahmenhandlung, in der sich Mike, der Protagonist, und Anna, die Protagonistin, lieben, eine Verbindung zwischen damals und heute her. Ein weiteres filmisches Stilmittel läßt auf eine Verknüpfung der Vergangenheit mit der Gegenwart schließen. Zum Ende des Filmes hin häufen sich die Schnitte zwischen den beiden Szenarien. In den beiden letzten Szenen der jeweiligen Handlungszusammenhänge trägt Sarah die gleiche weiße Bluse mit schwarzen Streifen wie Anna. Dieses Spiel mit der Verkleidung legt nahe, im Damals das Heute zu sehen. Der Inszenierung des Filmes folgend, gehe ich davon aus, daß die unbewußten Phantasien und die psychischen Verarbeitungsmechanismen einer jungen Frau der viktorianischen Zeit nicht grundsätzlich verschieden sind von denen einer Frau unserer Tage.

Als Anna Mike in der letzten Szene der Rahmenhandlung verläßt, dieser an ihrem Schminktisch nur noch die Perücke der Geliebten des französischen Leutnants vorfindet und zum Fenster hinausschauend Anna wegfahren sieht, will er sie zurückhalten und ruft sie mit dem Namen Sarah. So gesehen enthüllt sich die Geschichte der Geliebten des französischen Leutnants als Phantasieprodukt Mikes, in dem er sich zum französischen Leutnant macht und Sarah sein Geschöpf ist. Diese Interpretationsmöglichkeit soll jedoch in dieser Arbeit nicht aufgegriffen werden; es geht mir vielmehr darum, die unbewußten Phantasien der Geliebten als Inszenierung ihrer eigenen Wunsch- und Angstvorstellungen zu verstehen. Ich werde deshalb im folgenden versuchen, eine psychoanalytische Deutung der Figur der Sarah Woodruff über Probeidentifizierungen zu erarbeiten, wie sie in der Psychoanalyse von Patienten als Mittel zum Verständnis fremdpsychischen Erlebens verwendet werden.

Der Himmel ist grau verhangen, der Wind heult und peitscht das aufgewühlte Meer in Wellen von Gischt über die Mole. Eine Frau im schwarzen Kapuzenmantel geht schnellen, aber zugleich gemessenen Schrittes auf das Ende der Mole zu, bleibt dort stehen und blickt aufs Meer. Ein Schnitt versetzt den Zuschauer in das geschäftige Treiben der Kleinstadt Lyme, in deren Straßen Verkäufer mit lauter Stimme ihre Waren anpreisen, er fährt mit Charles Smithson, dem Protagonisten, über gepflegte, mit Bäumen eingefaßte Parkwege zum efeubewachsenen Haus Ernestinas, um deren Hand er anhält; er folgt diesem in die Enge eines üppig mit Blumen bewachsenen Wintergartens und wirft einen Blick in Ernestinas helles, freundliches, mit Nippes und Bildern übersätes Jungmädchenzimmer. Der Film spielt den in den ersten Szenen hergestellten Kontrast zwischen einer Welt außerhalb und innerhalb, außerhalb der Stadt und innerhalb in immer neuen Varianten durch. Der Schnitt zwischen der Darstellung der ungezügelten Natur, eines wildwachsenden Waldes oder der des stürmenden Meeres und der des Lärmes der Stadt kontrastiert Weite, Stille und Ruhe mit Enge, Unruhe und Hektik. Die Geliebte des französischen Leutnants scheint nicht zum Leben in der Stadt zu gehören. Der Zuschauer sieht sie meist außerhalb, auf der Mole am Meer oder im Wald oberhalb der Klippen. Ihre Kontakte mit den Bewohnern der Stadt sind immer konflikthaft. Mrs. Poulteney, ihre Arbeitgeberin, bringt zum Ausdruck, was viele denken: Sie bezeichnet Sarah Woodruffs Liebe zum Meer als sündhaft, aufreizend und untolerierbar.

Die Räume, in denen Sarah sich innerhalb der Stadt aufhält, sind nüchtern und karg; sie sind gekennzeichnet durch ihren Blick nach außen, aufs Meer. Sarah Woodruff besitzt kein Zimmer, das ihre persönliche Note trägt. Entweder sitzt sie auf der Treppe und zeichnet, während der Sarg ihrer verstorbenen Arbeitgeberin geschlossen wird, oder aber sie wartet in der spärlich eingerichteten, nüchternen Vorhalle darauf, von Mrs. Poulteney empfangen zu werden. Das Hotel, in dem sie sich mit Charles in Exeter trifft, liegt direkt am Bahnhof, dessen Geräusche in das unpersönliche Hotelzimmer dringen. Man hört das An- und Abfahren der Züge. Es scheint, als ob sich Sarah Woodruff nur gleichsam auf der Durchreise in der Stadt aufhält. In der letzten Szene des Films lebt sie wieder außerhalb in einem Landhaus, umgeben von Wald und Meer. Das Zimmer, in dem Charles sie nach drei Jahren wiedertrifft, verweist im wesentlichen nicht auf den Innenraum – dieser ist eher nüchtern und karg –, sondern auf das Außen, das Meer und den Wald, welche durch eine breite Fensterfront sichtbar werden.

Sarah fühlt sich von ihrer Umwelt sadistisch behandelt. Sie gehört von ihrer sozialen Stellung her nicht zu den Menschen, in deren Haus sie angestellt ist, empfindet dieses Außenseitertum, das für sie u. a. darin besteht, nicht die gleichen Chancen zu haben wie beispielsweise Ernestina, als Ungerechtigkeit und ist trotz ihrer Gefühle von Hilflosigkeit und Insuffizienz angesichts dieser Situation nicht bereit, sich damit abzufinden. Sie sagt dieser Welt den Kampf an, den sie allerdings nicht offen führen kann. Sie phantasiert sich eine Welt, in der nicht die anderen, sondern sie selbst bestimmen, in der Ungerechtigkeit und Hilflosigkeit keinen Platz haben, in der vielmehr die Allmacht ihrer Phantasie herrscht.

Der Film verlegt die Hoffnung auf Freiheit und Überwindung der Begrenztheit und Borniertheit der Stadt in die ungezügelte, wildwuchernde, unberührte Natur, die ihrerseits wiederum für die Figur der Sarah Woodruff, für ihre vermeintliche Zügellosigkeit und Nicht-Integrierbarkeit in städtische Einengung steht.

Sarahs Erfindung der Geschichte der Geliebten des französischen Leutnants, in der sie sich zur Geliebten und Charles zum französischen Leutnant macht, kann auf mehreren Bedeutungsebenen verstanden und interpretiert werden. Sie stellt einen Fluchtversuch dar, nämlich auszubrechen aus einer festgefügten, engstirnigen und bigotten Welt, die ihr, obgleich sie nur teilweise dazugehört, trotzdem versucht, ihre Normen aufzuzwingen, die der Film in der Figur der Mrs. Poulteney verdeutlicht. Sarah schlägt mit der öffentlichen Demonstration ihrer Phantasie alle Normen und Vorstellungen, die für eine junge Frau in der viktorianischen Gesellschaft galten, in den Wind. Sie hat sich nicht nur scheinbar sexuell mit einem Fremden, von dem sie nichts weiß, eingelassen, sie läuft ihm, der sie angeblich verlassen hat, auch noch nach. Daß sie für die von ihr herbeigeführte Konfrontation erniedrigt wird, verkehrt sie in einen Triumph, indem sie den Bürgern von Lyme die doppelt Gedemütigte vorlebt: Sie spielt die vom Mann, den sie liebt, Verlassene und die von der Gesellschaft Verachtete. Das aktive In-Szene-Setzen von Leiden ruht auf einer Angst Sarahs vor tatsächlicher Erniedrigung auf. Sie, die aus ärmlichen Verhältnissen kommt, keine Ausbildung und keine Hoffnung auf Selbstverwirklichung hat, wählt den Ausweg in die Inszenierung der Demütigung, um einer gefürchteten tatsächlichen zuvorzukommen, und behält, wenn auch auf verdeckte Weise, die Herrschaft über ihre Lage. Aber mehr noch, sie trotzt mit ihrem masochistischen Verhalten den Normen und Wertvorstellungen der Bewohner der Stadt, in der menschliches Zusammenleben längst in festgefügten und geordneten Bahnen verläuft. Theodor Reik hat treffend diese Form von Masochismus beschrieben: «Am Anfang steht wirklich das Zeichen der vollzogenen Strafe, der eigenen Beschämung, der Buße als Zeuge des nachträglichen Gehorsams, des Schuldgefühls und des Gefühls, Strafe verdient zu haben. [...] Ihr Vollzug wird nun demütig und wehmütig gezeigt, vor Augen geführt. Die eigene Unlust und die eigene Entwürdigung wird nicht etwa nur schweigend ertragen, sie wird demonstriert. So bieten Schwächere, die sich fürchten, einen Tribut an. Sie liefern ihn nicht einfach ab, sie zeigen ihn vor als Beweis ihrer Unterwürfigkeit. [...] Die Strafe wird immer mehr in den Bereich des Luststrebens gezogen. War es zuerst der Strafvollzug, der demütig gezeigt wurde, so ist es jetzt die Verkehrung der Strafe in Lust, die nicht mehr demütigt sondern trotzig dem Zuschauer vorgeführt wird. Ließ sich das Gefühl früher etwa übersetzen: Seht her, wie ich bestraft werde und leide! So ist das spätere etwa gleichbedeutend mit: Seht her, wie ich noch die Strafe und das Leiden genieße! Das eine ist ein Zugeständnis der Unterwerfung an die Mächte der Erziehung und der triebversagenden Außenwelt, das andere ist eine Kriegserklärung an sie» (Reik 1977, S. 181).

Aber diese Argumentation erklärt noch nicht, wieso Sarah sich zur verlassenen und nicht zur geliebten Geliebten macht. Der Film legt durch seine Bilder eine innere Nähe von Sarah Woodruff und Mrs. Poulteney nahe, deren Haus am Meer liegt und die bestens darüber informiert ist, was sich in den Klippen am Meer abspielt. Sie macht ihrer Gesellschafterin Vorhaltungen, wieder am Meer gesehen worden zu sein, und gibt ihr zu verstehen, daß sie wisse, wer sich dort herumtreibe. Auch der Zuschauer weiß längst, daß sich Sarah Woodruff mit Charles dort trifft. Scheinheilig antwortet diese, es sei doch keine Sünde, sich dort aufzuhalten; sie gehe dorthin, um alleine zu sein. Obwohl Mrs. Poulteney von Sarahs Liebesgeschichte weiß, die sie für aufreizend und untolerierbar hält, stellt sie sie bei sich als Vorleserin ein. Ist ein Teil von Mrs. Poulteney gar nicht so puritanisch, wie sie zu sein vorgibt? Partizipiert sie an Sarahs Phantasie vom französischen Leutnant? Umgekehrt legt der Film ebenso nahe, daß ein Teil Sarahs ebenso puritanisch identifiziert ist wie Mrs. Poulteney. Ihre Vorstellung bei der neuen Arbeitgeberin wird in mehreren längeren Einstellungen gezeigt, in denen der Zuschauer Sarah Woodruffs Gesicht in Großaufnahme im Vordergrund und Mrs. Poulteney in ihrem Sessel sitzend, als winzige Figur im Spiegel hinter dieser sichtbar werdend, sieht. Wenn sie spricht, entsteht im Zuschauer eine Verwirrung; es ist nicht ganz klar, wer von beiden redet. Es scheint so, als ob die alte Frau aus der jungen spräche. Diese Einstellungen mit den eigenartigen Anordnungen der beiden Personen legen die Vermutung nahe, in Sarah Woodruff einen «Mrs. Poulteney-Anteil», eine Identifizierung anzunehmen, der mit dem Rest ihrer Person, der unangepaßt gegen herrschende Moral protestiert, ebenso herrisch und verdammend umgeht, wie es Mrs. Poulteney mit ihren Angestellten tut. Das innere Eingebettetsein in herrschende Moralvorschriften macht ansatzweise verständlich, warum sich Sarah zwar zur Geliebten des französischen Leutnants macht und damit gegen Normen und Regeln verstößt, sich aber zugleich auch dafür bestraft, indem sie sich zur verlassenen Geliebten macht. Dies bedeutet aber, daß ihr Ausbruchsversuch nur unter erheblicher Selbstbeschädigung möglich ist. Die Aggression und die Auflehnung gegen Mrs. Poulteneys Wertvorschriften werden zu einer Attacke gegen den Teil in Sarah, der mit diesen identifiziert ist. Zugleich fordert er Bestrafung für die herbeigesehnte, lustvolle sexuelle Vereinigung mit Charles Smithson und führt dazu, daß die Erfüllung dieses Wunsches angstbesetzt erlebt wird. Diese Konstellation bedingt eine innere Unfreiheit Sarahs, die sich in einem sehr spezifischen unoffenen Protest äußert, der hinter scheinbarer Gefügigkeit verborgen ist. Die Szene, in der Mrs. Poulteney in ihrer und in der Begleitung einer anderen Bediensteten Ernestina und Charles aufsuchen, um mit ihnen Tee zu trinken,

enthüllt diese Mischung von Gefügigkeit und Aufsässigkeit. Freundlich angepaßt serviert Sarah Woodruff den Tee. Während Mrs. Poulteney sich beklagt, daß der Diener von Charles mit dem Mädchen von Ernestina gesehen worden sei, versteckt Sarah vor aller Augen in Charles' Serviette einen Zettel, mit dem sie ihn um ein Treffen bittet, während sie ihm eine Tasse Tee anbietet. Ein Bruchteil einer Sekunde lang sieht es so aus, als ob Mrs. Poulteney gesehen habe, was Sarah tut, und daß sie sie dafür strafen wird.

Die exhibitionistische Zurschaustellung, die Lust, die Bürger Lymes zu schockieren, verdankt sich unter anderem dieser inneren Verkettung von Auflehnung und Unterwerfung. Indem sie sich mit Charles, dem französischen Leutnant, entdecken läßt, sagt Sarah den angepaßten, engstirnigen Lymern den Kampf an. Zugleich aber provoziert sie damit auch ihre Bestrafung, denn Mrs. Poulteney entläßt sie. Aber das Bekannt- und Entdecktwerden ist für Sarah Woodruff offensichtlich angst- und lustbesetzt zugleich. Sie findet immer wieder Zeugen ihrer Treffen mit ihrem Liebhaber. Charles' Diener Sam und dessen Freundin Mary überraschen diesen, als er Sarah in der Hütte im Wald, wohin sie geflohen war, küßt. Von den Klippen kommend, wo sie sich mit Charles, dem französischen Leutnant, getroffen hatte, nimmt sie nicht etwa einen Feldweg, um zurück in die Stadt zu gelangen, sondern wirft provokativ den Kopf in den Nacken und geht an einem Bauernhaus vorbei, vor dem unter anderem das Mädchen ihrer Geldgeberin steht. Sam, der Charles heimlich zum Hotel in Exeter gefolgt war, beobachtet Sarah und Charles auf der Straße stehend, zum erleuchteten Fenster hochblickend, in dem sich die Schatten eines Mannes und einer Frau abzeichnen. Zugleich führt Sarah aber Charles und ihre Zuschauer an der Nase herum, wenn sie ihn in London in finsteren, einschlägigen Straßen, Kneipen und Häusern nach sich suchen läßt. Sie laufen mit diesem hinter Gestalten in schwarzen Kapuzenmänteln her, fürchten und hoffen, in diesen Sarah gefunden zu haben, und sind erleichtert und enttäuscht zugleich, wenn sie in ein fremdes Frauengesicht blicken. In einer der letzten Szenen des Filmes ist Sarah in einer angenehmen, freundlichen Umgebung zu sehen, und der Zuschauer erfährt, daß sie ihre zeichnerischen Möglichkeiten und Fähigkeiten weiterentwickelt und sich darüber selbst gefunden hat. Die zur Schau gestellte Verworfen- und Verdorbenheit Sarahs entpuppt sich als Maske und Verkleidung; sie triumphiert über die erregten, entrüsteten Bürger Lymes ebenso wie über den neugierigen Zuschauer. Ihr Exhibitionismus dient demnach der Maskierung und der Verhüllung. Sein Bestrafungscharakter ist vergleichsweise vordergründig und ist

eher ein Ablenkungsmanöver, auf das die Lymer Bürger allerdings hereinfallen.

Ich fühle mich von den Szenen des Filmes einerseits aufgefordert, genau hinzublicken, andererseits aber habe ich das Gefühl, als ob er die Bilder verwische. Je genauer ich hinblicke, um so weniger glaube ich zu sehen, so als ob das anfangs noch scharfe Bild zu verschwimmen beginne; die innere Spannung jedoch, einerseits mich aufgefordert zu fühlen, genau zu beobachten, anderseits aber immer wieder die Enttäuschung zu spüren, nicht wirklich alles gesehen zu haben, läßt mich innerlich halb verzweifelt, halb erregt die Szenen immer wieder ansehen. Das Wahrnehmen, das Akzeptieren und das sich Distanzieren von diesen Reaktionen eröffnet einen Zugang zu den unbewußten Motiven für Sarah Woodruffs Inszenierung. Es führt in Identifizierung mit dieser zu ihrem Bedürfnis zu sehen, der Angst davor und den daraus resultierenden Bewegungen, Charles nicht als Mann zu sehen, mit dem eine sexuelle Beziehung möglich ist, sondern aus ihm den idealen, fernen Liebhaber zu machen, dessen Konturen, dessen individuelle Eigenheiten gleichsam verschwimmen und der statt dessen ausgestattet mit den Projektionen Sarahs sich dieser als Liebesobjekt anbietet. Meine Bewegungen spiegeln diesen inneren Kampf Sarahs wider, wobei der Film keinen Ausweg daraus anbietet, sondern vielmehr genau diesen Zustand der Unentschiedenheit festschreibt.

Sarah schafft sich in der Phantasie den idealen, überhöhten und fernen Liebespartner, den französischen Leutnant, und den alltäglichen, immer verfügbaren Charles Smithson, mit dem sie sich eine sexuelle Beziehung wünscht, die aber nicht von Dauer sein darf. Charles, der der Frau im schwarzen Kapuzenmantel auf der Mole, die bereits von gischtsprühenden Wellen überschwemmt ist und sich kaum noch vom übrigen Meer abhebt, hinterherläuft, um sie vor dem Ertrinken zu retten, ist für Sarah der aus dem Wasser auftauchende, Gestalt gewordene französische Leutnant, dessen Schiff zerschellt ist. Anders als die anderen Bewohner von Lyme reagiert Charles beunruhigt auf Sarahs Spaziergänge auf der Mole. Er scheint zu ahnen, daß sie nicht nur nach Frankreich, nach ihrem Geliebten Ausschau hält, sondern daß sie auch droht, sich ins Meer zu stürzen. Die Szenen auf der Mole legen diese Sichtweise nahe. Der grau verhangene Himmel und der heulende Wind sind filmischer Ausdruck für die Depression und die Verzweiflung der Frau, die aufs Meer blickt. Er, der Fremde vom Festland, wird zu ihrem Retter und zu ihrem Beschützer, zu ihrem Vertrauten, dem sie ihre sexuellen Phantasien, ihre Ängste vor deren Erfüllung und ihre Schuldgefühle mitteilen kann.

Die beiden sich einander widersprechenden Phantasien Sarahs von ihrer Liebesbeziehung zum Mann manifestieren sich filmästhetisch in der Darstellung einer Welt innerhalb der Stadt und einer außerhalb derselben, in der Natur. Für Sarah gehört Charles Smithson zur ersteren, der französische Leutnant zu der zweiten. In der endlos sich ausbreitenden Natur gibt es keine aggressiven Zusammenstöße oder libidinöse Verwicklungen wie in der Stadt. Sie repräsentiert eine ideale Welt von Ruhe und Harmonie, die des idealen, asexuellen Partners, des französischen Leutnants. In ihr scheint die Zeit stillzustehen; es gibt keinen Morgen, keinen Mittag und keinen Abend. Sarah Woodruff geht bergauf vom Meer weg, bergab zum Meer hin, bewegt sich gemessenen Schrittes über die Mole, schlendert gedankenverloren über Wiesen und durch endlos erscheinende Wälder, die hinter jedem Baum und Strauch Geheimnisse vermuten lassen.

Und doch ist daran zu erinnern, daß der Film immer wieder einen Dritten die Begegnung von Sarah und Charles beobachten läßt; er fordert demnach trotz aller Frustrationen, die er im Zuschauer produziert, auf, genau hinzusehen. Es scheint so, als ob der jeweils herbeigewünschte Zeuge die Funktion habe, Sarahs Wünsche und Gefühle zu kontrollieren, diesen Grenzen zu setzen. Die Liebesszene im Hotel in Exeter beispielsweise wird mehrere Male durch Schnitte unterbrochen. Sam, der Diener von Charles, nähert sich auf der Straße dem Hotel; er geht hinein und fragt nach Charles. Der Arzt von Lyme hält Sarah für verrückt und macht Charles den Vorschlag, sie in ein Irrenhaus einsperren zu lassen. Sollte die Angst vor dem Kontrollverlust im Koitus mit Charles für Sarah die Bedeutung von Furcht vor der Verrücktheit haben, und sollte diese wiederum gleichbedeutend sein mit sadistischer Zerstörung des Liebesobjekts? Die Angst vor den eigenen sadistischen Phantasien, mit denen sie ihm schaden könnte, und ihren Konsequenzen veranlassen sie gleichsam, in eine Phantasie auszuweichen, ein Spiel zu inszenieren, in dem der Sadismus und die Angst, Charles zu beschädigen, in einer Verschmelzungsphantasie aufgehoben sind, in der dieser zwar sein Eigendasein verliert, aber für Sarah weiterhin vorhanden ist. Die Annahme einer Angst vor der Beschädigung Charles' durch Sarah wird durch eine Reihe von Bildsequenzen, die sich an das Treffen in Exeter anschließen, bestätigt. Durch die Aufkündigung seines Eheversprechens Ernestina gegenüber und durch die Folgen des gegen ihn von Ernestinas Vater angestrengten Prozesses verliert er das Recht, sich Gentleman nennen zu dürfen. Sein Diener Sam, der indirekt mit der Mitgift Ernestinas gerechnet hatte, kündigt ihm seinen Dienst auf. Ernestina droht Charles, daß ihr Vater ihn und Sarah aus England ausweisen lassen wird. Aber der bereits erwähnte Zeuge genügt offensichtlich nicht, Sarahs Sadismus zu kontrollieren. Sie verläßt Charles, schützt ihn damit vor ihren sadistischen, zerstörerischen Phantasien, gleichzeitig aber wendet sie sie gegen sich selbst, indem sie sich ihr Liebesobjekt wegnimmt und sich damit schadet.

Außer der Rahmenhandlung, die die Geschichte der Geliebten des französischen Leutnants in die Gegenwart, in die Liebesbeziehung zwischen den Protagonisten Anna und Mike projiziert, können innerhalb der Inszenierung noch einmal zwei Darstellungsebenen unterschieden werden. Die Liebesszene in Exeter steht gleichsam als Beginn der filmischen Erzählung, von dem aus sich in einer Reihe von Bildern und Bildsequenzen die erfundene Geschichte Sarahs entfaltet. Anders ausgedrückt: die Liebesszene im Hotel kann als Rückblende verstanden werden, der eine besondere Stellung zukommt. Sie kann als filmische Darstellung der Urszene verstanden werden, die in einer Reihe von anderen Szenen in uminterpretierter, umgestalteter Form gezeigt wird. Aus Charles Smithson wird der fremde, ferne französische Leutnant, mit dem Sarah in den gemeinsamen Liebestod durch Ertrinken im Meer geht. Ich hatte bereits auf die Doppeldeutigkeit der Meeresszene verwiesen: Sie enthält einerseits den unbewußten Wunsch Sarahs, sich ins Meer zu stürzen, um darin zu ertrinken, andererseits die unbewußte Phantasie, sich in die Arme des französischen Leutnants zu werfen. Die Bilder des Filmes legen die Interpretation nahe, an einen phantasierten gemeinsamen Liebestod zu denken.

Der Aufbau einer weiteren Szene suggeriert die Interpretation, daß sich Sarah als Tote inszeniert, die sich auf dem Friedhof mit dem französischen Leutnant sexuell vereinigt. In ihren schwarzen Kapuzenmantel gekleidet, mit der Kapuze auf dem Kopf, wirkt sie wie ein Geist oder eine nächtlich aus dem Grab auferstandene Tote. Zwischen Grabsteinen, an der Kirche sich entlangtastend, nach allen Seiten gleichsam ängstlich Ausschau haltend, sucht Charles nachts nach Sarah, die ihn um ein Treffen gebeten hatte. Aus dem Off ruft Sarah in die Stille des Friedhofs: «Ich bin hier.» Charles geht in die Richtung, aus der die Stimme gekommen ist. In diesem Moment legt ihm eine schwarzgekleidete Gestalt, die von hinten sichtbar ist, ihre Hand von hinten auf die Schulter, und Charles erschrickt. Der späte Kirchgänger, einer der vielen Zeugen, verhindert jedoch, daß Sarah ihren Geliebten zu sich ins Grab ziehen kann, so wie Ernestina ihn vor dem Liebestod im Wasser gerettet hatte.

Seiner individuellen, menschlichen Persönlichkeit beraubt, wird der französische Leutnant zum idealen Objekt Natur, mit dem Sarah ekstatisch verschmilzt und über das sie sich schließlich selbst findet, sich in ihrem Zeichnen selbst verwirklicht. Ich fühle mich angelockt von den zauberhaft schönen, ästhetischen Darstellungen der Natur und möchte mich ähnlich wie Sarah in die Weite des Meeres und in die des Waldes verlieren, in den Bildern baden und in ihnen aufgehen. Die Schönheit, Harmonie und Ruhe, die von der inszenierten Natur ausgeht, wecken in mir das Bedürfnis, mich ebenso wie die Protagonistin dorthin zurückzuziehen, ewig aufs Meer zu blicken und mich im Grün des Waldes zu verlieren. Mit dem Eintauchen in die Natur wird ein trügerischer Schein von Freiheit und Unabhängigkeit vorgegaukelt, der darum aber nicht als weniger anziehend erlebt wird. Die oberhalb des Meeres auf der Wiese vor dem Wald weidende schwarz-weiße Kuh erinnert inmitten der Großartigkeit und Weite der Natur an erdnahe Bedürfnisse, wie Essen und Trinken, und signalisiert eine freundlich versorgende, den Menschen an- und aufnehmende Natur, die Sarah, die vor den Bewohnern Lymes in der Nacht während eines Gewitters in den Wald geflohen war, in einer halboffenen, verfallenen Hütte Unterkunft bietet.

Immer wieder bringt mich Sarah in die voyeuristische Position, aus der heraus ich in innere Spannung gerate, mehr und mehr sehen will, aber immer wieder enttäuscht werde, selbst in der Liebesszene im Hotel in Exeter das Gefühl behalte, nicht wirklich alles gesehen zu haben. Ich werde frustriert, an der Nase herumgeführt, in innere Aufregung versetzt und am Ende des Filmes meiner nicht befriedigten Neugierde überlassen. Süße, melancholische Musik kündigt die Vereinigung der Liebenden in einer der letzten Szenen an. Ich fürchte und hoffe zugleich, daß Sarah in Charles nicht länger den französischen Leutnant sehen, sondern daß sie vielmehr zu ihm ins Leben finden möge. Als die beiden dann in einem Boot aufs Wasser hinausrudern, bleibt der Zweifel bestehen. Sie sind zwar vereint, aber das Boot scheint keinen Hafen anzusteuern, sondern aufs offene Meer hinauszugleiten in die ewige Liebe, die nicht durch menschliche Leidenschaften und Gefühle bedroht ist, die ewiges Glück, Ruhe und Harmonie verspricht. Aber nein, schreit es in mir, vielleicht ist es doch anders, vielleicht triumphieren menschliche Leidenschaften, Liebe und Haß, Verzweiflung und Hoffnung über das ewige Nichts, das keine Entwicklung, keine Veränderung mehr mit sich bringt, sondern nur unendliche Stille? Dieser Zweifel hält mich in innerer Unruhe. Ich frage mich erneut, ob ich nicht etwa eine Szene falsch interpretiert oder gar übersehen habe. Um begierig noch einmal Zeugin der Inszenierung der Phantasie von der Geliebten des französischen Leutnants zu werden, in der Hoffnung auf und in der Furcht vor Eindeutigkeit, sehe ich den Film zum x-tenmal an. Der Bogen, unter dem die Liebenden hinaus aufs Wasser rudern, wird für mich zum Eingangsportal, das dazu einlädt, mir das Spiel Sarah Woodruffs erneut anzusehen.

Ein Teil der Faszination des Filmes geht von der Inszenierung dieses ewigen Zweifels aus, benützt ihn, um Szene auf Szene mit immer neuem Suspense zu gestalten und um auf diese Weise über die Bilder Sarahs Ambivalenz in ihrer Beziehung zum Mann zu inszenieren. Wird sie von ihrer schönen Todessehnsucht Abstand nehmen und sich dem Leben zuwenden? Wird sie in Charles den Mann sehen, mit dem sie sich eine sexuelle Liebesbeziehung wünscht? Diese Vorstellung ist jedoch aufgrund der bereits erwähnten sadistischen Phantasien für Sarah bedrohlich und beängstigend zugleich. Vor den Schreien und dem Stöhnen der Gebärenden und dem blutigen Vorgang der Geburt flieht sie in die Weite des Waldes. Die Phantasie Sarahs, Kinder haben zu wollen, verdeutlicht sich in der letzten Szene, in der Charles sie wiedertrifft. Er spricht ihre ihr nicht bewußten Vorstellungen aus, wenn er formuliert, daß sie geheiratet und mit einem anderen Mann Kinder habe. Charles' Vorhaltung, sie habe in Exeter nur die Befriedigung «fleischlicher Begierde» gesucht, muß sie aus den bereits erwähnten Ängsten vor Zerstörung abwehren.

Um ihre Wünsche nach Befriedigung sexueller Lust mit Charles im Hotel in Exeter zu kaschieren, inszeniert Sarah eine Reihe von Vorbereitungen, die der Liebesszene selbst Spannung nehmen. Sarah Woodruffs selbstsicher verzücktes Gesicht, mit dem sie aus dem Fenster ihres Hotelzimmers blickt, und die Vorbereitungen, die sie für das Eintreffen von Charles trifft, indem sie ihr Nachthemd mit einem Schal über den Stuhl legt, auf dem sie später sitzen wird, wenn dieser kommt, geben Anlaß, die Szenen, in denen der Zuschauer Charles mit seiner Verlobten, Charles in London mit seinen Freunden, mit seinem Anwalt, seine Besessenheit vom Gedanken, Sarah Woodruff aufzusuchen, und sein Zurückweichen davor als die Inszenierung angstvoll-lustvoller Phantasien Sarahs zu sehen, die das Treffen mit Charles vorbereiten. Die Liebesszene selbst wirkt eigenartig verlangsamt, so als ob sich die beiden endlos beim Vorspiel aufhielten, um dann wie nebenbei ohne große Begeisterung zum Höhepunkt zu kommen. Das wirklich Bewegende der Liebe Sarahs, ihre bittere Süße, wird erst in einer der nächsten Szenen deutlich, als Charles von Lyme zurückkommt, um sie wieder zutreffen, sie aber ohne Angabe einer Adresse abgereist ist. Die Lust liegt demnach in der Nichterfüllung bzw. in dem Hoffen auf und in der Furcht vor Erfüllung, die aber nie wirklich eingelöst werden darf. Der Inszenierung masochistischer Phantasien korrespondiert die Lust nach der Vereinigung im Tod, die ebenfalls eine Aufkündigung, ein Aufgeben von Endlust darstellt. Der Film stellt meisterhaft diese Verklammerung von masochistischem Suspense und dessen Auflösung in ewiger Vereinigung der Liebenden dar. «Die masochistische Erregungsart ist am besten durch den Ausdruck Suspense gekennzeichnet. [...] Der Ausdruck Suspense [enthält] das Element des Ungewissen, Zögernden, Schwebenden; zugleich das einer nichtbestimmten Zeit oder Dauer dieses Zustandes. [...] Am nächsten würde ihm etwa das Goethische ‹Hangen und Bangen in schwebender Pein› kommen. [...] Das zweite Merkmal des Spannungsverlaufs im Masochismus ist eine Tendenz [...], die Vorlust zu verlängern oder, was viel wichtiger ist, die Endlust zu vermeiden» (Reik 1977, S. 80 f).

Die von Sarah erfundene Geschichte von der Geliebten des französischen Leutnants ruht auf narzißtischen Phantasien von einer Liebe jenseits der Sexualität auf, die verknüpft sind mit dem Wunsch nach totaler Vereinigung, die weder durch Haß noch durch Liebe gestört werden kann. Die Gefahr, die von der sexuellen Vereinigung in der sadistischen Version der Urszene ausgeht, wird verleugnet und gebannt durch eine Verschmelzungsphantasie, in der die Subjekt-Objekt-Relation und die damit verknüpften angstvollen Zerstörungsphantasien regressiv scheinbar aufgehoben sind.

Aus dieser Sichtweise wird die Entrüstung von Mrs. Poulteney über Sarahs Ausflüge zu dem Wald auf den Klippen am Meer erst richtig verständlich: Sarah sagt ihr und ihrer Welt, in der eine Frau sich überwiegend über den Mann definierte, ihr Glück oder Unglück in der Ehe sah, den Kampf an. Im Film wird dieses traditionelle Frauendasein von Ernestina verkörpert. Sie ist aufgeregt vor jedem Besuch ihres zukünftigen Mannes und überlegt, in welchem ihrer Kleider sie ihm am besten gefallen wird. Als Charles sein Heiratsversprechen aufkündigt, gerät sie in wilde Eifersucht auf die Nebenbuhlerin, die ihr vermeintlich den Mann weggenommen hat. Für Sarah Woodruff jedoch gelten andere Maßstäbe. Nicht die Rivalität mit der anderen Frau, nicht der Wunsch, deren Mann für sich zu beanspruchen, ihn zu heiraten und mit ihm Kinder zu haben, bewegen sie, Charles zu verführen, sondern die Sehnsucht nach Einssein und Verschmelzung. Aber die Hoffnung, trotzdem auch eine sexuelle Liebesbeziehung einzugehen, ist damit nicht aufgehoben, im Gegenteil, durch den Versuch, sie zu eliminieren, behält sie ihre unbewußte Wichtigkeit und Bedeutung. Sie äußert sich in masochistischen Phantasien, deren Lustgewinn in der Nichtvereinigung besteht, aber in jedem Scheitern gleichzeitig wieder die Hoffnung auf Befriedigung verspricht.

Das Getriebensein des Zuschauers, seine Unruhe, nicht davon loskommen zu können, den Film immer wieder sehen zu müssen, verdanken sich der dem Masochismus innewohnenden Befriedigungsform, die zu einer beständigen Überreizung und einer Dauererregung führt, deren Auflösung in Aussicht gestellt, jedoch nicht wirklich eingelöst wird.

Literatur

Reik, Theodor: Aus Leiden Freuden. Masochismus und Gesellschaft, Hamburg 1977

Sara Lennox

Schattenriß eines Liebhabers

Traum und Wirklichkeit der Geliebten
in der Prosa von DDR-Autorinnen vor der Wende

Die zeitgenössische DDR-Autorin Helga Schubert läßt eine Kurzgeschichte in ihrem Erzählband «Lauter Leben» mit der folgenden phan-
tastischen Anekdote enden:

«Bei Doktor Xfried ist die Tageseinteilung etwas anders, denn um
acht Uhr kommen alle Freundinnen von verheirateten Männern, um
neun Uhr kommen alle Frauen von verheirateten Männern, die eine
Freundin haben, um zehn Uhr kommen alle Frauen, die keinen Mann
haben, und um elf Uhr alle Frauen, die keinen Mann haben wollen,
dann hat Doktor Xfried Mittagspause. Um ein Uhr kommen alle Männer, die eine verheiratete Freundin haben (das sind sehr wenig, da kann
er sich ausruhen), um drei Uhr kommen alle Männer, die keine Frau
haben (da wird er noch einige Stühle reinstellen müssen), und um vier
Uhr kommen alle Männer, die keine Frau haben wollen (da kann er
wahrscheinlich früher gehen). Oder er läßt sie alle zusammen kommen,
zur gleichen Stunde zwei Frauen von verheirateten Männern mit
Freundinnen, zwei Freundinnen von verheirateten Männern, zwei verheiratete Männer mit Frau und Freundin (die vorhin ganz unter den
Tisch fielen) sowie zwei Frauen, die einen Mann wollen.

Das will er als Patent anmelden» (Schubert 1981, S. 119 f).

Schuberts bizarre und amüsante Darstellung der Patienten und Patientinnen des Doktor Xfried legt einige provokative Behauptungen
über die Geliebte in der heutigen DDR nahe. Der vieldeutige Titel des
Bandes bringt zum Ausdruck, daß die Geschichten der Autorin als eine
lebhafte verbale Reaktion auf das zeitgenössische Alltagsleben in der
DDR zu verstehen sind. In diesem Kontext gibt die zitierte Anekdote
einen Hinweis darauf, daß die Dreiecksbeziehung, mit der sich dieser
Band befaßt, in der DDR eine so alltägliche Erscheinung ist, daß derartige Vorkehrungen wie Doktor Xfrieds Tageseinteilung tatsächlich beinahe nötig werden. Gleichzeitig aber schafft diese Dreiecksbeziehung
eine Situation, die gesellschaftlich und psychologisch schwierig bleibt,

besonders für Frauen – andernfalls hätten Doktor Xfrieds Patienten und Patientinnen, von denen Helga Schubert im vorhergehenden sagte, sie litten alle an Liebeskummer, keinen Grund, ihn zu konsultieren. Der Titel der Geschichte «Langsam lesen» legt schließlich nahe, daß Liebeskummer in der DDR, in der gegenwärtig Dreiecksbeziehungen und Frauen ohne Ehemänner überwiegen, ein noch nicht gänzlich verstandenes Phänomen ist und darum eine sorgfältige Betrachtung verdient.

Wie in der Bundesrepublik, so gibt es auch in der DDR keine Statistiken oder soziologische Analysen, die Schuberts Aussagen über die Rolle, die Dreiecksbeziehungen im Privatleben der DDR-Bürger spielen, bestätigen könnten. Aber die Wissenschaft ist nicht die einzige Informationsquelle über die DDR: Wie die DDR-Kulturtheoretikerin Irene Dölling feststellt, werden Veränderungen in der Lebensweise und die Konflikte, die sich daraus für menschliche Beziehungen ergeben, oft schon in der Kunst ausgedrückt, bevor noch wissenschaftliche Untersuchungen sie belegen (Dölling 1986, S. 90). Die erstaunliche Häufigkeit, mit der in den letzten fünfzehn Jahren in Werken von DDR-Schriftstellerinnen alleinstehende Frauen als Geliebte verheirateter Männer auftauchen, legt es nahe, die Figur der Geliebten gründlicher zu untersuchen. Eine solche Untersuchung möchte ich in diesem Beitrag vornehmen, um die Bedeutung der Geliebten in der gegenwärtigen Literatur von DDR-Schriftstellerinnen zu verstehen und um zu erkunden, was deren Darstellung in der Literatur über die Situation von Frauen in der DDR aussagt. Dabei werde ich zunächst den soziologischen und literarischen Zusammenhang, in dem solche Darstellungen entstehen, untersuchen und überlegen, welche Funktion ein Liebesverhältnis mit einem verheirateten Mann für DDR-Frauen im Leben wie in der Literatur haben kann. Daraufhin sehe ich mir an einigen Beispielen an, wie DDR-Schriftstellerinnen seit 1974 die Geliebte darstellen. Ich versuche dabei herauszufinden, welche allgemeinen Folgerungen über intime Beziehungen zwischen Männern und Frauen aus diesen Darstellungen der Geliebten und ihres Liebhabers in der DDR gezogen werden können. Abschließend werde ich die These vertreten, daß die Einschätzung solcher Beziehungen durch die Schriftstellerinnen treffend wiedergegeben ist im Titel einer Geschichte von Rosemarie Zeplin, den ich auch als Titel dieses Beitrags gewählt habe: «Schattenriß eines Liebhabers»: Solche Beziehungen bieten nur die Form, nicht die Substanz der Liebe. Obwohl man bei Übertragungen aus dem DDR-Kontext auf die Situation von Frauen im Westen vorsichtig sein muß, werde ich zum Schluß meines Aufsatzes vorschlagen, daß einige Einsichten von DDR-Autorinnen über die

Geliebte – mutatis mutandis – auch dafür genutzt werden können, die Erfahrungen von Frauen im Westen zu verdeutlichen.

Was die neue Wirklichkeit der meisten Frauen in der DDR am stärksten prägt, ist die Erwartung, einen Beruf zu erlernen und ihn den größten Teil des Lebens auch auszuüben und ihre Arbeit, wenn überhaupt, nur kurze Zeit für Geburt und Erziehung der Kinder zu unterbrechen. Berufstätige Frauen werden in der DDR ermutigt und respektiert, und die Gesetzgebung der DDR fördert ihre Berufstätigkeit viel mehr, als dies bei uns der Fall ist. Frauen machen die Hälfte der erwerbstätigen Bevölkerung der DDR aus, wobei 91,3 % der arbeitsfähigen Frauen außer Haus arbeiten. Kinderbetreuung ist vom Säuglingsalter an ohne großen finanziellen Aufwand gewährleistet: 1986 besuchten 75 % der Kinder im Alter bis zu drei Jahren eine Krippe. Jede Frau hat Anspruch auf 26 Wochen bezahlten Mutterschaftsurlaub sowie auf ein zusätzliches bezahltes Urlaubsjahr nach Geburt des ersten und zweiten Kindes und auf 18 Monate nach Geburt des dritten Kindes. Darüber hinaus erhalten Frauen monatlich einen bezahlten Haushaltstag (Boeck 1987, S. 77). Doch können nur Frauen diese Vergünstigungen in Anspruch nehmen, da davon ausgegangen wird, daß Haushalt und Kinderbetreuung Sache der Frau sind: In einer durchschnittlichen DDR-Familie sind die Frau wöchentlich 37 Stunden, der Mann 5,5 und die Kinder 4 Stunden mit Hausarbeit beschäftigt (Sudau 1978, S. 72). Auf diese Weise sind berufstätige Frauen in der DDR gezwungen, die Doppellast von privater Arbeit einerseits und öffentlicher Arbeit andererseits zu tragen; mit am häufigsten werden in der Prosa von DDR-Frauen körperliche Erschöpfung und fehlende Zeit beklagt.

Nicht nur im Hinblick auf die Hausarbeit, sondern auch in anderer Hinsicht hat sich das Geschlechterverhältnis wenig verändert. Viele DDR-Männer sind noch unverändert chauvinistisch, und die meisten erwarten von ihrer Ehefrau immer noch, daß sie ihnen Geliebte, Mutter, Gastgeberin, Freundin, Kumpel, Therapeutin, Köchin und Hausfrau zugleich sei. Daniela Dahn, eine junge DDR-Autorin, formuliert es so:

«Als Ehefrau hat man heutzutage schön, klug und begehrenswert zu sein, bei allem sanft und nie aggressiv. Zu kulturellen Höhepunkten erweist man sich als gesellschaftsfähig, belesen, geistreich und stets über das Neueste informiert. Als Gastgeberin bewirtet man mit hausfraulichem Können, zeigt pädagogisches Geschick beim Vorführen der Kinder und im Gespräch charmanten Unterhaltungswert. Im Urlaub stellt sich heraus, daß man unternehmungslustig, sportlich und obendrein in bester Kondition ist. [...] Kurz und schlecht, die Emanzipation hat das Gleichgewicht ziemlich einseitig verschoben, in Richtung höhere Leistung, also Belastung, Stärke» (Dahn 1984, S. 346 f).

Aber Gleichberechtigung und finanzielle Unabhängigkeit von Frauen haben die Bedingungen der Ehe in der DDR verändert: Da sie ökonomisch nicht mehr von Männern abhängig sind, fällt es Frauen jetzt leicht, sich der Last einer Ehe zu entledigen, die ihnen weder Freude noch Rückhalt bietet und lediglich mehr Arbeit bedeutet. Die Scheidungsrate der DDR gehört zu den höchsten der Welt, wobei zwei Drittel der Scheidungen auf die Initiative der Frau zurückgeht. Wie die Dichterin Sarah Kirsch sagte: «[...] die Damen [...] schleppen nur das Nötige mit: die Kinder, die Arbeit» (Kirsch 1978, S. 29). Oder wie «Erika», eine der Interviewten in Maxie Wanders Protokollband, äußerte: «Vielleicht ist das Emanzipation, daß Dinge, die früher zu Katastrophen geführt haben, heute kein Problem mehr sind. Daß eine Frau sagen kann: wenn du nicht mitmachst, dann mach ich das alleine. Obwohl das nicht einfach ist» (Wander 1978, S. 88).

Die Literatur der DDR ging zunächst kaum auf das Thema ein, wie sich die häuslichen Verhältnisse durch die zunehmende Berufstätigkeit der Frauen verändern. Die literarischen Arbeiten der ersten beiden Jahrzehnte der DDR konzentrierten sich vorrangig auf Probleme, die den Aufbau des Sozialismus und den Bereich der Produktion betrafen. Seit den späten Sechzigern jedoch, nachdem die DDR offiziell erklärt hatte, die Grundlagen des Sozialismus seien nun geschaffen, richtete sich das Interesse von DDR-Schriftsteller/inne/n zunehmend auf die Bedeutung von Subjektivität und Selbstverwirklichung im Sozialismus. Bei der literarischen Erforschung von Subjektivität war die Untersuchung verschiedener Dimensionen von Beziehungen zwischen Männern und Frauen immer schon von zentraler Wichtigkeit. Das gilt auch auf neue Weise für die sozialistische Gesellschaft: Marx selbst bemerkte in den «Pariser Manuskripten», daß der Entwicklungsstand der Menschheit nach dem Verhältnis des Mannes zur Frau beurteilt werden könne. Viele Schriftsteller/innen der siebziger und achtziger Jahre behandelten in ihren Werken das Verhältnis der Geschlechter zueinander und wiesen darauf hin, daß sich die Gesellschaft der DDR von den Charakterdeformationen der alten Gesellschaft – Chauvinismus und Sexismus eingeschlossen – noch nicht befreit und daß die neue soziale Ordnung der DDR neue Formen der Selbstentfremdung hervorgebracht habe. Diese Werke sprechen häufig von einem «Riß», um den Seelenzustand ihrer Charaktere zu kennzeichnen. Von 1974 an begannen Autorinnen zu fragen, ob die Integration der Frauen in den Produktionsprozeß genüge, deren Emanzipation herbeizuführen, solange

Beziehungen im privaten Bereich unverändert blieben. Drei größere Werke von Frauen erschienen 1974: Gerti Tetzners «Karin W.», Irmtraud Morgners «Trobadora Beatriz» und Brigitte Reimanns «Franziska Linkerhand». Ferner erschien 1975 eine Sammlung von Geschlechtertausch-Geschichten, «Blitz aus heiterem Himmel», und 1977 Maxie Wanders Sammlung von Interviews mit DDR-Frauen, «Guten Morgen, du Schöne». Sie alle lösten eine wahre Schreibflut unter jungen Frauen in der DDR aus. Schriftstellerinnen verstanden ihre Werke als eingreifend, als produktive Beiträge zu einer sozialen Umgestaltung, sie befragten eingehend das Verhältnis ihrer eigenen, schwierigen Lebensbedingungen zu den Träumen und Versprechungen des Sozialismus. Wie Wolfgang Emmerich feststellt: «In all diesen Texten geht es, mit Marx zu sprechen, um die ‹Aneignung der Natur durch den Menschen› — jetzt weniger um die Aneignung der äußeren Natur im Arbeitsprozeß, sondern um die Aneignung der eigenen menschlichen Natur, was Selbstverwirklichung in der eigenen Geschlechtlichkeit, in erotischen Beziehungen einschließt» (Emmerich 1985, S. 197). Diese neueren Werke von Schriftstellerinnen thematisieren die Situation der Frau und das Verhältnis der Geschlechter zueinander. Sie zeigen sowohl die Festigkeit alter Verhaltensformen und Persönlichkeitsstrukturen als auch die zögernden, suchenden und widersprüchlichen Anstrengungen zeitgenössischer Frauen in der DDR, Muster und Lösungen der Vergangenheit zu überwinden.

Wie Irene Dölling feststellt, sind es Frauen «[...] in erster Linie, die die Widersprüche bewältigen müssen, die bei der Wahrnehmung dieser [neuen beruflichen, d. Verf.] Möglichkeiten in der Konfrontation mit ihren traditionellen Funktionen auftreten. Und dies ist nicht allein eine Frage des Zeitbudgets, der doppelten und dreifachen Belastung, sondern ganz wesentlich eine Frage der Konfrontation mit sich selbst, mit seit Generationen eingeübten Verhaltensmustern und Wertorientierungen, die zu neuen gesellschaftlichen wie individuellen Anforderungen und Ansprüchen in Widerspruch geraten» (Dölling 1980, S. 60).

Voll engagiert in den ihnen neu zugänglichen Berufen, in denen man von ihnen Leistung und Verhalten wie von einem Mann erwartet, werden die Frauen in der DDR in ihren privaten Beziehungen mit eher traditionellen geschlechtsspezifischen Definitionen und Erwartungen und mit ihren eigenen subjektiven Bedürfnissen konfrontiert, die mit den objektiven Bedingungen ihres Arbeitslebens oft schwer in Einklang zu bringen sind. Gesetzlich und ökonomisch emanzipiert, befinden sie sich im privaten Leben auf unsicherem und unbekanntem Gebiet. Ihre Desorientierung aufgrund der neuen Unabhängigkeit benachteiligt sie in ihren Beziehungen zu Männern subjektiv mehr als die traditionellen Hausfrauen, welche zumindest wußten, daß sie unentbehrliche Mitglieder einer ökonomischen Einheit waren, auf deren Dienstleistungen ihre Ehemänner angewiesen waren. Unter diesen Bedingungen (vielleicht gerade unter diesen Bedingungen, da größtmögliche Leistung, da Superfrauen erwartet und deren andere Bedürfnisse kaum anerkannt werden) halten Frauen in der DDR weiterhin an ihren Bedürfnissen nach Erotik, Partnerschaft und Fürsorge fest. Während sie mit ihren verschiedenen Pflichten jonglieren, müssen sie feststellen, daß ihr Leben von Widersprüchen geprägt ist, welche das Dasein vieler modernen Frauen durchdringen: die Widersprüche zwischen Liebe und Arbeit, zwischen Arbeit und Familie, zwischen Kopf und Körper, zwischen Rationalität und Emotionalität, Selbständigkeit und Nähe. Im Leben wie in der Literatur müssen Frauen in der DDR um neue Bedingungen kämpfen, die ihnen ein befriedigenderes Leben ermöglichen, sie müssen gelegentlich auch konkrete Utopien entwerfen, die einen Blick auf Lebensformen erlauben, in denen solche Widersprüche versöhnt werden könnten. In diesem Rahmen können wir versuchen, das Phänomen der Geliebten in der Literatur der DDR zu verstehen, denn die Entscheidung vieler Frauen in der heutigen Gesellschaft (und Literatur) der DDR, eine Liebesbeziehung mit einem verheirateten Mann einzugehen und durchzuhalten, kann als Versuch gesehen werden, in einem Umfeld, das eine vollständig befriedigende Auflösung aller Widersprüche nicht erlaubt, doch noch eine möglichst gute und individuell am meisten befriedigende Lösung zu finden.

Wie kommt eine Beziehung zu einem verheirateten Mann diesen sich wandelnden Bedürfnissen einer Generation von bedrängten Frauen in der DDR entgegen? Um das Resümee dieses Beitrags vorwegzunehmen: Die Figur der modernen Geliebten in der DDR-Literatur dieser Periode scheint den Versuch widerzuspiegeln, die Spaltung von öffentlichem und privatem Bereich zu überwinden. Die Entscheidung einer alleinstehenden Frau, die Geliebte eines verheirateten Mannes zu werden, ist eine Notlösung, welche ihr am ehesten die Befriedigung ihrer Bedürfnisse sowohl nach Intimität als auch nach Autonomie zu erlauben scheint, wobei sie sich aber gleichzeitig eine weitere Fragmentierung ihres anstrengenden Lebens einhandelt. Einen Mann zu lieben, der nicht die Rechte eines Ehemanns auf ihre Zeit oder ihre Gefühle geltend machen kann, erhält ihr Unabhängigkeit; ein nur begrenzte Zeit anwesender Liebhaber ermöglicht ihr, ihre Gefühle in der Weise einzuteilen, wie ihr der Beruf aufgezwungen hat, andere Aspekte ihres Lebens zu organisieren und zu rationalisieren. So wie die Liebesbeziehung diesem hektischen Leben angepaßt werden kann, so kann sie auch als dessen Gegenpart erscheinen, indem sie Spannung, Intensität, Leidenschaft und Romantisches beibehält, welche die Routine einer Ehe in einem ansonsten von Disziplin und rationalem Kalkül geprägten Lebenszusammenhang zerstören würde; das Verhältnis kann als der Traum eines Lebens, wie es sein sollte, erscheinen.

Die Wirklichkeit des Lebens einer modernen Geliebten sieht allerdings, wie ich zeigen werde, in den meisten Fällen ziemlich anders aus – zumindest nach den Beschreibungen der DDR-Schriftstellerinnen. Obwohl solche Beziehungen einige der «objektiven» Probleme im Leben heutiger Frauen zu lösen scheinen, bleiben tatsächlich Männer die entscheidende Instanz, und subjektiv produzieren diese Beziehungen oft eine emotionale Konstellation, welche die Vorherrschaft der Männer und die Unterordnung der Frauen wieder bestätigt. Man kann bei diesen Geliebten beobachten, was man ehemals als «falsches Bewußtsein» bezeichnet hätte: Die Beziehung wird als eine Möglichkeit genutzt, eigene psychische Widersprüche zu lösen, indem sie den Frauen einerseits ermöglicht, ihrer weiblichen Sozialisation nachzugeben und regressive psychische Bedürfnisse zu befriedigen, während sie ihnen andererseits gleichzeitig gestattet, in jenen Bereichen ihres Lebens, zu welchen sie ihren Liebhabern keinen Zugang gestattet haben, unabhängig und kompetent zu handeln. So haben die Herausgeberinnen dieses Bandes gefragt: «Erfüllt nicht gerade die Geliebte die Klischees der unselbständigen Ehefrau besonders gut: duldsam, treu, anspruchslos, fürsorglich und immer bereit?» Im Gegensatz zu ihren Hoffnungen lebt die Geliebte subjektiv in der schlimmsten aller möglichen Welten: Sie besitzt weder den Reiz, die sexuelle Anziehungskraft und die finanziellen Vorzüge einer traditionell ausgehaltenen Mätresse, entbehrt aber auch die häusliche Macht, die Sicherheit und gefestigte Situation einer Ehefrau. So kann die moderne Geliebte als eine Person betrachtet werden, die eine Ungleichzeitigkeit oder ungleiche Entwicklung in verschiedenen Lebensbereichen von Frauen in der DDR aufdeckt: Obwohl der öffentliche Bereich sich für sie in vieler Hinsicht wesentlich verändert hat, hinkt die Privatsphäre dieser Entwicklung hinterher, und dies nicht nur im Hinblick auf Konventionen und Erwartungen, welche die Beziehungen zwischen Männern und Frauen bestimmen, sondern auch hinsichtlich der Erwartungen an das Geschlechterverhältnis im Bewußtsein der Frauen. Das hat zur Folge, daß sie, um männliche Zuneigung und Liebe zu erhalten, bereit sind, die ungebrochene Ausübung patriarchalischer Vorrechte durch Männer zu akzeptieren. Durch die Darstellung des Verhältnisses zwischen verheiratetem Mann und alleinstehender Frau, in dem die übliche Mann-Frau-Beziehung auf die Spitze getrieben scheint, gelingt es dieser Literatur, den Stand der Geschlechterbeziehungen in der DDR zu kennzeichnen. Es werden Beziehungen dargestellt, in denen berufliche Unabhängigkeit und soziale Isolation der Frauen mit unveränderten patriarchalischen Privilegien und Erwartungen der Männer verbunden sind. Die Darstellung der Geliebten in der Literatur der DDR ist also nicht nur realistische Wiedergabe einer gegebenen Situation; sie kann vielmehr als eine komplexe, überzeichnete Metapher für die Situation einer großen Anzahl Frauen in der DDR heute verstanden werden.

Wie so oft in der Prosa der DDR war es auch hier Christa Wolf, die mit «Der Schatten eines Traumes» (1979) – ihrer eindringlichen und leidenschaftlichen Einleitung einer Neuausgabe der Werke der im frühen 19. Jahrhundert lebenden Dichterin Karoline von Günderrode – die Parameter lieferte für die Diskussion über die alleinstehende Frau, die einen verheirateten Mann liebt. Wenngleich Christa Wolf die Unterschiede zwischen dieser frühen Generation, die mit ihren Enttäuschungen nach einer fehlgeschlagenen Revolution fertig werden mußte, und der heutigen anerkennt, unterstreicht sie doch auch die Übereinstimmungen zwischen jener Zeit, jenen Figuren und der Gegenwart. Eingeschränkt durch Geschichte und Geschlecht versuchte die Günderrode trotzdem, die von den revolutionären Hoffnungen der Französischen Revolution eröffneten subjektiven Möglichkeiten zu realisieren. «Sie will ja vereinen», schreibt Wolf, «was unvereinbar ist: von einem Mann geliebt werden und ein Werk hervorbringen, das sich an absoluten Maßstäben orientiert. Die Frau eines Mannes und Dichterin sein; eine Familie gründen und versorgen und mit eignen kühnen Produktionen in die Öffentlichkeit gehn – unlebbare Wünsche» (Wolf 1979, S. 23). Was bleibt den Frauen, die in einer Zeit unauflösbarer Widersprüche leben, denen ein aktives und erfüllendes öffentliches Leben verwehrt ist? Sie werden unrealistisch, erklärt Wolf, da das Realistische von Männern definiert ist: Sie werden kindisch oder rachsüchtige Furien oder schöne Seelen oder pflichtbewußte Hausfrauen. Einziger Ausdruck ihrer Sehnsüchte wird romantische Liebe, was gleichzeitig zu ihrer eigenen Zerstörung führen kann. Dies war der Fall bei der Günderrode, die Geliebte wurde, die verliebt war in einen verheirateten Mann, Friedrich Creuzer, der ihr weder in Leidenschaft noch Mut ebenbürtig war.

«Das Ergebnis, mit sich selbst zugleich das eigne Unglück hervorzubringen, was mich tötet, zu gebären, muß zur Versteinerung oder zur gesteigerten Empfindlichkeit führen. Je unbedingter, je bedeutender die Günderrode als Dichterin wird, um so ungeeigneter wird sie zu einer Verbindung mit einem Mann, der an ein ‹bedingtes Leben› gefesselt ist. Lieben müssen, aber sich nicht eignen für das bürgerliche Frauenleben – wie soll der Widerspruch sich auflösen. Die eignen Möglichkeiten gewaltsam niederhalten, oder zu Einsamkeit, Lieb-Losigkeit verurteilt sein: kein Ausweg. Creuzer treibt sein Gefühl für sie bis zur Anbetung, fast bis zur religiösen Verehrung – aber auf gewöhnliche irdische Weise mit ihr zusammenleben, das kann er nicht.

Er kann es wirklich nicht» (Wolf 1979, S. 43 f).

Nach den üblichen heimlichen Briefen und Zusammentreffen, den bekannten Szenen, den Versprechungen, seine pflichtbewußte Frau, die dreizehn Jahre älter ist als er, zu verlassen, und nach den bekannten Herzenswandlungen, brach Creuzer die Beziehung zu ihr ab, indem er ihr durch einen Freund einen Brief zukommen ließ. Die Günderrode beging Selbstmord. In der Banalität dieser Geschichte, erklärt Wolf, ist ihre Tragik für Frauen der Generation Günderrodes enthalten:

«Weniges, so scheint es, genügt, sie in den Abgrund zu ziehn, an dessen Rand sie sehenden Auges gehn. Und es fragt sich noch, ob es weniges ist, was sie umbringt. Ob nicht das, was sie schließlich tötet – eine unglückliche Liebe, mein Gott! –, für sie nur das Zeichen ist, das ihr Schicksal, besiegelt ohnehin, ihnen gibt: verlassen, verkannt, verraten zu sein. Und ob sie diese Zeichen so gänzlich falsch gedeutet haben» (Wolf 1979, S. 10 f).

Wolfs Umgang mit der Günderrode in «Der Schatten eines Traumes» zeigt, daß die Faszination, die von der Geliebten auf Schriftstellerinnen in der DDR ausgeht, nicht nur mit ihrer sozialstatistischen Häufigkeit zusammenhängt, sondern einen tieferen Grund hat. Es gelingt ihr, aus Günderrodes unglücklicher Liebe zu einem verheirateten Mann ein umfassendes Bild von den Problemen der Frauen jener und ihrer eigenen Zeit zu zeichnen – außerstande, glücklich zu werden in einer repressiven Zeit, aber auch nicht willens, sich mit den Beschränkungen der Gegenwart abzufinden, sich mit dem Gegebenen auszusöhnen. Heroisch und tragisch zugleich rückt die Günderrode von der Unbedingtheit ihrer Ansprüche nicht ab. Sie erkennt aber, wie eine andere Heldin Christa Wolfs, Christa T., in einer unerlaubten Liebesaffäre, «daß Unglück ein angemessener Preis sein kann für die Verweigerung der Zustimmung» (Wolf 1971, S. 153).

Brigitte Reimanns «Franziska Linkerhand», das früheste und wohl ehrgeizigste der hier zu behandelnden Werke, ist das erste in der neuen Welle von Werken von Autorinnen der DDR, die das Problem der Geliebten unter den neuen sozialen Bedingungen der DDR behandeln. Franziskas Lebenslauf ist typisch und symbolisch für die den Frauen in der DDR zugänglichen Möglichkeiten, so daß es – die metaphorische Kraft der Geliebtenfigur einmal unterstellt – nicht weiter erstaunt, daß Franziska für längere Zeit die andere Frau in einem Liebesverhältnis mit einem verheirateten Mann wird. Als Architektin und Stadtplanerin ausgebildet, fungiert Franziska als eine Illustration von Marx' Auffassung der menschlichen Arbeit: «Was aber von vornherein den schlechtesten Baumeister vor der besten Biene auszeichnet, ist, daß er die Zelle in seinem Kopf gebaut hat, bevor er sie im Wachs baut» (Marx: Das Kapital). Franziska, die «Arbeit als Protest gegen die Begrenztheit der eigenen Existenz» (Reimann 1977, S. 334) definiert, versucht durch ihre Arbeit, ihre Vision einer Stadt zu realisieren, in der alle menschlichen Fähigkeiten unterstützt und gefördert würden; eine Stadt, die den Menschen im Blochschen Sinne eine Heimat bieten könnte. Aber sie ist gleichermaßen Frau wie Arbeiterin, und ihr persönliches Leben ist auch ein Versuch, Barrieren und Begrenztheiten der Vergangenheit zu überwinden und für eine Entsprechung von Traum und Wirklichkeit zu kämpfen. Ihre erste sexuelle Beziehung führt sie in die Ehe mit einem «einfachen Arbeiter», der ihre bürgerliche Herkunft kritisiert und sie schlägt: Franziskas Erfahrung zeigt, daß alleine die Umgestaltung zum Sozialismus die Frauen nicht befreit. Geschieden, beginnt sie später eine Liebesbeziehung mit Schafheutlin, ihrem spießbürgerlichen und verheirateten Vorgesetzten, wobei sie sich der Vorteile, aber auch Begrenztheiten dieser Wahl wohl bewußt ist. Ihr Nachsinnen über Schafheutlins Frau beschreibt deutlich, wie abträglich die Ehe für eine Frau sein kann, die ihre traditionelle Rolle akzeptiert, und auch, wie durch solch eine Dreieckskonstellation eine tiefe Feindschaft zwischen Frauen entstehen kann:

«Was wußte, was ahnte seine Frau? Ich sah sie selten, sie blieb sich immer gleich, stumm, leidend, sie beugte ihren Nacken unter einem unsichtbaren Kreuz, und jeder Satz, über den Haushalt, über den Friseur, war ein Vorwurf, ich weiß nicht an wen, vielleicht ans Schicksal allgemein. Eine dieser Frauen, die sich vom Leben benachteiligt fühlen, eine Märtyrerin aus Passion. Möglich, sie wäre entzückt gewesen, wenn ihr Mann sie betrogen hätte: welche Wonne, auch das noch erdulden zu dürfen!

Sie hat sich einen Mythos zurechtgemacht: die Frau, die ihren Beruf und die beruflichen Chancen einem Mann, Kindern, dem Haushalt geopfert hat; damit hielt sie in Schafheutlin ein latentes Schuldbewußtsein wach. Ihr Talent, andere ins Unrecht zu setzen, bekam ich [...] zu spüren, und ich wand mich in einem Schuldgefühl, das ärgerlich und juckend wie ein Ekzem war» (Reimann 1977, S. 277 f).

Aber die Begegnung mit der Eingeschränktheit dieser Ehe läßt sie auch an die Nachteile ihrer beruflichen Eingebundenheit und Autonomie denken und daran, wieviel einfacher ihr Leben durch die emotionale und finanzielle Unterstützung eines Mannes werden könnte:

«[...] wieviel angenehmer es wäre, könnte ich mich jetzt an Brust und Brieftasche eines Mannes ausruhen, in Muße Bücher lesen, spazierengehen, statt zu hetzen, in einem Café sitzen statt in einem verqualmten Konferenzzimmer, meine Wäsche gemächlich irgendwann am Tag waschen und bügeln statt nachts oder in aller Herrgottsfrühe, immer mit dem Blick zur Uhr» (Reimann 1977, S. 284).

Klar und scharfsichtig bezeichnet Franziska so die Optionen, die den Frauen ihrer Generation offenstehen und von denen keine ihre Bedürfnisse nach Selbstverwirklichung in Arbeit *und* Liebe befriedigen kann. Doch obwohl sich Franziska für die Liebe, gegen die Ehe entschieden hat, erkennt sie auch, daß die fortschreitende Zeit auch an der Liebe selbst nagt, die Utopie der Zeitlosigkeit in der Realität nicht aufrechterhalten werden kann, ganz gleich, ob in oder außerhalb einer Ehe:

«[...] jede Liebe nützt sich ab, es gibt keine anhaltende Euphorie, keine sieben Sonntage in der Woche; das bleibt nicht aus: Gewöhnung, Krampfadern, Streit um Kosta blau oder rot, Krähenfüße im Lidwinkel, die tödliche Intimität im Badezimmer, wo er sich rasiert, während sie sich die Achselhöhlen wäscht, die Arme, die ihn nicht mehr aufregen, sie sind nackt, na und?, ein Kuß in der Armbeuge wird nicht erwogen, wär auch lächerlich, man hat Seifenschaum im Gesicht, eine Zunge in der Backe, um die Haut zu straffen [...]» (Reimann 1977, S. 285).

In diesem Roman wird ebenso Franziskas zärtliche und leidenschaftliche Liebe zu einem weitaus romantischeren Menschen als Schafheutlin beschrieben, zu dem idealisierten Geliebten Trojanowicz. Im Lauf des Romans aber stellt sich heraus, daß dieser, in der frühen Aufbauphase der DDR noch ein talentierter und engagierter Ultralinker, jetzt «in kontemplativ-skeptischer Haltung verharrt; seine Erfahrungen mit der stalinistischen Vergangenheit haben ihn zum Beobachter gemacht» (Behn-Liebherz 1980, S. 169). Reimann starb, noch keine vierzig Jahre alt, an Krebs, bevor sie «Franziska Linkerhand» abgeschlossen hatte, doch aus ihren Notizen geht hervor, daß sich Franziska von Trojanowicz trennen würde, der zwar in politischer wie in persönlicher Hinsicht utopische Hoffnungen für die Zukunft hatte, jedoch keine Mittel zu deren Verwirklichung in der Gegenwart fand. Im letzten Kapitel des Romans sagt sie ihm:

«Es muß, es muß sie geben, die kluge Synthese zwischen Heute und Morgen, zwischen tristem Blockbau und heiter lebendiger Straße, zwischen dem Notwendigen und dem Schönen, und ich bin ihr auf der Spur, hochmütig und ach, wie oft, zaghaft, und eines Tages werde ich sie finden» (Reimann 1977, S. 582).

Statt dessen kehrt sie zu dem pragmatischen Schafheutlin zurück, «dem endlich wieder das Verhältnis von Realität und Utopie zum Problem wird» (Behn-Liebherz 1980, S. 169), und der ungeschriebene Ausgang des Romans deutet auf eine Aussöhnung nicht nur von Träumen und Wirklichkeit des Sozialismus, sondern auch der Widersprüche im Leben der Frauen, wie sie durch die Figur der Geliebten dargestellt werden. Doch wie in vielen anderen Romanen, die während der Tauwetterperiode zwischen 1971 und der Ausbürgerung Biermanns 1976 veröffentlicht wurden, scheint auch Reimanns Auflösung jetzt zu glatt – zu einfach scheinen die Widersprüche zwischen öffentlichem und privatem Leben lösbar, zu greifbar nahe das Utopische. Der Versuch Reimanns ist, nach Christa Wolfs Aufsatz über die Günderrode, der großartigste der hier behandelten. Er erforscht, wie private Probleme und deren Lösungen auf die größeren Probleme des Aufbaus der sozialistischen Gesellschaft der DDR bezogen und in sie integriert werden können. Rückblickend und unter dem Eindruck der vielen seit 1974 veröffentlichten Werke von Autorinnen muß Reimanns Roman als zu optimistisch angesehen werden: Er macht allzu leicht glauben, daß Widersprüche aufgehoben, daß Zukunftshoffnungen in der Gegenwart realisiert, daß die Reihe der Probleme, von denen die Geliebte von heute Zeugnis ablegt, gelöst werden könnten, und zwar so, daß diese im öffentlichen Bereich eine unabhängig Handelnde bliebe, während sie im privaten Bereich gleichgestellte Partnerin eines Mannes, der ihren Bedürfnissen gerecht würde, sein könnte.

Die seit «Franziska Linkerhand» erschienenen Werke von DDR-Autorinnen, die die Figur der Geliebten behandeln, zeigen eine skeptischere Haltung der Autorinnen im Hinblick auf die Vereinbarkeit von Liebe und Arbeit. Wie Franziska sind die Protagonistinnen dieser Werke stets jüngere, berufstätige Frauen, kompetent und unabhängig, die sich meist erfolgreich bemühen, den Herausforderungen der Arbeitswelt gerecht zu werden. Anders jedoch sieht es in ihrem Privatleben aus. Dort haben sie es meist mit Männern einer älteren Generation, oft ihren Vorgesetzten, zu tun, die sich ganz zu ihrer eigenen Annehmlichkeit mit der Geliebten einlassen, nur zu gerne deren Liebe, Sexualität und Hingabe annehmen, ihrerseits jedoch in den wenigsten Fällen entsprechende Fürsorge oder Unterstützung bieten. In Brigitte Martins Erzählung «Im Friedrichshain» aus der Sammlung «Der rote Ballon» (1978) wird ein solches Beziehungsmuster zwischen der Hauptperson Brigge Bem und ihrem verheirateten Liebhaber Hans Em beschrieben: er genießt, sie bemüht sich um die Beziehung. Als unverheiratete Mutter macht Brigge von allen Vorteilen Gebrauch, die Frauen in der DDR geboten werden – Vorkehrungen für eine befriedigende Partnerschaft treffen kann der Staat aber nicht. Hans gegenüber sagt Brigge:

«Außerdem muß eine Beziehung zwischen Mann und Frau viele Aspekte haben, die bei uns fehlen, zum Beispiel der, daß nicht nur du glücklich bist und daß du dran denkst, daß ich mit zwei Kindern allein stehe. Verstehst du mich? Es soll nicht noch schwerer für mich werden.

Wahr ist, daß noch niemals in meinem Leben jemand so Anteil genommen hat an meinen Problemen, so fürsorglich alles bedacht hat, so konfliktlos mit den Kindern umzugehen verstand, nicht einmal der eigene Vater. Aber ich leiste viel, um alle vier Wochen einen Mann für ein paar Stunden zu haben, du kehrst in deine Geborgenheit zurück und hast Kraft aus einem zweiten Leben geschöpft. Ich gebe mich preis. Von dir habe ich nicht einmal die Adresse» (Martin 1978, S. 109).

Trotz seines erklärten Interesses an ihr, hält Em Verabredungen nicht ein. So geht sie auch alleine zum Abbruch der Schwangerschaft, die aus dieser Beziehung resultierte. Beim nächsten Wiedersehen sagt er ihr hilflos, daß er ihr nicht hätte helfen, sie aber vielleicht etwas hätte unterstützen, «vieles erleichtern, dir beistehen» können. Wütend überlegt sie: «Wie viele Jahre meines Lebens hat ein Mann wortlos, tatenlos gesessen, wenn ich sagte: Ich schaff's nicht mehr, zwei Haushalte, Beruf, Schule, Kinder, die langen Nächte, ich schaff's nicht mehr! Diese Sprache verstand er nicht» (Martin 1978, S. 131). Sie beendet die Beziehung zu ihm.

Christine Wolters «Die Hintergrundsperson, oder Versuche zu lieben» (1979, Titel in der Bundesrepublik: «Stückweise leben»), projiziert die Utopie ihrer Liebesbeziehung in ein anderes Land, das kapitalistische Italien, so daß es buchstäblich unmöglich ist, diese Liebe in die alltägliche Lebensweise der Protagonistin zu integrieren. Die Übersetzerin Karla übt ihren Beruf kompetent und engagiert aus, weiß aber auch, daß ihre Rolle in der Berufswelt der DDR eine typisch weibliche ist. Es ist ihre Arbeit, zu dienen und zu helfen, wobei ihr die Rolle eines unpersönlichen Kommunikationsmediums zwischen zwei Parteien zukommt, die sie im übrigen ignorieren. Zur Strukturierung ihres Romans bedient sich die Autorin in variierter Form der in der deutschen Literaturtradition bekannten Gegenüberstellung von Deutschland und Italien: Der Disziplin und den täglichen Strapazen von Karlas Arbeitsalltag im grauen Berlin des sozialistischen Deutschland stellt Wolter eine Dienstreise der Übersetzerin in das dekadente und unsichere, farbenprächtige und sinnliche Italien gegenüber; Karla trifft dort ihren Liebhaber. Sie läßt in Berlin einen undeutlich skizzierten Freund und ein von ihr leidenschaftlich geliebtes Kind zurück, aber auch die erschöpfende tägliche Routine und eine mißglückte Ehe. Verantwortlich für das Scheitern der Ehe waren sowohl ihr berufliches Engagement als auch die Beziehung ihres Mannes zu seiner Assistentin, eine Beziehung, die dem in der DDR-Literatur beschriebenen bekannten Muster folgt — mit dem Unterschied allerdings, daß sie diesmal aus der schmerzvollen Perspektive der verlassenen Frau erzählt wird. Karla trifft in Italien Eva, ebenfalls Übersetzerin, die die DDR verlassen hatte, um dem Mann, den sie liebte, nach Italien zu folgen, «wo ein einziger Mensch sie haben wollte» (Wolter 1982, S. 69). Und sie begegnet Carlo, einem verheirateten Mann, ihrem *alter ego,* und erfährt mit ihm ein paar Tage Liebe und Glück, «ein zerstörerisches Glück» (Wolter 1982, S. 87) in einer intensiv und leidenschaftlich erfahrenen Stadt: «Wenn es nicht Liebe war bei ihr, dann doch Erinnerung daran. Erinnerung an ein heißes Gefühl von Leben, gemischt mit den Bildern von Rom» (Wolter 1982, S. 129). Liebe und Reisen verwandeln sie: « [...] ein Zauber, der alle Maße außer Kraft setzt. Da wird man von sich selbst getrennt, vom gewöhnlichen Leben, von dem sicheren Bild, das man von sich hat» (Wolter 1982, S. 163). Was also diese Liebesbeziehung mit einem verheirateten Mann für Karla bedeutete, ist nicht der Schmerz eines schlechten täglichen Kompromisses zwischen Intimität und Autonomie, wie in anderer Prosa aus der DDR beschrieben, sondern die Utopie eines veränderten und erotisierten «anderen Zustands» jenseits der disziplinierten Routine ihres Alltags in der DDR.

Karla erkennt aber auch, daß diese Beziehung nur Moment außerhalb der Zeit sein kann, daß sie die Sehnsucht nach einer Utopie darstellt, die in der sozialistischen Gegenwart nicht realisiert werden kann. Folgte sie Evas Beispiel, so würde sie lediglich zum Anhang eines Mannes in einem ihr fremden Land. Sie will die Möglichkeiten im Hier und Jetzt ausnutzen; sie kritisiert daher ihren Wunsch, das Leben auf später zu verschieben, wenn sie Carlo sagt: «Ich habe lange mit einer unklaren und ungerechtfertigten Erwartung gelebt. Die Zukunft! Irgendwann würde es beginnen, von dem ich nicht wußte, was es war: das Leben. Aber der Beginn verschob sich [...]» (Wolter 1982, S 134). Sie entscheidet sich für das Alltagsleben in Berlin mit all seinen Nachteilen und gegen die Liebe in Rom; bereitwillig kehrt sie zurück in ihr Zuhause: «Sei gegrüßt, Stadt Grau, dachte Karla, sei gegrüßt, ich seh dich gern wieder, farblose und grelle, häßlich und mir lieb» (Wolter 1982, S. 197). Den kurzen Ausbrüchen romantischer Liebe zieht sie das tägliche Zusammensein mit dem geliebten Kind vor, das für sie auch einen sicheren Weg zu eigener Weiterentwicklung und Glück bedeutet: «Nicht nur du brauchst mich, ich brauche dich auch, Kind. Taub wäre ich ohne dich geblieben, stumm, zugeschlossen. Was für ein dummes Wort: Selbstverwirklichung. Denn man wird wirklich durch die anderen, die anderen sind es, durch die wir existieren, für die wir existieren. Durch dich, Kind, habe ich es gelernt, spät» (Wolter 1982, S. 192). Für Karla (deren Name nicht zufällig an Marx erinnert) bedeutet Selbstverwirklichung die produktive Auseinandersetzung mit anderen. Die Spannungen und Widersprüche, wie sie von Frauen in der heutigen DDR gelebt werden, sind in einem Bereich ihres Lebens zumindest ansatzweise gelöst: In der Beziehung zu ihrem Sohn verbinden sich Arbeit und Liebe.

Daß Karlas Wahl zwischen Kind und Liebhaber zugunsten des Kindes ausfällt, ist bewegend und überzeugend dargestellt. Dennoch bietet Wolter auch noch eine weniger zufriedenstellende Auflösung für ihren Roman an, indem sie Karla zudem mit einem etwas schattenhaften (ungebundenen) Geliebten in Berlin versieht, der bereitwillig mit Einfühlungsvermögen und Anteilnahme ihren Berichten aus Rom zuhört, wobei er sie zum Sprechen ermutigt, ohne seinerseits Bedürfnisse geltend zu machen: «Hans sah sie an. Nicht mit dem spöttisch-abwehrenden Lächeln des Daheimgebliebenen, der Reiseberichte nicht hören mag; er lächelte ohne Spott über ihre Erregung, sah sie an ohne Spur von Mißgunst. Er hörte. Er ging mit ihr, er sah, was sie sah. ‹Sprich doch, sprich› sagte er und strich über ihr erhitztes Gesicht» (Wolter 1982, S. 202). Die vielen anderen Darstellungen von Geliebten, schwierigen Ehen und alleinstehenden einsamen Frauen in der DDR veranlassen zu der Frage, ob dieser Ausgang des Romans eine Utopie oder einfach ein verfälschtes, angehängtes Ende – Wolters Wunschbild – ist. Hier wird eine Beziehung zu einem nicht fordernden und einfühlsamen Mann als möglich geschildert, unter Bedingungen, die – wie andere DDR-Autorinnen zu Genüge aufgezeigt haben – solche Beziehungen kaum erlauben.

Die bestürzendsten Darstellungen der Geliebten in der jüngeren Prosa aus der DDR zeigen Frauen, die sowohl subjektiv als auch objektiv ihrem verheirateten Liebhaber ausgeliefert sind und auf deren Wünsche und Forderungen eingehen, ohne die eigenen Wünsche und Bedürfnisse zu artikulieren oder auch nur für sich selbst zu formulieren. Ironie ist ein häufiger Grundzug dieser Geschichten: Oft werden sie aus der Perspektive ihrer Protagonistinnen erzählt, die weder wissen, warum sie sich auf ihre Beziehung einlassen und darin bleiben, noch wie sie diese richtig einschätzen sollen. Und dennoch vermitteln diese Geschichten zwischen den Zeilen die Wut der Geliebten auf männliche Macht und ihr Leid, das ihnen durch die Liebhaber zugefügt wird.

Helga Königsdorfs Kurzgeschichte «Bolero» aus ihrer Sammlung «Meine ungehörigen Träume» (1978) beginnt mit dem Satz: «Nein, ich weiß wirklich nicht, warum ich es getan habe», und das namenlose «ICH» kann nur sehr wenig von der Beziehung zu ihrem Liebhaber erklären. Etwa, weshalb sie sich überhaupt darauf einläßt, mit dem «angegrauten, lüsternen, dicken Mann», der sie an eine «magenkranke Dogge» erinnert, essen zu gehen, anstatt die von ihr bevorzugte «Blutwurststulle» zu essen (Königsdorf 1982, S. 6). Warum sie mit ihm eine sexuelle Beziehung unterhält, die «nicht sonderlich erfreulich» ist («Während ich also für seine Befriedigung schwer atmete und leise stöhnte, dachte ich daran, daß das blaue Sommerkleid zur Reinigung müsse. Ich legte seine Hand mit der Narbe zwischen meine Schenkel, doch er begriff nichts» [Königsdorf 1982, S. 7]); warum sie, nachdem sie zusammen geschlafen haben, seine Lieblingsmahlzeit zubereitet, während er döst; warum sie die Pille nimmt, obwohl ihr schlecht davon wird. Heroisch führt sie das Leben einer unabhängigen, berufstätigen Frau, zuverlässig und überanstrengt, wobei sie dem Liebhaber gegenüber keine Ansprüche auf Verständnis und Unterstützung stellt. Ein einziges Mal sucht sie seine Hilfe: Als sie nach einer achtstündigen Sitzung, in der sie gekränkt worden war, anruft, muß sie feststellen, daß er ihr eine falsche Telefonnummer gegeben hat. Die ganze Tragweite der Misere wird uns Leser/inne/n klar, wenn die Protagonistin uns deutlich zu machen sucht, daß, wenn überhaupt jemandem, dann nur ihr die Schuld für die Beziehungsprobleme anzulasten ist, da sie als eigenständig handelnde Frau sich ja auf diese Beziehung eingelassen hatte. Diese verarmte Beziehung ist ihr einziger Rückhalt, ihre einzige unangemessene «Waffe gegen das unerhörte Gefühl der Verlassenheit, das mich damals wie ein wieder- und wiederkehrender Angsttraum bedrängte» (Königsdorf 1982, S. 8). Der lakonische Ton der Geschichte drückt aus, daß es für die Protagonistin notwendig ist, ihre Gefühle zu unterdrücken, um die Verarmung ihres Lebens nicht wahrnehmen zu müssen; dies ist so monoton wie Ravels «Bolero», die Musik, die die Besuche des Liebhabers begleitet. «Wie schwer ist es doch», bemerkte sie, «ein bißchen Glücksbedürfnis zu ersticken» (Königsdorf 1982, S. 9). Während wir Leserınnen langsam begreifen, daß sich der erste Satz der

Geschichte nicht nur allgemein auf die Beziehung, sondern auch auf eine bestimmte Handlung bezieht, deren Motivation sie ebenfalls nicht versteht, beginnen wir zu hoffen, daß ihr der Schritt zur wirklichen Eigenständigkeit gelungen ist, indem sie sich von dem Mann, der sie benutzte, getrennt hat. Mit Rache- und Triumphgefühlen reagieren wir dann auf das Ende, welches dem Unglück dieser Beziehung beim letzten Besuch des Mannes bereitet:

«Dann ging er, schon im Anzug, aber noch in Strümpfen, auf den Balkon, lehnte sich über die Brüstung, um nach seinem Auto zu sehen. Wie er so auf Zehenspitzen stand und sich reckte, faßte ich seine Füße und riß seine Beine hoch. Er hat nicht versucht, sich festzuhalten, er war wahrscheinlich zu überrascht. Das erklärt auch, wieso er erst so spät geschrien hat. Da war er schon in der Höhe des siebenten oder sechsten Stocks. Seine Schuhe und seinen Mantel habe ich hinterhergeworfen. Ich räumte die Wohnung auf, badete und setzte mich an die offene Balkontür. Ravels ‹Bolero› erfüllte anschwellend den Raum» (Königsdorf 1982, S. 11).

Obwohl die Protagonistin der Geschichte zu keinem bewußten Verständnis ihrer Situation als Geliebte gelangt, zeigt Königsdorf, wie eine Frau versuchen kann, ihre Beziehung zu einem verheirateten Mann zur Befriedigung ihrer eigenen Bedürfnisse zu nutzen, wie inadäquat diese Lösung ausfallen muß und wie nur eine sehr nachdrückliche Reaktion auf die männliche Macht, der sich die Geliebte unterworfen hat, dieses Ungleichgewicht ausbalancieren und die Integrität der Frau wieder herstellen kann.

Rosemarie Zeplins längere Geschichte «Schattenriß eines Liebhabers» (1980), der diesem Aufsatz den Titel gab, schildert eine Geliebte, die ebenfalls jedweden Wünschen ihres Liebhabers nachkommt, ohne jemals entschlossene Schritte zur Beendigung seiner Macht über sie zu unternehmen. Auch hier läßt die Protagonistin Annette zu, daß ihr Liebhaber Pilgram die Beziehung und die Ansprüche, die sie an ihn stellen darf, definiert und kontrolliert, wobei sie seinen Grenzziehungen demütig zustimmt, dankbar, daß er sie überhaupt liebt. Ebenso wie in «Bolero» ist der Liebhaber hier mittleren Alters und beruflicher Vorgesetzter der Geliebten. Annette ist überzeugt, daß er ihr an Begabung und Urteilsfähigkeit weit überlegen ist. Mit einiger Anstrengung versucht sie, ihm zu gefallen und seinen Standards gerecht zu werden; sie trifft ihn nur mit frisch gewaschenem Haar und stets so gekleidet, wie es ihm gefällt, auch wenn sie sich dafür auf der Damentoilette umziehen und die Haare unter dem Kaltwasserhahn waschen muß. Dennoch kommt ihr nie in den Sinn, er könne sie bei ihrer Arbeit unterstützen oder gar, daß die von ihm geforderte Aufmerksamkeit ihren eigenen Leistungen im Wege steht:

«Daß Pilgram sie davor hätte bewahren können, ihre Ermittlungen über Verfahren der Erzeugnisprognose in der chemischen Industrie pünktlich im Vorzimmer des zuständigen Rektorats abzuliefern, wäre ihr nie in den Sinn gekommen, auch nicht, ihn für die Dürftigkeit dieser Arbeit verantwortlich zu machen, obwohl das schon nähergelegen hätte, denn Zeit und Stunde ihrer diesbezüglichen Aufwendungen waren nur Abfall ihrer tag-nächtlichen Umarmungen» (Zeplin 1982, S. 18).

Obwohl Pilgram ihr überschwenglich seine Liebe erklärt, verhält er sich auffallend ausweichend bei konkreten Zugeständnissen oder Einzelheiten aus anderen Bereichen seines Lebens. Er gibt Annette klar zu verstehen, daß ein Nachfragen ihr nicht zusteht: «Er schürzte die Unterlippe und machte aus seinen Augen ein paar Schlitze, drängte gleichsam sein Gesicht zur Mitte hin zusammen, um es zu verkleinern und verschärfen – ein Ausdruck, den Annette schon in Sewastopol fürchten gelernt hatte, wenn sie Grenzen, die Pilgram bewachen mußte, zu übertreten im Begriff war» (Zeplin 1982, S. 62). Auch Annettes Bemühungen, mit ihm ins Gespräch zu kommen, schenkt er keine Beachtung: «Was sollte er mit ihren winzigen Geschichten auch anderes anfangen als herzlich darüber zu lachen, zumal sie zum Lachen ja erzählt wurden. Er kam gar nicht auf die Idee, in ihnen Mitteilungen zu sehen» (Zeplin 1982, S. 41). Von diesem Liebhaber bekommt Annette – wie schon der Titel der Geschichte besagt – nur die Silhouette, den Umriß, aber (trotz seiner leidenschaftlichen und unermüdlichen Sexualität) nichts von der Substanz der Liebe. Zu keinem Zeitpunkt der Beziehung ist Annette in der Lage, die für sie destruktiven Momente dieses Verhältnisses zu benennen. Ihr Körper allerdings reagiert auf den Schmerz und die Wut, mit denen sie sich nicht bewußt auseinandersetzen kann, und sie leidet zunehmend an Erstickungsträumen, Schluckauf und unvermitteltem Nasenbluten. Zwei Jahre später, nachdem es ihr gelungen war, die Beziehung zu Pilgram abzubrechen, erfährt sie durch die Zeitung von dessen Tod und erlebt erneut eine physische Reaktion, die im letzten Absatz der Geschichte beschrieben wird:

«Aus der Todesmeldung ergab sich die merkwürdige Folge, daß Annette am Mittag in der Kantine und überhaupt seitdem kein Fleisch mehr essen konnte, außer es war in fremdartigen Gerichten zur Unerkennbarkeit kunstvoll zerkleinert, gewürzt und verarbeitet» (Zeplin 1982, S. 90).

Wahrscheinlich ist dies darauf zurückzuführen, daß sie ein «großes

Tier» mit Pilgrams kannibalistischem Verhalten ihr gegenüber assoziiert. Wie so oft in der Geschichte der Frauen kann Annettes Empörung über ihre Mißhandlung durch einen Mann sich nur auf der unzulänglichen körperlichen Ebene ausdrücken, ohne jemals zur bewußten Wahrnehmung ihrer Unterordnung zu werden, worin der notwendige erste Schritt bestünde, um selbstbestimmtes Subjekt in ihren Beziehungen zu Männern zu werden.

Es ist oft bemerkt worden, daß der häufig in der Literatur des 19. Jahrhunderts dargestellte Ehebruch – man denke beispielsweise an Madame Bovary oder Anna Karenina, die sich Liebhabern hingeben – die Unvereinbarkeit öffentlicher Moral und privaten Glücks aufzeigen solle. Ebenso verdeutlicht die neue Geliebte der erzählenden Literatur der DDR die Unvereinbarkeit des Öffentlichen mit dem Privaten, wobei sich das Hauptaugenmerk entsprechend der neuen sozialen Ordnung der DDR verschoben hat. Die ehebrechende, von ihrem Mann abhängige Frau brach aus der langweiligen Stabilität der Ehe aus zugunsten einer aufregenden Leidenschaft; die Geliebte in der DDR, ökonomisch und sozial unabhängig, ist selten von Leidenschaft getrieben, erhofft sich emotionale Unterstützung und Rückhalt von ihrem Liebhaber und bekommt kaum irgend etwas. Wenn die ehebrechende Frau zu sehr von zu vielen Männern geliebt wird, so wird die neue Geliebte zu wenig von einem einzelnen Mann geliebt, auf den sie nur einen partiellen Anspruch erheben kann – den Schattenriß eines Liebhabers. Was jetzt unvereinbar geworden ist, sind die öffentliche Selbstständigkeit und das rivate Glück der Frauen, solange sich das Geschlechterverhältnis noch nicht entsprechend den neuen gesellschaftlichen Bedingungen verändert hat. Darüber hinaus zeigen diese Werke der DDR-Literatur, daß nicht allein Männer Schuld an der Unterwerfung der Frauen in Beziehungen zu verheirateten Männern tragen: Wenn die Geliebte ein Opfer ist, so ist sie ein williges Opfer, da sie in die Liebesbeziehung einwilligt und sie fortführt, obwohl es genügend Hinweise auf deren offensichtliche Grenzen gibt. Die Geschichten über die neue Geliebte in der DDR zeigen auch einmal mehr, daß im Patriarchat der Feind nicht allein außen, sondern auch innen zu suchen ist, was Christa Wolf jüngst veranlaßte zu überlegen, ob «Liebe die böseste Falle sei, die das Patriarchat den Frauen gestellt habe, weil die nicht von außen zuschnappe, sondern von innen her. Ob wir nicht erst dann frei sein könnten, wenn wir uns der Liebe entledigen» (Wolf 1986, S. 97). Der Dienst, den uns diese neueren Prosawerke aus der DDR erwiesen haben, liegt in dem Hinweis, daß es sich bei den Schwierigkeiten, die in diesen allzu gewöhnlichen Beziehungen für Frauen auftauchen, nicht um individuelles Versagen und individuelle Unzulänglichkeit handelt, sondern daß es gesellschaftliche Probleme sind, die gesellschaftliche Analysen und Lösungen verlangen. Die Benennung der Lebensbedingungen der Frauen, so hat uns der Feminismus gezeigt, ist der erste Schritt zu deren Veränderung. Hier haben Frauen aus der DDR die Situation der neuen Geliebten benannt und beschrieben, und sie unterscheidet sich nicht sonderlich von der vieler anderer in diesem Band beschriebener Frauen. In ihrem Vorwort zu «Guten Morgen, du Schöne» bemerkte Christa Wolf über den westlichen Feminismus: « […] wieviel Solidarität untereinander, wieviel Anstrengung, die eigene Lage zu erkennen, wieviel Phantasie, welche Vielfalt. Ich kann nicht finden, daß wir in der DDR gar nichts davon zu lernen hätten» (Wander 1978, S. 16). Die Geschichten über Geliebte in der DDR könnten wir als Angebot wahrnehmen, nun unsererseits von der DDR zu lernen.

Literatur

Behn-Liebherz, Manfred: Brigitte Reimann, in: Neue Literatur der Frauen: Deutschsprachige Autorinnen der Gegenwart, hg. von Heinz Puknus, München 1980

Boeck, Brigitte: Der internationale Frauentag, in: Prisma '87. Wissenswertes über die DDR, 1/1987, S. 74–77

Dahn, Daniela: Das heutige Weibliche, in: Angst vor der Liebe und andere Geschichten über Frauen, hg. von Meta Borst, Halle/Leipzig 1984

Dölling, Irene: Zur kulturtheoretischen Analyse von Geschlechterbeziehungen, in: Weimarer Beiträge 26/1980, S. 58–88

Dölling, Irene: Social and Cultural Changes in the Lives of GDR Women – Changes in their Self-Conception, in: Studies in GDR Culture and Society 6, hg. von Margy Gerber, Lanham MD 1986

Emmerich, Wolfgang: Kleine Literaturgeschichte der DDR, Darmstadt [3]1985

Kirsch, Sarah: Rückenwind, Ebenhausen 1978

Königsdorf, Helga: Bolero, in: Im Kreislauf der Windeln: Frauenprosa aus der DDR, hg. von Horst Heidtmann, Weinheim 1982

Martin, Brigitte: Der rote Ballon: Geschichten um Brigge Bem, Berlin (DDR) 1978

Reimann, Brigitte: Franziska Linkerhand, München 1977

Schubert, Helga: Lauter Leben: Geschichten, Berlin (DDR) [3] 1981

Sudau, Christel: Women in the GDR, in: New German Critique 13/1978, S. 69–81

Wander, Maxie: Guten Morgen, du Schöne. Frauen in der DDR. Protokolle. Mit einem Vorwort von Christa Wolf, Darmstadt 1978

Wolf, Christa: Nachdenken über Christa T., Darmstadt 1971

Wolf, Christa: Der Schatten eines Traumes: Karoline von Günderrode – Ein Entwurf, in: Karoline von Günderrode: Der Schatten eines Traumes. Gedichte, Prosa, Briefe, Zeugnisse von Zeitgenossen, Darmstadt 1979

Wolf, Christa: Krankheit und Liebesentzug: Fragen an die psychosomatische Medizin, in: Neue deutsche Literatur 34, Nr. 10 (1986), S. 84–102

Wolter, Christine: Stückweise leben, München 1982

Zeplin, Rosemarie: Schattenriß eines Liebhabers: Erzählungen. Berlin (DDR) 1980

(Aus dem Amerikanischen übersetzt von Ursula Flitner und Heiner Weiße)

Anna Maria Stuby

«Und doch, welch Glück, geliebt zu werden!»

Die Geliebte als literarischer Topos

I

Meine erste Begegnung mit der Geliebten als literarischer Figur liegt weit zurück. Es mag sein, daß ich noch nicht lesen konnte, als ich zum erstenmal von ihr hörte; sicher ist, daß sie meine späteren Leseerfahrungen prägte. Sie wurde besungen, diese allererste in einer langen Kette von literarischen Geliebten, mit denen ich Bekanntschaft machte. Vielleicht hat das ihren Reiz noch erhöht. Und sie war ein Königskind. Hier ist ihr Lied:

> Es waren zwei Königskinder,
> Die hatten einander so lieb.
> Sie konnten zusammen nicht kommen,
> Das Wasser war viel zu tief.
>
> Ach, Liebster, kannst Du nicht schwimmen,
> So schwimm doch herüber zu mir,
> Zwei Kerzen will ich anzünden,
> Die sollen leuchten Dir.
>
> Das hört eine falsche Nonne,
> Die tat, als ob sie schlief,
> Sie täte die Kerzen auslöschen,
> Der Jüngling ertrank so tief.

Lange blieb mir der Sinn der Ballade verborgen. Ich konnte mir keinen Reim auf die falsche Nonne machen. Der Vater der Königstochter oder ein von ihr verschmähter Freier hätten mir in ihrer Rolle eher eingeleuchtet. Warum war die Nonne falsch? Was an ihr war falsch? Das Geheimnis des Textes ließ mir keine Ruhe. Ich sang die Ballade, ich setzte sie in meiner Phantasie in Szene. Ich spielte die Königstochter, ich spielte den ungeduldigen Geliebten jenseits des großen Wassers.

Schließlich spielte ich auch die falsche Nonne. Ihr dichtete ich einen Monolog an. Er bestand aus einer Haßtirade auf das in Liebe schmachtende Königskind, neben dem die Nonne sich schlafend stellen muß, und aus bitteren Vorwürfen gegen den Prinzen, der ihre Anwesenheit nicht zur Kenntnis nimmt und dies mit dem Leben bezahlt. Als mir später bewußt wurde, daß ich die Nonne als die vom Königssohn Sitzengelassene, um seine Liebe Betrogene imaginierte, war ich längst des Lesens mächtig. Falsch erschien mir die Nonne im doppelten Sinn von innen und außen: Sie war korrupt und verkleidet. Getarnt als eine, die aller irdischen Lust entsagt hat, vernichtet sie das leidenschaftliche Begehren der beiden Königskinder, «zueinanderzukommen», beieinanderzuliegen. Anders ausgedrückt: die Liebespassion der weltlichen Königsbraut wird zerstört im Namen der Passion einer Braut Christi. Der Balladentext stellt damit implizit einen Zusammenhang her, der in der Entwicklung des Konzepts von Liebe als Passion eine zentrale Rolle spielt: die Berufung der Leidenschaftsliebe auf die Passion Christi. Ich werde an späterer Stelle auf diesen Zusammenhang zurückkommen. Im Bild der falschen Nonne, die sich als rachsüchtige Hexe entpuppt, und im Bild ihrer Gegenspielerin, der liebenden, wartenden Königstochter, wird ein fundamentales patriarchalisches Stereotyp über das Weibliche in Szene gesetzt: seine Spaltung in gut und böse, Heilige und Hexe / Hure, Lilie und Rose.[1] Das Stereotyp läßt sich wechselseitig auf betrogene Ehefrau und Geliebte übertragen. Es ist eine Frage der Perspektive des jeweiligen Textes, welche der Gegenspielerinnen als Engel oder Dämonin imagiert wird. Real und fiktional ist dieses Stereotyp bis heute wirkungsmächtig geblieben.

Im Sinne der Lenkungsstrategie des Balladentextes identifizierte ich mich als junges Mädchen mit der Königstochter. Sie erschien mir durch ihre tragische Liebe doppelt geadelt. Die Tragik hat sie mit all jenen literarischen Geliebten gemeinsam, die daran scheitern, das Recht des Herzens gegen ein minderes Recht (Ehevertrag u. ä.) durchzusetzen. Als tragische Figur ist die Geliebte der Ehefrau allemal überlegen.

Die Literatur kennt jedoch nicht nur den Typus der Geliebten als Dritter im Bund. Die «großen» Geliebten des bürgerlichen Realismus – ich denke an Anna Karenina, Emma Bovary, Effie Briest – sind selbst in einer Ehe gebunden, die sie brechen. Ob ihr Geliebter verheiratet ist, bleibt für die in den Erzählungen vorgenommene Perspektivierung irrelevant.

Eine dritte, literarisch bedeutsame Variante ist die Geliebte, die sich einem bindungsunfähigen (und tatsächlich ungebundenen) Mann verschreibt. Zur Kategorie der Männer, die sich durch Flucht oder Ausflucht entziehen, gehört der Titelheld in Gottfried Kellers Roman «Der grüne Heinrich». Oder denken wir an Mörike! In der Figur der «Peregrina» macht Mörike eine Frau unsterblich, deren wirkliches Leben er zerstörte, weil er immerfort vor ihr davonlief. Peter Härtling literarisiert diese Zerrissenheit Mörikes zwischen schwäbischem Biedersinn und unstillbarer Leidenschaft in seiner Erzählung «Die dreifache Maria» (1983):

«I mueß hoim, sagt er. I mueß hoim!

Alles, was er vergessen wollte, was er mühsam geregelt hatte, holte ihn nun ein und trieb ihn in die Enge. Maria, die er in Heidelberg glaubte und ohnehin nie mehr sehen wollte, die er sich mit Hilfe seiner Schwester aus Kopf und Leib getrieben hatte, war unerwartet in Tübingen aufgetaucht, bis zur Pforte des Stifts vorgedrungen, hatte einen flehentlichen Brief hinterlegt und verlangte, ihn zu sprechen, zu sehen. Er durfte ihr nicht nachgeben. Das Elend begänne von neuem. Er mußte fort, nach Hause zur Mutter, zu den Geschwistern.

I mueß hoim.»

Bei allen obengenannten Konstellationen entsteht das Leiden der Frau als Geliebter am Widerspruch zwischen zwei Liebeskonzeptionen, die antagonistisch aufeinander bezogen sind. In einer noch unscharfen Begrifflichkeit nenne ich sie an dieser Stelle die Konzeption der freien bzw. der ehelichen Liebe. Literarisch gesprochen enden Liebe und Liebesroman mit der Eheschließung. «Reader, I married him», heißt die lakonische Formel, mit der – im positiven Verlaufsfall – die Darstellung eines wechselvollen vorehelichen Liebesringens abgeschlossen wird. Es bleibt der Vorstellungskraft der Leser/innen überlassen, ob die Utopie der freien, selbstbestimmten Liebe in die Ehe hinübergerettet werden kann. «To dwindle into a wife», von der Geliebten zur Ehefrau zu schrumpfen, ist eine verbreitete Angstvorstellung in der aufkeimenden bürgerlichen Liebesliteratur. William Congreves Komödie «The Way of the World» (1700), der dieses Zitat entnommen ist, thematisiert den Umbruch vom feudalen zum bürgerlichen Liebeskonzept. In einer sogenannten Proviso-Szene handeln Held und Heldin der Komödie die Bedingungen ihres Ehevertrages aus. Gegenstand ihrer Abmachungen ist allerdings nicht, wie im traditionellen Ehevertrag ihres Standes, des Adels, die Gewährleistung von Besitz, Reputation u. ä., sondern die Wahrung der Individualität der Ehepartner, vor allem die Sorge um die Erhaltung ihrer Leidenschaftsliebe in der Ehe. Die Heldin hofft, sich die Passion ihres Ehemanns zu erhalten, indem sie seinem Werben (und ihrem eigenen Verlangen) nicht immer und nicht gleich nachgibt, das heißt Triebaufschub leistet. Von der Geliebten zur Ehefrau zu schrumpfen, hat seit dem 17. Jahrhundert als Antitopos in der Liebesliteratur einen festen Platz. Im Entscheidungsfall wird schrankenloses Leiden beschränktem Lieben vorgezogen.

Die literarische Geliebte deshalb als primär *Er*-leidende (als an *ihm* Leidende und als Duldende) zu definieren, hieße ihr Liebesbegehren mißverstehen. Der Passionsbegriff, welchem die von ihr verkörperte Leidenschaft verpflichtet ist, hat im Prozeß seiner Neubestimmung innerhalb der bürgerlichen Liebessemantik den Aspekt des Aktiven hinzugewonnen. Handeln, nicht bloßes Erleben, ist Voraussetzung für die Individualisierung, auf welche Liebe als Passion ihrem Wesen nach angewiesen ist. Nur als Handelnde wird die Geliebte Person, kann sie wegen ihrer Einzigartigkeit geliebt werden. Das von mir als Titel gewählte Goethe-Zitat müßte also um die dazugehörige zweite Zeile ergänzt werden. Erst die emphatische Verschränkung eines doppelten (geteilten) Liebesbegehrens verleiht der Passion der *Geliebten als Liebender* ihre ganze ästhetische Wahrheit.

> Und doch, welch Glück, geliebt zu werden!
> Und lieben, Götter, welches Glück!

Auch hier die Berufung auf Göttliches. Der Glaube, daß der Himmel in die leidenschaftliche Liebe einkehrt und in ihr fortwirkt, ist ihr immanent. Die Götter werden heimgeholt in die menschliche Brust, Liebe wird Religion.

Nun könnte man einwenden, das männliche lyrische Ich des Gedichts «Willkommen und Abschied» sei qua Natur (= Geschlecht) unfähig, weiblichen Liebesvorstellungen authentischen Ausdruck zu verleihen. Dieser Einwand ist nicht haltbar. Im *Konzept* von Liebe als Passion sind männliches und weibliches Begehren in *gleicher* Weise repräsentiert. Erst bei der Realisierung des Konzepts, in der Liebes*praxis*, treten manifeste, geschlechtsrollenbedingte Unterschiede zutage. An ihnen macht sich Liebesleid als spezifisch männliches oder weibliches fest. Was nicht heißen soll, daß die biologische Übereinstimmung des Geschlechts des Dichters oder der Dichterin mit dem Geschlecht des lyrischen Subjekts Voraussetzung für poetische Authentizität ist oder diese garantiert.

Bevor ich an ausgewählten Kurzgeschichten der kanadischen Erzählerin Alice Munro veranschauliche, wie Begehren und Enttäuschung der Geliebten aus einer weiblichen Perspektive in zeitgenössischer Literatur gestaltet werden, wende ich mich der popularisierten literarischen Behandlung des Themas in einer vielbeachteten Serie der Illustrierten «Stern» zu. Die Darstellungen im «Stern» eignen sich als Hintergrundsfolie, vor welcher sich zentrale Elemente und Fragestellungen des literarischen Topos *Geliebte* herauskristallisieren lassen.

II

Die «Stern»-Serie über die «Geliebte» – von Zigtausenden von Leserinnen mit Genuß oder Bauchgrimmen verschlungen – gibt mehr über den sozialen und privaten Ort der Geliebten in unserer Gesellschaft, ihre Funktion(en), ihren Freiheitstraum und ihren Rollenzwang, ja, über den Zustand eben dieser Gesellschaft preis, als ihr lieb ist. Die vermeintlich feministisch gespitzte Feder der Autorin richtet sich gegen den vorgeblichen Hauptfeind des von weiblicher Seite ersehnten, selbstbestimmten Liebesglücks: den Mann. Der Selbstherrliche, der Wankelmütige, der Softie, der Macher, der (Lebens-)Künstler, der Casanova, sie alle werden im Namen des (weiblichen Teils des) Volkes vor das Gericht der hehren Liebe gestellt und für schuldig befunden, sich gegen sie vergangen zu haben. Gemessen an den (in der Serie ausführlich beschriebenen) Verstößen gegen das hohe Ideal, kommen die Angeklagten erstaunlich glimpflich davon. Fast in allen Fällen wird die Strafe zur Bewährung ausgesetzt. Halbherzig wird den Männern zur Auflage gemacht, sich ein wenig einfühlsamer, ehrlicher und couragierter zu zeigen, bevor man sich auf ein erneutes Spiel mit ihnen einläßt und wieder Platz nimmt auf dem Karussell der freien Liebe, das sich, von scheinbar magischen Kräften angetrieben, dreht und dreht ... Oder aber die um alle Hoffnung betrogene heimliche Liebe zum anderweitig Gebundenen soll im gemeinsamen Kind als veröffentlichtem Dauerpfand Erneuerung finden. Was nach vorne zu streben scheint, bewegt sich doch im Kreise. Die in sich zirkulierende Argumentationsweise des Berichts, seine kein-Ende-finden-wollende Diskursform – bezeichnenderweise wurde die Serie spontan verlängert – spiegeln diesen Circulus vitiosus auch auf der Darstellungsebene wider und verstärken den Eindruck einer unauflösbaren Schicksalsmächtigkeit, welcher letztlich alle Beteiligten unterworfen sind, die mutige Geliebte nur weniger schuldhaft als der von ihr begehrte Schlappschwanz.

Die Insistenz auf der Wiederkehr des ewig gleichen treibt unbeabsichtigt die tieferliegenden, überindividuellen Widersprüche dieses Beziehungsdilemmas aus sich hervor. Wer sich auf das außereheliche Rad der Zirkulation von Begehren und Enttäuschung flechten läßt, so machen die verschiedenen Varianten der Geliebten-Geschichten im «Stern» deutlich, der/die ist dem Wiederholungszwang einer paradoxalen Erfahrung ausgesetzt. Gerade dort, wo sich Liebe als freie Übereinkunft autonomer Individuen zu verwirklichen sucht, wird sie als fremdbestimmt erlebt und erlitten. Und noch etwas anderes wird deutlich. Es gibt kein Heilmittel für dies Liebesleid. Der Ratschlag zur sorgfältigen Dosierung der Triebabfuhr, der sich auf das Beispiel einer angeblich glücklichen Geliebten stützt, welche sich verschiedene, mit anderen Frauen verheiratete Partner hält, um rund ums Jahr so viele heimliche Hoch-Zeiten feiern zu können wie *sie* Lust hat, klingt buchhalterisch, hohl. Was hier empfohlen wird, ist Berechnung anstelle leidenschaftlicher Verschwendung, Quantität statt Qualität, Beziehungskiste statt Beziehung.

Insgesamt läßt sich für die «Stern»-Serie sagen, daß sich quer zur trivialisierten, auf Glättung und Kanalisierung der Affekte bedachten Darstellungsweise der Autorin in den Selbstzeugnissen der Befragten ein verzweifeltes Glücksstreben geltend macht. Zynisch nimmt sich dagegen der Kommentar aus, welcher das authentische Verlangen nach Herzensbindung an wirtschaftspragmatischen Überlegungen mißt: «Unglaublich viel Talent und Kreativität geht der deutschen Volkswirtschaft verloren durch die Fixierung cleverer Frauen auf einen meist durchschnittlichen, verheirateten Mann. Ihren Beruf betreiben sie [...] häufig nur noch nach dem Motto: soviel wie nötig. Phantasie und Schaffenskraft werden aufgebraucht von der Liebe zu einem Mann, der zuwenig Kraft hat, um sich zwischen zwei Frauen entscheiden zu können...»

Mit frappierender Offenheit, ohne das sonst übliche Zugeständnis an das bürgerliche Erfordernis der «Mystifikation des Sexuellen» (so der Titel eines Essays von Volkmar Sigusch über die Verdinglichung des Begehrens und ihre Maskeraden), wird hier von der «Halb»-Geliebten verlangt, den eigenen Liebesüberschuß nicht in einer Fehlinvestition *aufzubrauchen,* sondern ihn gewinnbringend zugunsten der *deutschen Volkswirtschaft* einzusetzen. Was unterscheidet die kluge von der törichten Frau, die moderne von der romantisch altmodischen? Letztere läßt die Gefühle wuchern, erstere wuchert mit ihnen. Triebverzicht zugunsten der Prosperität unserer Wirtschaft! So platt und umstandslos wird Liebe (auch im Kapitalismus) selten vermarktet. Wie der «Stern»-Bericht die antagonistische Erfahrung der Geliebten in unserer Zeit ver-handelt, verweist auf einen Grundwiderspruch der kapitalistisch-patriarchalen Warengesellschaft.[2]

Ich denke, es ist notwendig, daß ich mich kurz mit den historischen Voraussetzungen dieses Grundwiderspruchs und seinen gesellschaftlichen Wirkungsweisen auseinandersetze, ehe ich noch einmal zu den «Stern»-Geschichten zurückkehre, um in ihnen jene Mosaiksteinchen zu sammeln, die in den Erzählungen der kanadischen Schriftstellerin Alice Munro zu einem Sinn-Bild zusammengesetzt sind.

Was die Stimme der Geliebten im «Stern» einklagt und zugleich als nicht realisierbar beklagt, ist die Idee einer *freien, gleichen, individuellen Geschlechtsliebe*. Menschheitsgeschichtlich gesehen ist diese Idee noch jung. In den vorbürgerlichen Gesellschaften (bei Jägern, Sammlern, Ackerbauern und Viehzüchtern, in den patriarchalischen Ausbeutergesellschaften, den Sklavenhaltergesellschaften und im Feudalismus) hat es sie nicht gegeben. Als Möglichkeit ist sie historisch erst mit der Geburt des bürgerlichen Individuums aufgekommen.

Diese Geburt aber ist immer noch nicht abgeschlossen, das heißt, das bürgerliche Individuum ist noch nicht zu sich selbst gekommen. Vielleicht läßt sich der Sachverhalt mit dem Bild der Zangengeburt, das Volkmar Sigusch benutzt, noch treffender beschreiben. «Das bürgerliche Individuum samt seiner individuellen Liebe hat es, konkret genommen, bisher nur auf dem Papier, also nicht konkret gegeben – im großen bürgerlichen Roman vor allem, daneben in wissenschaftlichen Traktaten über den Menschen. Tatsächlich ist das bürgerliche Individuum, dessen Prozeß des Entstehens schon einer des Zerfalls war, nie zu sich gekommen und folglich auch nicht die Liebe. Gesellschaftlich war die Liebe immer tot, aber sie lebt seit einigen Generationen in den Menschen – als Idee und Möglichkeit» (Sigusch 1984b, S. 13).

Zwei Fragen drängen sich auf:

1. Welches waren die gesellschaftlichen Bedingungen, die es verhinderten, daß sich die Liebesidee dauerhaft in Liebespraxis umwandelte?
2. Welche Veränderungen hat die Idee selbst im Prozeß der Ausdifferenzierung des Gesellschaftssystems, das sie hervorbrachte, durchgemacht?

Zu 1. Die Disposition zum autonomen bürgerlichen Individuum ist von Anfang an verschränkt mit der «Disposition zur Lohnarbeit» (Reimut Reiche). Letztere ist nicht nur Disposition geblieben, sondern hat sich im Verlauf der bürgerlichen Geschichte zunehmend konkretisiert. Heute bestimmt sie das Wesen unserer Gesellschaftsformation, ist ihr seelisch gemäß. «Die Disposition zur Lohnarbeit hat die Disposition zur Liebe von Anbeginn gewürgt und bis heute in Latenz gehalten» (Sigusch 1984b, S. 13).

Sie hat sie *ge-*, aber nicht *er*würgt, die Liebe als Potentialität hat sich der tödlichen Umklammerung bisher immer noch zu entwinden gewußt. Es läßt sich sogar feststellen, daß die Idee der Liebe stärkeres inneres Widerstandspotential entwickelt, je mehr ihre Konkretisierung in Frage steht. Angesichts der Bedrohung durch Verdinglichung und Entpersönlichung wird eine Intensivierung der *personalen* Momente in sozialen Beziehungen in Gang gesetzt.

«Es werden [...] soziale Beziehungen ermöglicht, in denen mehr individuelle, einzigartige Eigenschaften der Person oder schließlich prinzipiell alle Eigenschaften einer Person bedeutsam werden. Wir wollen solche Beziehungen mit dem Begriff der *zwischenmenschlichen Interpenetration* kennzeichnen. Im gleichen Sinne kann man auch von *Intimbeziehungen* sprechen» (Luhmann 1982, S. 14, Hervorhebungen im Original).

«Zwischenmenschliche Interpenetration» – welch monströses (= unmenschliches) Wortgebilde! Warum nicht «wechselseitige Durchdringung»? Niklas Luhmanns entsinnlichte Sprache wirkt besonders dort, wo er über sinnliche Erfahrungen und Bedürfnisse redet, störend. Es kostet viel Energie, die abweisende Mauer des technologisierten Logos zu erklimmen, doch es lohnt sich.

Niklas Luhmann, der Liebe im Sinne einer «allgemeinen Theorie symbolisch generalisierter Kommunikationsmedien» nicht als Gefühl, sondern als Code betrachtet, welcher es erlaubt, auch da noch erfolgreich zu kommunizieren, wo dies als unwahrscheinlich angesehen werden muß, führt mit vielen Belegen aus der Literatur der letzten fünf Jahrhunderte vor Augen, wie die Ausdifferenzierung von Liebe als Passion – unserem zentralen semantischen System von Liebe, in dem sich immer noch neue Spiel-Räume erschließen lassen – vonstatten ging.

Wir sollten aber darüber nicht vergessen, daß auch das raffinierteste Kommunikationssystem die prinzipielle, gesellschaftliche Entzweiung des Menschen mit sich selbst, dem/der anderen und der Gesellschaft nicht aufheben kann. Wie könnten Menschen, die tagtäglich ihre gesellschaftliche Situation als emtfremdete erleben, in ihren mitmenschlichen Beziehungen solidarisch, ungebrochen, unverdinglicht, menschlich sein?

«Schauen wir uns um, betrachten wir die Voraussetzungen: Überall Herr und Knecht, oben und unten. Überall Unvernunft, Chaos, Zerstörung. Die Menschen von kleinauf erniedrigt, gedümpelt, entwertet, genötigt, isoliert, leer, voll Angst und ohne Würde. Wer tagein, tagaus als Maschine drei Handgriffe machen, wer Jahr um Jahr als Maske nutzlose Waren an den Käufer bringen, wer ein Leben lang als Handlanger tote Akten gegen Menschen führen muß, wer so im allgemeinen Leben zurechtgestanzt wird, der kann nicht einfach im Liebes- und Geschlechtsleben das Gegenteil von Maschine, Maske, Handlanger sein – plötzlich er selber, unverstellt, die Seele ganz gelöst» (Sigusch 1984b, S. 14).

Das Leiden an der Liebe ist kein typisch weibliches Schicksal, sondern ein allgemein menschliches. Männer und Frauen sind ihm gleichermaßen ausgesetzt. Wie sie allerdings auf diesen prinzipiellen Widerspruch reagieren, wie sie Liebesleid und Liebeslust erleben, das hängt von ihren rollenspezifischen Bedingungen, ihrer unterschiedlichen Sozialisation als Geschlechtswesen ab.

Zu 2. Es ist, denke ich, inzwischen klar geworden, daß hier von der Liebe in einer besonderen Ausprägung die Rede ist. Es geht um die Liebe als Leidenschaft. Stendhal hat in «Über die Liebe» (1822) den Begriff «amour-passion» in definitorischer Absicht benutzt, um die leidenschaftliche Liebe gegen drei andere Formen abzugrenzen: die Liebe aus Neigung (l'amour-goût), die Liebe aus Sinnlichkeit (l'amour-physique) und die Liebe aus Eitelkeit (l'amour-vanité) (Stendhal 1982). Der leidenschaftlichen Liebe gilt Stendhals zentrales Interesse, sie allein verdient den Namen «wahre Liebe». Die Liebe als Passion ist grenzüberschreitend, schrankenlos, bedingungslos. Der Ehebruch ist die ihr wesensgemäße Ausdrucksform. Sie oszilliert im Spannungsfeld von Trennung und Vereinigung. Warten/Hoffen und Enttäuschung, Traumwelt und Wirklichkeit, Leben und Tod. Stendhal war aber auch schon kritisch genug zu sehen, daß Frauen in diesem bittersüßen Spiel anderen, strengeren Regeln unterworfen sind als Männer. Liebe als Passion, das gibt es schon in der vorbürgerlichen Zeit. Allerdings wird die aus der Antike stammende Vorstellung der Liebeskrankheit noch im Mittelalter ganz wörtlich genommen im Sinne von medizinischer Indikation. Im 17. Jahrhundert ist davon nur noch die Metapher übriggeblieben. Und doch ist das Lieben noch nicht autonom, als Verhaltensmodell hängt es noch fest in den Scharnieren schichtmäßig bedingter gesellschaftlicher Wertungen wie adeliger Herkunft, Reichtum, Muße. «Zugleich entstehen auf der Ebene semantischer Formulierung aber Merkmale, die diese Bedingungen überschreiten, nämlich Paradoxien, bewußt gemachte Illusionierungen. Formeln mit entgegengesetzten Auswertungsmöglichkeiten, kurz strategische Ambivalenzen, die die Überleitung in einen andersartigen Gesellschaftsaufbau vermitteln» (Luhmann 1982, S. 64).

Das sozialstrukturelle Paradox dieses «andersartigen Gesellschaftsaufbaus» wird auf die semantische Ebene transponiert und als in der Sache, im Wesen der Liebe liegendes Paradox zum Ausdruck gebracht. Schon antike und mittelalterliche Aussagen über Liebe waren in die

Form von Paradoxien gekleidet (Liebeskasuistik), aber letzlich waren alle semantischen Widersprüche noch in einer mystischen Einheit eingebettet. Das 17. Jahrhundert beginnt damit, «die Paradoxie auf sich selbst zu stellen, sie um ihrer selbst willen anzubieten und genau darin die Einheit des Liebes-Code zu sehen. Die Paradoxie wird zur Abschlußformel des Code, und gewonnen wird damit: Legitimation der Instabilität und psychologische Raffinierung. Die ‹kasuistische› Auflösung der Paradoxie verschiebt sich vom *Exemplarischen* ins *Individuelle,* und das wiederum bedeutet, daß die Paradoxie anders zusammengesetzt sein muß» (Luhmann 1982, S. 71, Hervorhebungen im Original).

Am Begriff der «Passion» lassen sich die wichtigsten Fragen der Ausdifferenzierung des Liebens im Prozeß der bürgerlichen Gesellschaft illustrieren. Ursprünglich meint «Passion» den Seelenzustand passiven Leidens, nicht aktiven Handelns. Dieses Verständnis von Passion ist noch an Rechenschaftspflichten gebunden, wie uns die «Bekenntnisse» des Augustinus eindringlich vor Augen führen. In der Herausbildung des bürgerlichen Liebescode wendet sich das Blatt. Nun wird Passion zu einer Art Institution, einer Grundbedingung für die Bildung eines zentralen Kommunikationssystems, der individuellen Partnerliebe. Es wird geradezu gefordert, daß man einer Leidenschaft verfällt, für die man nichts kann, bevor man in engere Liebesbeziehungen tritt.

Aus seinem ursprünglichen Kontext herausgelöst, kann der Begriff mit neuen Emphasen besetzt und auf neue Bedürfnisse zugeschnitten werden. Die Chance, die das Konzept der Passion im Keim enthielt, sich in Angelegenheiten der Liebe von gesellschaftlicher und moralischer Verantwortung zu entlasten, wird realisiert, indem das Liebeshandeln (im Sinn von Aktion *und* Reaktion) im Gewand der Passion nicht mehr erklärt, begründet, entschuldigt werden muß. Die Liebe wird zur Superpassion, die zu ihrer Verstärkung entgegengesetzte Mittel in Dienst nimmt: Hoffnung und Verzweiflung, Bewunderung und Haß, Schönheit und Gebrechen, Anwesenheit und Abwesenheit des/der Geliebten. Liebe als Passion ist dem Bereich rationaler Kontrolle entzogen. Davon lebt sie, daran krankt sie. Die entfesselte Feier des Sinnlichen aber bezieht ihr Movens, ihre wahre Dramatik erst aus der Suche nach Sinn.

«In keiner Phase ihrer Geschichte war Leidenschaft bloß der Superlativ einer starken libido. Vielmehr rührt ihr Pathos immer aus der Berufung der Sinne auf einen Sinn, der nicht in ihrer eigenen Sphäre zu finden sein kann, einem metaphysischen also, den sie bald gläubig, bald blasphemisch, verlegen manchmal und öfter hilflos mit der christlichen Passion zitieren» (Mattenklott 1985, S. 220).

Diente das Sich-Berufen = Zitieren anfänglich noch der Sinngebung durch Verweis auf ein metaphysisches Ordnungsgebäude, so tritt im Verlauf der Ausdifferenzierung des Code der Liebessemantik im 17. und 18. Jahrhundert die Tendenz zum Selbstzitat immer mehr in den Vordergrund. Die Passion selbst, nicht eine konkrete Person, wird Gegenstand des Begehrens. Damit ist der Leidenschaftsliebe die Neigung zur Versprachlichung/Verschriftlichung von Anbeginn an als Wesenszug eingeschrieben, ebenso wie der Hang zum zirkulären Selbstbezug. Die Umkehrung des Ursache-Folge-Verhältnisses (ich begegne einer Person und verliebe mich in sie aufgrund ihrer besonderen Individualität) wird schon im 17. Jahrhundert registriert. Schon Rochefoucauld formuliert diesen Sachverhalt, wenn er feststellt, daß es Menschen gibt, die sich nie verliebt hätten, wenn sie nicht zuvor von der Liebe hätten reden hören. Auch heute noch ist diese Umkehrung – die von mir im folgenden analysierten, literarischen Beispiele werden es deutlich machen – ein zentrales Motiv für das Entflammen der Leidenschaft (Traumliebe, Rittertraum usw.). Der Hang zur Verschriftlichung schlägt sich in Briefen, Tagebüchern, Liebesromanen nieder.

Mattenklott zeigt am Beispiel von Julie und Saint-Preux in Rousseaus «Nouvelle Héloïse», daß es nicht die äußeren Umstände sind, die das Paar immer wieder zur Feder greifen und «Worte leidenschaftlichster, schmerzensreicher und unerfüllter Sehnsucht» finden läßt, um ihrer Liebe Ausdruck zu verleihen, sondern daß erst die Verschriftlichung sie eigentlich konstituiert, daß sie sich erst in diesem Medium verwirklicht. «Kein Zweifel, die Briefe dieser Liebenden sind im wesentlichen kein Transportmittel von Mitteilungen, Eröffnungen, Informationen und Aussichten, sondern sie *vollziehen* eine leidenschaftliche Liebe, die – so verstärkt sich rasch der Eindruck – auch ohne Partner auskäme und sich in den Briefen genügen könnte. Der Briefwechsel selbst ist die Wirklichkeit, den sich die Liebenden als das ihnen angemessene Haus ihrer Leidenschaften bauen. Vollzug und Blockierung sind in dieser Passion für das Schreiben zusammengeschlossen. Die Trennung der Körper ist für den Briefroman des 18. Jahrhunderts nicht bloß eine künstlich erzeugte Bedingung, die zur Selbstoffenbarung Anlaß geben soll. Sie ist die Konsequenz eines Begehrens, dem die Schriftlichkeit wesentlich ist, so daß die Personen fast widerwillig die Feder aus der Hand legen, um sich ans Leben zu machen» (Mattenklott 1985, S. 229, Hervorhebung von mir).

So unwahrscheinlich es klingen mag, noch heute vollzieht sich die Liebe zweier in Leidenschaft zueinander entbrannter Menschen, die «zueinander nicht kommen können», im gleichen Medium. Die postlagernd oder über eine Mittlerperson verschickten Briefe, die an die Windschutzscheibe oder unter den Schreibtisch am gemeinsamen Arbeitsplatz geheftete Nachricht, die mit Lippenstift auf den Spiegel geschriebene Botschaft beim verpaßten Rendezvous im Hotel, die kodierten Telefonanrufe – sie sind, trotz aller Zeichen der Sprachverarmung, Ausdrucksweisen der oben beschriebenen inneren Tendenz zur Verschriftlichung. Auch heute noch wird Tagebuch geschrieben: «Nein, das ist nicht die Diplomarbeit, das ist Heddas Tagebuch. Das Tagebuch beginnt im Jahre 1969 am Bodensee; zuvor hatte sie so etwas nie geschrieben, geschweige denn Gedichte, die in diesen Aufzeichnungen immer wieder auftauchen. Das Tagebuch beginnt am Morgen nach der ersten Nacht mit Rüdiger: ‹Dies ist die Geschichte einer Frau, die ihrem Ehemann vier Kinder gebar, bevor sie sich im Alter von 40 Jahren zum ersten Mal verliebte›» (Stern, Nr. 49, 27.11.1986, S. 71).

Damit bin ich bei den Mosaiksteinchen, die sich aus der trivialisierten literarischen «Verarbeitung» des Dilemmas der Geliebten im «Stern» herauslösen und einander so zuordnen lassen, daß sich eine Sinnstruktur ergibt.

Die Geliebte Hedda formuliert ihr Glücksempfinden folgendermaßen: «Und diese Situation hat mir wahrscheinlich das Leben gerettet. Ich will damit um Gottes willen nicht sagen, daß R. mir das Leben gerettet hat – o je, ausgerechnet dieser Junge. Was mich gerettet hat, war die Entdeckung, daß *ich lieben konnte;* wie ‹Liebe› sich anfühlt, wenn sie einem Mann gilt statt immer nur den Kindern. Können Sie sich vorstellen, was passiert, wenn sich ein *naiver* Liebender und eine erfahrene Frau, die zum erstenmal *Lust* hat zu den Sachen, die *man ihr beigebracht* hat, wenn die sich begegnen und *einander nicht anlügen?*» (Stern, Nr. 49, 27.11.1986, Hervorhebungen von mir).

Abgesehen von dem als innere Notwendigkeit empfundenen Verlangen, sich das Erlebnis der Liebe schreibend, ja, dichtend anzueignen,[3] enthält das, was die im «Stern» interviewte H. über ihre Liebe erzählt, noch eine Reihe weiterer verallgemeinerbarer Erfahrungen, Motive, Wesenselemente.

a) «Diese Liebe hat mir wahrscheinlich das Leben gerettet.» Die existenzielle Erschütterung durch das Liebeserleben wird in die Metapher des Neu-Geboren-Werdens gekleidet. Erst Lieben heißt Leben. Folgerichtig stellt sich die Leere des voraufgegangenen zwanzigjährigen Ehealltags als schleichender Tod dar: «Ich war emotional tot, vereist [...], während mir in meiner zwanzigjährigen Ehe keine sexuelle Praktik erspart blieb.» In der als Passion erlebten Liebe wird die Versöhnung von Trieb und Liebe gefeiert, die Utopie der bedingungslosen Begegnung und Verschmelzung zweier freier Individuen, «die einander nicht anlügen». Erst, wer dem Leben so zurückgeschenkt wird, lernt es lieben. Das Leben lieben, die Liebe leben – in der rhetorischen Figur des Chiasmus ist die Verschränkung beider Prinzipien nachvollzogen. Wahre Leidenschaft entzündet sich im Aschehaufen vorausgegangener Enttäuschung. Der Hunger nach Liebe, die Erfahrung des Mangels ist Voraussetzung für die Erfahrung der Erfüllung. Unzählige Beispiele aus der Liebesliteratur lassen sich als Beleg für diese These anführen. Shakespeare, der während des Umbruchs von der feudalen zur bürgerlichen Gesellschaft schrieb, erweist sich bereits als subtiler Kenner moderner Liebespsychologie, wenn er in seinem Drama «Romeo und Julia» den Helden in Rhetorik und Regeln der Liebeskunst sich erst einüben und sie am falschen Objekt des Begehrens, Rosaline, praktizieren läßt, bevor er in leidenschaftlicher Liebe zu Julia entflammen darf. Über die besonderen Voraussetzungen weiblicher Disponierung zur Liebe gehe ich unter Punkt g) und h) ausführlicher ein.

Stendhal beschreibt die psychologischen Voraussetzungen für das Anwachsen des Liebeshungers mit der berühmt gewordenen Metapher der Kristallbildung. Er betont, daß sie bei Mann und Frau unterschiedlich verläuft. «In der ersten Jugend ist die Liebe wie ein gewaltiger Strom, der alles unwiderstehlich mit sich fortreißt. [Es ist von der Liebe aus Sinnlichkeit die Rede.] Mit achtundzwanzig Jahren kennt eine zärtliche Seele sich selbst. Sie weiß, wenn es für sie noch ein Lebensglück gibt, so muß sie es in der Liebe suchen. In dem armen, erregten Herzen entsteht also ein furchtbarer Kampf zwischen Liebe und Mißtrauen [wegen schon erlebter Enttäuschungen]. Die Kristallbildung schreitet langsam fort. Geht sie aber siegreich aus dieser furchtbaren Prüfung hervor, wo die Seele bei jeder Regung mit den größten Gefahren ringt, so ist sie tausendfach glänzender und dauerhafter als bei sechzehn Jahren, wo dank ihrer Jugend alles Frohsinn und Glück war. Somit muß die Liebe weniger heiter, aber leidenschaftlicher sein» (Stendhal 1982, 8. Kapitel).

Die Verbindlichkeit der Regeln des erlernten Liebescode, zusammen mit dem als Enttäuschung erfahrenen Mangel bewirken das Liebeserwachen der Geliebten H. im «Stern».

b) Auch der Topos der Plötzlichkeit und Unabwendbarkeit der Liebe ist in der Geschichte H.s präsent. Sie muß überredet werden, in die Tanzbar mitzugehen, wo sie den «Mann ihres Lebens» trifft. Der Zufall wird im Prozeß des Erzählens als inneres Gesetz der Liebe umgedeutet. H. unterwirft sich später noch ein weiteres Mal der Macht des Schicksals. Als sie sich nach langer Passionszeit von R. trennen will, führen *Zu*fall plus *Un*fall zu einer Wiederbegegnung. «Seither wagt sie sich nicht mehr gegen ihre Liebe zu sperren.» Zwei Vorstellungsweisen über das Wesen der Liebe, der Topos ihrer Unabwendbarkeit und der Topos der freien Wahl des Liebesobjekts, verknüpfen sich zu einer jener prinzipiellen Paradoxierungen, in denen Liebe gefühlt, gesagt, geschrieben wird. Selbst in der schon reichlich säkularisierten Definition von Liebe als höherer Gewalt ist die Berufung auf Göttliches noch erkennbar. Liebe schlägt ein wie der Blitz – vgl. Stendhals 23. Kapitel «Vom Blitzschlag der Leidenschaft». Vor dem Blitz kann man sich nicht durch Vorkehrungsmaßnahmen schützen, er kommt aus heiterem Himmel. Was aber noch wichtiger ist: für den Schaden, den er anrichtet, braucht sich niemand zu rechtfertigen!

c) Nicht das Wissen, geliebt zu werden, sondern die Erkenntnis, «daß ich lieben konnte», wird als tiefstes Glückserlebnis beschrieben. Narzißtisch wird die eigene Liebesfähigkeit ausgekostet. Sie garantiert der Geliebten, ein sinnlicher, ein ganzer Mensch zu sein. Beweise für ihre außergewöhnliche Liebesfähigkeit werden ihr tagtäglich abverlangt, durch Trennungen, nicht eingehaltene Verabredungen, Einsamkeit. Sie kompensiert den Mangel an realem Liebesglück mit dem Gefühl der Exklusivität ihrer Liebe. Keine andere liebt so wie sie, ihre Liebe ist einzigartig. Gerade deswegen fühlt sie sich geliebt. Die einmalige Liebe ist maßlose Liebe. Erst wenn man das, was in Dingen der Liebe normalerweise verlangt wird, überschreitet, beginnt die Liebe. Der Exzeß ist ihr Maß. Sie macht alles relevant, was mit dem Geliebten zusammenhängt, sie totalisiert, formuliert einen neuen Universalismus. Und wird dementsprechend als geschlossener Zirkel empfunden.

d) Exklusivität aber ist nicht kommunizierbar. Das erhöht und veredelt den von außen auferlegten Zwang zur Heimlichkeit, interpretiert ihn als Innigkeit, als Garantie für die Unverletzbarkeit der Liebe. In einer Zeit der «Hochkonjunktur des Visuellen in Erotik und Sexualität» (Kamper 1985, S. 381) schafft die Geheimhaltung des Liebesbündnisses über ihre materielle Notwendigkeit hinaus die Illusion einer von der Öffentlichkeit unausgeleuchteten Nische (ein altes Motiv!), in der die Liebenden sich spontan und unverstellt begegnen. Jedoch: Parallelität und partielle Austauschbarkeit der Geliebten-Schicksale in der «Stern»-Serie entlarven den Anspruch auf Individualität und Intimität als illusionär. Was austauschbar ist, kann nicht unverwechselbar und einzigartig sein, es muß (auch) gesellschaftliche, kann nicht (nur) persönliche Ursachen haben. Indem die Geliebten geradezu danach lechzen, im «Stern» ihre ganz privaten Geschichten zu erzählen, gehorchen sie – bewußt oder unbewußt – dem Gesetz, das Liebe der gesellschaftlichen Warenstruktur unterwirft. Mit der mediengerechten Präsentation ihrer einmaligen, individuellen erotischen Passion reihen sie diese ein in den bunten Reigen aller möglicher «sexueller Topoi, die mittlerweile öffentlich dargestellt, beredet, verhandelt sind» (Sigusch 1984 a, S. 90 f). Gerade aus der Vorstellung, daß Privates tabu ist, bezieht seine Veröffentlichung ihren spezifischen Reiz. Damit dieses Paradox funktionieren kann, wird auch in aufgeklärten Kreisen über die Intimitäten des Sexuallebens ein Schleier gebreitet: Entrüstungsschreie über eine Vergewaltigungsszene in der TV-Serie «Schwarzwaldklinik» belegen dies ebenso wie die momentane Aids-Hysterie, die nicht die wirklichen Gefahren anspricht und die Frage nach dem Sexualverhalten stellt, sondern sich auf Nebenkriegsschauplätzen tummelt.

«Das, was gang und gäbe ist, wird individualisiert. Das, was gesellschaftlichen Herkommens ist, wird ins Reich der Psychologie verlegt. Das, was schon lange seiner Intimität beraubt ist und gerade mediengerecht präsentiert wird, scheint weiterhin dem verborgenen Einzelleben anzugehören. Die Verkehrung der Verkehrung dabei ist: Intimes scheint erst dadurch intim zu werden, daß es als Intimes öffentlich verhandelt wird» (Sigusch 1984 a, S. 92).

Erlebnisse von Intimität unter extremen Bedingungen schreiben sich als Gipfelbesteigungen ins Gedächtnis. «Lieben ist so selten, da macht man es notfalls im Schnee», kommentiert die Interviewerin der «Stern»-Geliebten H. Sie irrt. Nicht von Not ist hier die Rede, sondern von der Tugend extremen Liebens.

e) Treffen werden sorgfältig vorbereitet, durchdacht, durchlebt, ehe sie stattfinden. Die *Inszenierung* der Liebe ist ihr Vollzug. Der wesentliche Handlungsort des Liebesdramas ist die Phantasie der Geliebten. Hier kann sie als Dramatikerin, Regisseurin, Schauspielerin agieren. «Ja, es hätte… bei einer lebenslänglichen Traum- und Fernliebe bleiben können mit nur zwei oder drei Begegnungen im Jahr, wenn seine Frau nicht dahintergekommen wäre», wird über H.s Liebesvorstellung im «Stern» gesagt. *Traum-* und *Fernliebe* sind integraler Bestandteil unserer Liebeskultur. Schon bei den Troubadouren sollte der «drohende Verlust des anderen […] durch seine impostierte Unerreichbarkeit vermieden werden. Die Situation wurde so gewählt, daß die Liebe um so intensiver ausfiel, je unerfüllbarer sie wurde» (Kamper 1985, S. 387). Doch die Abwesenheit des geliebten Menschen wird auch als Bedrohung empfunden, kann jäh umschlagen in seinen Tod. Deshalb muß sie manipuliert, sprachlich in Szene gesetzt werden. «Die Abwesenheit wird zur aktiven Praxis, zur *Geschäftigkeit* (die mich hindert, irgendwas anderes zu tun); es kommt zur Ausarbeitung einer Fiktion mit vielfältigen Rollen (Zweifeln, Vorwürfen, Anwandlungen von Begierde und Melancholie). Diese sprachliche Inszenierung hält den Tod des anderen fern...» (Barthes 1986, S. 30, Hervorhebung im Original).

f) Im Sinne der von mir schon weiter oben erwähnten Überzeugung, daß das Recht des Herzens Vorrang vor dem der Familie hat, bezeichnet H. die konzertierten Anstrengungen der Ehefrau und Familie, den Mann zurückzugewinnen, als «Femegericht». Dabei beruft sie sich auf die sittliche Überlegenheit in Freiheit getroffener Liebeswahl gegenüber dem Zwang der Ehe. Erst in der Beseitigung des Zwangs, im Bruch der Ehe und in der Entfesselung der Sinne in ungebundener Leidenschaft können die Menschen sich wieder als Menschen begegnen, ertönt der ungebrochene Laut ihrer Herzen. «Sich begegnen und einander nicht anlügen», ist H.s Formulierung für die tiefe Sehnsucht nach nichtentfremdeter Verständigung.

g) «Silvester ist man immer so sentimental. Ich hatte ein paar gute Freunde um mich, ich wußte, der tanzt jetzt fünfhundert Kilometer entfernt mit seiner Frau auf dem Ball vom Tennisclub. Ich hab zu weinen angefangen» (H. im: «Stern», Nr. 49, 27. 11. 1986). Damit komme ich zu dem wichtigsten Rollenmerkmal der realen und fiktionalen Geliebten. Es ist ihre prinzipielle Situation als Wartende. In allen unter a) bis f) vorgenommenen Charakterisierungen ist die Kategorie des Wartens eingeschlossen. Zurückbleiben, Nachwinken, Nachweinen, Alleinsein, Verstummen, Sich-Verschließen, (V)Er-innern, Harren, Sehnen, Hoffen, Entgegenbangen – Stationen im Kreislauf des Wartens, die wir (nicht nur) aus der Liebesliteratur kennen.

«Es gibt ungezählte Lieder, Volksweisen und Chansons über die Abwesenheit des geliebten Partners. Und doch ist diese klassische Figur im *Werther* nicht zu finden. Der Grund dafür ist einfach: hier rührt sich das Liebesobjekt (Lotte) nicht von der Stelle; das liebende Subjekt (Werther) ist es, das sich zu einem bestimmten Zeitpunkt entfernt. Nun gibt es aber keine andere Abwesenheit als die des anderen: der andere macht sich davon, ich bleibe da. Der andere ist im Zustand immerwährenden Aufbruchs, im Zustand der Reise; er ist seiner Bestimmung nach Wanderer, Flüchtiger; ich, der ich liebe, bin meiner umgekehrten Bestimmung nach seßhaft, unbeweglich, verfügbar, in Erwartung, an Ort und Stelle gebannt, *nicht abgeholt* wie ein Paket in einem verlassenen Bahnhofswinkel. Die Abwesenheit des Liebenden geht nur in eine Richtung und läßt sich nur aus der Position dessen aussprechen, der dableibt – nicht von dem, der aufbricht: das immer gegenwärtige *ich* konstituiert sich nur angesichts eines unaufhörlich abwesenden *du*. Die Abwesenheit aussprechen heißt von vornherein die Behauptung aufstellen, daß der Platz des Subjekts und der Platz des anderen nicht austauschbar sind; es heißt: ‹Ich werde weniger geliebt, als ich selbst liebe›» (Barthes 1986, S. 27, Hervorhebungen im Original).

Gesellschaftshistorisch gesehen ist das Subjekt, welches die Abwesenheit des anderen aussprechen muß, die Frau. Zur von Barthes beschriebenen rollenpsychologischen Unbeweglichkeit (ich, die ich liebe, bin verfügbar, zur Stelle, harre deiner usf.) tritt die realhistorische weibliche Immobilität. Auch so gesehen sind die Rollen nicht austauschbar. Und zur gesellschaftshistorischen und rollenpsychologischen Disposition des Mannes, der Abwesende zu sein, tritt seine reale Bindung an eine andere Frau. Die Geliebte befindet sich also in einem doppelten Dilemma.

Die (Liebes-)Literatur der voraufgegangenen Jahrhunderte drückte den geschlechterbedingten Unterschied zwischen Mobilität und Immobilität oft im Kontrastbild Reiter / Ritter und bei ihrer Stick- und Webarbeit Singender aus.[4]

Auch Stendhal greift zur Metapher von Reiter und Stickender, um zu veranschaulichen, warum die Kristallbildung bei der Geliebten intensiver ausfällt. Freilich sind Reiter und Stickende bei ihm nicht bloße Metaphern wie in späteren Beispielen, sondern entsprechen einer real erfahrenen Arbeitsteilung: «[...] der sinnliche Genuß ist [...] um so stärker, je seltener er ist. Zudem denkt eine Frau bei ihrer Stickerei, einer geistlosen Arbeit, die nur die Hände beschäftigt, an ihren Geliebten, während er mit seiner Schwadron über die Ebene galoppiert und Arrest bekommt, wenn er eine falsche Bewegung befiehlt. – Ich möchte also glauben, daß die zweite Kristallbildung bei den Frauen stärker ist, weil sie mehr zu fürchten haben. Eitelkeit und Ehre stehen auf dem Spiel: zum mindesten haben sie weniger Ablenkung als die Männer» (Stendhal 1982, Kapitel 7).

Die Frau denkt bei ihrer Stickerei an den abwesenden Geliebten, und die Kristallbildung schreitet fort (Stendhal) – die Frau hält den Diskurs der Abwesenheit, es kommt zur Ausarbeitung einer Fiktion mit vielen Rollen (Barthes): kein Zweifel, Stendhal und Barthes beschreiben aus einer gesellschaftlichen (und sprachlichen) Distanz von 150 Jahren das gleiche Phänomen. Das rollenbedingte Leiden an der Liebe ist heute Wirklichkeit wie damals, die reale Spinnerin ist allerdings hinter ihre Metapher zurückgetreten. «[...] die Frau ist seßhaft, der Mann ist Jäger, Reisender; die Frau ist treu (sie wartet), der Mann ist Herumtreiber (er fährt zur See, er ‹reißt auf›). Es ist die Frau, die der Abwesenheit Gestalt gibt, ihre Fiktion ausarbeitet, denn sie hat die Zeit dazu; sie webt und singt; die Spinnerinnen, die Webstuhllieder sprechen gleichzeitig die Immobilität (durch das Surren des Spinnrades) und die Abwesenheit aus (die Reiserhythmen in der Ferne, die Meeresdünungen, die Ausritte)» (Barthes 1986, S. 27 f).

Die Männer haben über den weiblichen Diskurs der Abwesenheit nicht nur reflektiert und philosophiert, sie haben ihn auch poetisch inszeniert. Goethes Gedicht «Nähe des Geliebten» (1795) und Tennysons Poem «Mariana» (1830) sind zwei berühmte Beispiele. Sie umspannen so entgegengesetzte Empfindungen wie die, aus der *vorgestellten* Nähe des Geliebten neues Leben zu schöpfen, und die, an seinem *tatsächlichen* Fernsein zu sterben. Insgesamt gesehen stellen die Schmerzgedichte in der Liebeslyrik – der Wahrheit prinzipieller und individueller Entzweiung gemäß – den weitaus größeren Anteil dar. Selbst in Goethes «Nähe des Geliebten» schlägt das zuvor besungene Hochgefühl imaginärer Vereinigung («Du bist mir nah») in der Endzeile in die Bewußtheit realen Getrenntseins um: «O wärst du da!» Das Eingedenken der Zurückgebliebenen (die einzelnen Strophen beginnen nacheinander: «Ich denke dein...; Ich sehe dich...; Ich höre dich...; Ich bin bei dir...») vermag nur für eine begrenzte Dauer die glückhafte Ver-Gegenwärtigung des Geliebten herbeizuführen.

In Tennysons «Mariana» ist das dialogische Klagen längst verstummt. Sieben Strophen lang bewegt sich das eintönige Leben der Verlassenen im Kreislauf von Tag und Nacht in einer bedrückenden Welt lebloser Gegenstände. Die ersten sechs Strophen enden mit einem vierzeiligen, fast gleichlautenden Refrain, der die Bewegung des dumpfen Schmerzes zwischen Tag und Nacht und Nacht und Tag ritualisiert:

> She only said, «My life is dreary,
> He cometh not», she said;
> She said, «I am aweary, aweary,
> I would that I were dead!»

Im Refrain der siebenten Strophe mündet diese Bewegung in die Todesgewißheit endgültiger Verlassenheit, kommt zum Stillstand.

> Then, said she, «I am very dreary,
> He will not come», she said;
> She wept, «I am aweary, aweary,
> O God, that I were dead!»

Das sechsmalige «He cometh not», die Feststellung gegenwärtigen Alleinseins, verdichtet sich in der Schlußstrophe zur Gewißheit zukünftiger Verlassenheit: «He will not come!» Das sechsmalige «She *said,* I am aweary, aweary!» wird in der letzten Strophe abgeändert in: «She *wept,* ‹I am aweary, aweary.›» Damit ist der Ohnmacht Ausdruck gegeben, sich des Schicksals sprachlich zu vergewissern, das Liebesleid ist unaussprechbar geworden. Monolog, Sprachverlust, Tod sind die Stationen auf dem Weg der verlassenen Mariana. Der sechsmalige Todeswunsch «‹I would that I were dead›» gipfelt in einem letzten Aufschrei, der zugleich Fluch und Gebet ist: «‹O God, that I were dead!›»

h) Wir leben nicht mehr im Zeitalter Goethes und Tennysons, im Zeitalter der Postkutsche und des von ihr beförderten Liebesbriefs. Der Reiter ist vom Pferd auf Bahn und Flugzeug umgestiegen, das Telefon hat das Briefeschreiben weitgehend ersetzt, die Stickerin/Weberin «wirkt» längst nicht mehr im Hause, sondern im Beruf.

Was aber fortzuwirken scheint wie eh und je, das ist der *Traum* vom Ritter. «Fast kein Traum eines heranwachsenden Mädchens von Liebe und Sexualität, von der Zukunft ihres Gefühls und ihres Körpers, verzichtet auf die Figur des *Ritters.* Statt Ritter hätte ich auch Held schreiben können oder meinetwegen Märchenprinz. Irgendwann solle da eine strahlende Gestalt in die Lebenswelt des Mädchens einbrechen und alles verwandeln. Was können wir damit anfangen, mit dieser weiblich-weltlichen Ubiquität, mit diesem zur Enttäuschung offenbar ebenso wie zur unbelehrbaren Wiederkehr freigegebenen Traum?» (Sichtermann 1983, S. 81).

Muß der Rittertraum als Illusion entlarvt und verworfen werden, wie der «Stern»-Kommentar es tut? Oder enthält er eine Botschaft, die begehrt, gehört und verstanden zu werden?

Noch in der Form des Klischees, welche dem Rittertraum heute übergestülpt ist, lassen sich Spuren eines kollektiven weiblichen Mythos entdecken, Spuren eines Traums von Wende und Neubeginn inmitten einer Welt massenproduzierter Waren, einer Welt, welche die Gefühle zu normieren, Liebe und Sexualität zu verdinglichen droht. Liebe als Passion wählt sich den Rittertraum als Bühne für das Drama der Leidenschaft. Er ist das Medium zur Inszenierung von Tragödien, nicht Revuen oder Seifenopern. Diese Bühne macht aus «Funktionären des Eros» (Gert Mattenklott) Akteure der Leidenschaft. Im weiblichen Rittertraum wird die rauschhafte Entfesselung und Erfüllung des eigenen Begehrens geträumt, das Mysterium der Leidenschaftsliebe, der Tanz auf dem Vulkan, die Apokalypse im Diesseits.

«Der Rittertraum gibt der Sexualität, der Geschlechtsliebe, ein Stück jener alles entscheidenden Macht zurück, die unsere moderne Welt ihr, nachdem sie sie enttabuisiert und mediziniert hat, nicht mehr gönnen will» (Sichtermann 1983, S. 85).

«Nur wer die Verdinglichung und Verdrehung aller Beziehungen durch Liebe oder (die erst noch von ihr zu differenzierende) Verliebtheit, also mehr oder weniger mit den Mitteln des Rausches, der Sucht, des Wahnsinns außer Kraft zu setzen sucht, kann die Wirklichkeit ein wenig zum Tanzen bringen und überleben. Wer nicht illusionär verkennt, wer nicht liebt, wird krank» (Sigusch 1984b, S. 16).

Auch Männer träumen, wenn sie sich verlieben, den Rittertraum, nur nicht so häufig und nachhaltig, wie ja Stendhal schon kritisch und, so scheint es, nicht ohne Bedauern anmerkte. Doch Männer träumen ihn verkehrt herum. Für das junge Mädchen, für die enttäuschte Frau verkörpert der Ritter, der sie hinwegträgt in ein unbekanntes Land, den Aufbruch in die Fremde des eigenen Liebesverlangens. («Was mich gerettet hat, war die Entdeckung, daß ich lieben konnte.») Der Ritter, der typische zumindest, hat seine Sexualität schon bei sich, er identifiziert sich mit ihr, sie begegnet ihm nicht als Fremde, die «ihn vom Pferd reißt». Die sexuelle Lust wird in unserer Kultur (auch heute noch!) als eine rein männliche Potenz begriffen. Sexualität wird mit Männlichkeit gleichgesetzt. Das hat zur Folge, daß die Männer sie nicht wie eine Fürstin oder «Ritterin» verehren, sondern vertrauten Umgang mit ihr pflegen, sie vom hohen Roß herab, ja, despektierlich behandeln. Der weibliche Rittertraum huldigt der Göttin Venus, der männliche macht sie zum Kumpel.

Gerade die Frauen, die sich (und die deutsche Volkswirtschaft) angeblich dadurch schwächen, daß sie ihre Phantasie und Kreativität im Rittertraum vergeuden, sind voller Lebens- und Liebeskraft. Trotz konkreter Enttäuschungen – welcher Mann ist schon bereit, die Reise ins Unbekannte ohne Risikoversicherung anzutreten? – wagen sie den Sprung aufs Pferd und reiten, zügellos, ihrer Utopie entgegen. Das macht sie zu Handelnden. Sie wagen ihr Leben. Und glauben unbeirrlich, daß es sich so gewinnen läßt.

III

Die kanadische Autorin Alice Munro, die bei uns noch relativ unbekannt ist, aber von der angloamerikanischen Literaturkritik als Meisterin der «short story» gefeiert und einer anderen großen Erzählerin dieses Genres, Katherine Mansfield, zur Seite gestellt wird, rückt die Frau in den Mittelpunkt ihres erzählerischen Interesses.[5] Als alte Jungfer, Großmutter, Tante, als heranwachsendes Mädchen, Tochter, Freundin, Schwester, als Mutter, (betrogene) Ehefrau... und als Geliebte. Das Beziehungsgeflecht der Frauen untereinander, ihr Verhältnis zum anderen Geschlecht ist in immer neuen Konstellationen Gegenstand der flexiblen und innovatorischen Ästhetik Munros. Auch der Figur der Geliebten sucht sich die Erzählerin auf unterschiedliche Weise zu nähern. Sie variiert die Erzählsituationen (Ich-Erzählung, auktoriale Erzählung und personale Erzählweise), blendet sie ineinander, wechselt den Blickwinkel des Erzählens in den Geschichten selbst und von Geschichte zu Geschichte, erzählt Liebesgeschichten als Lebensgeschichten oder erzählt episodisch, bruchstückhaft, erzählt Vergangenes als Gegenwärtiges und Gegenwärtiges als bereits vergangen, uneinholbar.

Die prinzipiell widersprüchliche Situation der Geliebten, ihre innere Zerrissenheit zwischen Freiheit und Zwang, zwischen dem Wunsch nach Dauer und dem Wunsch nach Einmaligkeit, zwischen narzißtischer Selbstbezogenheit und Hingabebereitschaft findet ihre ästhetische Entsprechung in der Erzähl*form*. An der Erzählung «Tell me Yes or No»[6] läßt sich zeigen, wie die Grenzverschiebungen zwischen Illusion und Wirklichkeit im Kopf und im Herzen der Ich-Erzählerin – einer Geliebten, die schon lange keine Antwort mehr auf ihre Briefe erhält – als Strukturelement in den Text eingehen.

Unaufhörlich, wie eine Besessene, hält die Ich-Erzählerin (eine emanzipierte, berufstätige Frau mittleren Alters) dem abwesenden Geliebten den Diskurs seiner Abwesenheit. Er ist abwesend als Bezugsperson, anwesend als Angesprochener. Die Erzählung oszilliert zwischen den Zeitformen der Vergangenheit, der Vergewisserung gemeinsam erlebter Wirklichkeit (du erinnerst dich doch, *damals...*) und der Gegenwart (hörst du, ich spreche mit dir, warum antwortest du nicht?). Die Gegenwart wird zum unerträglichen, weil irrealen Präsens. Der dialogische Diskurs stößt an seine Grenzen, die Ich-Erzählerin überlagert (oder unterläuft) ihn mit autobiographischen Erzählelementen und monologischen Reflexionen. Sie imaginiert den abwesenden Angeredeten als Toten. Mit ihm, dem Toten, will sie sich verständigen. Sie tut dies in einer Mischform aus fiktivem Brief und an den Toten gerichteter Erzählung. Ihr Versuch schlägt fehl. Sie vernimmt nur das Echo ihrer eigenen Worte, Fragen, Klagen. Mit Toten läßt sich nicht kommunizieren. Über das Du des primären Adressaten, des Geliebten, schiebt sich zuweilen ein anderes, das Du der Leseranrede.

Anfang und Ende der Erzählung greifen ineinander. Sie enthalten die Absichtserklärung der Ich-Erzählerin, die Realität (vom Geliebten verlassen zu sein) als irreversibel zu akzeptieren, ja, ihr nachzuhelfen, indem sie den Unerreichbaren für tot erklärt. Aber indem sie dies alles dem Tot-Gesagten mitteilt, bleibt sie im Dilemma des Schwebezustandes zwischen Illusion und Wirklichkeit verstrickt, von dem sie sich doch erzählend/schreibend mit einer *eigenen* Geschichte befreien möchte. Der Zirkel, in dem sie sich bewegt, wird von der Erzählung selbst nachvollzogen. Sie hat noch Fragen an den Geliebten, sie bekommt keine Antwort, also muß sie weiterfragen.

Die Erzählung beginnt mit dem Satz: «Ich stelle mir immer vor, du bist tot» und endet mit der Aussage: «Wie sollen wir dich verstehen? [Mit «wir» ist eine zweite Geliebte des Mannes gemeint, von deren Existenz die Ich-Erzählerin erfährt, als sie bei ihren Nachforschungen nach dem Geliebten von der Ehefrau versehentlich die Liebesbriefe der anderen ausgehändigt bekommt.] Es tut nichts zur Sache. Ich habe sie [die andere Geliebte] erfunden. Ich habe dich erfunden, soweit das für mich notwendig war. Ich habe meine Liebe zu dir erfunden und deinen Tod. Auch ich habe meine Tricks und meine Falltüren. Ich weiß nicht, wie sie im Augenblick funktionieren, aber ich muß vorsichtig sein, ich will nichts gegen sie sagen.»

Die Grenzverschiebung zwischen Illusion und Wirklichkeit, Leben und Tod ist integrales Strukturelement der Erzählung und wird nicht an deren Ende zurechtgebogen oder in ein neues Ordnungssystem gebracht.[7] Der Verzicht auf logisch-rationale Durchstrukturierung, das Abrücken von den binären Oppositionsbildungen des logozentrisch orientierten Schreibens, das Verwerfen fester Zuordnungen und hierarchischer Bewertungsmuster ist Kennzeichen der Schreibweise Alice Munros. Die feministische Literaturkritik hat das Schreiben der Berührung, Angrenzung, Grenzverschiebung, Unentschiedenheit als «metonymisches» (im Gegensatz zu metaphorischem) Schreiben bezeichnet und sieht in ihm ein Wesensmerkmal weiblicher Ästhetik.

Der Titel der Erzählung zitiert nicht nur die verzweifelte Bitte im letzten Brief der anderen Geliebten («Tell me yes or no!»), er wirft auch ein kritisches Licht auf das auseinanderstrebende Begehren der Liebe als Passion: der grenzüberschreitenden, dynamischen Leidenschaftsliebe ist das Verlangen nach festem Standort und Endgültigkeit immer schon als Paradox eingegeben. Die Geliebten in Alice Munros Erzählungen sind zugleich Leidende und Handelnde. Sie leiden am prinzipiellen Widerspruch ihres Liebeskonzepts, und sie leiden an der Art und Weise, wie Männer die eigene leidenschaftliche Erschütterung programmieren, kanalisieren, fragmentarisieren, temporalisieren. Nachdem die Ich-Erzählerin in «Tell Me Yes or No» die Briefe der anderen gelesen hat, sagt sie zum imaginären Geliebten: «Sie leidet gemäß der Regeln, die wir alle kennen, Regeln, die zugleich sinnlos und absolut sind. Wenn ich an sie denke, dann sehe ich diese Art zu lieben, wie du sie gesehen haben mußt, oder siehst: als etwas, das sich in der Ferne abspielt; eine seltsame, nicht einmal mitleiderregende Verausgabung; die unverständliche Zeremonie eines unbekannten Glaubens. Hab ich recht, komme ich dir so näher, ist das wahr?»

Das weibliche Streben, sich dem Liebesverhalten des Mannes anzupassen, das heißt dem carpe diem-Prinzip entsprechend die inselhaften, episodischen Begegnungen als «perfekte Feier» auszukosten, wird in den Erzählungen Munros als Ich-Verlust der Geliebten dementiert. In der Erzählung «Bardon Bus» (in: «The Moons of Jupiter») kämpft die Geliebte ein Jahr nach Beendigung der – im gegenseitigen Einverständnis befristeten – leidenschaftlichen Liebesbegegnung im fernen Australien (Motiv der Exklusivität und Motiv der Insel!) immer noch gegen ihre Sehnsucht, den Mann wiederzusehen, das Liebesverhältnis fortzusetzen. Auch sie führt den Diskurs der Abwesenheit, auch sie fiktionalisiert den Geliebten («Ich nenne ihn X, so als wäre er eine Figur in einem altmodischen Roman, der vorgibt, die Wahrheit zu erzählen»), aber sie redet ihn nicht an, sondern sie spricht über ihn. Im Verlauf ihrer Anstrengung «to get over him» wird ihr bewußt, daß sie ihr eigenes Liebesbegehren seinen Vorstellungen von Liebe (Genuß ohne Reue) unterworfen hat. Was sie zunächst noch als Konsens formuliert – «Wir hatten keine Angst davor, das Wort Liebe zu benutzen. Wir lebten ohne Verantwortung, ohne Zukunft, in Freiheit und Großzügigkeit, in ständiger, nie ermüdender Feier. Wir hatten keinen Zweifel daran, daß unser Glück für die kurze Zeit, die es halten sollte, Bestand haben würde» – wird später, beim Abschied, brüchig:

«Irgendwie bin ich froh, daß es vorbei ist und daß es keinen Mißklang gegeben hat. Wie oft endet alles im Mißklang.

Ich weiß.

So wie es war, war es vollkommen.

Ich sagte das. Und das war eine Lüge. Ich hatte einmal geweint, hatte geglaubt häßlich zu sein, ihn zu langweilen. Aber er sagte: ‹Vollkommen.›»

Und in «Tell Me Yes or No» gesteht die Erzählerin: «Wie aber versuchte ich damals schon, dir etwas vorzuspielen und dich in die Irre zu führen, in meinen Briefen und auch wenn wir zusammen waren. Zur Hälfte war mein Liebesinteresse darauf gerichtet, die Liebe zu verkleiden, sie harmlos und fröhlich zu machen. Was waren das für erniedrigende Charaden.»

Zu Handelnden werden die Geliebten in Munros Erzählungen, weil sie mit ihrer Passion ringen (in der ursprünglichen Bedeutung des Begriffs), weil sie es sind, die Fragen stellen, selbstkritisch das eigene Verhalten reflektieren, sich ihrer Liebe durch Schreiben (Briefe, Tagebuch, Fiktion) zu bemächtigen suchen – und weil sie sich immer wieder auf das Wagnis einlassen, die Männer zu verstehen.

Ein zentrales Motiv in Munros Erzählungen von der Geliebten ist – neben dem Motiv der Insel, der orgiastischen Feier der Leidenschaftsliebe, der Disponierung weiblichen Liebesbegehrens durch Lieder, Romane, Gedichte, dem Motiv des Vollzugs der Passion im Akt des Erzählens/Schreibens u. a. – der Rittertraum. In irgendeiner Form taucht er in fast jeder der Erzählungen auf, nicht als stehendes, sondern immer anders durchkomponiertes Motiv.

In «How I Met My Husband» («Wie ich meinem Mann begegnete», in: «Something I've Been Meaning To Tell You») verweist ihn die Ich-Erzählerin aus der Retrospektive mit wehmütiger Selbstironie ins Reich der Irrtümer ihres noch unerfahrenen Herzens. Tag für Tag bangt sie als junges Mädchen dem Postboten entgegen, weil sie auf einen Brief ihres «Ritters» wartet. Der Brief kommt nie an, der Postbote, der glaubt, ihre Aufmerksamkeit gelte ihm, hält um ihre Hand an. Sie heiratet ihn. Rückschauend kommentiert sie: «Erst Jahre später ist mir klar geworden, was mir erspart geblieben ist.»

Nicht immer wird der Rittertraum mit solch humorvoller Distanz behandelt und in sein angestammtes Land (der Träume) zurückverwiesen. Häufiger sind jene Erzählungen, in denen die Geliebten ihm verfallen wie einer Sucht und ihn träumen, als koste es ihr Leben.

«Ich würde hervorheben, daß du etwas Ritterliches hast. Ich erwarte von dir wie von einem Ritter, daß du zu Handlungen altmodischer Selbstaufopferung, aber auch zu unglaublicher Brutalität fähig bist, und daß du beides so ausführst, daß man merkt, du gehorchst geheimen Befehlen» (Tell Me Yes or No).

«‹Du bist dunkel›, sagte sie, indem sie seine Hand in der ihren herumdrehte. ‹Ich wußte nicht, daß Nordeuropäer so dunkel sind›» (Accident, in: The Moons of Jupiter).

«Es gab in seiner Wohnung einen einzigen großen häßlichen Sessel, ein technisches Meisterwerk mit all seinen Stützen für Kopf, Arme und Beine. Lydia erkundigte sich nach seinen Gästen, danach, wo er sie Platz nehmen ließ. Er erwiderte, er habe nie Gäste. Die Wohnung war nur für ihn. Er war ein beliebter Gast, witzig und gesellig, aber kein Gastgeber; und das erschien ihm ganz vernünftig, denn gesellschaftliches Leben war Bedürfnis und Erfindung anderer» (Dulse, in: The Moons of Jupiter).

Fremd sind die Männer ihren Geliebten, sie sind verrätselte, dunkle, verschlossene Einzelgänger, Byronsche Helden in einer modernen Welt.

Was macht sie so unergründlich? Die kritische Erzählweise Munros deckt das Geheimnis auf. Sie tut dies nicht hämisch oder feministisch herablassend, sondern mit einem tiefen Respekt vor der weiblichen Passion, die ihr Verlangen unberechnet und unberechenbar auf (irgend)einen Mann als Liebesobjekt projiziert, den sie zum Gralsritter kürt, um mit ihm das Mysterium der Liebe zu feiern.

«Wer würde der Mann sein? Es könnte jeder beliebige sein. Ein Soldat, der an der Somme fiel, oder ein Farmer mit einer scharfzüngigen Frau und einer Schar von Kindern am unteren Ende unserer Straße; ein Junge, der nach Saskatchewan ging und versprach, mich zu holen, es aber nie tat, oder der Pfarrer, der mich jeden Sonntag mit Peitschenhieben der Angst und Versprechungen der Folter in Erregung versetzt. Ganz gleich, insgeheim könnte ich mich auf jeden einlassen. Ein lebenslanges Geheimnis, ein lebenslanges Traumleben [...].

[In meinem Bett] ... kehre ich immer und immer wieder zum Mittelpunkt meiner Träume zurück, zu dem Augenblick, wenn man sich aufgibt, sich jenem Ansturm ergibt, von dem man sagt, daß er garantiert alles auslöscht, was man vorher gewesen ist. Dieser Glaube an die Vollkommenheit ist der Glaube einer hartnäckigen Jungfrau, jede gebrochene Ehefrau könnte einem sagen, daß es das nicht gibt» (Bardon Bus, in: The Moons of Jupiter).

Wie der Rittertraum sich auch wendet, nach rückwärts oder vorwärts, er hat nur eine Gegenwart: die eines alle Grenzen sprengenden, leidenschaftlichen Begehrens.

Anmerkungen

1 Vgl. meinen Artikel: Von milden Meerjungfrauen und wilden Wasserweibern. Zur Imagination des Weiblichen als *angel* und *monster*, in: Englisch-Amerikanische Studien (East), Heft 1, 1987.

2 Vgl. hierzu die differenzierten Ausführungen von Volkmar Sigusch. Die Mystifikation des Sexuellen, Frankfurt/M. 1984, insbesondere S. 30–88.

3 Vgl. in diesem Zusammenhang Gundel Mattenklott: Liebe – Anlaß zum Schreiben. Über einige Texte von Jugendlichen aus der Sammlung des Workshop Schreiben 1976–1980, in: Praxis Deutsch 45/1981, S. 19–24.

4 Vgl. die kulturhistorische Analyse einiger Aspekte dieses Beschreibungsmusters in meiner Untersuchung: Sirenen und ihre Gesänge. Variationen über

das Motiv des Textraubs, in: Anna Maria Stuby (Hg.): Frauen: Erfahrungen, Mythen, Projekte, Gulliver 18, Berlin 1985, S. 69–87.

5 Im letzten Jahr ist ihr Erzählband «Die Jupiter-Monde» («The Moons of Jupiter») in deutscher (z. T. fehlerhafter) Übersetzung bei Klett-Cotta herausgekommen. Ebenfalls dort sind – besser übersetzt – bereits erschienen: Kleine Aussichten. Ein Roman von Mädchen und Frauen (Lives of Girls and Women) und: Das Bettlermädchen, Geschichten von Flo und Rose (The Beggar Maid. Stories of Flo and Rose). Ende 1986 erschien im englischen Verlag Chatto and Windus Munros jüngster Erzählband unter dem Titel «The Progress of Love».

6 «Tell Me Yes or No» ist eine von dreizehn Geschichten, die unter dem Titel «Something I've been Meaning To Tell You» erstmals 1974 erschienen sind. Dieser Band ist noch nicht ins Deutsche übersetzt.

7 Es ist müßig und verfehlt die Intention des Textes, darüber zu spekulieren, ob der Geliebte tatsächlich tot ist. Vgl. die entgegengesetzten Auffassungen bei Brandon Conron: Munro's Wonderland, in: Canadian Literature 78/1978, S. 121 f. und: Margret Gail Osachoff: «Treacheries of the Heart»: Memoir, Confession and Meditation in the Stories of Alice Munro, in: Louis K. Mac-Kendrick (Ed.): Probable Fictions. Alice Munro's Narrative Acts, Ontario 1983, S. 77-99.

Literatur

Barthes, Roland: Fragmente einer Sprache der Liebe, Frankfurt am Main 1986, Frz. Originalausgabe Paris 1977

Härtling, Peter: Die dreifache Maria. Eine Geschichte, Darmstadt/Neuwied 1983

Kamper, Dietmar: Bildfolter. Von der gestörten Liebe zur reibungslosen Sexualität, in: Christoph Wulf (Hg.): Lust und Liebe. Wandlungen der Sexualität, München 1985, S. 381–394

Luhmann, Niklas: Liebe als Passion. Zur Codierung von Intimität, Frankfurt/Main 1982

Mattenklott, Gert: Sexualität und Leidenschaft, in: Christoph Wulf (Hg.): Lust und Liebe. Wandlungen der Sexualität, München 1985, S. 216–234

Sichtermann, Barbara: Der Ritter-Traum. Versuch über einen banalen Mythos, in: dies.: Weiblichkeit. Zur Politik des Privaten, Berlin 1983, S. 81–89

Sigusch, Volkmar: Die Mystifikation des Sexuellen, Frankfurt/Main 1984 a

Sigusch, Volkmar: Vom Trieb und von der Liebe, Frankfurt/Main 1984 b

Stendhal (Henri Beyle): Über die Liebe, deutsch mit einer Einführung von Friedrich Oppeln-Bronikowski, in: Stendhal: Werke, herausgegeben von Carsten Peter Thiede u. a., Berlin 1982

Stuby, Anna Maria (Hg.): Frauen: Erfahrungen, Mythen, Projekte, Gulliver 18, Berlin 1985

Die Autorinnen und Autoren

Hildegard Baumgart, geb. 1929, Dr. phil., Übersetzerin, verheiratet, drei erwachsene Kinder, seit 1973 Ehe- und Familienberaterin in München. 1985 erschien ihr Buch «Eifersucht. Erfahrungen und Lösungsversuche im Beziehungsdreieck», Reinbek, Rowohlt.

Günther Bittner, geb. 1937, Diplom-Psychologe, Erziehungswissenschaftler und Psychoanalytiker (DGPPT), verheiratet, zwei Kinder, seit 1979 ordentlicher Professor für Pädagogik an der Universität Würzburg.

Gisela Breitling, geb. 1939, Studium an der Hochschule für Bildende Künste Berlin, Malerin und Autorin, seit 1964 zahlreiche Einzel- und Gruppenausstellungen in der Bundesrepublik, im europäischen Ausland und den USA. 1980 erschien ihr Band «Die Spuren des Schiffs in den Wellen», Frankfurt, Fischer Taschenbuch Verlag.

Elisabeth H. Flitner, geb. 1951, Dr. phil., Erziehungswissenschaftlerin, Oberassistentin an der Universität Freiburg (CH), chercheur anocié an der Universität Paris VIII.

Anke Hüper, geb. 1959, Studium der Anglistik und Geographie, tätig als Dozentin und Journalistin in Karlsruhe.

Sara Lennox, geb. 1943, Associate Professor für Germanistik und Direktorin des Social Thought and Political Economy Program an der University of Massachusetts, Amherst (USA). Aufsätze zur Literatur des XX. Jahrhunderts sowie Herausgabe des Bandes «Auf der Suche nach den Gärten unserer Mütter. Feministische Kulturkritik aus Amerika», Darmstadt/Neuwied 1982, Luchterhand.

Luise Reddemann, geb. 1943, Dr. med., verheiratet, drei erwachsene Söhne, Nervenärztin, Psychoanalytikerin und Leiterin einer Klinik für Psychotherapie und Psychosomatische Medizin in Bielefeld.

Vera Slupik, geb. 1953, Dr. jur., Juristin und Soziologin. 1988 erschien ihr Buch: «Die Entscheidung des Grundgesetzes für Parität im Geschlechterverhältnis», Berlin, Duncker und Humblot Verlag.

Elga Sorge, geb. 1940, Studium der Theologie und Romanistik, seit 1979 Lehrbeauftragte für Feministische Theologie an der Gesamthochschule Kassel, seit 1983 dort wissenschaftliche und pädagogische Mitarbeiterin. 1985 erschien ihr Buch «Religion und Frau. Weibliche Spiritualität im Christentum», Stuttgart ²1987, Kohlhammer.

Anna Maria Stuby, Akademische Oberrätin am Englischen Seminar der Universität Hannover, Mitbegründerin und -herausgeberin der Zeitschrift «Gulliver».

Renate Valtin, geb. 1943, Dr. phil., Professorin für Erziehungswissenschaft an der Humboldt-Universität zu Berlin. Veröffentlichungen zu den Bereichen Schriftspracherwerb, soziale Kognition, geschlechtsspezifische Sozialisation, zuletzt erschien «Mit den Augen der Kinder. Freundschaft, Geheimnisse, Lügen, Streit und Strafe», Reinbek 1991, Rowohlt.

Brigitte Weidenhammer, geb. 1948, Dr. phil., Diplom-Psychologin, Psychoanalytikerin (DPG, DGPPT), seit 1979 an der Ambulanz und im Konsiliardienst des Lehrstuhls für Psychotherapie an der Universität Düsseldorf tätig.

Christl Wickert, geb. 1953, Dr. disc. pol., Historikerin und Politologin, wissenschaftliche Mitarbeiterin am Institut für Geschichtswissenschaft der TU Berlin. Letzte Veröffentlichung: «Helene Stöcker, 1869–1943. Frauenrechtlerin, Sexualreformerin und Pazifistin», Bonn 1991, Dietz-Verlag.

Brigitte Wormbs, geb. 1937, studierte Gartenarchitektur, Landschaftsplanung und -ökologie, Städtebau und Kunstgeschichte, lebt als freie Autorin in Ulm, zuletzt erschien «Raumfolgen», Darmstadt/Neuwied 1986, Luchterhand.

Siegfried Zepf, geb. 1937, Dr. med., verheiratet, zwei Kinder, Psychotherapeut und Psychoanalytiker (DGPPT), Professor für poliklinische Psychotherapie am Klinischen Institut für Psychotherapie und Psychosomatik der Universität Düsseldorf. Sein letztes Buch: «Tatort Körper – eine Kritik der psychoanalytischen Psychomatik», Heidelberg, Berlin 1986, Springer.

Mechthild Zeul, Diplom-Psychologin, lebt als niedergelassene Psychoanalytikerin in Frankfurt und Madrid.

Unser Körper – Unser Leben
Ein Handbuch von Frauen für Frauen. Überarbeitete und erweiterte Neuausgabe
(2 Bände: rororo sachbuch 8408 und 8409)
Ein Standartwerk der weiblichen Gesundheit, das in dem Bücherschrank keiner Frau fehlen sollte. Entsprechend der neuen amerikanischen Ausgabe von "Our bodies, Ourselves" wurde auch die deutsche Ausgabe vollständig aktualsiert.

Unser Körper – Unser Leben
Über das Älterwerden *Ein Handbuch für Frauen*
(rororo sachbuch 8841)
Wie *Unser Körper – Unser Leben* ist dieses Buch ein Gemeinschaftsprojekt und beruht auf den Erfahrungen vieler Frauen. Es richtet sich an alle, die ihr Leben und ihr Älterwerden selbst in die Hand nehmen wollen. Denn: Niemand wacht auf und ist plötzlich siebzig, und unser Wohlbefinden hängt weniger von den Jahren ab, die wir schon gelebt haben, als davon, wie wir mit uns selbst umgegangen sind.

Ruth Bell (Hg.)
Wie wir werden - Was wir fühlen
Ein Handbuch für Jugendliche über Körper, Sexualität, Beziehungen. Überarbeitete und erweiterte Neuausgabe
(rororo sachbuch 8823)
Fakten, Berichte, Bekenntnisse und Informationen zu allen Themen, die das Leben zwischen 12 und 20 so aufregend, irritierend, schwierig und schön machen.

Nathaniel Branden
Ich liebe mich auch *Selbstvertrauen lernen*
(rororo sachbuch 8486)

M. James / D. Jongeward
Spontan leben *Übungen zur Selbstverwirklichung*
(rororo sachbuch 8301)

Thomas Grossmann
Eine Liebe wie jede andere
Mit homosexuellen Jugendlichen leben und umgehen
(rororo sachbuch 8451)

John Selby
Einander finden *Übungen zur Psychologie der Begegnung in Freundschaft, Beruf und Liebe*
(rororo sachbuch 7991)

Sämtliche Bücher und Taschenbücher zum Thema finden Sie in der *Rowohlt Revue*. Jedes Vierteljahr neu. Kostenlos in Ihrer Buchhandlung.

rororo sachbuch